M&Aを成功に導く

税務デューデリジェンスの実務

第3版

デロイト トーマツ税理士法人［編］

Deloitte.
デロイト トーマツ

DueDiligence

中央経済社

まえがき

　2008年に初版を世に出してから8年が過ぎた。私自身，初版の執筆時に取りまとめ役を担っていたため，類書のない中で，どのような書籍にまとめるか執筆担当者と何度も議論を重ねたことが懐かしく思い出される。

　初版の構成を考える際に意識していたことは，税制の解説本とならずに税務デューデリジェンスの実務を解説することであった。本書のタイトルのとおりであり，当たり前のことであるが，税制の解説に慣れ親しんだ税務の専門家が，税制の概要・趣旨・留意点等を解説するのではなく，税務デューデリジェンスの実務において感覚的に捉えていることを文字にすることに最初のハードルがあった。初版の出版から4年後の2012年に第2版を出版し，今回が第3版となった。税務デューデリジェンスの実務において感覚的に捉えていることを文字に落とすという手探りであった作業も今回で3回目となり，回を重ねるごとに洗練されてきていると執筆者自身は感じているが，自己満足に留まらず，読者の皆様にとっても税務デューデリジェンスの実務をよりよく理解する一助になれば，執筆者一同，喜びに堪えない。

　さて，初版の執筆を始めたのは2007年であり，いわゆるリーマンショック前の時代であった。M&Aの世界では，外資系投資ファンドによる買収案件が多く，また，事業会社においても戦略の1つとしてM&Aが選択される機会が増え，買収・事業売却・統合等が盛んに行われていた。われわれも多くの案件の対応で忙殺されていた時期でもあった。

　その後，いわゆるリーマンショックを迎え，多くの企業が投資を抑制する中で，M&Aの件数は落ち込んだ。しかしながら，少子高齢化等を背景としたわが国経済の中長期的な見通しのもとで，日本企業が成長機会を国外に求める機運は年々高まり，いわゆるアウトバウンドM&A（日本企業による海外企業買収案件）が増えてきたとの実感がある。その流れは一時期の円高が後押ししたともいわれるが，円相場が戻った後もアウトバウンドM&Aが大きく減ること

はなく，今後も国外に成長機会を求めるアウトバウンドM&Aは一定の件数が見込まれると考えられる。

　本改訂では，以上のような背景をもとに，アウトバウンドM&A，具体的には第11章「海外現地法人の税務デューデリジェンス」の内容を充実させた。各国の解説に入る前に海外現地法人の税務デューデリジェンスの特徴を述べ，その後の各国の記述は，地域のまとまりを意識して順序の入れ替えを行うとともに，新たにドイツ・香港・インドネシア・ブラジルを追加した。その他の箇所については，税務デューデリジェンスの実務に劇的な変化があったわけではないため，2012年以降の税制改正等を反映させるとともに，補章1における事例を増やすこと等を通じて，読者の皆様に，より実務のイメージをつかんでいただけるよう記載の見直しを行った。なお，文中の意見にわたる部分は，執筆者の私見を示したものであり，執筆者が属する団体の見解を示すものではないことをご留意願いたい。

　本改訂版は，デロイト　トーマツ税理士法人に勤務する公認会計士・税理士を中心に，執筆時点で海外駐在をしている職員や，海外のデロイトのオフィスに勤務する元デロイト　トーマツ税理士法人の職員など，計23名の執筆者の協力により改訂された。時間外・休日を利用して，本改訂に時間を割いていただいた各位に感謝申し上げたい。また，中央経済社の坂部秀治氏には，初版から継続してお付き合いいただき，本改訂の過程においても，改めてわれわれの業務とのバランスに対するきめ細かな配慮，適切な助言・提案をいただき，執筆者一同，心より御礼申し上げたい。

2016年7月

執筆者を代表して
デロイト　トーマツ税理士法人　M&A／組織再編サービス
パートナー　公認会計士・税理士　小柴　正光

CONTENTS

第1章　M&Aのプロセスにおける税務専門家の関与

第1節　M&Aにおけるデューデリジェンス ─────2
1. デューデリジェンスとは……………………………………2
2. デューデリジェンスの体系……………………………………5

第2節　M&Aのプロセス ──────────7
1. 概　　要………………………………………………………7
2. 一般的なM&Aのプロセス……………………………………8
   - (1) M&Aの可能性の検討／8
   - (2) 基本合意に向けたプロセス／12
   - (3) 最終合意に向けたプロセス／13
   - (4) クロージングに向けたプロセス／14
   - (5) 統合に向けたプロセス／15

第3節　他の専門家との連携 ──────────16
1. 会計デューデリジェンスとの連携………………………16
2. 法務デューデリジェンスとの連携………………………17

③ その他のデューデリジェンスとの連携 …………………… *17*

第4節　税務デューデリジェンスを行わなかった
　　　　ケース ────────────────── *18*

第2章　M&A取引における税務リスクの概要

第1節　後日の税務調査に伴う税務リスク ─────── *24*

① 法 人 税 等 ……………………………………………… *25*

② 消　費　税 ……………………………………………… *26*

③ 源泉所得税 ……………………………………………… *27*

④ 印紙税・過怠税 ………………………………………… *27*

⑤ 関　　　税 ……………………………………………… *28*

⑥ 加算税・延滞税 ………………………………………… *28*

⑦ その他の税金 …………………………………………… *31*

⑧ 国際税務 ………………………………………………… *31*

　(1)　移転価格税制／31

　(2)　タックスヘイブン対策税制や組織再編税制等／32

　(3)　諸外国の税務／33

⑨ 金銭以外のリスク ……………………………………… *34*

第2節　M&A取引自体に起因する税務リスク ──── *35*

　　　１　組織再編税制に係るリスク……………………………………36
　　　２　欠損等法人の特例に係るリスク……………………………37
　　　３　連結納税に係るリスク…………………………………………38

第3節　納税義務の承継————————————————————39
　　　１　アセットディールとストックディール………………………39
　　　２　納税義務の承継…………………………………………………39
　　　３　連帯納付責任……………………………………………………40
　　　４　第二次納税義務…………………………………………………40
　　　　(1)　法人が解散した場合（徴法34）／41
　　　　(2)　同族会社（徴法35）／41
　　　　(3)　事業を譲り受けた特殊関係者（徴法38）／42
　　　　(4)　無償譲渡または低廉譲渡（徴法39）／43
　　　５　納税義務承継規定のまとめ……………………………………44
　　　　(1)　株式買収／45
　　　　(2)　株式買収＋事業譲渡＋解散／45
　　　　(3)　吸収合併／46
　　　　(4)　事業譲渡／46
　　　　(5)　新設分社型分割＋株式買収／46
　　　　(6)　新設分割型分割＋株式買収／47
　　　　(7)　吸収型分社型分割（現金交付）／48
　　　　(8)　まとめ／49

第3章 税務デューデリジェンスのアプローチ

第1節 税務デューデリジェンスのアプローチの概要 ―― 52

第2節 個別のアプローチの概要 ―― 56

1 ビジネス・アプローチ ―― 56

(1) 取引を区分して把握する／57
(2) 調査対象会社の特徴を考慮する／58

2 税務調査アプローチ ―― 60

(1) 税務当局と争いになっている更正処分／60
(2) 指摘事項（更正または修正申告の内容）および指摘事項への対応状況／61
(3) 議論された事項（更正等には至っていない事項）／62
(4) 指導事項（更正されなかったが今後改善すべき事項）／62
(5) その他／63

3 内部統制アプローチ ―― 64

4 税務申告書アプローチ ―― 65

第4章 税務デューデリジェンスの実施方法

第1節 調査の範囲 ―― 68

1 対象法人 ―― 69

(1)　対象法人の選定／69
　　(2)　海外子会社がある場合／70

　2　調査対象期間 ……………………………………………… *70*
　　(1)　原　　則／70
　　(2)　更正決定との関係／70

　3　対象税目 …………………………………………………… *72*
　　(1)　通常のケース／72
　　(2)　クロスボーダーM&Aのケース／72
　　(3)　事業再生のケース／73

第2節　情報収集の方法 ———————————— *74*

　1　外部情報 …………………………………………………… *74*
　2　内部情報（対象会社からの情報収集）………………… *75*

第3節　発見事項の報告 ———————————— *78*

　1　対象会社の税務申告の概要 ……………………………… *78*
　　(1)　申告制度の概要／78
　　(2)　過去の課税所得および納税額の推移／80
　　(3)　過去の申告調整項目の分析／80
　　(4)　買収後留意すべき申告調整項目の把握／80

　2　税務調査の実施状況 ……………………………………… *81*
　　(1)　税務調査の実施状況の確認／81
　　(2)　重要な指摘事項および改善策の確認／81

　3　繰越欠損金の分析 ………………………………………… *82*
　　(1)　繰越欠損金の発生要因の確認／84
　　(2)　繰越欠損金の発生時期と繰越可能期間の確認／84

(3)　将来における利用見込額の確認／85

　④　関連当事者間取引 ··· 86
　　(1)　取引価格の妥当性／86
　　(2)　子会社等への財政支援／86

　⑤　過去の組織再編 ··· 87
　　(1)　再編内容の把握／87
　　(2)　適格再編による制限の確認／87

第4節　税務リスクの対処方法 ——— 89

　①　結果要約（Executive Summary） ·················· 89
　②　定量的・定性的分析 ··· 91

第5章　税務デューデリジェンスとストラクチャリング

第1節　ストラクチャリングの概要 ——— 94

　①　ストラクチャーの検討過程 ····································· 94
　②　M&Aの目的とストラクチャリング ······················ 96
　③　初期的なストラクチャリング ································· 97
　　(1)　税務上の観点からの初期的なストラクチャリング／97
　　(2)　代表的な買収および統合の手法／98
　　(3)　買収の各手法／99
　　(4)　統合の各手法／103

　④　ストラクチャリングと税務デューデリジェンス ········ 105

(1)　税務デューデリジェンスを通じた暫定的ストラクチャーの検証／106
　　(2)　ストラクチャーに応じた税務デューデリジェンスのスコープ設定／108
　5　最終的なストラクチャリング ……………………………… *110*
　　(1)　最終ストラクチャーへの反映／110
　　(2)　税務専門家の役割／111

第2節　各手法の税務上の留意点 ──────── *112*

　1　買　　収 ………………………………………………… *112*
　　(1)　買収全般／112
　　(2)　ストックディール／113
　　(3)　アセットディール／124

　2　統　　合 ………………………………………………… *129*
　　(1)　合　　併／129
　　(2)　株式移転／137

第6章　クロスボーダーM&Aの税務デューデリジェンス

第1節　クロスボーダーM&Aの税務デューデリジェンス留意点 ─────── *140*

第2節　ストラクチャリングの留意点 ──────── *144*

　　(1)　アウトバウンド M&A／144
　　(2)　インバウンド M&A／151

第7章 税務デューデリジェンスとPost-Merger Integration (PMI)

第1節　PMIの重要性 ――――――――――――――― *158*

 ① ビジネスの側面からのPMI──買収後の事業統合とタックス・プランニング ………………………………… *159*

 ② 税務コンプライアンスの面からのPMI──税務検討プロセスの見直し，構築 ……………………………… *160*

 ③ 国内子会社の管理と海外子会社の管理：連結納税制度の活用 ……………………………………………………… *162*

第2節　買収後の税務ガバナンスの高度化
   （International Strategic Tax Review）――― *163*

 ① グローバル化対応への税務部門の担う役割 ……… *163*

 ② グローバル税務戦略の具体的課題：実効税率 ……… *164*

第3節　買収後のビジネスモデルの見直し
   （Business Model Optimization）――――― *166*

第4節　移転価格デューデリジェンスのPMIへの貢献 ――――――――――――――――――――― *168*

 ① 将来の移転価格リスクとそこから発生するコスト …… *168*

 ② 合併・買収後の移転価格ポリシーの統合 …………… *169*

③　企業の事業遂行能力の側面資料としての
　　　移転価格対応状況の検討 …………………………………… *170*

　④　PMIを一歩進めた戦略的な税務対応の検討 …………… *171*

第8章　タイプ別 税務デューデリジェンスの実務

第1節　調査対象会社に関する情報の入手範囲 ── *176*

①　調査対象会社の属性（公開会社／非公開会社）による特徴 …………………………………………………… *176*

(1) 公開会社における情報収集／176
(2) 非公開会社における情報収集／181

②　M&Aの交渉方法（相対案件／入札案件）による特徴 …………………………………………………………… *182*

③　情報収集に関するその他の制限 ………………………… *182*

④　入手可能な情報が制限される場合の対応方法 ……… *183*

第2節　調査対象会社の税務ポジション ── *186*

①　課税所得が毎期生じている会社 ………………………… *186*

(1) 課税所得計算／187
(2) 税額控除／188
(3) 過去の税務調査／189
(4) その他の着眼点／190

②　繰越欠損金が多額に存在する会社 ……………………… *190*

- (1) 繰越欠損金の利用可能性／190
- (2) 税務調査が長期間未実施の場合／192
- (3) 法人税以外の税金／194

③ その他の税務ポジション …………………… *194*

第3節　調査対象会社における恣意的な取引価格の設定等 ———— *195*

① グループ会社 ……………………………………… *195*

- (1) 関係会社間取引の類型／196
- (2) 関係会社間取引における税務リスク／198
- (3) 関係会社間取引の把握方法／200

② オーナー会社 ……………………………………… *202*

- (1) 役員給与／202
- (2) オーナー一族およびその関連会社との取引／203
- (3) 会社資産と個人資産の混同／203
- (4) 節税の意図／204

第4節　調査対象会社の経営管理状況 ———— *206*

① 意思決定過程の文書化の有無 ……………… *206*

② 内部統制の良否 …………………………………… *208*

- (1) 調査対象会社の一般的な内部統制の状況／208
- (2) 税務リスクに対する内部統制／209

③ 外部専門家の関与の有無 ……………………… *210*

- (1) 顧問税理士の関与／210
- (2) 会計監査人の関与／210

第5節　調査対象会社における海外拠点の有無 ——— *212*

1 グローバル日系企業 ……………………………………………… 212

(1) 海外子会社の税務デューデリジェンス／212
(2) 移転価格税制，間接税／214
(3) 親会社を中心とした内国法人における留意点／215

2 外資の日本現地法人 ……………………………………………… 217

第6節 買収会社の特性 ———————————————————— 218

1 ストラテジック・バイヤー ……………………………………… 218

2 フィナンシャル・バイヤー ……………………………………… 220

第7節 再生・組織再編等の実施法人の留意事項 ———— 221

1 再生対象会社 ……………………………………………………… 221

(1) 過去の税務ポジションの把握／222
(2) 将来の税務ポジションの把握／224

2 調査対象会社における過去の組織再編 ………………………… 226

(1) 適格合併か非適格合併か／226
(2) 適格合併における留意点／227
(3) 調査対象会社が適切な検討を実施していない場合／228

3 連結納税制度の適用 ……………………………………………… 229

(1) 調査対象会社が連結納税制度を適用している場合／229
(2) 買収会社が連結納税制度を適用している場合／231

第8節 業種別の特性 ———————————————————— 233

1 製 造 業 …………………………………………………………… 234

(1) リベート／234
(2) 販売子会社に対する販促費等／235

(3)　在庫等の計上漏れ／236
　 2 　建設および不動産業界 ……………………………… *236*
　　　(1)　収益認識基準／236
　　　(2)　棚卸資産の評価損／237
　　　(3)　消 費 税／237
　 3 　小売業界 …………………………………………………… *237*
　　　(1)　商 品 券／237
　　　(2)　付加価値割／238
　 4 　エネルギー関連業界 ……………………………………… *238*
　　　(1)　価格調整／238
　　　(2)　バーター取引／239
　 5 　教育関連および福祉関連業界 ………………………… *239*
　　　(1)　前受収益／239
　 6 　IT 関連業界 ……………………………………………… *240*
　　　(1)　請負契約／240
　　　(2)　開発者への報酬／241
　　　(3)　開発コスト／241
　 7 　コンテンツビジネス …………………………………… *242*
　　　(1)　コンテンツ制作費の償却／242
　　　(2)　著作権の使用料／242
　　　(3)　単行本在庫調整勘定／243
　 8 　投資ファンド傘下の企業 ……………………………… *243*
　　　(1)　株主関連費用／243
　　　(2)　資金調達関連費用／244

第9章 移転価格税制とデューデリジェンス

第1節　M&Aにおける移転価格税制 ——————246

① 移転価格税制の概要 ……………………246
② 移転価格税制執行の現状 ………………248
③ 移転価格リスクの要因 …………………251
　(1) 事実認定の問題／251
　(2) 更正対象取引／252
　(3) 除斥期間／252

第2節　移転価格デューデリジェンス ——————253

① 移転価格デューデリジェンスとは ……………253
② 移転価格デューデリジェンス実施における留意点 ……254
　(1) 入手情報・資料の制限／254
　(2) 調査時間の制限／255
　(3) 社内移転価格担当者／255
　(4) 定量的リスクと定性的リスク／256
③ 業種別の移転価格問題の留意点 ……………257
　(1) 製　造　業／257
　(2) 製　薬　業／258
　(3) そ　の　他／258

第3節　移転価格デューデリジェンスの実務 ——————260

① スケジューリング ………………………260

② 入手資料 ……………………………………………………………… *261*
　(1) 入手資料と分析内容の相関性／261
　(2) 詳細検討のための資料依頼／262

③ インタビュー ………………………………………………………… *264*

④ 所得移転の蓋然性検証 ……………………………………………… *265*

⑤ 個別取引検証 ………………………………………………………… *267*

⑥ 調査報告 ……………………………………………………………… *269*

第10章　間接税と税務デューデリジェンス

第1節　関税と税務デューデリジェンス ————*272*

① 関税制度 ……………………………………………………………… *272*
　(1) 関税とは／272
　(2) 関税の計算方法／273
　(3) 特恵関税制度／275
　(4) 自由貿易協定（FTA）／経済連携協定（EPA）／276
　(5) 特殊関税／277

② 関税デューデリジェンスの一般的な手法 ……………………… *277*
　(1) 商流と物流／277
　(2) 主要取引商品／278
　(3) 輸出国と輸入国／278
　(4) 事後調査実績／279
　(5) 係争案件／281

第2節　付加価値税と税務デューデリジェンス ————*282*

1　付加価値税の概要 ……………………………………………282
　　2　付加価値税デューデリジェンスの必要なケース ………282
　　　　(1)　調査対象会社が金融業等を営む場合／283
　　　　(2)　調査対象会社が海外で商取引を行っている場合／283
　　3　消費税デューデリジェンスの一般的手法………………284
　　　　(1)　税務調査／事後調査の状況／284
　　　　(2)　納税義務者の判定／284
　　　　(3)　届出書の履歴／285
　　　　(4)　申告書作成に使用した計算書類／285
　　　　(5)　控除税額の計算方法／285
　　　　(6)　輸入消費税／286
　　　　(7)　リバースチャージ／286
　　　　(8)　軽減税率について／287

第11章　海外現地法人の税務デューデリジェンス

第1節　海外現地法人の税務デューデリジェンスの特徴 ────── 290
　　1　各国の税務専門家の関与 …………………………………290
　　2　親会社における子会社の税務に関する情報の収集度合い ……………………………………………………………291
　　3　子会社の税務の情報へのアクセス ………………………292

第2節　米国における税務デューデリジェンス ────── 294

- 1 調査の範囲 …………………………………………… *294*
- 2 租税の徴収権の時効（Statute of Limitations）
  ………………………………………………………………… *295*
- 3 被買収法人の繰越欠損金 ………………………… *296*
  - (1) 繰越欠損金の使用制限／297
  - (2) 各課税年度の使用限度額／298
  - (3) 欠損法人の株式の時価／298
  - (4) 株主構成変動直前の増資／299
  - (5) IRC§382の適用がある場合の未実現損益の取扱い／299
- 4 被買収法人が連結納税グループの場合 ……… *300*
  - (1) 繰越欠損金の使用制限と連結納税子会社への税務簿価調整／301
- 5 被買収法人がS法人の場合 ……………………… *304*
  - (1) S法人の課税の概要／304
  - (2) S法人の要件／304
  - (3) S法人とIRC§338(h)(10)の選択／305
- 6 被買収法人がLLCの場合 ………………………… *309*
  - (1) LLCとは／310
  - (2) 団体課税を選択していない場合／310
- 7 パートナーシップ持分（パートナーシップとして取り扱われるLLCの持分を含む）………………… *311*
- 8 ゴールデンパラシュート ………………………… *312*
- 9 その他 ……………………………………………… *313*

第3節　英国における税務デューデリジェンス──*314*

- 1 租税の徴収権の時効（Statute of Limitations）
  ………………………………………………………………… *314*

CONTENTS **17**

　　②　英国企業の買収 ·· *315*
　　　(1)　英国企業の買収の特徴／315
　　　(2)　買収資金としてのグループローンに係る利息と過少資本税制／316
　　　(3)　欠損金の使用制限／318
　　　(4)　無形固定資産の償却可能性／320
　　　(5)　英国における組織再編関連税制／320

　第4節　オランダにおける税務デューデリジェンス *324*
　　①　オランダにおける税務執行の概観 ················*324*
　　　(1)　ルーリング／324
　　　(2)　ホリゾンタル・モニタリング／325
　　②　オランダ法人税の概要 ································*326*
　　　(1)　納税および時効／326
　　　(2)　法人税率／327
　　　(3)　代表的な制度／327
　　③　M&Aの代表的手法 ······································*333*
　　④　M&Aにおけるオランダ税務の留意点 ·········*333*

　第5節　ドイツにおける税務デューデリジェンス ── *334*
　　①　ドイツ法人課税の概要 ································*334*
　　　(1)　法人所得に対する課税／334
　　　(2)　課税所得／335
　　　(3)　申告期限および納付／335
　　　(4)　時効および税務調査／335
　　②　連結納税制度 ···*336*
　　　(1)　概　　要／336

(2) オルガンシャフトの適用条件／336

③ 繰越欠損金 ……………………………………………… *337*

(1) 繰戻還付および繰越控除／337
(2) 最低課税制度／337
(3) 繰越欠損金の利用制限（持分変更規定）／337

④ 投資所得に対する課税 ……………………………… *338*

(1) 受取配当金の課税／338
(2) 株式等譲渡損益および株式等評価損／338

⑤ 支払利息の損金算入制限 …………………………… *339*

(1) 法人税における支払利息の損金算入制限／339
(2) 営業税における支払利息等の損金算入制限／339

⑥ 営業権の償却 ………………………………………… *340*

⑦ 不動産移転税 ………………………………………… *340*

⑧ 印 紙 税 ……………………………………………… *340*

⑨ M&Aの代表的手法 ………………………………… *341*

第6節　中国における税務デューデリジェンス ── *342*

① 租税の徴収権の時効（Statute of Limitations）
…………………………………………………………… *342*

② 欠損金の使用制限 …………………………………… *343*

③ 営業権の償却 ………………………………………… *343*

④ 中国における組織再編税制 ………………………… *343*

(1) 特殊税務処理の適用要件／344
(2) 中国国外中間持株会社を通じての買収／345

⑤ 中国企業の税務デューデリジェンスの実務 ……… *348*

(1)　基本的確認事項／348
　(2)　企業所得税／349
　(3)　個人所得税（源泉所得税）／349
　(4)　増 値 税／350
　(5)　印 紙 税／350

　⑥　中国企業の税務デューデリジェンスにおける発見
　　　事項の例 ··· *351*

第7節　インドにおける税務デューデリジェンス ── *353*

　①　インドにおける法人課税 ····································· *353*

　②　税務当局による税務調査および租税徴収権の時効
　　　（Statute of Limitations）································· *355*

　③　M&Aの代表的手法 ··· *356*

　(1)　合　　併／356
　(2)　会社分割／357
　(3)　事業譲渡／358
　(4)　株式の譲渡／358
　(5)　資産譲渡／358

　④　欠損金の繰越期限，M&Aにおける使用制限 ············ *359*

　⑤　オーナーシップ・チェンジに係る留意点 ··················· *359*

　⑥　その他インドにおける留意事項 ································ *360*

　(1)　税務債務の承継／360
　(2)　営業権の償却／360
　(3)　業種に係る問題点／361
　(4)　間 接 税／361

　⑦　インドにおける一般的な税務デューデリジェンス ······ *362*

(1) 対象税目／362
(2) 税務デューデリジェンス実施の際の主要な書類／362

第8節　シンガポールにおける税務デューデリジェンス────*364*

1　税法および税目の概要 ……………………………………*364*
2　税執行状況の概観 …………………………………………*364*
3　租税の徴収権の時効（Statute of Limitations）
……………………………………………………………………*365*
4　ペナルティ …………………………………………………*366*
(1) 罰　　則／366
(2) 延　滞　税／366
(3) 自主的修正申告制度／367
5　M&Aの代表的手法に係る税務上の留意点 ……………*367*
(1) 株式買収／367
(2) 資産買収／369
6　グループ内組織再編に係る税制 …………………………*370*
(1) 合　　併／370
(2) 事業譲渡／371
(3) 買収関連費用の損金算入可否／371

第9節　香港における税務デューデリジェンス ────*372*

1　税法および税目の概要 ……………………………………*372*
(1) 事業所得税の概要／373
(2) 印紙税の概要／373
2　税執行状況の概観 …………………………………………*373*

3 租税の徴収権の時効（Statute of Limitations）
　　　　　　　　　　　　　　　　　　　　　　　　　　　　374

4 ペナルティ　　　　　　　　　　　　　　　　　　　　　374

5 M&Aの代表的手法と税務上の留意点　　　　　　　　　375
　(1) 株式買収／375
　(2) 資産買収／376

6 M&Aに関連するその他の論点　　　　　　　　　　　　376
　(1) 日本のタックスヘイブン対策税制／376
　(2) M&A後のグループ内再編／377

第10節　タイにおける税務デューデリジェンス────378

1 税制，税法と税目の概要　　　　　　　　　　　　　　378

2 税務調査の執行状況の概観　　　　　　　　　　　　　379

3 租税の徴収権の時効（Statute of Limitations）
　　　　　　　　　　　　　　　　　　　　　　　　　　　　381

4 ペナルティ（加算税，延納税）　　　　　　　　　　　381
　(1) 過少申告の場合／381
　(2) 無申告・未納付の場合／382

5 M&Aの代表的手法　　　　　　　　　　　　　　　　　383
　(1) 合　　併／383
　(2) 全部営業譲渡／383

6 欠損金の繰越期限，M&Aが行われた場合の使用
　制限　　　　　　　　　　　　　　　　　　　　　　　　384

7 オーナーシップ・チェンジに係る留意点　　　　　　384
　(1) 外国人事業法／384

(2) タイ国投資委員会による投資奨励／389

⑧ ストックディールとアセットディールの違い
（営業権認識，償却など） ……………………………… *389*

⑨ その他の留意事項 ……………………………………… *390*

(1) 構成員課税（パススルー課税）と事業体課税／390
(2) 過少資本税制と借入金利息の損金算入／390

第11節 インドネシアにおける税務デューデリジェンス ——— *392*

① インドネシアの税制の特徴 …………………………… *392*
② 租税の徴収権の時効（Statute of Limitations）
 ……………………………………………………………… *392*
③ ペナルティ ……………………………………………… *393*
④ インドネシアのM&Aの特徴 ………………………… *394*
⑤ 株主変更に関わる注意点 ……………………………… *394*
⑥ 営業権の償却 …………………………………………… *395*
⑦ 税務調査の特徴および税務デューデリジェンス結
 果に関する検討点 ……………………………………… *395*
⑧ その他の留意事項 ……………………………………… *398*

第12節 豪州における税務デューデリジェンス ——— *399*

① 税執行状況の概観 ……………………………………… *399*
② 租税の徴収権の時効（Statute of Limitations）
 ……………………………………………………………… *399*
③ ペナルティ ……………………………………………… *400*

4 M&Aの代表的手法 ……………………………………………… *400*

5 過少資産税制 ……………………………………………………… *401*

6 繰越欠損金 ………………………………………………………… *402*

7 無形固定資産の償却可能性 …………………………………… *403*

8 その他の税務デューデリジェンス上の留意事項 ……… *403*

 (1) ブラックホール支出（事業関連支出）／403
 (2) 印 紙 税／404
 (3) 包括的租税回避防止規定／404

9 買収後の税務 …………………………………………………… *405*

 (1) 配当金等に係る税制／405
 (2) 資本参加免税／406
 (3) グループ内再編／407
 (4) 非居住者に対するキャピタルゲイン税制／407

第13節　ブラジルにおける税務デューデリジェンス　*409*

1 税制，税法と税目の概要 …………………………………… *409*

2 租税の徴収権の時効（Statute of Limitations）および更正額の計算方法 …………………… *411*

3 ブラジルのM&Aの特徴（代表的な手法）と論点 … *411*

 (1) 株式買収／411
 (2) 資産買収（事業譲渡）／413
 (3) 株式買収と資産買収（事業譲渡）の論点／413

4 ブラジルの税務デューデリジェンスで発見されるリスク ……………………………………………………… *415*

 (1) 売上の過少申告／415

- (2) 異なる課税所得の計算方法を利用した節税プランニング／415
- (3) サービス税に係る税務リスク／416
- (4) 繰越欠損金（NOL）のクオリティの問題／416
- (5) PIS と COFINS に関連する税務リスク／416
- (6) ICMS に関連する税務リスク／416
- (7) 書類等の保管の不備に関連する税務リスク／417

5 その他の留意事項 …………………………………………417

- (1) 欠損金の繰越し／417
- (2) キャピタルゲイン課税／417
- (3) 移転価格税制／417
- (4) ロイヤルティ／418
- (5) 株主変更と税制恩典の継続／418
- (6) 農地の取得／418

補章　1 税務デューデリジェンスの事例

第1節　国内オーナー企業の買収事例 ――――420

Step 1　キックオフミーティング …………………………420

- (1) 本案件の概要／420
- (2) スケジュール／421

Step 2　税務デューデリジェンスの実施 ……………421

- (1) 調査対象範囲／421
- (2) 資料入手／421
- (3) 資料分析／422
- (4) Ｘ社へのインタビュー／422

Step 3　発見事項 ……………………………………………… *422*

(1) 法人税申告書の閲覧結果／422

(2) インタビューの結果／423

Step 4　O社への調査結果報告 ……………………………… *423*

第2節　上場会社同士の共同株式移転による経営統合事例 ———————————— *425*

Step 1　キックオフミーティング ……………………………… *425*

(1) 本案件の概要／425

(2) スケジュール／426

Step 2　税務デューデリジェンスの実施 ……………………… *426*

(1) 調査対象範囲／426

(2) 資料入手／427

(3) 資料分析／427

(4) B社および子会社へのインタビュー／428

Step 3　発見事項 ……………………………………………… *428*

(1) 法人税申告書の閲覧結果／428

(2) 法人税申告書の閲覧およびインタビューの結果／429

Step 4　A社への調査結果報告 ……………………………… *429*

補章　2　有価証券報告書から得られる情報

第1節　企業の概況 ———————————————————— *432*

1　主要な経営指標等の推移 ……………………………………… *432*

- 2 沿　　革 ………………………………………………… *433*
- 3 事業の内容 ……………………………………………… *434*
- 4 関係会社の状況 ………………………………………… *436*

第2節　事業の状況 ―――――――――――――――――*438*

- 1 業績等の概要 …………………………………………… *438*
- 2 対処すべき課題および事業等のリスク ……………… *438*
- 3 経営上の重要な契約等 ………………………………… *438*
- 4 研究開発活動 …………………………………………… *439*
- 5 財政状態および経営成績の分析 ……………………… *439*

第3節　設備の状況 ――――――――――――――――― *440*

第4節　提出会社の状況 ――――――――――――――― *441*

- 1 株式等の状況 …………………………………………… *441*
  - (1) 新株予約権等の状況／441
  - (2) 発行済株式総数，資本金等の推移／441
  - (3) 大株主の状況／441
  - (4) 議決権の状況／442
- 2 自己株式の取得等の状況 ……………………………… *444*
- 3 役員の状況 ……………………………………………… *445*

第5節　経理の状況 ――――――――――――――――― *446*

- 1 連結財務諸表等 ………………………………………… *446*
- 2 財務諸表等 ……………………………………………… *448*
  - (1) 貸借対照表／448

(2) 損益計算書／450
  (3) 株主資本等変動計算書／452
  (4) 重要な会計方針／453
  (5) 税効果会計に関する注記／455
  (6) 企業結合および事業分離等関係／456
  (7) 後発事象／457
  (8) 主な資産および負債の内容／457

補章 3 勘定科目別の留意点

第1節 損益計算書項目 ──────458

1 売　　上 ……………458
  (1) 売上計上基準／458
  (2) 売上計上漏れ／458
  (3) 売上割戻し／459

2 売上原価 ……………460

3 交際費等 ……………460

4 寄附金 ……………461

5 販売促進費 ……………461

6 役員給与 ……………462

7 人件費 ……………462

8 貸倒損失 ……………463

9 減価償却費 ……………463

28　CONTENTS

- 10　租税公課 ……………………………………………… *463*
- 11　受取利息 ……………………………………………… *464*
- 12　受取配当金 …………………………………………… *464*
- 13　支払利息 ……………………………………………… *465*
- 14　雑損失，特別損失 …………………………………… *465*
- 15　前期損益修正損 ……………………………………… *465*

第2節　貸借対照表項目 ─────────────── *467*

- 1　棚卸資産 ……………………………………………… *467*
  - (1)　棚卸資産の範囲／467
  - (2)　期末棚卸資産の額／467
  - (3)　棚卸資産評価損／468
- 2　売掛金・未収入金 …………………………………… *469*
- 3　有形固定資産関係 …………………………………… *469*
  - (1)　減価償却／469
  - (2)　資本的支出と修繕費／470
  - (3)　減損損失／471
- 4　投資有価証券等 ……………………………………… *472*
  - (1)　投資有価証券評価損／472
  - (2)　有価証券の譲渡損益／473
- 5　貸　付　金 …………………………………………… *474*
- 6　預り金・前受金 ……………………………………… *475*
- 7　借　入　金 …………………………………………… *476*
- 8　自己株式 ……………………………………………… *477*

<略語一覧>

法法：法人税法
法令：法人税法施行令
法規：法人税法施行規則
法基通：法人税基本通達
所法：所得税法
印法：印紙税法
登法：登録免許税法
地法：地方税法
地令：地方税法施行令
地法附：地方税法附則
通法：国税通則法
通令：国税通則法施行令
徴法：国税徴収法
徴通：国税徴収法基本通達
措法：租税特別措置法
措通：租税特別措置法通達
会更規：会社更生法施行規則

　たとえば，法人税法施行令第4条の2第1項第2号については「法令4の2①二」と表現する。

第 *1* 章

M&Aのプロセスにおける税務専門家の関与

第1節　M&Aにおけるデューデリジェンス

1　デューデリジェンスとは

　日本におけるM&Aマーケットの拡大とともに，M&Aを行う際にデューデリジェンスが必要であるということは常識となりつつあり，いくつか類型のある中で税務デューデリジェンスも必須の手続であると認知されてきている。本節では，税務デューデリジェンスの詳細な実務手続等を確認する前に，M&Aのプロセスにおいてデューデリジェンスがなぜ必要であるかという点について確認しておきたい。

　一般的にデューデリジェンスの必要性は，売手と買手の間にある情報の非対称性で説明される。すなわち，売手は対象事業の情報を知り尽くしているのに対し，買手は通常，ごく限られた対象事業の情報しか保有し得ない，ということを理由としてデューデリジェンスの必要性が認識されているところである。たとえるならば，買物（M&A）をするにあたって，その商品（対象事業）の品質等に関する情報を豊富に有する店員（売手）から情報を得るという行為が（買手サイドの）デューデリジェンスであり，そのデューデリジェンスの結果は，商品の売買（対象事業の売買）に際して，取引価格の算定根拠もしくは交渉材料として買手の意思決定に資するものとなる。なお，デューデリジェンスでの発見事項によっては，買収方法（ストラクチャー）の選択や契約締結取りやめ等の判断材料ともなり得る点も，デューデリジェンスがM&Aプロセスにおいて必須の手続として認識されている理由である。

　図表1－1にM&Aにおける売手と買手の一般的な特性をまとめている。

　売手は，M&Aを通じて対象となる事業を売却するため，一般的に，M&Aが行われた後は対象事業の運営に伴うリスクを負わず，取引を通じて対象事業

第1節 M&Aにおけるデューデリジェンス　**3**

図表1−1　M&Aにおける売手と買手の一般的な特性

	売手（Seller）	買手（Buyer）	
		ストラテジック・バイヤー	フィナンシャル・バイヤー
思惑	自分の事業が希望どおりの価格で売れること	買収した事業が戦略目的に沿って機能すること	投資効率のよい事業となること
情報量	知り尽くしている	限られている	
取引後	事業運営のリスクなし	事業運営のリスクを負う	
	売却後，その事業がどうなろうと関心はない	既存事業への波及あり	対象事業単独のリスクである場合が多い

　の価値が高く評価されることを望んでいる。一方，買手は，M&Aを通じて対象となる事業を自らの事業とするため，M&Aの時点から対象事業の運営に伴うリスクを負うことになる。事業会社である買手（以下，「ストラテジック・バイヤー」という）の場合には，対象事業が買手の既存事業との間でシナジーを生むことを期待していることが多く，既存事業との関連も含めて事業運営に伴うリスクを負うため，一般的に対象事業が買手の事業戦略に沿って機能することを望む傾向にある。これに対し，投資ファンド等の買手（以下，「フィナンシャル・バイヤー」という）の場合には，関連業種に投資しているケースもあるが，対象事業を単独で運営していくことも多く，対象事業の事業運営に伴うリスクを単独で負う傾向にある。この場合の関心は，投資案件としての対象事業がいかに効率よい投資案件となるか（資金を寝かせる期間に比して，どのような成果を上げられるか）という点に向けられる。

　また，売手は対象事業を自ら行っていたことから，対象事業のことを知り尽くしているが，買手は通常，公開情報等の対象事業に関する限られた情報しか保有し得ないという関係にある。この売手と買手における情報格差が情報の非対称性であり，これを解消するためにデューデリジェンスが行われる。情報優位にある売手は，情報格差を利用して売手に有利な条件の契約を締結しようという誘因が働くが，その一方で，情報劣位にある買手は，売手のそのような行動を嫌い，取引を敬遠する可能性もある（逆選択）。このように，情報の非対

称性のある状況では取引が成立しないことを売手も知っているため，売手は買手によるデューデリジェンスを受け入れることになる。

　上述したことは一般論にすぎず，売手であっても対象となる事業が合弁企業の場合には，パートナー企業同士の微妙な牽制が効くことから，パートナー双方が，取締役会等に報告される以上の情報を把握していないということもある。また，対象となる事業が売手において管理会計上は区分されているが，財務会計上は，より大きなセグメントの一部であり，対象事業単独の財務会計上の分析が十分になされていないというようなケースも存在する。実務上は，ここで述べられたような観点から，売手サイドのデューデリジェンスが行われることもある。

　また，売手は上述したように M&A を実行した後は，対象事業の事業運営に伴うリスクを負わなくなるため，買手の提示する価格のみに左右されると考えられるが，実際には，外資系の買手よりは国内系の買手を好んだり，対象事業の従業員等への配慮が厚い買手を好んだりすることもある。前者のパターンは，その産業が日本にとって重要であるほど強くなる傾向にある。後者のパターンについては，一般的には，関連のあるビジネスを手がけているストラテジック・バイヤーのほうが好まれると見られがちであるが，フィナンシャル・バイヤーが既存の枠にとらわれず究極の株主価値の増大を目指す結果，対象事業のビジネス面の各種制約を取り払い，従業員等が伸び伸びと事業運営をしていくことができるという可能性も秘めている。したがって，従業員等への配慮という観点からは，一概にストラテジック・バイヤーのほうが優っているということはできないという点は興味深い。

　情報の非対称性を解決する手段としての位置づけのほかにも，デューデリジェンスは，しばしば，取締役の善管注意義務（会330，民644）を果たすための手段と位置づけられることもある。かつては，デューデリジェンスが行われる前に M&A の取引条件等がすべて決定されており，デューデリジェンスは取締役が善管注意義務を果たしたことを裏づけるためだけに（形式的に）実施されているのではないかと思われる案件も少なからず見受けられたが，最近では，このような側面が色濃いデューデリジェンスの件数は，相対的に減少している印象がある。

2 デューデリジェンスの体系

　デューデリジェンスといっても多くの類型があるが，ここでは対象業務を基準とした区分と依頼主を基準とした区分の2つを紹介する。

　デューデリジェンスは法令等に基づいて，その内容が定められているものではなく，あくまで依頼主が必要性を認識した範囲で，デューデリジェンスの担い手と相談・合意した手続のみが実施されるものである。したがって，以下の対象業務を基準としたデューデリジェンスの区分が，すべての類型を表しているわけではなく，依頼主の必要に応じてここに挙げられていない業務を対象とすることも可能である。また反対に，ここに挙げられたすべての業務を対象とする必要もなく，すべては依頼主が必要と認識した範囲で行われるべきものである。つまり，依頼主はM&Aの対象となる事業の性質や売手サイドとの関係性等により，図表1－2のようなデューデリジェンス対象業務のうち必要なものを組み合わせることでデューデリジェンスをより効率的に実施することが可能となる。

図表1-2 デューデリジェンスの区分

対象業務を基準としたデューデリジェンスの区分

対象業務	主な担い手
財務	監査法人(系列のコンサルティング会社を含む)
税務	税理士法人
法務	弁護士
知的財産	弁護士/弁理士
ビジネス	コンサルティング会社/買手(ストラテジック・バイヤーの場合)
環境	環境コンサルティング会社
不動産	不動産鑑定士
人事労務	人事コンサルティング会社/社会保険労務士
退職給付	年金コンサルティング会社/監査法人
IT	システムコンサルティング会社/監査法人

依頼主を基準としたデューデリジェンスの区分

立場	特徴
売手	買手と比較して簡便(ハイレベル)な手続を実施する
買手	より詳細な手続を実施する

第2節　M&Aのプロセス

1　概　　要

　最近は減ってきたが，以前は，「税務デューデリジェンスは何をしているの？」「税務申告書のチェックをするだけなの？」というような声を寄せられることも多々あった。また，会計面のデューデリジェンスの一部として，貸借対照表上の未払法人税等の水準が税務申告書から導かれる法人税等の未納税額と比較して，どのような水準にあるのかという観点の検討が主眼であると認識されていた時期もあったように思う。これは会計面のデューデリジェンスが，一般に公正妥当と認められる監査の基準に準拠したものではないものの，会計監査の延長線上にあると位置づけられ，税務デューデリジェンスもその一環で行われるものと位置づけられていたことに起因すると考えられる。

　最近では，M&Aのマーケットが拡大し，それに応じて，M&Aに精通したプレイヤーが増加していることから，M&Aにおける税務専門家の関わり方や税務デューデリジェンスの意義が理解されてきていると思われるが，会計面のデューデリジェンスの担い手が急増する一方で，税務デューデリジェンスの担い手は緩やかな増加をしている実態から考えると，いまだに参入障壁の高い特殊な分野と位置づけられているのではないだろうか。

　本節では，税務デューデリジェンスの各論に入る前に，税務専門家がM&Aの各プロセスにおいてどのような関わり方をしているかを明らかにし，M&Aの各プロセスにおける税務専門家の果たす役割と税務デューデリジェンスの位置づけを理解していただきたいと思う。

2 一般的なM&Aのプロセス

　以下では，M&Aの一般的なプロセスを解説し，その中で税務専門家がどのように関わっているのかを解説する。

　M&Aは実に多くの形態を有しており，1つとして同じ取引はないと考えられるが，ここでは，M&Aの中でも入札方式による事業売却の一般的なプロセスを取り上げる。また，M&Aのプロセスにおける税務専門家の関与状況も千差万別であり，ここで述べている関与の状況は一例に過ぎず，実際の業務においては，M&Aの対象となる事業の性質等に鑑みて，依頼主がどのような依頼をするかによって関与する範囲が決まるということに留意されたい。

　なお，依頼主は，税務専門家を含む各アドバイザーに対象業務を依頼する場合においても，自社内にM&Aを統括する人員を配置することにより，対象事業の買収が自社に及ぼす影響をより詳細に把握し，デューデリジェンスの結果をより正確に経営判断に資するものとすることが可能となる。

(1) M&Aの可能性の検討
① プロセスの概要

　M&Aでは，売手が買手に接触することから始まるケースと，買手が売手に接触することから始まるケースとが考えられる。ここでは，前者の売手が買手に接触することから始まるケースを取り上げる。具体的には，売手企業の経営戦略の一環として，事業の選択と集中が議論され，その結果，本業以外の事業を売却することが決定されるというケースを考える。

　売手企業は，売却対象となる事業を管理会計上，適切に管理してきたが，M&Aを行う際に，その対象事業が買手候補者からどのような評価を受けるのか，評価の結果，どの程度の価値が実現するのかという観点で対象事業を分析したことはなく，正式な意思決定をする前にこの点を確認したいと考える。

　正式な意思決定を行うための社内における分析，分析結果を受けて買手候補者をどのように探していけばいいのか，M&Aを業としているわけではない売

手においては，これらの問題を自前で解決することは困難であり，アドバイザーを選任することになる。

　アドバイザーは，売手サイドのデューデリジェンスを実施し，その結果を売手の意思決定の参考情報として提供し，同時に，買手候補者に提示するための情報を整備する。買手候補者に提示する情報としては，売手企業の社名を伏せた最低限の情報のみを記載した企業概要書（以下，「ノン・ネーム・シート」という）と，社名も明示したうえで案件の初期的な検討をするために必要な基本的な情報を記載した案件概要書（Information Memorandum，以下，「IM」という）とがある。前者は，買手候補者が対象事業に関するM&Aに興味があるか否かを判断するためだけに用いられ，後者は，ノン・ネーム・シートに興味を示した買手候補者との間で秘密保持契約書（Confidentiality Agreement（CA）もしくはNon Disclosure Agreement（NDA）。以下，「NDA」という）を締結したうえで，開示することになる。

② 税務専門家の関与

　税務専門家は，売手側のアドバイザーに任命されることでこのプロセスに関与することになる。具体的には，売手サイドの税務デューデリジェンスを実施し，そこで得られた情報を売手の意思決定の参考情報として提示し，また，IMに織り込む税務関連の情報について，売手やフィナンシャル・アドバイザーと協議することになる。

　売手サイドの税務デューデリジェンスについては，依頼主である売手がどのような手続を望むかによって決まるが，過去の経験上，買手候補者から契約交渉上，重要な問題として指摘される可能性のある事象の識別に資する情報を収集することが目的となることが多い。

　また，売手サイドから見た事業売却のためのストラクチャリングの検討もこの段階で行われることが多く，事業売却の目的を達成するために最善の方法は何であるかを，売手サイドのデューデリジェンスで得た情報を踏まえたうえで考えていくことになる。こうして考えられたストラクチャリングのアイデアは，買手候補者に対して「売手としては，原則として，このような方式による売却を希望しています」と明示されることもある。

第Ⅰ章 M&Aのプロセスにおける税務専門家の関与

図表1-3 入札方式による事業売却のプロセス（例）

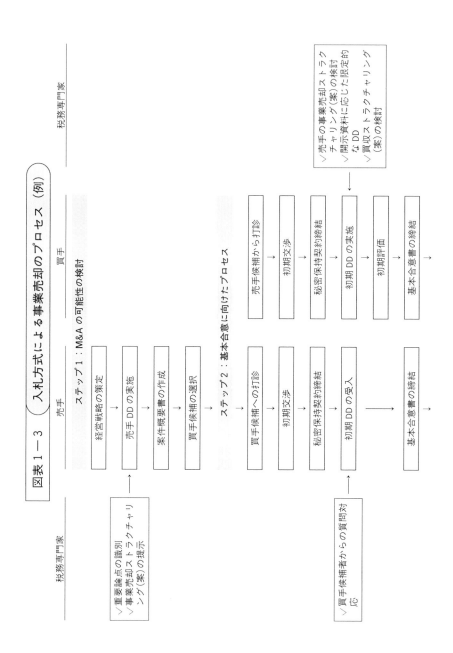

第 2 節　M&A のプロセス

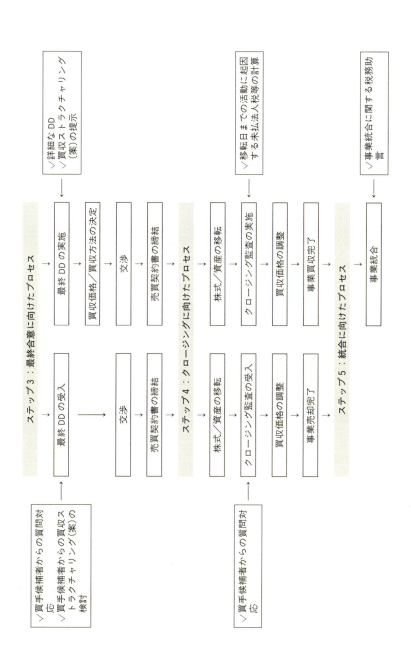

(2) 基本合意に向けたプロセス
① プロセスの概要
　ノン・ネーム・シートに対して興味を示した買手候補者と NDA を締結し，当該買手候補者には IM が提示される。

　この段階では，買手候補者は IM に記載された情報と初期的なデューデリジェンスから得た情報で対象事業を評価することになる。初期的なデューデリジェンスは，複数の買手候補者に検討の機会を平等に与えるために，質問シートを用いたやりとりを中心としつつ，質問数が限られることもある。また，インタビューの機会も限られており，検討可能な範囲は自然と限定されることになる。

　売手サイドにおいては，この段階では最終的な交渉相手となることが決まっていない同業他社が買手候補者となっていることもあることから，開示要求のあった資料のすべてを開示するのではなく，競合他社に知られることでビジネスへの影響の大きい内容等については，開示を差し控えることもある。

　買手候補者は，この過程を通じ対象事業の初期的な評価を行うことになるが，上述のとおり検討可能な範囲，開示される資料が限られることから契約の最終合意をするのではなく，契約に関する基本合意書（Letter of Intent（LOI）もしくは Memorandum of Understanding（MOU）。以下，「LOI」という）を締結するにとどまる。

② 税務専門家の関与
　買手サイドのアドバイザーとなる場合，通常，税務専門家はこの過程から関与が始まることになる。具体的には，売手サイドが提示する事業売却ストラクチャリングの検討および買手サイドの税務デューデリジェンスを実施し，そこで得られた情報を買手の意思決定の参考情報として提示することになる。

　買手サイドの税務デューデリジェンスについても，依頼主である買手がどのような手続を望むかによって決まるが，過去の経験上，初期段階における買手サイドのデューデリジェンスについては，情報が限られていることから，限定的な手続にならざるを得ないケースが多い。また，応札にあたって，買収価格の提示のほかに，買収ストラクチャー（案）の提示を求められることも多いた

め，買収のためのストラクチャリングに資する情報も可能な限り収集することになる。

一方，売手サイドのアドバイザーである税務専門家は，この段階においては，買手候補者によるデューデリジェンスの対応を後方支援することになる。具体的には，買手候補者から寄せられる質問への対応をサポートすることが多くなる。

(3) 最終合意に向けたプロセス
① プロセスの概要

応札した買手候補者のうち，売手によって選ばれた候補者がLOIを締結し，最終合意に向けたプロセスへ進むことになる。

この段階では，買手候補者は通常1社に絞られており，より詳細なデューデリジェンスを行うことになる。ある程度の時間的な制限はあるものの，買手候補者が重要な部分で納得するに足りる情報が開示されることになる。

この過程を通じて，売手と買手の情報格差は重要な部分において解消され，それを受けて売買契約書（最終契約書）が締結されることになる。売買契約書締結の過程は，まさに交渉であり，双方の法務アドバイザーが中心となって進めることが多いが，各種デューデリジェンスの結果を契約書に織り込む作業を通じて，各種デューデリジェンスに関与したアドバイザーにも意見を述べる機会がある。

② 税務専門家の関与

買手サイドのアドバイザーである税務専門家は，この過程において，買手サイドのより詳細な税務デューデリジェンスを実施することになる。繰り返しになるが，税務デューデリジェンスは依頼主がどのような手続を望むかによって決まることになるが，過去の経験上，この段階における買手サイドの税務デューデリジェンスは，初期段階のデューデリジェンスにおいて開示が制限されていた資料の閲覧や回答を得ることのできなかった質問のフォローを通じて，手続を進めていくことが多い。この段階のデューデリジェンスを通じて得られた情報は買手候補者の意思決定の参考情報として提示されることになるが，最

終的には，売買契約書上の買収価格や売手による表明保証，ストラクチャリングの検討に活かされることになる。

　また，買手サイドのアドバイザーはこの段階において，買収のためのストラクチャリングの検討も行うことが多い。仮に売手が想定しているストラクチャーと異なるストラクチャーを提示する際には，売手と買手の双方における税務上の取扱いの差異を明示し，売手が納得できる状況を作ることで，交渉がスムーズに進むこともあるため，情報収集に制約のない場合には，このような試みが求められることもある。

　一方，売手サイドのアドバイザーである税務専門家は，この段階においても，初期段階の買手候補者によるデューデリジェンスと同様に，買手候補者によるデューデリジェンスの対応を後方支援することになる。

　また，売買契約書締結の段階においても，買手候補者の提示してきた内容に関する税務専門家としての意見を述べることが多くなる。

(4) クロージングに向けたプロセス

① プロセスの概要

　売買契約書の締結日と株式や資産・負債の移転日は，一致するとは限らず，契約書上は，一定の基準日を設けて，その時点の財政状態等をもとに売手と買手において買収価格に関する合意をすることがある。そのうえで，契約書上の基準日から株式や資産・負債の移転日までの変動については，実際に移転が行われた後に，移転日を基準とした調査（以下，「クロージング監査」という）を実施し，買収価格を調整することになる。

　この買収価格の調整が終了することで，売手による事業売却のプロセスが終了する。

② 税務専門家の関与

　買手サイドのアドバイザーである税務専門家は，この過程においては，買手からの依頼に基づきクロージング監査を実施することがある。株式や資産・負債の移転日は，税務申告をなすべき時期（事業年度末）と重なるとは限らず，税務申告書の内容を確認することができない場面は多いが，事業年度の中途で

あっても、移転日までの活動に起因する課税所得をもとに未払法人税等を計算し、それを負債（還付の場合には資産）として認識したうえで価格調整を行うこともあるため、税務専門家の関与が必要となることがある。

一方、売手サイドのアドバイザーである税務専門家は、上記の各段階と同様に買手の対応をする売手に対して、必要に応じてアドバイスをすることになる。

(5) 統合に向けたプロセス
① プロセスの概要
統合に向けたプロセスは、買手において事業買収が完了した後に行われる手続であり、買手が同様の事業を保有している場合に、買手の既存事業と買収した事業を統合し、より高いシナジー効果が得られるための方策を練る過程である。

② 税務専門家の関与
事業統合の方策としては、経営統合までも含めた合併等の組織再編を行うこともあれば、組織形態はそのままに事業運営のみを統合することも考えられる。これらを検討していく過程では、ビジネス上の影響、法務（行政対応を含む）上の影響、会計上の影響、税務上の影響等を総合的に評価する必要がある。

この意思決定の過程において、買手の依頼に応じて、税務上の影響を助言することが買手サイドの税務専門家に求められる。また、このような検討は、事業買収が完了した後に行われることもあれば、事業買収を行う前から検討を行うこともあるため、買手サイドの税務専門家としては、買手からの依頼内容に基づき必要な段階で対応する必要がある。

第3節　他の専門家との連携

　第1節2で述べたとおり、デューデリジェンスは対象業務を基準として区分することができるが、いずれのデューデリジェンスも観点が異なるだけで、同じ取引を検討対象とすることがあり、業務を効率的に進めるためにはデューデリジェンスの各対象業務の担い手間で互いに情報交換をすることが有用である場合が多い。

1　会計デューデリジェンスとの連携

　税務申告が会計処理に申告調整を加えることで行われることから、会計デューデリジェンスと税務デューデリジェンスの関係の深いことは理解できるところがあるが、実際の業務においても、最も密に連携を取ることが多くなっている。

　具体的には、対象事業のビジネス面の理解とその理解をベースにした会計処理の理解を共有することを頻繁に行っている。第3章で述べられているとおり、最近の税務デューデリジェンスのアプローチとしては、ビジネスの理解とその理解をベースにした会計処理の理解の重要性が認識されているところであり、これを実現するためには、欠かすことのできない連携といえる。会計デューデリジェンスの担当者から話を聞くばかりではなく、税務デューデリジェンスを実施する過程で得られた情報を会計デューデリジェンスの担当者にも伝えつつ、ディスカッションをすることで互いに深い理解を得られることも多い。

　資料の整備状況によっては、資料を共有することが必要となることもあるが、会計デューデリジェンスの過程で発見された税務上の検討を要する取引の報告を受けたり、逆に、税務デューデリジェンスの過程で発見された会計上の検討

を要する取引の報告をするような体制を整えておくことが大切である。

その他に，会計の専門家が，会計面から事業計画の作成または検討をしている場合には，税務専門家にタックス・プランニングに関するサポートを求められることもある。

2 法務デューデリジェンスとの連携

税務デューデリジェンスの過程で，弁護士と契約内容の確認をすることがある。税務上の検討を要する契約書に関しては，税務デューデリジェンスの手続としても独自に契約書を入手することが多いが，弁護士が入手した契約書を参照することで効率的に業務が進むことがあるためである。

また，税務デューデリジェンスの過程で法的に検討を要する必要があると考えられる取引がある場合には，弁護士に取引内容を伝えることもあり，逆に法務デューデリジェンスの過程で関係会社間の不適切な契約内容等が発見され，その報告を受けることもある。

その他に，売買契約書等の作成において主導的な立場にある弁護士とは，契約内容に関する打ち合わせ等を通じて連携を取ることが多い。

3 その他のデューデリジェンスとの連携

その他のデューデリジェンスとは，ストラクチャリングの検討に関連して，税務上の含み損益を把握するために不動産等の時価情報や退職給付引当金に関連する情報等の提供を受けることがある。

第4節 税務デューデリジェンスを行わなかったケース

　まず，各論に入る前に，ここでは，税務デューデリジェンスを適正に行わなかったために生じた失敗例を紹介し，税務デューデリジェンスの重要性についてあらかじめご確認いただくこととする。

＜買収時＞
　A社は服飾販売を営む法人である。オリジナルの服飾の販売に加えて，海外ブランドのライセンス販売も行っており，近年，その売上高は順調に推移し，出店も積極的に展開していた。
　一方，A社の親会社であるP社を含むグループは，重工業を中心としたコングロマリットである。グループ内では，A社は多業種展開の一環として位置づけられていたものの，本業の重工業の業績は芳しくなく，いわゆる選択と集中というキーワードのもと，当座の資金繰りなども考慮し，A社を売却することとした。
　広告業を営む上場企業のB社は，A社の将来性と，ブランドの価値に魅力を見出し，本業とのコラボレーションも見込めるとして，買収することとした。当該買収にあたっては，契約書の締結などで外部弁護士の関与はあったものの，財務に関しては，B社の財務部のメンバーが連結決算に与える影響を検討したのみで，外部の専門家を起用しての財務および税務デューデリジェンスは行わなかった。

＜買収後の業績悪化＞
　A社買収後，当初1年間は，予想どおりの業績を上げることに成功し，出店も計画どおり加速させた。しかし，突如生じた金融不況の影響，少子化の影響，さらには格安ブランド服飾の台頭により，その後半年足らずで急速に業績が悪化し，資金繰りにも窮し，債務超過に陥ってしまった。

第4節　税務デューデリジェンスを行わなかったケース　**19**

　B社は，本業とのシナジーを見込んで買収したものの，その効果は限定的で，数字に大きく現れるものではなかった。A社のてこ入れをするにしても本業とは違うことから効果が見込めるか不安でもあった。また資金的にも余裕は少なかったため，親会社として増資などの金融支援を行うこともできなかった。そこで，債務超過子会社が連結決算と株価へ与える影響を考慮して，決算前にA社を切り離すことを決定し，決算前に法的整理を申し立てることとなった。決算前に法的整理を申し立てた子会社は，連結決算上は取り込まなくてもよいという判断である。結局，B社にとっては，1年半前に買収で投下した資金を回収することはできなくなったものの，B社の今期の決算のほうが重要であったということである。

＜スポンサー選定＞

　申立て後は，複数のスポンサー候補による数回のビットが行われ，最終的なスポンサーは服飾販売業を営む同業のC社になった。C社は，法務，財務，税務の専門家を起用し，詳細なデューデリジェンスを行った。その結果，C社からは，減増資によるA社買収ではなく，事業譲渡が提案された。申立代理人は，残されるA社の処理等を考慮し，難色を示したものの，提示された価額は事業譲渡のほうが高いことから，事業譲渡＋清算型の再生計画が作成された。

　民事再生計画認可決定後，再生計画に従って，事業譲渡が行われ，スポンサーが譲渡対価として投入した資金は，清算にかかるコストを除き，債権者への弁済に充てられた。

＜税務調査＞

　債務弁済後，A社は解散し，A社の元役員であるS氏を清算人として清算手続に入ったのであるが，清算手続中に，消費税の還付手続に伴う税務署の税務調査が入った。その調査では，形式上，源泉所得税の調査も行われたのであるが，あろうことか，過去数年間にわたって，ブランドのロイヤルティ支払にかかる源泉所得税の一部が納付漏れであったことが発覚してしまった。A社の経理担当者は，税務知識がなかったわけではないのであるが，勘違いで徴収および納付しなくてよいと思い込んでいたらしい。また，A社には顧問税理士はい

なかった。

　未納税額は数億円に上るものであったが，すでにA社は債権者に債務弁済を行った後であり，手元には家賃，弁護士費用などに備えた数百万円しか残っておらず，納税資金が不足することは明らかであった。そこで，税務当局は，最低限必要な資金の支払期間等を考慮後，滞納処分を執行し，預金を差し押さえた。さらに，清算人は第二次納税義務を負うことから（第2章第3節参照），清算人報酬の妥当性のみならず，清算人の個人の預金口座まで徴収調査の対象になってしまった。

　S氏は，収入の当てのないA社を離れて，別の法人での勤務を視野に入れていたものの，その後数ヶ月間にわたり，この調査対応に追われ，個人的な負担は多大なものであった。さらに，清算手続自体が，この滞納処分手続が終わらない限りは終了させることができず，関与している弁護士も，収入がないままに関与し続けなければならないという状況になってしまった。

　なお，スポンサーとして事業を譲り受けたC社は，その事業譲渡対価が妥当であるか確認されたものの，第三者取引であることから，低額譲渡による第二次納税義務を負うことはなかった。

　最終的には，国税の滞納処分は，1年以上経過後に，国税徴収法第153条による国税債権の放棄手続を得ることができたのであるが，すぐに清算手続が終わると見込んでいたことから，解散前に地方税の休眠届出を出しておらず，国税債権の放棄手続が終わるまでの間，地方税の均等割の未納が膨らみ，今度はそちらの放棄手続を行わなければ清算結了できない，というおまけつきであった。

＜まとめ＞

　この事例から，何を学べるであろうか。

　A社を買収したB社が，その買収時に税務デューデリジェンスを行っていなかったこと，が最大の教訓であろう。もし税務デューデリジェンスが税務専門家の手によって行われていれば，A社のビジネスにブランド品の販売が含まれていることから，ロイヤリティにかかる源泉所得税の納税の適正性を確認したであろうことは想像がつく。

また，A社を買収後，B社は積極的にA社の税務コンプライアンスにも関わるべきであった。税理士を税務顧問として関与させ，日常の取引にかかるレビューを行わせるべきであった。そうすれば，源泉所得税手続についての指導が得られたに違いない。

　あるいは，法的整理申立て前に，売主側としてのデューデリジェンスを行う，という方法もあったかもしれない。特に，本事例のように，長年にわたり第三者の視点が入っていないような場合は，自己では気づかぬ思わぬリスクが洗い出せる可能性があり，売手にとってもデューデリジェンスは有効になる。

　一方，スポンサー候補として事業を譲り受けたC社は，デューデリジェンスをしっかり行ったため，おそらく，源泉税未納のリスクを把握していたのであろう。したがって，減増資ではなく，事業譲渡を提案してきたものと考えられる。

　もし，C社が適正なデューデリジェンスを行っていなかった場合は，A社を減増資で買収したであろうが，A社に後日の税務調査が入ったときに，源泉所得税の未納税額を誰が負担するのか，という議論になったであろう。民事再生であるため，スポンサー資金を債権者から取り戻すわけにもいかず，旧株主であるB社に損害賠償を求めることができるか等の議論になったかもしれないが，B社としても資金の持ち出しになってしまうことから，相当の抵抗が想定される。

　このように，税務リスクは，それが顕在化した場合，多大な金額に及ぶ可能性があるばかりか，関係者にも過重な事務負担を生じさせ，場合によっては企業のレピュテーション（評判）にも及ぶ重大なリスクである。

　そのリスクに対処するためにも，税務デューデリジェンスが重要であるし，買収後の適正な税務コンプライアンス管理も重要となってくる。

　本書では，以下，税務デューデリジェンスの持つ意味，法的な整理，手続，さらに買収後のコンプライアンス管理など，多岐にわたり，実務に即した形で解説を加えていくこととする。

第2章

M&A取引における税務リスクの概要

買収・統合・事業再生等をはじめとする M&A を実施するにあたり，会計・法務・ビジネス等の分野と並んで税務分野に関するデューデリジェンス（「税務デューデリジェンス」）が行われることは第 1 章において述べたとおりである。通常，税務デューデリジェンスは，買手やスポンサーが，買収・支援対象会社の税務リスクを識別するために実施される。

ここで M&A 取引における税務リスクとは，一般的には M&A の対象会社・対象事業の過去の税務処理（申告書の記載内容，届出の漏れ等）の内容に誤りがあり，その過ちが後に露見して，予期していないデメリットを負うことを指すことと考えられる。本章ではこの税務リスクの概要について解説することとする。

なお，税務デューデリジェンスは税務リスクの把握のみに終始するわけではなく，把握された対象会社の税務ポジションをもとに，税務ストラクチャリング（M&A スキームの策定に関する税務の観点からの検討）に役立てる目的もあることを指摘しておきたい。

第 1 節　後日の税務調査に伴う税務リスク

「税務リスク」のうち典型的なものとして，買収後に税務調査が行われ，過去の税務申告書の調査をされた結果，誤りが発見され，その結果加算税・延滞税を含む追徴を受けたり，あるいはその追徴の事実が何らかの原因により他の知ることとなり，対象会社もしくはその親会社の評判を落としたりといったことが考えられる。なお，税務調査に関する時間的な広がり（過去何年分遡られる可能性があるのか）に関する説明については第 4 章に譲ることとしたい。

税務リスクは，訴訟リスク・環境リスクのようないったん顕在化したら企業の屋台骨を揺るがすようなインパクトの大きな事故につながる可能性は相対的にあまり高くないものの，税務調査はかなりの確率で行われるため，リスクが顕在化する可能性は比較的高いと考えられる。図表 2 − 1 にイメージ図を掲げた。あくまでも税務リスクの相対的な位置づけを説明するためのイメージであ

図表2−1　税務リスクの位置づけのイメージ

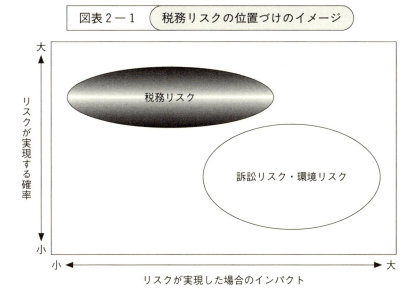

り，訴訟リスク・環境リスクのすべてが発生可能性が低いわけではない点に留意されたい。

以下では，M&A後の税務調査に伴って顕在化する可能性のある税務リスクについて主要な項目ごとに説明する。

1　法人税等

　法人税はその税率が他の税目に比べて高いこともあり，他の税目に比べて相対的に重要性が高いといえる。住民税法人税割や事業税（所得割・付加価値割）も法人税の処理と連動する項目が多いため，これらも合わせると買収後のキャッシュフローに与える影響が非常に大きいといえる。税務調査は会社の規模・状況によって行われる頻度がまちまちであるため，一概にどの程度の頻度で行われるかはいえないが，通常，課税所得や企業規模が大きい企業について

は，相当多額な繰越欠損金が生じている場合を除き，少なくとも3年に一度程度は行われているというのが一般的なところではないだろうか。また，中小法人等を除いて，繰越欠損金は当期課税所得の50％までに段階的に制限されることとなった（2018年4月1日以後開始事業年度から）。このため，多額な繰越欠損金を有する法人についても，今後は法人税等のリスクについて，より重大なものとして捉えるべきケースが増えると考えられる。

特に法人税等は，ルールも複雑かつ頻繁に改正されるので，改正を見過ごして処理を誤ってしまうケースもある。また，管理体制が十分でない会社や新しい事業を開始したばかりの会社については，重要な税務処理の誤りが見られる蓋然性が高く，特に注意が必要となる。

2 消費税

従来から金融業・不動産業など課税売上割合が低く仕入税額控除の全部または一部が制限される会社においては，消費税に関する税務リスクの重要性は高かった。さらに，今後消費税の税率引上げが予定されている（2017年4月から10％に増税予定であるものの，その増税施行日等については変更される可能性がある）ため，企業税務における消費税の重要性が増大していくことが予想される。

金融業・不動産業以外の業種についても，今後は消費税に関する意識を高めざるを得ない改正が行われている。すなわち，いわゆる「95％ルール」（課税売上割合が95％以上の場合に仕入税額全額の控除を認めるルール）が，課税売上高が年5億円超となる事業者については廃止された。

従来，課税売上割合が100％近くあるような事業者については，課税売上げ・非課税売上げの判定を多少誤ったとしてもこの95％ルールの存在により税額への影響が生じなかった。しかし，今後95％ルールの適用対象が大幅に絞られることにより，売上の課非判定や仕入税額の課税売上対応区分の誤りが，ただちに追徴税額発生に結びつくこととなるケースが増えることとなる。

3 源泉所得税

　課税所得が発生していない企業であっても源泉所得税の対象となる支払は通常行われており，リスク要素となる。特に非経常的な支払については処理誤りが発生する可能性が高くなるため注意が必要である。海外への支払があるときは租税条約の適用など税務上の取扱いが特殊な場合が多く，誤りが生じやすい。

4 印紙税・過怠税

　印紙税は通常それほど多額に上ることはないが，業種によっては多くの課税文書を取り扱うこととなるので，総額としての影響額が多額に上る可能性がある。印紙税は課税文書の作成の時までに印紙を貼付し，消印することにより納付が完了する（印法8①）。また印紙税の納付漏れがあった場合，過怠税が賦課される。過怠税は，本来の印紙税額の3倍である（印法20）。ただし，調査を受ける前に自主的に納付漏れを申し出た場合には過怠税は1.1倍に軽減される。印紙を貼付したが消印漏れがある場合にも1倍の過怠税が課される。印紙税の納付漏れの場合は未納本税の納付は行われず，過怠税の支払のみが行われる。適正に納付された印紙税は法人税の課税所得計算上損金算入とされるが，納付漏れがあった場合の過怠税は全額が損金不算入となる（法法55③）。
　通常，印紙税の額が大きい業種は金融業に多く，一般的には管理レベルに問題があるケースは少ないが，帳票の変更などに伴う処理には注意が必要である。

5 関　税

　業種・企業の活動する国によっては関税が大きなインパクトを持つ場合がある。特にヨーロッパなどでは，伝統的に関税について税務調査等で問題となるケースも多く，そちらに子会社を有していたりする場合には注意する必要がある。また，一般的な税務と異なっており，規定も複雑であるため，関税の専門家の関与が必要となる。

6 加算税・延滞税

　税務調査に伴って，法人税をはじめとする申告納税方式による税の申告・納付漏れがあった場合や源泉徴収所得税について納付漏れがあった場合に，本税のみならず加算税や延滞税が課されることとなる。

　加算税には税目や納付を怠った状況により，以下のとおりさまざまな種類の加算税が存在し，行政制裁の性格を有するものとされている。加算税は法人税等の課税所得の計算上損金不算入である（法法55③）。

　図表２－２にあるとおり，正当な理由がある場合には加算税は免除されるが，現実には正当な理由による納付漏れであると認められるケースはまれである。

　また，納付漏れがあった場合，延滞税も課せられることになる。延滞税については，納付が遅れたことに関する遅延金利の意味合いがあるとされている。延滞税は法人税等の課税所得の計算上損金不算入である。

　延滞税の額は，未納税額に延滞税率を乗じたものが法定納期限から完納の日まで課されるのが原則である（通法60）。延滞税率の基本税率は納期限の翌日から２か月までは年7.3％，それ以降完納の日までは年14.6％とされている。ここで納期限とは，期限内申告に伴う納付の場合はその法定納期限（通法35①），期限後申告・修正申告に伴う納付の場合は申告日（通法35②一），更正・

図表2－2　加算税の種類

税　目	種類	内　容	税　率
法人税・消費税・申告所得税等	過少申告加算税（通法65）	期限内申告書が提出された場合において，修正申告書の提出または更正があったとき	増差本税の10％（ただし追加納付税額が①②のいずれか多額なほうを超える場合はその超過額については15％ ①　期限内申告税額 ②　50万円） 正当な理由がある場合および自発的に修正申告を行った場合は免除（注1）
	無申告加算税（通法66）	無申告または期限後申告の場合（それらについての修正申告または更正を含む）	本税の15％（ただし納付税額が50万円を超える場合は超過額について20％）（注2） 正当な理由がある場合は免除 期限内申告書を提出する意思があったと認められる一定の場合，かつ，期限後申告書の提出が法定申告期限から2週間以内に行われたときは免除 自発的に期限後申告を行った場合は5％に軽減（注1）
源泉所得税	不納付加算税（通法67）	期限後納付の場合	本税の10％ 正当な理由がある場合は免除 期限内に納付する意思があったと認められる一定の場合で，かつ，法定納期限から1か月以内に納付されたときは免除 自発的に期限後納付を行った場合は5％に軽減
共通	重加算税（通法68）	事実の仮装・隠蔽がある場合	過少申告加算税が課されるケース：増差本税の35％（注2） 無申告加算税が課されるケース：本税の40％（注2） 不納付加算税が課されるケース：本税の35％ （重加算税が課せられるときは他の加算税は課せられない）

（注1）　税務調査通知後の自発的申告については，過少申告加算税は5％（期限内申告税額と50万円のいずれか多い額を超える部分は10％），無申告加算税については10％（納付税額が50万円超の部分は15％）とされる（2017年1月1日以後法定申告期限到来分より）。

（注2）　期限後申告・修正申告（更正予知に限る）・更正・決定があった場合に，過去5年内に同一税目について無申告加算税（更正予知に限る）・重加算税を課されているときは，無申告加算税または重加算税を10％加重する（2017年1月1日以後法定申告期限到来分より）。

決定・納税の告知に伴う納付の場合は通知・告知の日の翌日から1か月（通法35②二，36①，通令8①）となる（図表2－3）。ただし，延滞税率の基本税率の7.3％は，各年の特例基準割合（毎年，短期貸出約定平均金利に連動して改訂される）が7.3％未満である場合には，その年中については特例基準割合に1％を加算した割合（7.3％を超える場合は7.3％）になる（措法94）。同様に特例基準割合が7.3％未満の場合，14.6％の部分についても特例基準割合に7.3％を加えた割合となる。たとえば，2015年，2016年中の特例基準割合はいずれも，1.8％であるため，「7.3％」「14.6％」に対応する部分はそれぞれ「2.8％」「9.1％」となる。

なお，延滞税の計算方法として法定納期限から完納の日まで課されるのが原則であるが，偽りその他不正の行為があるような場合を除き，「控除期間」というルールが適用され，計算対象期間の上限を1年間としている（通法61）。なお，災害等特別な場合は延滞税の免除の規定がある（通法63）。

また，申告書の提出期限の延長が認められた期間については，延滞税の対象となる期間には算入されず，代わりに7.3％または特例基準割合により利子税

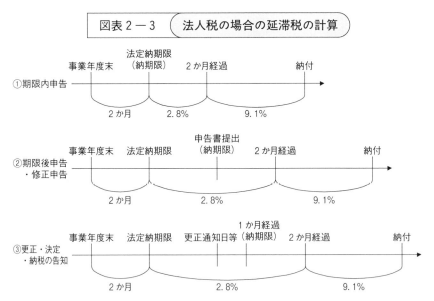

図表2－3　法人税の場合の延滞税の計算

（注）　申告期限の延長なし，特例基準割合1.8％，控除期間はないものとする。

が課される（通法64①②，法法75⑦，措法93）。利子税はペナルティとしての性質がなく，損金算入可能である。

地方税にも国税と同様の加算金・延滞金制度が存在している。

7　その他の税金

主に地方税となるが，事業所税・不動産取得税・固定資産税といったようなその他の税目についても重要性がある場合には適宜検討することがある。

また，石油石炭税・揮発油税・入湯税・ゴルフ場利用税といった業種特有の税目も存在し，留意が必要となる。また地方税については各自治体が独自の税や優遇措置等を設けていることがあり，重要性がある場合にはよく調査を行う必要がある。

8　国際税務

経済のグローバル化とともに，海外との関わりをもつ企業は増加の一途をたどっている。国際税務と一口にいっても幅広いのであるが，海外との関連では次のような点が問題となる。

(1) 移転価格税制

わが国でも近年移転価格税制の執行が厳格化しており，日本企業に対する移転価格税制に基づく非違事項の指摘がメディア等でも多く見られるようになっている。移転価格税制はクロスボーダーの関連者取引における取引条件の妥当性に係るものである。クロスボーダー取引の規模が近年拡大している企業も多く，その意味では移転価格税制に関連して非違事項が発生するとそのインパクトは莫大なものとなることが多い。

移転価格税制は租税特別措置法に規定されており，れっきとした税法であるが，その内容は純然たる税法の解釈問題のみならず，さまざまな経済分析の手法を用い，かつ事業内容・業界慣行等のビジネス面への理解が必要になることから，税務専門家と経済学専門家（エコノミストと呼ばれる）の双方からなる移転価格税制専門チームでない限り到底対応することができない。また，クロスボーダー取引を取り扱うだけに，少なくとも１か国は取引相手となる外国が関与してくるため，相手国での移転価格税制専門家との連携も十分に必要となる。したがって，卓越した語学力と各国移転価格税制専門家との濃密なネットワークも欠かすことはできない。

　2016年度税制改正により，わが国では，OECDの「BEPSプロジェクト」の行動計画に対応して示された勧告を踏まえ，移転価格税制に係る文書化の規定も措置されており，ますます重要性が高まっていくと考えられる。

(2)　タックスヘイブン対策税制や組織再編税制等

　日本企業が海外企業の買収等を行う場合，買収する企業グループの中に軽課税国に所在する会社がある場合には，タックスヘイブン対策税制の適用対象になる可能性がある。同税制における実効税率の判定は，原則として，法定実効税率によるものではなく，その事業年度ごとの実際の税負担率に基づいて行うため，毎年度判定を行う必要がある点に留意が必要となろう。このためには各国の現地税制を検討する必要があるが，実際の税負担率を把握するためには，法定実効税率のみならず優遇税制適用の有無や課税所得の計算体系についても，現地税制の専門家を活用しつつ税制改正の動向も含めてタイムリーに検討を行う必要がある。

　また，日本企業による海外企業のM&Aにあたっては，買収の前後に，買収対象企業の事業再編・株式売却などが行われるケースが少なくない。買収前に行われるケースは，買収対象事業と被買収対象事業が同一会社に混在していて，事前に事業移転等により混在状態を解消しておく必要がある場合などが考えられる。買収後の再編は，たとえば，買収対象会社と同一国内に既存子会社が存在している場合に，両者を合併などにより統合するようなケースがあろう。

　買収前の再編等においては，再編により思わぬ課税関係が生じないかという

点について，主として現地税制の観点から検討を行う必要があり，仮に非経常的な課税が生じる場合には，買収意思決定にあたっての企業価値算定などに十分反映させる必要がある。

　買収後の再編についても，同様に現地での課税インパクトに留意することは当然であるが，同時に，たとえば，日本企業が株式を直接保有している海外子会社の組織再編にあたっては，より直接的にわが国の課税関係が生じてくることも考えられる。たとえば，外国に所在する100％子会社たる買収対象企業を既存外国子会社に統合する場合について，統合がわが国の事業譲渡と通常清算の組み合わせに相当する取引にすぎないと評価される場合には，買収企業である日本企業においてみなし配当および譲渡損益の計上を行う必要があるため，大きな課税インパクトが生じることとなる可能性もある。

　これらの税制（ほかに外国子会社受取配当益金不算入制度や外国税額控除制度などもある）もわが国税法の一部であるが，やや特殊な分野であるため，税務専門家の中でも経験が豊富な者により対応する必要がある。

(3)　諸外国の税務

　対象会社が海外に重要な子会社・支店等を有している場合には，それらのリスクやM&Aによる課税インパクトの把握のため，各国における税務デューデリジェンスも必要になることがある。世界レベルで会計基準のコンバージェンス（収斂）が進む会計の分野と異なり，税法は各国が独自の税制ルールを保持し，EU諸国にみられる一部の動きを除き，収斂する気配はない。したがって，これら外国子会社・支店については該当国の税務専門家がデューデリジェンスを実施する必要がある。

　通常，税務デューデリジェンスを実施する税理士法人では，各国の会計事務所と提携し，各国のM&A税務専門チームとネットワークを形成して日常から連携している。

9 金銭以外のリスク

　上述したようなポイント以外にも、課税漏れが生じたり滞納が生じたりしている場合にそれがメディア等で報じられ、その企業の評判を落とすといういわゆるレピュテーション・リスクが考えられる。悪質な税逃れをしたと捉えられると、ビジネス上の観点からもマイナスとなる。
　また、M&Aに伴って過去の事情を知る担当者が退職してしまい、税務調査時には過去の事情がわからず十分な疎明ができないというケースも少なくない。事業譲渡スキームの場合にも、担当者は事業譲渡に伴い退職してしまったために、毎年行うべきその事業特有の税務調整（特に営業取引に関する税務調整）の方法やその経緯がわからなくなるケースがある。このような事態を避けるためにも対象会社・対象事業の税務デューデリジェンスを行い、その際に疎明資料に不十分な箇所が発見されれば、対応を考えておく必要がある。

第2節 M&A取引自体に起因する税務リスク

　M&A独特の税務リスクとして，M&A取引自体に起因して生じるものがある。M&Aにより対象会社およびその子会社等の支配権が第三者である買手側に移行することや，M&Aにまつわる組織再編から生じるものである。一般的には図表2－4のイメージ図のとおり，非経常的な取引であるM&A取引は税務処理の中でも誤りが生じる可能性が高いと考えられる。

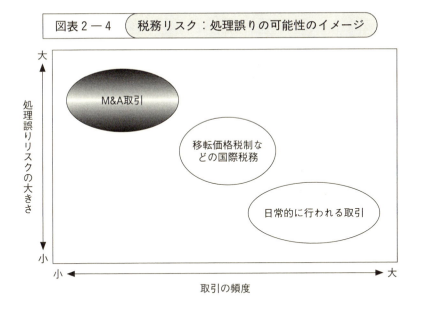

図表2－4　税務リスク：処理誤りの可能性のイメージ

　詳細は後の章に譲るとして，よく問題になる例として以下のような場面を指摘しておく。税務デューデリジェンスは，想定されるM&Aスキームによって税務上の問題が生じないかどうかという観点からも実施される必要がある。

1 組織再編税制に係るリスク

　M&Aに関連して合併等の組織再編行為が行われることが多い（図表2－5）。この場合に，ステップ2の合併は100％グループ内の再編として適格合

図表2－5　SPCを利用した買収スキームの例

ステップ1：株式取得

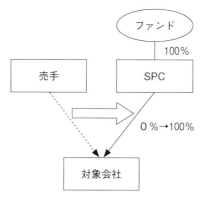

ステップ2：合併

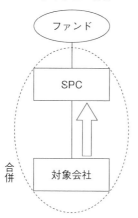

ステップ3：合併後

併となるものと考えられるが，適格合併であるがゆえに対象会社の繰越欠損金・含み損について制限対象となる可能性がある（法法57，62の7）。

❷ 欠損等法人の特例に係るリスク

買収資金の一部を借入れによって調達するレバレッジド・バイアウト（LBO）などにおいては，買収資金を借り入れるためのSPCを用いるケースが多いと思われる。また，SPCの借入金を返済するために，買収後にターゲット会社をSPCと合併するのが一般的である（図表2－6）。このような

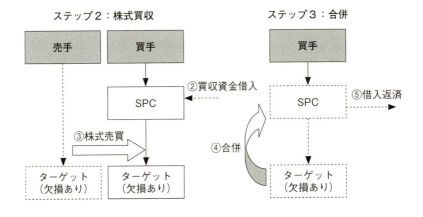

図表2－6　SPCを利用した企業買収

場合に，欠損等法人の特例により対象会社の欠損金・含み損の利用が制限されるケースが存在する（法法57の2，60の3）。

3 連結納税に係るリスク

　売手の連結納税グループに所属していた連結子会社をM&Aで取得した場合，対象会社自体の税務調査による変動リスクだけでなく，連結グループとしての税務調査が行われて，その結果，連結所得が変動した場合に対象会社の個別帰属税額に変動が生じると，その額について当該対象会社が通常は負担すべきことになる（法法81の18）。

　また，買手が連結納税を採用しているグループ企業の場合は，対象会社が連結納税加入時に繰越欠損金を有している場合には，法人税法上は原則としてその欠損金が消失することになる（法法57）。また，連結納税加入による時価評価資産（次のものをいう）について加入直前に時価評価を行うことが原則として義務づけられており（法法61の12），大きな含み損益のある時価評価資産がある場合には課税インパクトについて特に留意する必要がある。長期割賦販売等やグループ法人税制により繰り延べてきた損益について戻入れされることもある。

〈時価評価資産の範囲〉
- 固定資産
- 土地
- 有価証券
- 金銭債権
- 繰延資産

（注）　含み損益が一定額未満の資産など除外されるものもある。

第3節　納税義務の承継

1 アセットディールとストックディール

　今までで一般的な税務リスクの類型を述べた。ストックディールにおいては，株式を買収した者が，対象会社の税務リスクを承継することとなる。これに対してアセットディールでは，通常，売手側の税務リスクは売手固有のものとして売手に残存し，買手側に承継されないことが多い。ただし，後述するような特殊な規定により，アセットディールにおいても売手について生じた租税債務を対象会社が負担しなければならない状況も考えられる。「納税義務の承継」「連帯納付責任」「第二次納税義務」と呼ばれるもので，買収取引においてはこれらを十分考慮して税務デューデリジェンスを行う対象となる会社・事業を決定する必要がある。

2 納税義務の承継

　たとえば相続など私法上包括承継が行われる場合には，租税債務も包括承継の対象となる。M&Aで該当するのは合併のケースである（通法6）。たとえば事業統合で合併の形態を取る場合には，株式買収の場合と異なり，統合相手の税務リスクを包括的に承継することとなるので，より慎重に税務デューデリジェンスを行うこととなろう。

3 連帯納付責任

　M&Aにおいて問題となる連帯納付責任には図表2―7のようなものがある。
　連帯納付責任は，納税義務の確定という事実に照応して法律上当然に生じるものであり，その連帯納付責任について格別の確定手続は必要とされていない（最判昭55.7.1，徴収関係個別通達平13徴徴4―5・徴管2―20，連結納税関係個別通達平15徴徴4―5，徴管2―54）。したがって，対象会社が連結納税を行っている場合やスキーム上分割型分割を採用する場合は，税務デューデリジェンスをより慎重に行う必要があろう。

図表2―7　連帯納付責任

	連帯納付責任を負う者	誰の納税債務を引き継ぐのか	連帯納付責任の対象範囲	連帯納付責任の限度
分割型分割（通法9の2）	分割承継法人	分割法人	分割日前に納税義務が成立した租税（一定の間接税を除く）	分割法人から承継した財産の価額
連結納税（法法81の28）	連結子法人（離脱したものを含む）	連結親法人（＝連結グループ全体の連結法人税）	連結完全支配関係がある期間内に成立した納税義務	なし

4 第二次納税義務

　第二次納税義務とは，主たる納税義務者の財産からのみでは未納税額を徴収できないと認められるときに（現実に主たる納税義務者に対して滞納処分を

行ったか否かは問わない），一定の条件を満たす他の者にその納税義務を負わせるというもので，保証債務に類似しているといわれている。第二次納税義務の規定により納付した租税については課税所得の計算上原則として損金とはされない（法法39）。M&Aにおいては，第二次納税義務を通じて，売手の税務リスクを対象会社が潜在的に引き継ぐことになるケースも多い。このような場合には，対象会社のみならず売手の税務リスクも念頭に置く必要がある。第二次納税義務としては，たとえば以下のようなものがある。

(1) 法人が解散した場合（徴法34）

　法人が解散した場合において，滞納租税がある状態で残余財産の分配または引渡しをしたときは，その法人に対し滞納処分を執行してもなおその徴収すべき額に不足すると認められる場合に限り，清算人および残余財産の分配または引渡しを受けた株主等は，その滞納に係る国税につき第二次納税義務を負うこととされている。ただし，清算人は分配または引渡しをした財産の価額，残余財産の分配または引渡しを受けた者はその受けた財産の価額が第二次納税義務の上限とされる。

　なお，上記の「分配または引渡し」は，法人が解散した後に行ったものに限らず，解散を前提にそれ以前に行った分配または引渡しも含まれることとされている（東京地判昭47.9.18，徴通第34条関係3）。

(2) 同族会社（徴法35）

　滞納者（法人・個人を問わない）がその者を判定の基礎となる株主として選定した場合に同族会社に該当する会社の株式または出資を有する場合において，その株式または出資につき次に掲げる事由のいずれか1つに該当し，かつ，その滞納者の財産（その同族会社の株式または出資を除く）につき滞納処分を執行してもなお徴収すべき国税に不足すると認められるときは，当該同族会社は，その滞納に係る国税の第二次納税義務を負うこととされている。

　① その株式または出資を再度換価に付してもなお買受人がないこと。
　② その株式・出資の譲渡につき法律・定款に制限があり，または株券の発行がないため，これらを譲渡することにつき支障があること。

この第二次納税義務は，滞納者の有する同族会社株式または出資の価額を上限とするとされているが，滞納に係る国税の法定納期限等の1年以上前に取得した同族会社株式または出資は，この限度額の計算上除外される。昔から持っていた株式を除外しているのは，滞納処分を免れるために急遽法人成り等をして事業等を自分が主宰する会社へ移してしまうというようなケースを主として念頭に置いているためと思われる。ただし，条文上は法人・個人を問わないので，個人が法人成りするようなケース以外でも要件に合致すれば適用される。

また，同族会社に当たるかどうかの判定は告知を行う時の状態により判定することとされ，第二次納税義務の上限となる同族会社の株式または出資の価額は，第二次納税義務者への告知のための納付通知書を発する時における当該会社の時価純資産額をその株式または出資の数で除した額を基礎として計算した額による。

(3) 事業を譲り受けた特殊関係者（徴法38）

納税者が，親族・子会社・兄弟会社その他の特殊関係者に事業を譲渡し，かつ，その譲受人が同一とみられる場所において同一または類似の事業を営んでいる場合において，その納税者が当該事業に係る国税を滞納し，その国税につき滞納処分を執行してもなおその徴収すべき額に不足すると認められるときは，その譲受人は，その滞納に係る国税の第二次納税義務を負うこととされている。

この第二次納税義務は，譲受財産（譲受財産の売却により取得した売却代金等，譲受財産の変形と見られるものを含む）のみが対象とされている。また，その事業の譲渡が滞納に係る国税の法定納期限より1年以上前にされている場合は，第二次納税義務の対象外とされる。

この第二次納税義務の対象とされるか否かは事業を譲渡した時の現況により，譲渡後に離婚等があって特殊関係が失われたとしても第二次納税義務の対象となる（徴通第38条関係1）。なお，会社分割により事業の譲渡が行われる場合も，この事業の譲渡に該当するものとされる（徴通第38条関係9(4)）。

2016年度税制改正により，①対象となる者の範囲を，納税者と生計を一にする親族等または特定支配関係同族会社に限定，②同一とみられる場所において事業を営んでいるとの要件を廃止，③責任限度について譲受財産の価額を限度

にする，という改正が行われ，2017年1月1日以後の滞納について原則として適用される。

(4) 無償譲渡または低廉譲渡（徴法39）

　滞納者の国税につき滞納処分を執行してもなおその徴収すべき額に不足すると認められる場合において，その不足すると認められることが，当該国税の法定納期限の1年前の日以後に，滞納者がその財産につき行った無償または著しく低い額の対価による譲渡，債務の免除その他第三者に利益を与える処分に基因すると認められるときは，これらの処分により権利を取得し，または義務を免れた者は，その滞納に係る国税の第二次納税義務を負うこととされている。

　第二次納税義務の上限は，これらの処分により受けた利益が現に存する限度とされているが，これらの者がその処分の時にその滞納者の親族その他の特殊関係者である時は，これらの処分により受けた利益の限度（つまり現存する利益の額の多寡は問わない）とされる。

　著しく低い対価によるものであるかどうかは，財産の種類，数量，時価と対価の差額の大小等を総合的に勘案して，社会通念上，通常の取引に比べ著しく低い額の対価であるかどうかによって判定することとされている。実務上は以下のように取り扱われている（徴通第39条関係7）。

① 一般に時価が明確な財産（上場株式，社債等）については，対価が時価より比較的僅少であっても，「著しく低い額」と判定すべき場合があること。

② 値幅のある財産（不動産等）については，対価が時価のおおむね2分の1に満たない場合は，特段の事情のない限り，「著しく低い額」と判定すること。ただし，おおむね2分の1とは，2分の1前後のある程度幅をもった概念をいい，2分の1をある程度上回っても，諸般の事情に照らし，「著しく低い額」と判定すべき場合があること。

5 納税義務承継規定のまとめ

　M&Aにおける各種スキームと納税義務引継・拡張規定との関係を概観してみたい。なお，ここではあくまでも典型的に問題となるポイントを指摘したにすぎず，他の納税義務拡張規定が適用される可能性もあることに留意されたい。

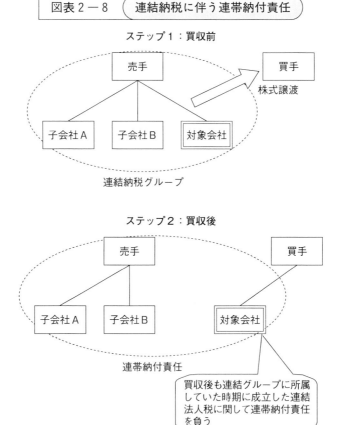

図表2－8　連結納税に伴う連帯納付責任

(1) 株式買収

株式買収のケースでは，対象会社自体の税務リスクを引き継ぐのはもちろん，対象会社が連結納税グループに入っていたようなケースでは，売手である連結納税グループの租税債務について連帯納付責任（法法81の28）を負うこととなる（図表2－8）。

(2) 株式買収＋事業譲渡＋解散

先方の希望により対象会社株式を買うこととなったが，偶発債務等を遮断するために，株式買収後に対象会社の事業をすべて買手（またはそのグループ会社）に移転して，その後対象会社を解散するようなケースも考えられる（図表2－9）。この場合，事業譲渡が特殊関係者間で行われるため，特殊関係者間の事業譲渡に伴う第二次納税義務の規定により対象会社の税務リスクを負うこ

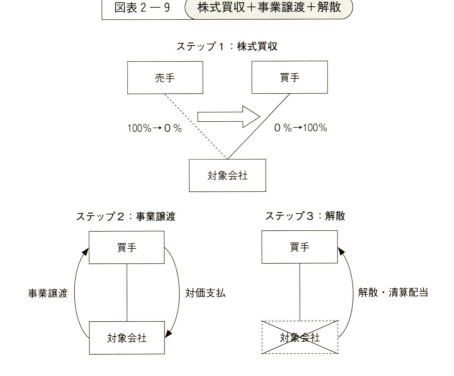

とになる（徴法38）。低廉譲渡に該当する場合には低廉譲渡の場合の第二次納税義務（徴法39）の適用もあり得る。また，清算時に分配を受ける場合には，残余財産の分配を受けた者として対象会社の滞納租税について第二次納税義務を負う（徴法34）。

(3) 吸収合併

合併法人は被合併法人の租税債務を承継することとなる（通法6）。

(4) 事業譲渡

事業譲渡の場合は，売手の税務リスクを引き継がないで済むケースが多いと一般的に考えられている。しかし，売手と買手が特殊関係者の関係にある場合（一方が他方の子会社・関連会社に該当する場合など）や，事業譲渡の条件が低廉譲渡に該当する場合は，売手の滞納租税について第二次納税義務を負うこととなる（徴法38，39）。

(5) 新設分社型分割＋株式買収

企業の一部門を買収するケースなどでは，図表2－10のように新設分社型分割と株式買収を組み合わせるケースも多く見られる。分社型分割は分割型分割と異なり，連帯納付義務の規定がないため，納税義務拡張の影響はないと考えられているケースもあるようだが，現実には売手と対象会社が分割時点で特殊関係者に該当するため，売手の滞納租税について第二次納税義務を負うこととなる（徴法38）。

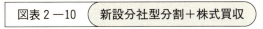

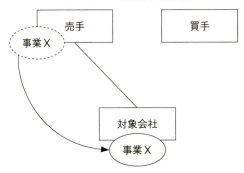

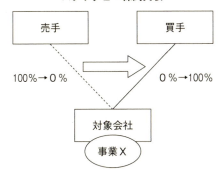

(6) 新設分割型分割＋株式買収

　再生の場合などによく見られるスキームであるが，分割型分割を絡めたスキームであるため，分割法人の滞納租税について連帯納付責任が生じることとなる（通法9の2）。

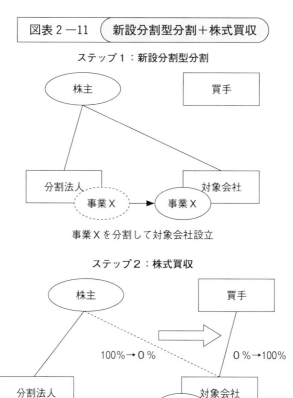

(7) 吸収型分社型分割（現金交付）

 いわゆる組織再編における対価柔軟化により可能となったものであるが，図表2-12を見るとわかるとおり，経済的には事業譲渡と類似した形になる。納税義務の拡張についても事業譲渡と同様であり，売手と買手が特殊関係者の関係にある場合（一方が他方の子会社・関連会社に該当する場合など）や，事業譲渡の条件が低廉譲渡に該当する場合は，売手の滞納租税について第二次納税義務を負うこととなる（徴法38，39）。

第 3 節 納税義務の承継

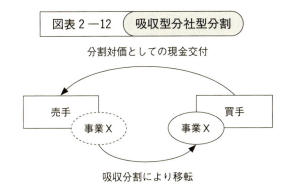

図表 2 —12 　吸収型分社型分割

(8)　ま と め

以上をまとめると図表 2 —13のようになる。

図表 2 —13　各種スキームと納税義務の引継ぎ

スキームの種類	対象会社の納税債務の引継ぎ	連帯納付義務による売手のリスクの引継ぎ	第二次納税義務による売手等のリスクの引継ぎ
①株式買収	○	○ (売手が連結納税の場合)	
②株式買収＋事業譲渡＋解散			○ (特殊関係者・清算配当・低廉譲渡)
③吸収合併	○		
④事業譲渡			○ (特殊関係者・低廉譲渡の場合)
⑤新設分社型分割＋株式買収			○ (特殊関係者)
⑥新設分割型分割＋株式買収		○ (分割型分割)	
⑦吸収型分社型分割（現金交付）			○ (特殊関係者・低廉譲渡の場合)

第3章

税務デューデリジェンスの
アプローチ

第1章および第2章において，M&Aのプロセスにおける税務専門家の関与ならびに税務リスクの概要につき述べた。これまでの説明により，税務デューデリジェンスの行われる場面や必要性に関し，ある程度のイメージが湧いていると思われるが，本章においては，どのようなアプローチにより税務デューデリジェンスを遂行するのか，という点について述べていく。
　税務デューデリジェンスのアプローチは1つではなく複数のものが存在し，実務においては，これらいくつかの方法を組み合わせ，多面的に調査対象会社を分析することになる。そうすることにより，調査対象会社の抱えている税務リスクや要改善事項を効率的に抽出することが可能となり，その後の対応や改善活動につなげていくことができるからである。

第1節　税務デューデリジェンスのアプローチの概要

　まず最初に，どの会社でも一般的に行われている「税務申告書の作成」と，ここで説明する「税務デューデリジェンス」との相違点を説明する必要がある。私見ではあるが両者の最も大きな違いは，前者が適切な税務申告を行うことを目的としたコンプライアンス業務であるのに対し，後者は適切な税務申告が行われているか否かを分析することを目的とした評価業務であるという点である。また，前者は年間を通じて関与することの多い業務であるが，後者は短期間に限られた情報に基づいて行われるものである。そのため，一般的に前者はある程度の完全性が求められるが，後者はコスト・ベネフィットの観点から作業を実施することが求められる。
　それでは，適切な税務申告が行われているか否かを分析し，その結果として調査対象会社が抱える税務リスクの程度を把握する「税務デューデリジェンス」は，どのようなアプローチにより実施可能となるのであろうか。
　まずは，調査対象会社が行っている適切な税務申告を行うための活動を把握し評価することが重要となる。上述のとおり，税務デューデリジェンスのプロセスが税務申告が適切に行われていることを評価・分析するプロセスであると

考えた場合,調査対象会社において適切に税務リスクが把握され必要な対応が取られていれば(適切な税務申告を行うための体制が整備され運用されていれば),調査対象会社が抱える税務リスクは適切にコントロールされており,結果として税務リスクは低く抑えられていることが想定される。調査対象会社のこのような活動は日々行われるものであり,この日々の活動を評価することが,限られた時間で実施される税務デューデリジェンスを効率的かつ効果的に遂行するためには不可欠となる。

しかし,調査対象会社のこのような活動が完全なものである保証はなく,また,実際には税務リスクが適切にコントロールされていない会社も多数存在する。そのため,一般的には税務デューデリジェンスにおいて調査対象会社の税務申告のプロセスに全面的に依拠することはなく,さまざまな視点から独自に分析的な手続を行うことになる。この分析的な手続は,追徴税額が生じる可能性の有無という観点から行われることになるが,たとえば,法人税を例にとると,図表3－1のような整理のもとに税務リスク「あり」の項目を中心に分析的な手続を実施することとなる。法人税の課税所得計算に関しては,一定の重要性基準値に基づき,加算調整項目の網羅性,減算調整項目の実在性を確認することとなる。なお,ここでいう網羅性とは,税務調整すべき項目に漏れがないという意味であり,実在性とは,対象事業年度において原因となる事実が生じており,かつ,税務申告に用いた数値が事実を反映しているという意味であ

図表3－1　分析的手続の視点

税務申告項目	処理内容	誤りの種類とその結果		税務リスク	分析的手続の視点
課税所得計算	加算調整	過大	税額が過大計算されている	なし	
		過少	税額が過少計算されている	あり	加算項目の網羅性
	減算調整	過大	税額が過少計算されている	あり	減算項目の実在性
		過少	税額が過大計算されている	なし	
税額計算	税額控除	過大	税額が過少計算されている	あり	税額控除の実在性
		過少	税額が過大計算されている	なし	

る。

　説明が前後するが，実在性に関する分析については，それほど困難な作業ではないことが一般的である。その理由は，確定申告書に記載されている金額をスタートとして，対象事業年度において原因となる事実が生じているか，また，記載された金額が事実を反映しているかという点を根拠資料と照合することで確認可能な場合が多いからである。

　しかし一方で，網羅性に関する分析は，非常に困難な作業となることが想定され，限られた時間・限られた資料等をもとに遂行される税務デューデリジェンスにおいては，網羅性を100％保証することは事実上，不可能である。網羅性の分析は，確定申告書に記載が漏れている重要な申告加算項目がないことを確認することで行われるが，この作業は，税務申告書に記載のない項目を探すことにほかならず，税務申告書以外の情報をもとに実施しなければならない。そのため，限られた時間および資料の中で調査対象会社に関するさまざまな情報を入手し，これを分析した後に，確定申告書の重要な記載漏れの有無を識別する必要があるため，通常は非常に困難な作業となる。

　それでは，調査対象会社のどのような情報を基にこれらの分析を行うのであろうか。この点についてはいろいろな考え方があるため，特に一般化されたものはないが，私見では，以下の4つのカテゴリーに分類される情報を基に，これらの分析を行うことが多いと思われる。

① 　ビジネスに関する情報
② 　税務調査に関する情報
③ 　内部統制に関する情報
④ 　税務申告書に関する情報

　これらの情報は，調査対象会社が行う日々の業務に関連するものであり，これらの業務に着目して，税務デューデリジェンスを遂行していくこととなる。ここでは，この着眼点をそれぞれ「アプローチ」と呼ぶこととし，それぞれの業務とアプローチとの関係を図示すると図表3－2のようになる。

第1節　税務デューデリジェンスのアプローチの概要　　**55**

図表3－2　　税務デューデリジェンスのアプローチのイメージ

多面的なアプローチにより税務リスクを把握・分析

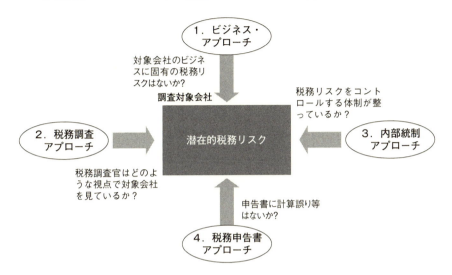

第2節 個別のアプローチの概要

 以下では，前節で示した図表3－2をもとに，税務デューデリジェンスにおける具体的なアプローチを説明するとともに，税務リスクを識別する手法につきある程度のイメージを持っていただくことを目的としている。これらの各アプローチを多面的に用いることにより，調査対象会社が適切な税務申告を行っているか否かを分析し，その結果として，調査対象会社の税務リスクを抽出するという，税務デューデリジェンスに期待されている役割を果たしていくこととなる。

1 ビジネス・アプローチ

 このアプローチは最も重要かつ効果的なものである一方で，専門家としての高度な能力と経験が要求されるものである。
 調査対象会社の潜在的税務リスクを把握するには，まずは調査対象会社がどのような経済活動を行っているのかを知る必要がある。その理由は，個々の経済活動に対してそれぞれ税務上の取扱いが定められているため，適切な税務申告が行われているか否かを分析するには，個々の経済活動を把握していない限りは結論を出すことができないからである。そこで，調査対象会社の経済活動に着目し，実際行われている取引から税務リスクにアプローチしていく方法を，ここではビジネス・アプローチと呼ぶこととする。
 この方法は，潜在的税務リスクの把握に対し非常に効果的であるが，大きな問題点を1つ抱えている。それは，調査対象会社が休眠会社でない限り，調査対象会社が行う経済活動は多数存在し，これらのすべてを把握することは，限られた時間の中で遂行しなければならない税務デューデリジェンスにおいては

不可能であるという点である。それでは，どのような手法により各取引を把握し，税務デューデリジェンスを遂行していくのであろうか。以下でこの点について解説していく。

(1) 取引を区分して把握する

まずは，調査対象会社の取引を，日々繰り返されている経常的な取引とそうではない非経常的な取引に区分して考えることが重要である。以下では，この2つの取引ごとに解説していく。

① 経常的な取引

経常的な取引とは，販売取引等，調査対象会社における主要なビジネス取引のことである。

これらは膨大な取引量となる一方で，ほぼ同質の取引で構成されており，その種類は限られたものであることが多い。そのため経常的な取引については，その種類を把握し，種類ごとの税務上の取扱いを検討することがまずは重要である。たとえば，商品販売において一括現金回収と割賦販売を行っていることを認識した場合，後者については税務上の「延払基準」の論点を確認するというように，税務上論点となる可能性がある項目を抽出していく方法である。

この作業は，ビジネスフローやビジネス内容を把握することから始まるが，調査対象会社の会社案内や商品紹介，マネジメント等へのインタビューや契約書の査閲といった手法により，通常実施される。

さらに，課税所得の計算が，会計上の当期純利益からスタートし，必要な税務調整を反映していくことで行われていることからも明らかなように，種類ごとに把握した経常的な取引につき，それぞれの会計処理を確認していく必要がある。これは，把握された取引の税務上のあるべき処理と比較して，どのような会計処理が行われているかを確認する作業であり，会計処理が税務上の処理と異なるようであれば，必要な申告調整が確定申告書に記載されるべきであるという観点（網羅性の観点）から，税務申告書を分析していくこととなる。

また，すべての取引を個別に把握することができないのは，調査対象会社の税務担当者においても同様である。そのため，たとえば標準的な取引から外れ

る場合には，稟議書等により事前に承認を得ており，税務申告書作成部署に回覧されているといった，調査対象会社がどのように税務リスクを把握し低減させているかという日々の活動内容を確認することも重要である。ただし，このようなアプローチは，どちらかといえば後述の「内部統制アプローチ」に該当するものといえる。

② 非経常的な取引

一方，非経常的な取引は頻繁に生じるものではないため，個別に分析することが可能であり，税務デューデリジェンスにおいては，質的または金額的に重要なもののみを分析対象とすることになる。

非経常的な取引といってもさまざまな種類のものが存在するが，この類の取引において最も重要なことは，取引を行っている理由・意図を明確に把握することである。その理由は，非経常的な取引は，通常発生しない取引であるがゆえに，何らかの目的をもって行われていると考えられるが，この目的によっては税務リスクが大きく異なるためである。たとえば，グループ会社間でグループ会社の株式を何度も売買し多額の売却損が生じている場合には，単なる損失計上を目的として行われた取引であるか，事業上の必要性（たとえば事業ポートフォリオの観点など）から行われた取引なのかにより，その税務リスクは自ずと異なったものとなる。

それでは，このような非経常的な取引はどのように把握していけばよいのであろうか。最も簡単な手法としては，損益計算書の営業外損益や特別損益項目のうち金額の大きいものや貸借対照表の著増減，税務申告書における多額の加減算項目等の内容を確認することにより把握していく手法が挙げられる。しかし，非経常的な取引のすべてが必ずしもこのような項目に含まれているとは限らない。そのため，ある程度の網羅性を確保する意味からも，会計方針や税務処理の変更を確認したり，取締役会議事録等の重要な会議体の議事録を査閲したり，顧問税理士等への相談内容を確認するといった手法も考えられる。

(2) 調査対象会社の特徴を考慮する

もう1つの手法としては，調査対象会社の特徴から，着目すべき取引を特定

していくというものが挙げられる。調査対象会社の特徴によっては，典型的な税務リスクというものが存在する。たとえば，オーナー会社であれば，一般的には会社とオーナー一族との取引にリスクがあるとか，会社資産と個人資産が明確に区分されていない，といったものである。また，調査対象会社の属する業種によっても，業種特有の税務リスクというものがある。たとえば，金融機関における貸倒損失の計上時期や，小売業における商品券の取扱いなどが該当する。

このような観点から，調査対象会社のビジネスを把握し，効率よく税務上の論点を抽出していくことが，税務デューデリジェンスの実務においては非常に重要である。この点については「第8章 タイプ別税務デューデリジェンスの実務」において，より詳細に記述しているのでそちらを参照されたい。

以上の点を整理し，ビジネス・アプローチの概要を図示したものが，図表3－3である。

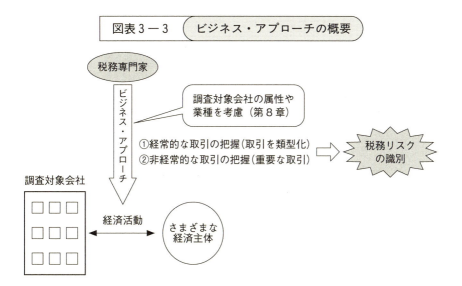

図表3－3 ビジネス・アプローチの概要

2 税務調査アプローチ

　税務リスクの特徴として，買収後の税務調査により，調査対象会社が抱えている税務リスクが顕在化する確率が法務リスク等と比較して相対的に高いということが挙げられる。しかし，税務調査は買収後に限って行われるものではなく，会社の規模や課税所得の状況にもよるが，通常であれば数年間隔で実施されていることが多い。そのため，調査対象会社における過去の税務調査の内容を分析することにより，ある程度の確度で，調査対象会社が現在抱えている税務リスクを識別することが可能となる。

　このように，過去の税務調査に関する情報から税務リスクにアプローチしていく方法を，ここでは税務調査アプローチと呼ぶこととする。このアプローチは効率的かつ効果的な手法であり，調査範囲を狭めた簡易の税務デューデリジェンスを行う際にも，必ずといってよいほど実施される手法である。簡潔に記載すると，過去の税務調査（おおむね直近に実施されたもの）に関する情報を，以下の5つの角度から分析し，税務リスクを識別していくものである。

(1) 税務当局と争いになっている更正処分

　税務調査の結果，修正すべき項目が見つかった場合，税務当局による更正処分を待つか，自ら修正申告書を提出することになる。納税者が誤りを認めている場合は修正申告する場合が多いが，更正処分を受けるときはまだ納税者側から争う余地を残していることを意味する。税務当局による更正処分等につき不服がある場合には，原則として以下のステップにより争うこととなり，最終的には訴訟まで行きつく場合もある。

- 更正処分を行った税務当局に対する異議申立て
- 国税不服審判所に対する審査請求（異議申立てに対する決定に不服の場合）
- 訴訟（審査請求に対する裁決に不服がある場合）

なお，上記手続を行っている場合でも更正処分の効力は続行しているため

(通法105①)，通常であれば追徴税額を仮納付していると思われるが，この点については税務デューデリジェンスを通じて確認すべきである。なお，移転価格税制の更正に関しては，一定の要件のもと，納税の猶予が認められている（措法66の4の2）。

また，処分内容が不服のため争っていることから，その後の税務申告において同様の取引が存在する場合にも，更正処分どおりの税務処理が行われていない可能性があり，調査対象会社の主張が受け入れられなかった場合の税務リスクについては，この点を加味する必要があることに留意すべきである。

(2) 指摘事項（更正または修正申告の内容）および指摘事項への対応状況

更正処分または修正申告に関して税務当局との間に争いがない場合においても，指摘事項とその理由を把握することが必要である。

これにより，調査対象会社が税務調査で指摘を受けやすい事項（つまりは税務リスク）を把握するとともに，調査対象会社の税務申告体制のレベルを確認することができる。たとえば，多額の交際費加算漏れを毎期指摘されている場合には，この点に関する税務リスクが高いことが容易に把握できる。また，税制改正への対応漏れによる指摘事項が散見される場合には，税務申告体制のレベルは必ずしも高くなく，他の年度における税制改正事項についても対応が漏れている可能性があるといった税務リスクを識別することも可能である。

次に，過去の指摘事項への対応策を確認する必要がある。調査対象会社がすでに十分な対応策を取っているのであれば，今後の税務調査において同様の指摘を受ける可能性は低いが，十分な対応策が取られていない場合や，まったく対応がなされていない場合には，現時点においても同様の指摘を受ける税務リスクが存在することとなる。また，十分な対応策を講じている場合であっても，税務調査の対象となっていない最新の事業年度における取引のうち，税務調査で指摘があった時点までに実行済みの取引については，対応策が間に合っていない可能性もあり留意が必要である。たとえば，2015年3月期までを調査の対象とした税務調査が2016年1月に行われ，その調査において支出の一部が国外関連者への寄附金と認定された場合，税務調査後に同様の支出を止めたとして

も，2015年4月から2016年1月までの間に同様の支出が行われている可能性があるということである。

さらに，過去の指摘事項に関連し重加算税の対象とされている項目の有無を把握することも重要である。重加算税が課されているということは，仮装・隠ぺいが行われていたと税務当局が判断した結果であり，このような調査対象会社においては，現時点においても仮装・隠ぺいが行われているかもしれないという認識のもとに，注意深く税務デューデリジェンスを進めていく必要がある。

このように，税務調査における指摘事項を把握するのみならず，調査対象会社の税務申告体制の改善状況も併せて確認し，それらを総合して現状の税務リスクを識別していくというアプローチは，後述の「内部統制アプローチ」にも通じるところである。

(3) 議論された事項（更正等には至っていない事項）

また，税務調査の過程で，税務当局との間で議論されたが，その結果として指摘事項としては取り扱われなかった項目を把握することも重要である。

税務調査においては，まず複数の項目が抽出され，それらの1つ1つについて，納税者（会社）と税務当局の調査官が議論をしたうえで，最終的に更正（もしくは修正申告）の対象となる指摘事項が決められていくことが多いと思われる。この過程の中で，会社の説明等により当初抽出された項目の中から，最終的に指摘事項とはならずに外される項目が存在することがある。

このような項目については，まずは指摘事項から外された理由を確認する必要がある。この理由が，現時点でも指摘事項とされないだけの根拠を具備しているのであれば，基本的には税務リスクは小さいが，当時と状況が変化し前提が異なっていたり，そもそも根拠に乏しい場合には，税務リスクが高まっていると認識すべきである。また，このような項目の有無を把握することは，税務当局が調査対象会社のどのような取引に興味を持っているかを知ることにもつながり，調査対象会社を理解するうえでの助けになることも多い。

(4) 指導事項（更正されなかったが今後改善すべき事項）

さらに，税務調査においてはすべての問題点につき指摘事項として取り扱わ

れるのではなく，その一部については，今後改善することを条件に指摘事項として取り扱われない場合もある。

　このような判断は総合的な見地からなされるものと思われるが，この類の指導事項については，指導内容に則った改善策が取られていないのであれば，税務リスクとして識別すべき事項となる。

(5) その他

　その他にも，毎回重点的に調査対象とされる項目や，税務調査の実施主体，税務調査の実施期間や調査官の人数，税務調査の頻度といった情報も，調査対象会社の一般的な税務リスクに対するヒントとなる場合がある。

　以上の点を整理し，税務調査アプローチの概要を図示したものが，図表3－4である。

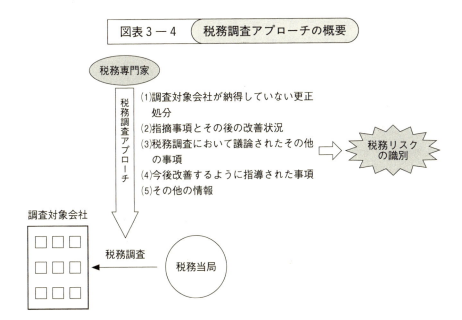

3 内部統制アプローチ

　第1節でも述べたとおり，税務デューデリジェンスにおいては，適切な税務申告を行うために調査対象会社が実施している活動を把握し評価することが重要である。この活動をここでは内部統制と称し，内部統制の観点から税務リスクにアプローチしていく方法を，ここでは内部統制アプローチと呼ぶこととする。

　税務リスクに無頓着な会社もあるとは思われるが，多くの会社では適切な税務申告を行うことにより，税務リスクを低減させることを考えているものである。そのため，整備状況の善し悪しに差はあるものの，調査対象会社にこのような内部統制が存在することが通常であり，その水準を評価することが重要である。その理由は，調査対象会社の内部統制が良好であれば，この会社が抱える税務リスクは適切にコントロールされており，税務リスクが低いことが想定されるため，その結果として税務デューデリジェンスにおける調査範囲を狭める（浅めにする）ことが可能な場合が存在するためである。一方，このような内部統制が整備されていない場合には，重要性を考慮しながらも一般的には，幅広く（深く）分析を行う必要がある。

　前述のビジネス・アプローチや税務調査アプローチにおいても，このような内部統制に関する視点からの分析が必要な旨を記載しているが，この内部統制アプローチは調査対象会社の税務申告システムに対する概括的な評価であり，具体的に定型化された詳細な手続が存在するわけではない。そのためここでは，このような視点を持ちながら税務デューデリジェンスを実施する必要があるということを強調するに留めておき，具体例を「第8章第4節　調査対象会社の経営管理状況」に記載しているので，そちらを参照されたい。

4 税務申告書アプローチ

　税務デューデリジェンスにおいては，税務申告書から数多くの税務に関する情報を入手することとなるが，これらの情報をもとに税務リスクにアプローチしていく方法を，ここでは税務申告書アプローチと呼ぶこととする。

　税務デューデリジェンスといった場合，まず最初に思いつくアプローチがこの手法であり，過去からずっと，税務デューデリジェンスにおける基礎的かつ中心的な手法であったと思われる。なお，これまで紹介した手法はどちらかといえばトップダウンで税務リスクを把握していくアプローチであり，税務申告書に記載されていない論点を抽出するための手法であったのに対し，この手法は税務申告書に記載されている事項を個別に分析していくという，どちらかといえばボトムアップで税務リスクを把握していくアプローチである点に特徴がある。

　一般的に，税務申告書から以下のような情報を入手し，個別に分析することとなる。このほか，税務申告書作成時の根拠資料の査閲等により調整項目の内容・計算等を分析することになるが，ここで発見される事項は基本的には調査対象会社の単純なミスであることが多い。

- 課税所得（または繰越欠損金）の金額
- 申告調整内容
- 税額控除
- その他

　このうち最初の3項目は，調査対象会社の税務ポジションを把握するために必要不可欠な情報である。なお，調査対象会社の税務ポジションに応じた留意点は，「第8章第2節　調査対象会社の税務ポジション」に記載しているため，そちらを参照されたい。

　「その他」についてはさまざまなものが存在するが，たとえば，「国外関連者に関する明細書」によるクロスボーダー取引の内容・規模の把握や，添付されている勘定明細を税務リスクにつながるものがないかといった観点から分析し

ていくことなどが挙げられる。

　また，税務申告書の記載事項を分析することで，調査対象会社に生じた過去の事象が浮かび上がってくることがある。たとえば，法人税申告書・別表五（二）「租税公課の納付状況等に関する明細書」に附帯税があったり，各期の期末利益積立金と翌期の期首利益積立金が一致しない場合には，税務調査があったことが推測される。増資がないにもかかわらず資本金等の額が変動している場合には，合併等の組織再編や何らかの資本取引を行っている可能性がある。

　なお，ここで紹介した4つのアプローチはそれぞれ独立したものという位置づけではなく，多面的に調査対象会社を把握し，分析し，理解を深めていくことにより，調査対象会社の税務リスクを網羅的に抽出していくという目的の中で複合的に用いられていることを付け加えておきたい。

第*4*章

税務デューデリジェンスの実施方法

68　第4章　税務デューデリジェンスの実施方法

　この章では，税務デューデリジェンスの一般的な実施方法について記載する。デューデリジェンスは限られた期間内に対象会社のマネジメントや案件を知る特定の従業員の協力を得ながら，財務・税務・法務・ビジネス等に関連する分野のデューデリジェンスが同時並行的に実施されるため，資料等を共有化していくチームプレーが非常に重要となる。税務デューデリジェンスは，通常，財務デューデリジェンスと一体的に実施されるケースが多く，これらを一体的に行うことで，資料・情報を共有し，広範囲の情報を効率的に収集でき，税務または財務の分析結果を相互に活用することができる等のメリットがある。この結果，税務デューデリジェンスの効率性が向上し，質の高い税務デューデリジェンスが可能となる。

第1節　調査の範囲

　税務デューデリジェンスの調査範囲は買収ストラクチャーによって異なる。詳細は第2章第3節に譲るが，ストックディールの場合には，買手が対象会社の税務リスクや租税債務をすべて承継するため，網羅的な税務デューデリジェンスの実施が求められる。一方，アセットディールの場合には，買手は，第二次納税義務や連帯納税義務の規定による租税債務の承継に限られるため，限定的な税務デューデリジェンスの実施が可能となる。したがって，これらの点を考慮しながら慎重に調査範囲を決定する必要がある。

　以下では，ストックディールのように網羅的な税務デューデリジェンスの実施が必要とされるケースを前提に，調査範囲の決定方法について記載する。なお，下記は，税務デューデリジェンスの基本的な調査範囲の決定方法に関するものであり，実際の案件において調査範囲を決定する際には，対象会社の業種や規模，上場会社であるかオーナー会社であるか，もしくはグローバル企業であるかローカル企業であるか等を勘案する必要がある点にご留意いただきたい。なお，対象会社のタイプ別税務デューデリジェンスにおける実務上の留意点については第8章を参照いただきたい。

1 対象法人

(1) 対象法人の選定

　税務デューデリジェンスの調査対象に買収対象会社が挙げられることは当然のことであるが，対象会社が子会社（子会社に該当する特定目的会社等も含まれる）を有している場合には，それらの子会社も税務デューデリジェンスの対象となり，親会社と同様の調査範囲にて税務デューデリジェンスが実施される。しかしながら，当該子会社の事業規模や業種等から判断して税務リスクの重要性が高くない，もしくは限定的である場合や，当該子会社へのアクセスが案件の機密性から困難である等の理由があるときは，当該子会社の税務デューデリジェンスの調査を親会社が有する情報の範囲内で実施するなど限定的に定める場合がある。その場合であっても，税務デューデリジェンスの過程で，その子会社に重要な税務リスクが発見されたときには，適宜その調査範囲を見直すことが重要となる。買収対象会社の子会社が国内のみならず海外にも事業展開しているときは，それぞれの会社で調査範囲が異なるケースが想定される。そのような場合には，親会社・国内子会社・海外子会社のそれぞれについて具体的にどのような調査範囲を定めて税務デューデリジェンスを実施するか，そして実施したかを明確にすることが有用である。この管理ができていれば，クロージングへ向けた Confirmatory Due Diligence において最終的に確認すべき項目が明らかになり，Confirmatory Due Diligence の参考としても利用することが可能となる。

　また，いったん調査範囲を設定した場合でも，さまざまな制約の下で行われるデューデリジェンスにおいては，期限内に満足のいく回答を十分に得られないことも多い。そのような場合には，調査項目ごとに作業の達成度を目に見える形で示すことにより，どの分野の調査が十分でないか明確にすることが可能となる。この資料から達成度が低い重要項目がある場合には，その進捗状況をクライアントと協議し，対象会社へ優先的な対応を依頼するか，もしくは，今後の作業の優先順位を検討する際の資料として利用することが可能となる。

(2) 海外子会社がある場合

　対象会社が海外子会社を有している場合には，現地の税法に従って税務リスクを検討する必要がある。その場合には，現地の会計事務所等へ税務デューデリジェンスを委託することになるが，対象国によってはM&Aに精通した税務アドバイザーが不足しているか，そもそもいない国・地域があり，その状況はさまざまである。また，M&Aに精通している税務アドバイザーがいる国・地域の場合でも，そのときどきの現地のM&A業務の状況によって，税務アドバイザーが即座に対応できるとも限らない。海外の会計事務所へ税務デューデリジェンスを委託する必要がある場合には早めに現地スタッフのスケジュールを確認し，リソースの確保に努める必要がある。

　また，海外子会社関連の税務デューデリジェンスでは，通常の税務デューデリジェンスに加えて，想定している買収ストラクチャーが，現地の税制上，不利な影響を与えることがないかを現地の税務アドバイザーに確認することも重要である。

2 調査対象期間

(1) 原　　則

　税務デューデリジェンスの調査対象期間は，一般的に調査基準日から直近以前3事業年度から5事業年度程度とされる。この対象期間は，買収後に対象会社へ税務調査が実施された場合に，税務当局が遡って更正決定をすることができる事業年度を調査対象の事業年度とすることを前提にしている。なお，税務調査が行われていない事業年度のことをオープンイヤーと呼ぶ。

(2) 更正決定との関係

　税務当局による更正決定が可能な事業年度は，原則5年とされている。したがって，税務当局により5年遡って更正決定がなされる可能性がある点を認識して調査対象期間を定める必要がある。なお，直近前5年以内のいずれかの事

業年度において，すでに税務調査が実施されているときは，通常，税務調査が実施されていない事業年度以降が次回の税務調査の対象となるため，税務調査が実施される可能性が高いオープンイヤーに，より焦点を当てた税務デューデリジェンスを行うのが一般的である。しかしながら，オープンイヤーの事業年度において重要な税務リスクが発見された場合において，当該税務リスクがすでに税務調査が終了している事業年度にも影響する取引であり，かつ，当該事業年度が，将来の税務調査において，更正決定が可能な事業年度である場合には，適宜，税務デューデリジェンスの対象期間を拡張していくことが重要となる。

なお，移転価格に関する更正決定については6年とされている（措法66の4⑰）。移転価格の調査については取引の内容，取引条件等の分析に多大の時間を要するほか，国外の関係会社などからの情報収集や租税条約に基づく課税当局間の調整が必要となるため，国税通則法の規定よりも1年延長されている。移転価格税制に関する税務デューデリジェンスの詳細については第9章を参照いただきたい。

また，海外現地法人を調査範囲に含める場合，現地税制における租税の徴収権が及ぶ期間（statute of limitations）を念頭に調査を行う必要がある。海外における除斥期間については第11章を参照いただきたい。

図表4－1　税目別の更正決定可能な期間の概要

税目	内容	遡及期間	条文
法人税	更正	5年	通法70①
	純損失に係る更正(注1)	9年	通法70②
	不正行為があった場合の更正	7年	通法70④
移転価格税制	移転価格に係る更正	6年	措法66の4⑰
消費税	更正	5年	通法70①
	不正行為があった場合の更正	7年	通法70④
源泉所得税	源泉徴収義務	5年	通法72①

(注1)　2012年4月1日前に開始した事業年度において生じた純損失の遡及期間については7年となる。また，2016年度税制改正により，2018年4月1日以後に開始する事業年度において生じた純損失の遡及期間については，10年となる。

3 対象税目

(1) 通常のケース

　税務デューデリジェンスにおいて，主として対象となる税目は法人税である。地方税については，事業税の外形標準課税を除き，法人税額に連動して課税標準が決定されるため，地方税単独の税務調査が実施されることは少なく，税務デューデリジェンスにおける重要性も相対的に低くなる。

　法人税以外の消費税・源泉所得税・印紙税・関税等については，過去の税務調査の実施状況の把握を行い，その調査結果から，必要に応じて詳細な調査を実施したり，これらの税目が対象会社の事業の内容から税務リスクへ重要な影響を及ぼすものであれば，対象税目に含めて調査を実施することになる。

　当課税期間の課税売上高が5億円を超える場合には，仕入税額控除制度におけるいわゆる95％ルールの適用要件が見直され，個別対応方式または一括比例配分方式のいずれかの方法により仕入税額控除の計算を行うことになったことに加えて，税率の引上げが予定されている（2017年4月から10％に増税予定であるものの，その増税施行日等については変更される可能性がある）。したがって，消費税は税務デューデリジェンスを実施するうえで年々その重要性が増しているといえよう。間接税の税務デューデリジェンスについては第10章を参照していただきたい。

(2) クロスボーダーM&Aのケース

　内国法人の海外子会社や外国法人を買収対象とする税務デューデリジェンスの場合，たとえば米国であれば連邦税のほかに州税の税務デューデリジェンスも重要になるなど，国によって重要性のある税目が異なる。どの税目を税務デューデリジェンスの対象とすべきかについて，まずは現地の会計事務所等へ確認して対象税目を決定することになる。

　また，国外関連者との間で取引が行われているケースが多いため，移転価格税制が重要な調査対象項目の1つに加えられる。海外現地法人の税務デューデ

リジェンスおよび移転価格税制に関する税務デューデリジェンスの詳細については各々第11章および第9章を参照いただきたい。

(3) 事業再生のケース

　事業再生に関連する税務デューデリジェンスでは，利益（所得）を課税標準とする法人税のような税目の税務リスクは相対的に低い。なぜなら，再生対象となるような企業は業績不振で過剰債務を負っている企業がほとんどであり，通常，課税所得が生じることは考え難いからである（金融機関対策等で，粉飾決算を行い，いくばくかの利益を計上し課税所得を発生させているケースがあるが，実質的には赤字体質である）。このような状況にある企業の場合には，保有する資産に対して課される固定資産税や預り金的性格をもつ，消費税・源泉所得税のような税目や社会保険料が滞納となっているケースが多い。

　したがって，再生案件では，通常の税務デューデリジェンスに加えて，このような税目が税務デューデリジェンスの調査対象として取り扱われる場合がある。対象会社に滞納となっている公租公課が多額にある場合には，滞納となっている公租公課の本税ならびに調査日現在の延滞税等のペナルティーを把握して，滞納税額の総額がおよそどの程度あるのかを早急につかむことが重要である。滞納となっている公租公課の金額次第によっては，再生スキームを再度検討する必要があり，場合によっては再生を断念するケースもある。

　その他にも，金融支援実行時の債務免除益課税に関するタックス・プランニング，再生計画におけるタックス・プランニング等，これらのプランニングに直結した税務デューデリジェンスの実施が求められる。

第2節　情報収集の方法

　デューデリジェンスを実施するうえで重要なことは、短期間のうちにより多くの情報を正確に、かつ効率的に収集し、あらゆる角度から対象会社のリスクを検証・分析し、対応を検討することである。税務デューデリジェンスも同様に、限られた期間内により多くの情報を正確に収集し、潜在的な税務リスクの発見に努め、そのリスクへの対応を検討する必要がある。

　情報収集の方法は、案件の内容によって異なる。たとえば、入札案件の場合には情報開示は段階的に実施される。通常、1次入札において開示される典型的な資料として Information Memorandum（IM）がある。IM には対象会社の概要・事業の概要・過去の財務状況・将来の事業計画といった情報が主であり、税務デューデリジェンスにおいて参考となる税務固有の情報は限定的な場合が多い。しかしながら、対象会社が多額の繰越欠損金を有している場合には、繰越欠損金の情報が開示されるケースがあるため、ひととおり IM を確認する必要がある。繰越欠損金がある場合には、想定している買収ストラクチャーにおいて利用可能なものであるか、または、将来の事業計画において、どの程度の利用が見込まれているか等を確認することが重要となる。ただし、情報量としては十分ではないため、他の方法を活用して情報収集を行い、できる限り多くの情報を収集する必要がある。

　税務デューデリジェンスにおける情報収集の方法としては、以下のように外部情報として収集できるものと、内部情報として収集できるものに分かれる。

1　外部情報

　外部情報からは、図表 4 − 2 のようなものが収集可能である。有価証券報告

書を開示している企業であれば，最近行われたM&Aやグループ内企業再編の概要，子会社や関係会社の売却や清算の把握，繰越欠損金や主要な一時差異の内容の把握，偶発債務の注記による租税訴訟の事実関係等を確認することが可能となる。外部情報から直接的な税務リスクを特定することは困難であるが，このような情報を税務デューデリジェンスの開始前に理解しておくことで，デューデリジェンス開始後，効率的な税務デューデリジェンスを実行することが可能となるため，作業効率の観点からも外部情報の事前確認は重要な情報収集といえる。

図表4－2　外部情報として入手可能な資料の例

- 有価証券報告書
- 適時開示情報
- 対象会社のWebsite（IR情報・財務情報等）
- 調査機関の調査報告書
- 新聞報道　他

2 内部情報（対象会社からの情報収集）

　対象会社から直接提供される情報は，税務リスクを検討するうえで信頼性のある最も重要な資料といえる。しかしながら，それ故に内部情報を収集するに際しては，的確に，かつ，正確に入手する必要がある点に留意が必要である。それは対象会社自身が税務リスクを認識している場合は別として，会社がそのリスクを十分に認識していない場合には，税務リスクを検討し，一定の結論を導くためには，正確に事実関係を把握し，理解することが重要だからである。断片的な情報のみで税務リスクを判断した場合には，その判断を誤ってしまい，過度に保守的な税務リスクとして結論づけてしまったり，またはその逆であったりと事実とかけ離れた判断がなされることがないように留意して収集する必要がある。

対象会社からの情報収集は，作業の状況に応じてまずは初期資料依頼ならびに書面による全般的な質問を行い，次に追加依頼資料および更なる質問，もしくはインタビュー・セッションへ展開していくことになる。初期依頼資料および質問は，税務デューデリジェンスを実施する前段階で，対象会社に対して依頼する基礎的な資料・質問事項となる。ただし，この段階においても前述の外部情報から把握できた項目のうち重要な事項があれば関連する資料依頼および質問を実施することになる。

図表4－3　内部情報として入手する資料の例

初期資料依頼
- 調査対象事業年度の決算書および勘定科目明細書
- 調査対象事業年度の法人税申告書・地方税申告書・消費税申告書および納税一覧
- 直近の税務調査に関する更正決定通知もしくは修正申告書
- 設立届出などの届出書一式　他

質問事項（質問の詳細については省略）
- 税務調査の実施状況
- 過去5年内に実施したM&Aについて
- 顧問税理士の関与の有無等，関与がある場合には最近の税務相談の内容
- グループ会社間取引に関する事項（出向・財務支援等）
- 株主ならびに役員との取引について
- 海外取引について（ロイヤルティ等）
- 連結納税制度について（導入予定等）
- 税金の納付状況に関する事項
- 懸念している税務リスクについて
- 調査対象期間に実施したタックス・プランニング
- 税務当局との訴訟の有無　他

図表4－3の初期資料依頼および質問事項の回答を受けて，追加的に必要な資料や質問があるときは，対象会社へさらなる資料開示を依頼することになる。開示資料や書面による回答が，誤解等によって適切になされないケースがあったり，会計・税務・法務といった各アドバイザーからの膨大な質問へ1つ1つ文書にて回答した場合には，期限内にデューデリジェンスが終了しないことが考えられる。そこで，インタビュー・セッションを設け，各担当者へインタ

ビューを実施して，質問の回答を受ける機会が設けられるケースが多い。このインタビュー・セッションにおいて重要なことは，質問に明確に回答できる担当者に参加してもらうことである。税務デューデリジェンスの場合には，日ごろ税務実務（税務調査の立会や税務申告書の作成等）に深く携わっている者や対象会社の顧問税理士などが適任者として考えられるが，質問の内容によっては，マネジメントや営業担当者のほうが適任である場合もある。なお，入札案件の場合には，インタビューセッションの機会は設けられるが，その回数が著しく制限される場合が多い。そのような場合には，質問事項のうち優先順位の高い事項から質問していく等の工夫が必要である。

第3節 発見事項の報告

　税務デューデリジェンスを実施し，判明した情報は報告書にまとめられる。税務デューデリジェンスにおいて報告される内容としては，税務申告の状況・税務調査の実施状況・繰越欠損金の分析・関連当事者間取引の状況・過去の組織再編の状況・買収ストラクチャー上の留意点などが挙げられる。いずれにしてもディールの特性にあわせて重要と思われる項目を中心に報告することになる。また，調査の初期段階において，ディール・ブレイカーとなるような重要な税務上の問題（たとえば，多額の追徴課税リスクや滞納租税債務を有しているなど）を買収対象会社が有していないことを確認する必要がある。仮に対象会社がそのような重要な税務リスクを有している場合には，取引そのものを中止する場合があり，早急にクライアントへ報告して進め方を協議する必要がある。

1　対象会社の税務申告の概要

　対象会社の税務申告の概要には主として，以下の内容が記載される。これらの情報は税務リスクというよりは，対象会社の過去の課税所得金額や納税額の傾向を理解するものとして利用したり，将来のタックス・プランニングの対象となる申告調整項目を把握する際に利用されるものである（図表4－4）。

(1)　申告制度の概要
　対象会社が単体納税制度を採用しているか，もしくは，連結納税制度を採用しているかによって，法人税の負担額や課税所得の計算方法は異なる。買収後，連結納税グループから離脱する場合には，その後の課税所得計算に与える影響額の把握も重要となる。

第 3 節　発見事項の報告

図表 4 − 4　対象会社の税務申告の概要

対象会社の税務申告の概要
課税所得推移　　　　　　　　　　　　　　　　　　　　　　　　　　（単位：百万円）

項目	期首残 14/3期	14/3期	15/3期	16/3期	期末残 16/3期
税引後当期利益	-----	852	949	904	-----
社外流出項目					
損金算入法人税等	-----	250	177	194	-----
損金算入納税充当金	-----	334	379	269	-----
納税充当金支出事業税	-----	(63)	(71)	(74)	-----
その他流出項目	-----	5	2	4	-----
留保項目					
貸倒引当金	—	—	29	(29)	—
退職給付引当金	157	6	(2)	9	170
賞与引当金	42	9	3	9	63
特別償却準備金	(15)	(7)	4	3	(15)
減価償却超過額	33	(4)	(4)	(3)	22
土地	6	—	—	—	6
棚卸資産評価損	0	1	0	(0)	1
有価証券評価損	—	0	(1)	14	13
その他留保項目	(1)	2	(1)	(0)	—
申告調整項目計	222	534	515	395	260
欠損金控除前課税所得		1,386	1,465	1,298	
欠損金当期控除額		—	—	—	
課税所得金額	-----	1,386	1,465	1,298	-----
利益準備金	25	—	—	—	25
別途積立金	13,500	830	930	—	15,260
特別償却準備金	15	7	(4)	(3)	15
繰越損益金	46	(9)	(0)	906	943
納税充当金	349	(15)	45	(110)	269
未納法人税等	(277)	70	(48)	68	(186)
利益積立金合計	13,881	-----	-----	-----	16,586
資本金	100	—	—	—	100
資本準備金	100	—	—	—	100
資本金等の額	200	—	—	—	200

申告の状況
・対象会社は単体納税制度により申告を行っている。
課税所得および法人税等の推移
・対象会社の直近 3 事業年度における課税所得の推移は左表のとおりである。対象会社では，2014 年 3 月期以降，課税所得が発生し，法人税等を納付している状況にある。

主な税務調整項目の内容
　対象会社における主な税務調整項目の内容は下記のとおりである。
　　・貸倒引当金
　　　対象会社は，2015 年 3 月期において，29 百万円を税務上加算調整している。
　　・有価証券評価損
　　　対象会社は，2016 年 3 月期に会計上特別損失として計上した子会社株式評価損 14 百万円を，税務上は加算処理している。

(2) 過去の課税所得および納税額の推移

　対象会社の過去の課税所得の推移を比較することで，決算書からは把握できない調整項目の内容やその具体的な調整方法を理解することが可能となる。また，納税額から企業の税負担割合の傾向を把握することが可能となる。

(3) 過去の申告調整項目の分析

　対象会社の過去の申告調整の内容や課税所得の推移を比較することで決算書や勘定科目から把握できない取引の内容を把握することができる。たとえば，会計上，減損処理によりオフバランス化された子会社株式等は，税務上は有税処理されているケースが一般的であるが，その株式等を売却した場合や会社を清算した場合の損失は税務申告書を使って把握することになる。その他，社外流出項目である交際費や寄附金の損金不算入額のうち，特定の事業年度のみ，これらの申告調整額が突出しているような場合には，業種によっては，使途秘匿金とされる支出が含まれている可能性も考えられる。これらの内容を申告調整項目の分析を通じて確認していくことになる。

　また，過去において合併・分割または増減資等が行われている場合には，税務上の資本金等の額や利益積立金額が適正に計算されているかの確認が必要である。たとえば，対象会社が自己株式の取得を通じて，売主の持分を一部減少させた後に売主が残りの全持分を売却する買収ストラクチャーが想定されている場合に，これらの計算が適正にされていないときは，自己株式取得時のみなし配当の計算に影響が生じることになる。資本金等の額が適正に申告されていない場合にはみなし配当の計算が適正にできず，状況によっては売主が想定していた税務処理と異なり，買収ストラクチャーそのものを見直す必要が生じるケースも考えられる。また，みなし配当に係る源泉徴収義務は対象会社が負うことになるため，将来の税務調査で源泉徴収漏れを指摘される可能性や，事業税の外形標準課税の資本割や地方税の均等割の計算などへ影響することになるため留意が必要である。

(4) 買収後留意すべき申告調整項目の把握

　税務デューデリジェンスの直近事業年度の税務申告書から買収後のタック

ス・プランニングに影響を与える申告調整項目を確認する必要がある。重要な申告調整項目があれば，その申告減算の時期や損金算入が確実にされるものであるかなどの検証を行う。たとえば，申告調整項目の中には過去の過度に保守的な申告調整により，将来，申告減算をすることが困難な調整項目が発見される場合がある。会計上，繰延税金資産の計算上，規則的に一時差異として取り扱われているものの，税務上は申告減算したときに，税務調査で指摘される可能性がある項目がないか検討する必要がある。特にこの問題は金融支援等により債務免除益が生じる場合に，申告減算が確実にされないと債務免除益課税が生じる要因にもなりかねないため十分な調査が必要である。

2 税務調査の実施状況

以下の観点から対象会社へ質問を行い，対象会社の過去の税務調査から読み取れる税務リスクを把握し報告することになる。

(1) 税務調査の実施状況の確認

直近の税務調査の実施状況を確認するために，まずは更正決定通知書または修正申告書を対象会社へ依頼することから始める。更正決定通知書や修正申告書は税務調査により指摘された結果のみが記載されているため，当該調査において税務当局との間で議論となった取引や，最終的に更正決定や修正申告へ至っていない取引があるときは，これらの書類からは把握することはできない。したがって，更正決定通知や修正申告書と併せて，税務調査時の社内報告書等，当該税務調査が実施されたときのやりとりが記された資料の開示を同時に依頼することが重要である。

(2) 重要な指摘事項および改善策の確認

更正決定通知書または修正申告書を入手した後，それらの中に取引の内容もしくは金額的に重要な指摘事項がないか確認する。特に，重加算税が課されて

いる指摘事項がある場合には，取引の内容を対象会社から詳細に聞き取る必要がある。重加算税は，取引の事実の全部または一部を隠ぺいし，または仮装して税務申告をしているような場合に適用されるペナルティであり（通法68），非常に悪質な取引の場合に適用される最も重いペナルティである。このような指摘が過去になされている場合には，現状どのようになっているか確認し，その取引が改善されている場合には，その改善策の具体的な内容が記された社内資料等をレビューし，改善策の運用状況の確認が必要である。一方，改善されていない，もしくは同様の取引が潜在的にあると思われる場合には，調査対象期間の取引金額から将来の税務調査で指摘された場合の本税および重加算税の影響額を試算し，税務リスクを定量化して報告することになる。なお，税務リスクへの具体的な対処方法については，下記「第4節　税務リスクの対処方法」を参照いただきたい。

　また，過去の税務調査の指摘事項の傾向を理解するために，直近の税務調査のみではなく，前々回の税務調査における指摘事項と比較することで，より確実に税務調査における指摘事項の傾向をつかむことができる。たとえば，毎回，税務調査では同質同類の指摘事項を受けているような場合には，社内で改善措置が適切に伝達されていない，もしくは，社内の力関係が偏りすぎているなどの理由から全社的なガバナンスがとれておらず，変わることができない企業体質にあると推察することができる。このことは，税務リスクの評価とは別に，対象会社の税務コンプライアンスの実態・レベルを把握することも可能となる。これらの情報を税務デューデリジェンスによって買収前に把握することで，買収後，税務コンプライアンス体制構築を早期に行う準備が可能となる。

3　繰越欠損金の分析

　対象会社が繰越欠損金（Net Operating Losses）を有している場合には，税務デューデリジェンスにおいて次の観点から報告することになる。

　繰越欠損金は，対象会社の将来の税負担を軽減させる効果があるため，買収

価額を決定する上で，非常に重要なものとされている。特に，対象会社が巨額な繰越欠損金を有する場合には，繰越欠損金の利用可能性が非常に重要視される。対象会社がそのような繰越欠損金を有する場合の税務デューデリジェンスにおける重要な検討事項は以下のとおりであり，これらをまとめたものが，図表4－5である。

図表4－5　繰越欠損金の状況

繰越欠損金の状況

繰越欠損金の発生及び使用状況　　　　　　　　　　　　　　　　（単位：百万円）

事業年度	12/3期	13/3期	14/3期	15/3期	16/3期
期首残高	578	428	57	308	401
発生	—	—	251	120	—
控除	(150)	(371)	—	—	(210)
消滅	—	—	—	(27)	—
期末残高	428	57	308	401	191

繰越欠損金残高の推移

発生年度	消滅年度	12/3期	13/3期	14/3期	15/3期	16/3期
08/3期	15/3期	398	27	27	—	—
11/3期	18/3期	30	30	30	30	—
14/3期	23/3期			251	251	71
15/3期	24/3期				120	120
16/3期	25/3期					—
期末残高		428	57	308	401	191

繰越欠損金の発生状況
- 対象会社における繰越欠損金額の発生および使用の状況ならびに残高の推移は左表のとおりである。

繰越欠損金の発生要因
- 2014年3月期における欠損金の主な発生原因は不採算子会社売却による売却損であり，2015年3月期における欠損金の主な発生原因は土地売却による減損損失の認容減算に伴うものである。

(1) 繰越欠損金の発生要因の確認

　対象会社が繰越欠損金を有している場合には，まずはその発生要因を確認することが重要である。繰越欠損金が，過去の業績不振による多額の営業損失から生じているときや，大規模なリストラクチャリングや事業撤退損失から生じているときは，対象会社が繰越欠損金を有しているとしてもそれほど違和感はない。しかしながら，繰越欠損金の一部が，固定資産売却によって生じている場合には，その資産の売却先や売却価額の妥当性についての検証が必要であり，アグレッシブなタックス・プランニングにより繰越欠損金を創設もしくは買収等によって引き継いでいる場合には，将来の税務調査で繰越欠損金の利用が否認される可能性があるため，慎重に検討する必要がある。たとえば，資産売却が対象会社の関連当事者へ売却されている場合で，適切な金額で売却されていないときには，税務調査において低額譲渡として否認されるリスクがある。その場合，対象会社の繰越欠損金を構成する売却損相当額は寄附金として取り扱われ，対象会社の繰越欠損金が減少することになる。また，過去において適格合併等の組織再編を行っている場合には，繰越欠損金や特定資産の譲渡等による損失額の損金算入が制限されている場合もある。繰越欠損金はその欠損金の繰越期間内であれば更正決定をすることが可能であるため，対象会社が繰越欠損金を有する場合には，まずはその発生理由を税務デューデリジェンスにおいて把握することが重要である。

(2) 繰越欠損金の発生時期と繰越可能期間の確認

　次に対象会社が繰越欠損金を有している場合には，上述の発生要因とともに発生時期を確認する必要がある。日本の法人税法上，青色欠損金の繰越可能期間は9年（2018年4月1日以後開始事業年度については10年）とされており，無期限にその使用が認められていない。たとえば，対象会社は多額の繰越欠損金を有するが，その繰越可能期限が残り1年で，その大部分が期限切れにより消滅するときには，その消滅する繰越欠損金の利用価値はないものと考えられる。したがって，買収ストラクチャーをストックディールからアセットディールへ変更することで，繰越欠損金を含み益と相殺するようなタックス・プランニングも買収ストラクチャーの候補の1つとして考えられよう。

一方，繰越欠損金の発生時期が比較的新しく，かつ，発生要因に問題がない場合には，将来の事業計画における利益水準と比較して，どの程度利用可能であるか検討を要する。その際に重要となるのは事業計画の利益が，どの法人から，いくら発生しているかを把握することである。事業計画は，通常，連結ベースの計画となっていることが一般的であるが，その場合には，連結グループのどの企業から課税所得が発生することが見込まれているかを把握することが重要となる。連結納税制度を選択していない企業の場合には，繰越欠損金は繰越欠損金を有する法人の単体所得としか相殺できないため，課税所得が見込まれる企業と繰越欠損金を有する企業が異なる場合には，買収後，合併や連結納税制度を導入するなどのタックス・プランニングが重要となってくる。

(3) 将来における利用見込額の確認

対象会社が繰越欠損金を有する場合，連結納税制度を選択している場合を除き，その対象会社の単体所得で繰越欠損金が利用可能であるか否かを検討することが重要であることは上記(2)で述べたが，同時に，前記**1**に記載した将来減算一時差異の認容スケジュールについても留意が必要である。将来減算一時差異の効果としては繰越欠損金と同質のものである。つまり，当期所得を上回る多額の減算一時差異の実現が見込まれている場合には，過去に発生した繰越欠損金は当該減算事業年度での利用はできないことになる。その結果，その後の課税所得の発生次第では繰越欠損金が期限切れとなる可能性も十分に考えられる。繰越欠損金の将来における利用見込額を検討するに際しては，重要な将来減算一時差異がいつ減算されるのか，もしくは，その減算のタイミングをコントロールできるものであるかといった点を検討し，繰越欠損金の将来の利用可能額をプランニングすることが重要となる。税務デューデリジェンスを通じてそのために必要な情報を収集し提供することになる。

4 関連当事者間取引

　関連当事者間取引については主に以下の点に留意して税務デューデリジェンスを進めていくことになる。特に、移転価格税制の対象とされる国外関連者間取引については、寄附金の損金算入枠の規定が適用されず、更正される期間および金額ともに重要性が高いため、慎重に税務デューデリジェンスを行う必要がある。移転価格税制に関する税務デューデリジェンスの詳細については第9章を参照いただきたい。

(1) 取引価格の妥当性

　利害が対立する第三者との取引では、取引価格の妥当性に関する議論は通常起こり得ない。しかしながら、取引相手が対象会社の子会社であったり、オーナー株主やその同族関係者である場合には、第三者間取引とは異なり、取引価格に恣意性が入りやすく、場合によっては租税回避を意図した取引が行われるケースもある。そのような取引を過去において対象会社が行っていた場合には、将来の税務調査で指摘され、多額の追徴税額が生じる税務リスクが考えられる（内容によっては重加算税が課される可能性もある）。したがって、税務デューデリジェンスでは特に関連当事者間取引を網羅的に把握し検討することが重要となる。たとえば、対象会社が保有していた不動産を子会社へ売却し、含み損を実現し、他の利益と相殺することで課税所得を圧縮しているような場合には、当該不動産の売却の目的・売却価額の決定方法・売却代金の決済の有無や売却後の利用方法など多角的に税務リスクを検討する必要がある。

(2) 子会社等への財政支援

　対象会社自体の業績が好調でも、その子会社に業績不振会社または新設会社がある場合には、何らかの形で親会社等から財政支援がなされているケースが見受けられる。このような支援がなんの施策もなく勝手になされているときは、税務上は当該子会社に対する寄附金として取り扱われることになる。寄附金と

認定された場合には，寄附金の損金算入限度額を超過する部分の金額に対して追徴課税が生じる可能性がある。対象会社とその子会社との取引については前述の取引価格の妥当性に加えて財政支援を目的とした取引がないかという観点からの検討も重要となる。対象会社とその子会社の間に100％の完全支配関係がある場合，グループ法人税制の影響も検討する必要が生じる。

5 過去の組織再編

　過去にM&Aやグループ内組織再編が行われている場合には，以下の点に留意して税務リスクの有無を報告することになる。

(1) 再編内容の把握
　過去に実施されたM&Aやグループ内再編がどのような形態による組織再編であったかを確認し理解する必要がある。そのうえで，再編ごとの税務リスクについて分析していくことになる。たとえば，対象会社がある会社を買収した後，適格合併等の組織再編を行っている場合には，適格再編であるがゆえに繰越欠損金の引継ぎ・利用制限や特定資産の譲渡等損失の損金算入制限が課されている場合があり，その制限の有無について確認が必要である。また，各再編時に税務アドバイザーからストラクチャリングのアドバイスを受けている場合には，ストラクチャリングにおける留意点等を対象会社から情報収集し，これらの留意事項に対してどのように対応したか，確認する必要がある。他にも，M&A後に発覚した偶発債務により買収価格の価格調整条項に従い価格修正を行っている場合には，どのような方法により価格調整を行ったか株式売買契約書等と照らし合わせてその処理に不明な点がないか確認する必要がある。

(2) 適格再編による制限の確認
　繰越欠損金の分析において述べたように，対象会社が過去において適格合併等の組織再編を行っている場合には，繰越欠損金の引継ぎ・利用制限や特定資

産の譲渡等損失の損金算入が制限される場合がある。これはグループ内組織再編に適用される制限であるが，グループ法人同士の適格組織再編であるがゆえに，これら制限の検討が疎かになっている事例が多く見受けられるため，税務デューデリジェンスにおいて十分な検討が必要である。

第4節　税務リスクの対処方法

1　結果要約（Executive Summary）

　税務デューデリジェンスを実施した後，「第3節　発見事項の報告」に記載したように，報告書にして，クライアントへ報告することになる。当該報告書

図表4－6　結果要約

項目	内容	留意事項
過去の組織再編成	・対象会社は，2013年10月1日を効力発生日として，同社を存続会社，買収した100％子会社であるA社を消滅会社とする吸収合併を実施し，A社の合併直前事業年度に係る繰越欠損金額369百万円を引き継いでいる。	・A社との合併は，みなし共同事業要件を充足しないため，A社から承継した繰越欠損金369百万円は対象会社において引き継ぐことはできないと考えられる。
XXX税務調整もれ	・対象会社は，XXXXXに係る未払金（2015年12月期末残高XX百万円）について，税務調整を行っていない。	・XXXXXに係る未払金について，期末時点では債務が確定していないため損金算入が否認される可能性がある。 ・当該否認を受けた場合の法人税に係る追徴税額（附帯税等を除く）は，XX百万円と試算される。
法人税の税務調査	・会社担当者によると，対象会社においては設立以後，法人税に係る税務調査は実施されていないとのことである。	・国税通則法上，法人税の更正決定が可能な遡及期間は5年（欠損事業年度，偽りその他不正がある場合は7年*）と規定されているため，2010年12月期以降の事業年度について，税務調査が実施される可能性がある。 ＊2008年4月1日以後に終了した事業年度が欠損事業年度である場合，遡及期間は9年となる。

のうち，特に重要な発見事項を報告するものが，結果要約（Executive Summary）であり，買収するに際して，考慮すべき，または，対処すべき重要な事項が記載されている。

　結果要約において報告された重要な税務事項に対する対処方法としては，その内容に応じて4つに分類されるものと考えられる（図表4－7）。たとえば，税務リスクが金額的に重要性が高く，かつ，そのリスクの実現可能性も高い場合には，「買収価格に直接影響する税務リスク」として分類されることになろう。一方，税務リスクの実現可能性および影響額の判断は困難であるものの，実現した場合には，重要な影響を及ぼす可能性があると考えられる場合には，株式譲渡契約書等において「表明保証の対象とすべき税務リスク」として分類されることになる。そのほか，買収後，従前の税務処理を見直す必要があるものや，買収後のシナジーを追求するために新たなタックス・プランニングが必要な事項については，「買収後に留意が必要な税務事項」として分類される。税務デューデリジェンスの結果，想定している買収ストラクチャーへ不利な影響を与える可能性がある場合等には，「買収ストラクチャーへ影響を与える事項」として分類されることになる。なお，これらの税務リスクは必ずしも4分類のうちのいずれかに分類されるものではなく，税務リスクの内容によっては複数の領域へまたがる場合があることを理解しておく必要がある。

図表4－7　結果要約の分類

分　　類
買収価格に直接影響する税務リスク等（VAL）
表明保証の対象とすべき税務リスク（SPA）
買収後に留意が必要な税務事項（PMI）
買収ストラクチャーへ影響を与える事項（STR）

2 定量的・定性的分析

　税務デューデリジェンスの報告を受けた後，税務デューデリジェンスを担当した税務アドバイザーと協議しながら発見された税務リスクへの対応を検討することになる。税務デューデリジェンスは，制約された情報によるため，税務リスクに対してどのように対応すべきか明確な対処方法を示しにくい場合がある。特に税務リスクの定量化は簡単ではない場合が多い。定性的なリスク分析については，税法の適用関係を確認し，ある程度の範囲で分類することは可能であるが，定量的な分析については，定量化するための十分な資料・情報が収集できない場合には非常に困難といえる。

　しかしながら，当該税務リスクが，クライアントにとって受入可能な金額の範囲内なのか，もしくは，買収価格へ反映すべきものであるかを判断するためには，定量的な分析が必要不可欠である。したがって，限定的な情報を前提としつつも，可能性として考えられる税務リスクを一定のレンジにて指し示すことで，定性的な税務リスクの分析に加えて，定量的な税務リスクを分析し，総合的に税務リスクの判断が行えるような報告に努めることが重要である。

第5章

税務デューデリジェンスとストラクチャリング

第4章までにおいて，税務デューデリジェンスの実施方法や留意点について説明した。これまでの説明により過年度の税務申告に起因する税務リスクの分析に関し，ある程度のイメージが沸いているものと思われるが，本章においては，税務デューデリジェンスとストラクチャリングの関係について述べていく。第1章でも述べているとおり，M&Aのプロセスにおける税務専門家の関与は多岐にわたり，その中でもストラクチャリングに係るサポート業務は大きなウェイトを占める。また，税務デューデリジェンスとストラクチャリングの関係は深く，一方が他方に影響を与えるのみではなく，双方に影響し合う業務であるといえる。以下では，はじめにM&Aプロセスにおけるストラクチャリングの概要を説明したうえで，その後にM&Aの各手法の税務上の留意点を説明する。

第1節　ストラクチャリングの概要

1　ストラクチャーの検討過程

　ストラクチャーとは，M&Aの目的を達成するための形式・形態のことであり，ストラクチャーを検討する過程（以下「ストラクチャリング」という）は，M&Aの目的を達成するために最善の方法を選択する過程であるといえる。そのため，ストラクチャリングはM&Aの目的に端を発する。次に，その目的を達成可能な手法を暫定的なストラクチャーとして策定する。この段階のストラクチャーは，通常，デューデリジェンスを行う前の限定的な情報に基づき策定されるため，デューデリジェンスを通じて暫定的なストラクチャーの実行可能性を検証したり，取引実行後の状況を可能な限り予測・分析する。最後に，デューデリジェンスの結果を踏まえ，ストラクチャーが絞り込まれていく。

　また，実務上はこうして絞り込まれたストラクチャーをもとに取引相手先と

交渉を行い，双方の合意するストラクチャーが決定される。

ストラクチャリングにおいては，上述の M&A 実行に向けたストラクチャーの検討と同時並行的に M&A 実行後に予定される統合（Post-Merger Integration, PMI）を想定し，それをストラクチャーの検討にあたり考慮する。これらの過程を買手の視点から図解したものが図表5－1となる。

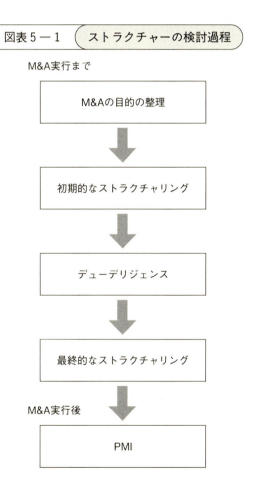

以下では，上述のストラクチャリングのプロセスの各々を説明する。

2 M&Aの目的とストラクチャリング

　M&Aの形式・形態は多種多様であり，これを整理するための画一的な基準があるわけでもない。しかしながら，本章では説明の便宜上，買収と統合という区分を用いて整理することとしたい。

　買収とは，一方の当事者が対象となる事業の支配を獲得し，他方の当事者がその支配を手放す行為，統合とは，複数の当事者が各自の事業を持ち合い，事業の共同運営体を形成する行為と定義することとする。実際には，M&Aの形式・形態を買収と統合のみで表現することは困難であり，実務上は，支配を手放さない範囲で他社の資本参加を受け入れる資本提携や他社から買収した事業と自社の既存事業との統合を図るというような買収と統合が一連の行為となっている例があったり，統合のような形式を採りながら，議決権の過半数は統合相手に渡し，実態としては経営から半歩退くというような買収と統合の中間的な例も少なくない。また，ひとくちに買収といっても，対象会社の経営権を取得することが目的となることもあれば，対象会社の行う一部の事業を取得することが目的となることもある。同様に統合といっても，統合の対象が自社（および統合相手）の行うすべての事業である場合もあれば，一部の事業である場合もある。

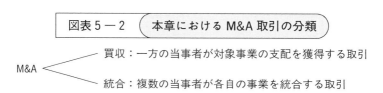

図表5－2　本章におけるM&A取引の分類

M&A　──　買収：一方の当事者が対象事業の支配を獲得する取引
　　　　└─　統合：複数の当事者が各自の事業を統合する取引

　このように多様性を持つM&Aの形式・形態の中から具体的な手法を選択していく過程が，まさにストラクチャリングであり，既述のとおり，M&Aの当事者がM&Aを通じて実現したいこと（M&Aの目的）を具体的な手法に落とし込んでいく過程であるといえる。したがって，ストラクチャリングは，M&Aの目的を整理することから始まる。

M&Aを通じて対象会社のすべての事業を取得する場合，グループ戦略等に照らして独立の法人格を維持するのであれば，子会社化する手法を検討することとなるであろう。これに対し，取得する事業を買収者の一部として事業展開することを望むのであれば，事業を譲り受けることや合併をすることを前提とした手法を検討していくことになる。このように，対象会社のすべての事業を取得する場合であっても，法人格を維持するか否かで検討すべき手法は異なり，これを決定づけるのはM&Aの目的である。M&Aを通じて既存事業の規模の拡大を図る場合，同一事業であるために既存事業を行う法人に事業を承継させることもあれば，ブランド戦略，人事戦略，地域展開の戦略などの要素を考慮して子会社としてグループに取り込むことも考えられる。

　これはほんの一例であり，実務上はM&Aの案件ごとに事情がそれぞれ異なり，多少似ている案件は存在するものの，同一条件の案件は1つとして存在しない。ストラクチャリングにおいては，M&Aの目的を明確にしないことには，考え得る手法を絞り込んでいくことができず，また，この視点を欠いたストラクチャリングは中身を伴わないものとなってしまう。

　ストラクチャリングは，当事者がM&Aを通じて実現したい要求を整理することから始まり，また，実務上は，複数ある要求を譲れるものと譲れないものとに色分けしておくことが重要となる。考え得る手法の中から採用し得る手法を絞り込んでいく過程で，すべての要求を満たす手法が選択可能であればベストであるが，実務上はそうであることは少なく，可能な範囲で要求を満たしていくこととなる。そのため，M&Aを通じて実現したい要求に優先順位をつけておくことは，その段階において重要な意味を持つことになる。

3　初期的なストラクチャリング

(1)　税務上の観点からの初期的なストラクチャリング

　M&Aの手法といっても多種多様であり，その手法は一様ではない。以下では，買収および統合に関する代表的な手法を例示し，各手法の特徴を説明する。

実務上は，ここに例示した手法を単独で用いることもあれば，ここに例示した手法を組み合わせて用いることもある。たとえば，統合を行う際に，自社が持株会社形式を採用しているにもかかわらず，統合相手では持株会社形式を採用していない場合，統合相手を持株会社形式としたうえで合併等の統合の手法を採用するということがある。どのような手法を用いるかは，「**2** M&Aの目的とストラクチャリング」で述べたとおりM&Aの目的と照らして判断されるべきものである。

　税務上の観点からは初期的なストラクチャリングにおいて，各手法の税務上の取扱いを整理することで採用した手法に伴って生じる当事者の課税関係を整理することになる。M&Aの実行に伴って当事者に不測の課税が起こる場合，その手法を採用し得ないこともあるため，当事者の課税関係を整理することはストラクチャリングにおいて非常に重要となる。

　また，初期的なストラクチャリングにおいて，租税債務の引継ぎを考慮に入れることもある。たとえば，対象会社が過去に粉飾決算をしていたことが明らかであるような場合は，今後どのような税務上の影響が及ぶかわからないため，最初から租税債務を引き継がない方法（事業譲受けなど）を選択することもあろう。

(2) 代表的な買収および統合の手法

　一般的に買収手法は，大きくストックディールとアセットディールに区分される。ストックディールの代表的な手法としては，①現金を対価として株式を取得する株式買収と，②株式を対価として株式を取得する株式交換がある。なお，日本における株式交換は，株式取得の対価として自社株式を交付するだけでなく，会社法上の一定の手続を経ることで対象会社の発行済株式のすべてを強制的に取得する組織再編行為であり，各株主との個別取引ではないことには留意が必要である。一方，アセットディールの代表的な手法としては，③事業譲受けと，④会社分割に株式売買を組み合わせた手法がある。④の手法は，買手から見れば株式の取引であるが，会社分割と併用することで，売主から対象事業のみを取得することが可能となることから，アセットディールの一種と考えられている（図表5－3）。

図表5－3　代表的な買収手法

大区分	具体的手法
ストックディール	株式買収（相対取引，TOB）
	株式交換
アセットディール	事業譲受け
	会社分割＋株式売買

　ストックディールは一般的に簡易な手続で実施することができるが，会社全体が対象となり，買収対象となる資産等の選別ができないという側面もある。一方，アセットディールは買収対象を個別に選別できるというメリットがあるが，手法によっては債務や契約上の地位の移転に個別同意を要するなど手続的な負荷がかかる。

　統合手法は，大きく吸収型の統合と新設型の統合に区分される。吸収型の代表的な手法としては①合併があり，新設型の代表的な手法としては②共同株式移転と③共同新設分割がある（図表5－4）。

図表5－4　代表的な統合手法

大区分	具体的手法
吸収型	合併
新設型	共同株式移転
	共同新設分割

(3)　買収の各手法
①　株式買収

　株式買収は，対象会社の株主から金銭等を対価として対象会社の株式を取得する行為である。合併等の組織法上の行為を使わない手法であり，買収手法としては最も機動的である（図表5－5）。

　対象会社が非上場会社であれば，買手と売手の相対交渉により取得するのが

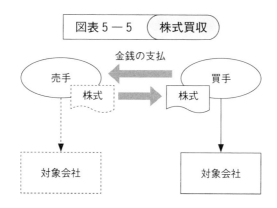

一般的であるが,対象会社が上場会社の場合は金融商品取引法の規制を受け,株式の3分の1超を取得する場合等にはTOBが必要となる（詳細は証券会社や法務専門家に確認されたい）。対象会社の株式の全部取得を目指す場合,TOB後に少数株主排除取引（スクイーズ・アウト）が行われることになる。スクイーズ・アウトの手法としては,2014年会社法改正（施行日：2015年5月1日）で導入された株式等売渡請求制度が第1の手法と思われる。TOBにより対象会社の議決権の90％以上を取得していることが条件となる。これ以外の方法としては,株式併合や全部取得条項付種類株式を利用して少数株主を端数処理してしまう方法がある。2014年会社法改正によってスクイーズ・アウトを想定して株式併合に関する規定が整備され,株式併合も実務上利用しやすくなった。現金を対価とした株式交換でもスクイーズ・アウトは可能であるが,対象会社の時価評価課税を考慮すると,選択する余地は乏しいであろう。

② 株式交換

　株式交換とは,完全親法人となる法人（買収者）と完全子法人となる法人（対象会社）が株式交換契約を締結し,対象会社の株主が所有する対象会社株式を買収者に取得させ,その対価として買収者の株式を対象会社の株主へ交付する行為である。その結果,買収者は対象会社の発行済株式のすべてを所有することとなる。買収にあたって,完全親法人となる買収者が新株を発行し資金が不要である点が特徴である（図表5－6）。

第1節　ストラクチャリングの概要

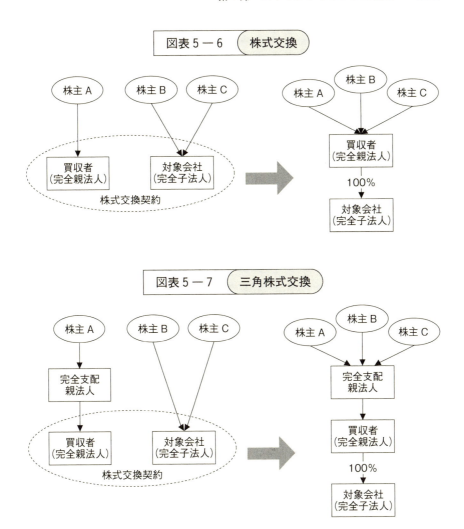

　株式交換の対価として完全親法人となる法人の親会社の株式を用いることもできる（いわゆる三角株式交換。図表5－7）。これにより、買手法人の子会社を通じた株式交換が可能となり、対象会社を孫会社として取り込むことができる。また、買手法人が外国企業の場合にも日本子会社を通じて行うことができる（詳細は第6章第2節を参照）。

③ 事業譲受け

事業譲受けとは，売手が事業の全部または重要な一部の譲渡を行い，買手が金銭等の支払によりそれを譲り受ける行為である。買収の対象となった事業は，買手の一部門等として取り込まれる（図表5－8）。

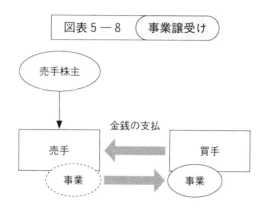

④ 会社分割＋株式売買

会社分割とは，会社（分割法人）がその事業に関して有する権利義務の全部または一部を他の会社（分割承継法人）に承継させる行為をいい，会社法では会社分割を「吸収分割」と「新設分割」の2つに分けて規定している。

この手法は主として，対象事業が売手法人の一部となっていて独立の法人格を有していない場合に用いられる。売手はまず，対象事業を会社分割により新設または既存の子会社（分割承継法人）に承継させ，その後，分割承継法人の株式を買手に譲渡する。このように買手が取得するのは株式であるが，実質的に買収したものは会社分割により売手法人から承継された資産負債である。なお，吸収分割を利用するケースとしては，対象事業に係る許認可等を事前に取得しておく必要がある場合や，対象事業の一部機能が既存子会社において営まれている場合などが考えられる。

この手法においては売手側が承継法人を用意するのが一般的であるが，買手側が承継法人を用意して（あるいは買手自身を承継法人として）金銭を対価とする会社分割が行われることもある。これにより一取引で買収が完了することとなり，事業譲受けと同様の効果が得られることになる。

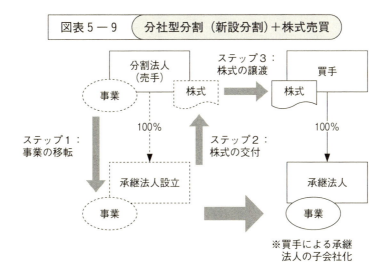

(4) 統合の各手法
① 合　併

　合併とは，合併法人と被合併法人が締結する合併契約に基づいて，被合併法人のすべての資産負債および権利義務が合併法人に包括的に移転するのと引替えに被合併法人の株主に合併法人の株式が交付される行為である。被合併法人は合併により解散と同時に消滅する（図表5―10）。合併は，複数の法人格が1つになる直接的・究極的な統合手法である。

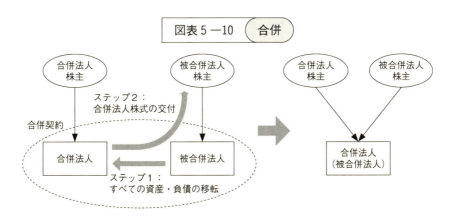

合併の対価として合併法人の親会社の株式を用いることもできる（いわゆる三角合併。図表5－11）。これにより，親会社同士の合併ではなく，一方の親会社と一方の子会社との合併が可能となる。また，三角合併は外国企業による日本法人買収の場合にも用いることができる（詳細は第6章第2節を参照）。

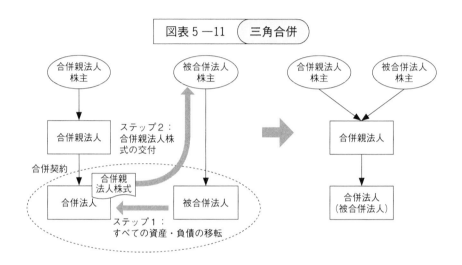

② 共同株式移転

共同株式移転とは，2以上の法人（株式移転完全子法人となる法人）の株主が共同で，その保有する株式（株式移転完全子法人の株式）を新設される法人（株式移転完全親法人）へ移転させる行為である。株式移転完全子法人の株主は，株式移転前に直接保有していた株式移転完全子法人の株式を株式移転後は新設された法人（株式移転完全親法人）を通じて保有することとなる（図表5－12）。各社の法人格を維持したままの間接的な統合手法といえる。

③ 共同新設分割

共同新設分割とは，2以上の法人（分割法人）が各々の事業を移転して共同で会社を設立する行為である。事業を移転した法人（分割法人）は，移転した事業と引替えに設立された法人（分割承継法人）の株式を取得することとなる（図表5－13）。対象事業のみを統合の対象とする部分的な統合である。

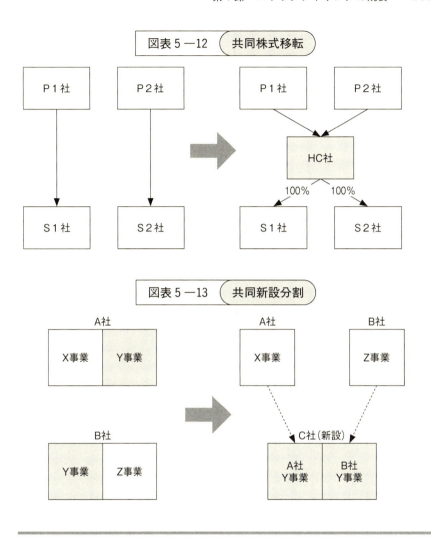

図表5-12 共同株式移転

図表5-13 共同新設分割

4 ストラクチャリングと税務デューデリジェンス

　本章の冒頭で述べたとおり，ストラクチャリングと税務デューデリジェンスの関係は深く，一方が他方に影響を与えるのみではなく，双方に影響し合う業

務であるといえる。簡潔にいえば，税務デューデリジェンスを通じて初期的なストラクチャリングで暫定的に策定されたストラクチャーを吟味していく，ストラクチャーによっては税務デューデリジェンスの調査範囲や重点調査項目が変わる可能性があるということになるが，詳細については，以下で当事者の課税関係の整理とリスクの排除に分けて説明する。

(1) 税務デューデリジェンスを通じた暫定的ストラクチャーの検証
① M&Aの当事者
　先に述べたとおり，税務上の観点からは初期的なストラクチャリングにおいて，M&Aの目的に則ったストラクチャーを探り，各手法の課税関係を整理することが重要となる。暫定的に策定された手法の課税関係を整理するということは，言い換えれば，その手法が税務的に著しく不利な結果にならないか（実行可能かどうか）を判断することにほかならない。M&Aを行う場合，多数の利害関係者が存在するが，税務上の観点から重要な登場人物は，売手，対象会社，対象会社の少数株主，買手が挙げられる（図表5－14）。従業員や取引先等も買収によって大きな影響を受けるが，税務上直接的な影響を受けることは少ないと考えられる。いずれかの者に不利な課税関係や税務リスクが生じる場合には，その者は買収に反対姿勢を示すだろう。仮にその影響が大きなものでなく，受容可能なものであれば，交渉次第でまとまることもあるだろう。税務デューデリジェンスにおいては，まず重要な税務リスクの特定と各登場人物の課税関係を把握する必要がある。この過程は，税務デューデリジェンスを通じて得た情報をもとに，暫定的ストラクチャーにおいて仮定していた各当事者の課税関係を検証・精緻化していく過程と見ることもできる。

　たとえば，会社分割で1つの法人を売却事業と継続事業に分割するケースを想定する。初期的なストラクチャリングでは売却事業を分社化し，その新設会社の株式を買手に譲渡することを想定していたとする（これは株式継続保有要件を満たさないため非適格分割となる）。税務デューデリジェンスの結果，売却事業の帰属資産の税務簿価が非常に高いことが判明し，分割時に分割法人に多額の譲渡損失が生じる一方，新会社は低い価額で資産を受け入れるためその

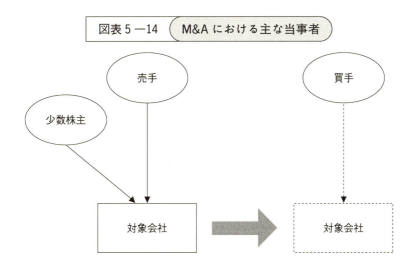

図表5-14　M&Aにおける主な当事者

後の償却費が少なくなることが判明した。買手はこの情報をもとに，継続事業のほうを分社化し，売却事業だけとなった分割法人の株式取得を代替ストラクチャーとして検討するかもしれない。ただし，買手はこの場合，継続事業の分社時の課税関係や，分割法人の過去の潜在的リスク（ビジネス，法務，税務等）を引き継ぐことに留意しなければならない。

② 各当事者の課税関係について留意すべき主な内容

　各当事者の課税関係や税務リスクについては，各事案の置かれている状況や採用しようとする手法によってさまざまなケースが考えられるが，以下に代表的な検討ポイントを指摘しておきたい。なお，採用しようとする手法に応じた税務上の留意点については，「第2節　各手法の税務上の留意点」で述べているため参照されたい。また，課税関係はM&Aの実行時に起きる課税に限られず，PMIで予定している取引等に関連する課税関係も含まれるため，留意が必要である。

A．売手
- 株式譲渡損益
- 資産負債の移転損益

- みなし配当
B．対象会社
- 資産負債の移転損益
- 過年度申告に係る税務リスクの顕在化
- 非適格株式交換や連結納税加入に伴う時価評価課税
- 資産調整勘定の損金算入（または負債調整勘定の益金算入）
- 繰越欠損金および含み損の利用制限
- 各種流通税
C．少数株主
- 株式譲渡損益
- みなし配当
D．買手
- 売手または対象会社の租税債務の引継ぎ
- 資産調整勘定の損金算入（または負債調整勘定の益金算入）
- 繰越欠損金および含み損の利用制限
- 各種流通税

(2) ストラクチャーに応じた税務デューデリジェンスのスコープ設定

　上述の各当事者の課税関係を把握するためには，税務デューデリジェンスを通じてさまざまな情報を入手していくことになる。過去の税務申告に起因する税務リスクの分析を主とする税務デューデリジェンスとは異なる側面を持つものであり，税務デューデリジェンスに付随する業務と位置づけることができる。しかしながら，採用しようとするストラクチャーによっては，この側面が強く前面に出てきて，過去の税務申告に起因する税務リスクの分析を省力化することもある。この分かれ目となるのが「租税債務の引継ぎ」である。

　初期的なストラクチャリングを通じて採用しようとする手法がある程度絞り込まれた場合，その採用しようとする手法によっては，過去の租税債務を引き継がないこともある。そのような場合，過年度の税務申告に起因する税務リス

クの分析を行う必要性が乏しいと判断され，限定的な手続を実施することが一般的である。なお，採用する手法と租税債務の引継ぎについては，「第2章第3節　納税義務の承継」において説明されているため，そちらを参照されたい。

〈参考〉　租税債務の引継ぎがない場合の税務デューデリジェンス
　租税債務の引継ぎがない手法を採用することがほぼ確実である場合，租税債務を引き継がない以上は，対象となる事業（会社）の過去の税務申告に起因する税務リスクの分析をまったく行わない，という選択肢もあるが，実務上は，依頼主と合意したうえで限定的な手続を実施していることもある。
　依頼主によっては対象となる事業が買手の事業の一部となった後に顕在化する税務リスクを予測することを目的として，対象となる事業（会社）の過去の税務申告の分析を望むことがある。すなわち，同様の事業を継続し，同様の会計処理を採用し続ける限り存在する税務リスクがある場合には，M&A実行後に相応の対処をする必要があるため，そのような取引の有無の確認を目的に過年度の税務申告の内容を分析するというものである。このような問題意識は，会計処理や税務処理の統一を図る際に顕在化する問題を事前に把握しようとするものであり，ストラテジック・バイヤーに多い視点である。

　以上を踏まえ，ストラクチャリングと税務デューデリジェンスの関係を図示したものが図表5-15である。

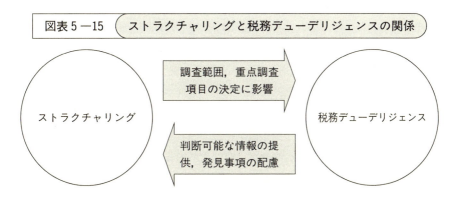

図表5-15　ストラクチャリングと税務デューデリジェンスの関係

5 最終的なストラクチャリング

(1) 最終ストラクチャーへの反映

　ストラクチャリングはM&Aの目的に端を発し，初期的なストラクチャーの策定，デューデリジェンスを通じて，取引相手先に採用を主張するストラクチャーが絞り込まれていく。最終的には，こうして絞り込まれたストラクチャーをもとに取引相手先と交渉を行い，双方の合意するストラクチャーが決定されることになる。この過程は，M&Aのプロセス全体の中では，デューデリジェンスの後半から並行して行われることが多い。なぜならば，採用するストラクチャーによっては契約内容（取引価格や表明保証等）が大幅に変わることもあり，他の専門家の作業や案件のスケジュールに影響を与えるからである。

　最終的なストラクチャーの決定には，M&Aに関与する各専門家の英知を結集する必要がある。

　そのため，税務デューデリジェンスを通じたストラクチャリングの検証結果や税務デューデリジェンスの重要な発見事項はできるだけ早く依頼主や各専門家に共有する必要がある。通常はフィナンシャル・アドバイザー（FA）が取りまとめをすることになるが，ストラクチャリングのサポート業務を担当する税務専門家も常に考慮に入れるべきポイントとなっている。

　税務デューデリジェンスを通じて発見される対象会社（事業）の税務リスクはさまざまであり，軽微で無視し得ることもあれば，交渉によって取引価格に反映されることで考慮されたり，取引相手先に一定期間の保証を要求することもある。また，非常に重要な税務リスクが発見された場合には，受け入れ難いためにM&Aの実行を取りやめるという話に発展することもあれば，ストラクチャーを変更することで，そのリスクを引き継がないようにすることが可能となる場合もある。たとえば，株式譲受けにより対象会社自体を引き継ぐのではなく，事業譲渡によって事業譲渡契約書で明記した部分のみを引き継ぐという方法も考えられる（一定の場合には第二次納税義務が発生することもあるので注意が必要）。

(2) 税務専門家の役割

　M&Aのストラクチャーはその目的を達するために構築されるものであるが、税務上の要素が多分に考慮されていることが多い。また、ストラクチャリングはM&A当事者の税務上の利害が対立しやすい分野であるため、ここにおいて税務専門家の果たす役割は大きい。

　ストラクチャリングの交渉において税務上の取扱いが論点となった場合、税務専門家は依頼主の主張を後方から支援することになる。そのため、取引相手先に採用を主張するストラクチャーの課税関係を整理する際に、取引相手先の課税関係も含めて把握しておくことが交渉を円滑に進める（後方支援を円滑に行う）ために重要となる。

　ストラクチャーの議論は時としてM&A実行時の課税関係ばかりに注目が集まることもあるが、実際には課税関係1つをとっても、過去の税務申告に起因する税務リスク（租税債務）、M&A実行時の課税、PMIにおける課税関係を考慮する必要があり、その範囲は決して狭いものではない。また、税務上の要件を満たすことばかりを気にしたストラクチャーの議論は、M&Aの目的に沿わない方向へと進むこともあり、時間を浪費することにもつながりかねない。税務専門家に期待される役割は、議論の対象となる手法の課税関係を依頼主が判断するために必要な解説や情報提供を行うことであるが、実際には、その手法を採用することによってもたらされるビジネス上の影響等も念頭に置いて、有意義な議論ができるようにサポートすることが求められていることも多い。M&Aの目的を再度認識し、デューデリジェンスの発見事項や取引価格、相手先の主張等を総合的に判断する過程であり、M&Aの案件に対する総合的な理解が必要とされる。

第2節　各手法の税務上の留意点

　本節では，「第1節　**3**初期的なストラクチャリング」で例示した買収や統合の各手法を中心に，税務上の基本的な留意点を紹介する。税務デューデリジェンスを通じて得た情報をもとに暫定的に策定されたストラクチャーの精度を上げる，もしくは修正を加える過程は，以下に紹介する税務上の留意点等を確認していく過程でもあるため，本節を通じてストラクチャリングと税務デューデリジェンスの具体的な関係を解説する。

　税務デューデリジェンスの本質は，過年度の税務申告に起因する税務リスクの分析にあると考えられるが，ストラクチャリングを視野に入れた場合，最新の時価情報をもとに税務上の重要な含み損益（時価簿価差額）を把握することなども必要となる。

1 買　　収

(1)　買収全般
①　課税買収と非課税買収

　第1節**3**では，買収の手法として，ストックディールとアセットディールの区分があることを説明したが，ここではタックス・プランニングにおいて重要な区分となる課税買収と非課税買収を紹介する。課税買収は，その名のとおり課税の生じる買収を意味し，非課税買収も，その名のとおり課税の生じない買収を意味する。この2つの区分は，買収の対象となる事業（企業）の税務上の特性（英語ではTax Attributeという）の引継ぎの有無を基準とする区分であるが，実務上は，資産の帳簿価額から時価へのステップアップもしくはステップダウンの有無，株主における課税の有無，繰越欠損金や含み損の引継ぎ

の有無として議論されることが多い。以下では，各手法の税務上の留意点を紹介する。

なお，買収後の統合については「**2**統合」を参照のこと。

② 海外子会社

対象会社や対象会社の子会社が海外現地法人である場合，現地の税制に則った税務デューデリジェンスを行う必要がある。各国の税制は似ている部分もあり，概要を把握可能であることもあるが，諸外国も日本と同様に頻繁に税制改正が行われており，また，法令に記載のない実務上の取扱いは現地の専門家にしかわからないため，現地の税務専門家へ税務デューデリジェンスを依頼する必要がある。一般的には日本国内に現地の税制に精通した人材は多くないため，実務上は，詳細な分析を実施するには，国際ネットワークを有する会計事務所に依頼することになるであろう。なお，海外現地法人の税務デューデリジェンスの結果を閲覧する際に有用と思われる現地の税制を，第11章で概説しているため，そちらを参照されたい。

(2) ストックディール

① ストックディールの原則

単純な株式取得の場合，買手は対象会社の株式とともにその潜在的税務リスクをすべて引き継ぐことになるのであるが，対象会社の税務上の特性は原則として維持される。したがって，対象会社の有する資産負債の評価替えは生じないし，代表的な税務上の特性である繰越欠損金は原則として失われることはなく，その後も引き続き使用できる。ただし，②③④に説明するように買収手法等によっては時価評価や繰越欠損金の制限が生じるケースもあるので注意が必要である。

② 株式交換

株式交換は，完全親法人となる法人（買収者）と完全子法人となる法人（対象会社）との間の契約により，前者が後者の発行済株式のすべてを強制取得する組織法上の行為である。対象会社から見れば株主が変わるだけであり，その

資産負債には変更が生じないのであるが，税務上は適格要件を満たすか否かで対象会社の課税関係に違いがある。すなわち，株式交換について適格要件を満たさないために非適格となった場合は，対象会社の有する一定の資産について，時価評価損益を計上しなければならない（法法62の9）。なお，適格要件は細部では異なるものの（実務上はその差異が重要となることもあるが）合併の適格要件（**2**(1)①を参照）と類似しているため，本書では説明を割愛する。

買収の場面においては，買手と対象会社の間に資本関係がない場合には，グループ内の適格組織再編としてではなく，共同事業を営むための適格組織再編に該当するか否かを判定することが必要となる。仮に適格であると判断しても，後の税務調査により非適格と認定された場合のリスクを把握しておくために，含み損益の情報は集めておく必要がある。

したがって，税務デューデリジェンスにおいては，アセットディールの場合と同様に，資産の税務簿価と時価についての調査が必要となる。ただし，すべての資産を時価評価する必要はない。評価対象資産は，固定資産，土地等，有価証券，金銭債権および繰延資産であり，時価評価損益が1,000万円（資本金等の額が2,000万円未満の場合は資本金等の額の2分の1）に満たない資産は除かれる。連結納税制度と同様，営業権も時価評価対象である。

なお，株式交換（三角株式交換を含む）は，実務上，公開会社の株式公開買付け（TOB）を実行し，対象会社の66.7％以上の議決権を取得した後に実行されることも多い。このような場合には，資本関係がない場合と比較して適格要件が大幅に緩和されており，適格株式交換の要件を満たしやすい。ただし，株式交換後に買手や買手の子会社との再編を予定している場合には，思いがけず適格要件を満たさないこととなることもあるので留意が必要である。

③　連結納税

(a)　買手が連結納税を採用している場合

連結納税は内国法人とその100％子会社である他の内国法人の集合を1つの納税主体とみる制度であるが，原則として連結納税開始・加入時に子法人の時価評価と繰越欠損金切捨てを行うこととされている（法法61の11，61の12，81の9）。これらは単体納税制度の課税関係をいったん清算した後に連結納税制

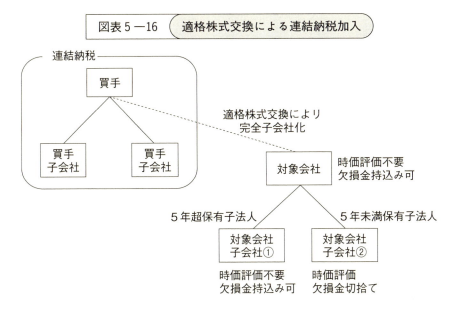

度の適用を受けるべきとの考え方によるものである。2010年度税制改正により時価評価の適用除外法人（特定連結子法人という）は繰越欠損金を切り捨てなくてもよいこととされ、自己の所得を限度として引き続き欠損金を使用できることになった。適格株式交換に係る完全子法人とその長期保有子法人はこの措置を受けることができるため、買手が連結納税を採用している場合には株式交換は非常に有効な買収方法であるといえよう。

逆に、買収の局面において適格株式交換によらずに株式を100％取得した場合は、原則として時価評価と繰越欠損金切捨てが行われる（地方税は連結納税ではないため、欠損金切捨ては法人税のみ）。時価評価の対象となる資産は、固定資産、土地、有価証券、金銭債権および繰延資産であり、売買目的有価証券、償還有価証券、含み損益の額が1,000万円と資本金等の額の2分の1のいずれか少ない金額に満たない資産等は除かれている。

この時価評価は評価益であっても評価損であっても行うため、一概に納税者不利とはいえない。たとえば、土地は一般に災害等特別の事由がない限り評価減が認められないため、通常は売却するまで半永久的に損金算入はできないが、連結納税時価評価によれば評価損の損金算入が可能である。ただし、評価損を

計上したことによって繰越欠損金が発生した場合、その欠損金は法人税法上は切捨てになることに留意が必要である。

連結納税時価評価においてよく問題になるのが、簿外営業権の時価評価である。営業権も固定資産であるため、含み益が1,000万円（あるいは資本金等の額の2分の1）以上であれば時価評価対象となる。ただし、その評価方法が確立しているとはいえないため、評価方法によってさまざまな額の営業権が算出され、納税者が選択した金額（評価額ゼロという選択を含む）を税務当局が認めてくれるかという不安がつきまとう。法人税基本通達12の3－2－1は、無形固定資産の時価を「取得価額を基礎として…旧定額法により償却を行ったものとした場合に計算される未償却残額」（傍点筆者）とする方法を示しており、自己創設の営業権に関しては取得価額がないことから評価額がゼロとなるが、あくまで課税上弊害がない場合に限り認められることに留意が必要である。時価評価された営業権は税務上5年間で償却されるが、営業権の額が多額である場合にはその償却額と相殺可能な利益が十分にないと償却費の損金算入効果が得られないことになる。自己創設営業権について確実な対処方法はないが、評価方法について税務当局に事前相談をする、一度決定した評価方針で継続的に評価する等の方法によりリスク軽減を図ることが考えられる。

このように連結納税を採用している買手にとって時価評価は非常に大きな影響を与えるため、時価評価の対象となる法人（子会社を含む）を早期に特定するとともに、加入時に時価評価すべき資産とそのおおよその金額を早い段階で把握しておくことが必要である。時価評価および欠損金切捨てをどうしても避けたい場合で、適格株式交換によることができないときは、株式を100％取得しない、外国子会社に株式を取得させる等の方策も考えられよう。また、やむを得ずいったん対象会社の株式を100％取得する場合であっても、株式の一部譲渡等により2か月以内に連結グループから離脱する場合には、時価評価は不要とされている（ただし、連結親法人事業年度の末日をまたいで離脱する場合を除く）。

(b) 売手が連結納税を採用している場合

対象会社が連結納税グループに属している場合、対象会社の株式譲渡等が行

われることで連結親法人との完全支配関係が消滅し，その日の前日に連結納税から離脱することとなる。売手が連結納税を採用している場合に留意すべきことは，対象会社の連結納税からの離脱に伴う，帳簿価額の修正とみなし事業年度である。

帳簿価額の修正は，連結親法人における子会社株式の価値の増減に起因する二重課税を排除するために設けられている。すなわち，売手である連結親法人は，連結子法人である対象会社の課税所得も含め申告・納付を行っているため，対象会社に帰属する所得の増減に伴う対象会社株式の価値の増減を各事業年度で認識していると見ることができる。このような状況において，連結子法人の株式を売却した際に（子法人の所得の増減を反映してない）投資簿価と（子会社の所得の増減が反映されている）時価の差額を譲渡損益として連結親法人の所得に含めた場合，二重課税が生じることとなる。そのため，連結子法人が連結納税から離脱する際には，連結子法人が連結納税に属した時から離脱するまでの間に増減した利益積立金の額を子会社株式の投資簿価に加減することとなっている。

売手の有する投資簿価の修正は，売手の認識する譲渡損益を通じて，売手の税引後手取額に影響がある。したがって，買収ストラクチャーの検討に際し当事者の課税関係を整理するためには，売手において帳簿価額修正の適用があることを認識しておく必要がある。売手が法人である場合，株式譲渡益課税を圧縮するために株式譲渡前に対象会社に剰余金の配当（原則として益金不算入）をさせることがあるが，連結納税下では連結納税期間中の剰余金の増加額に対して帳簿価額修正が行われるため，配当をさせなくても上記節税効果は得られる。連結納税加入前の剰余金についてはこの限りではないが，配当を行うと売手の帳簿価額が減額修正されるため，節税効果は得られない。

一方，みなし事業年度は，連結納税からの離脱に伴って売手の属する連結納税グループの一部であった連結子法人が独立の納税主体となることから，異なる制度への移行のために便宜上，事業年度を区切っているものである。みなし事業年度は，連結納税離脱の前日を区切りとするため，売手である連結親法人における株式譲渡等の日が事業年度の期首（3月決算法人であれば4月1日）である限り，特別な事業年度を設けることはないが，そうでない場合には，税

務申告のために事業年度を設ける必要がある（法法14）。

　みなし事業年度は，税務申告等の追加の事務負担を生じさせるものであることはいうまでもないが，実務上は，税務申告等の役割分担を売主との間で明確にしておくことが重要となる。「⑦その他」に記載のあるように売手が連結納税を採用していない場合と比較して，買収の時点で事業年度が区切られるため，売手と買手の役割分担が明確にしやすいが，買収後のトラブルを避けるためにも，事前に確認しておくとが望まれる。

　加入時と異なり，離脱にあたっては税務上の特性が失われることはなく，連結欠損金個別帰属額等の個別帰属額は単体納税制度において生じたものとみなされ，対象会社においてその後も使用できる（法法57⑥ほか）。

　なお，対象会社（連結子法人）は連結納税離脱後も連結完全支配関係がある期間内に成立した連結所得に対する法人税の債務については連帯納付義務を負うこととなるため留意が必要である。

④　欠損等法人の欠損金利用制限

　株式買収は，株主の変更のみであり，対象会社の税務上の特性は新しい株主（買手）のもとへと引き継がれるのが原則である。しかし，一定の租税回避的行為に対応するため，繰越欠損金や含み損を有する法人（欠損等法人）の発行済株式の50％超を取得し，その後，事業の大幅な変更等を行った場合には，繰越欠損金や含み損の利用を制限するという制度がある（法法57の2，60の3）。

　具体的には，対象会社が50％超の株式を取得される前事業年度末に繰越欠損金を有する，または50％超の株式を取得される日（支配日）に含み損のある資産（評価損資産）を有すること（いずれかに該当した場合，欠損等法人となる）に加え，50％超の株式を取得される日（支配日）以降5年の間に，図表5－17に掲げる大幅な事業変更等を行った場合に初めて課されるものである。

　本書が対象にしているM&A取引は対象会社のビジネスの取得を目的とするものであるから，図表5－17に該当する事由が生じるようなことは通常ないであろう。しかしながら，対象会社が有する子会社のうちに欠損金を有する休眠会社が存在することはあり得る話である。対象会社の株式を取得すると同時に当該休眠会社の株式も間接的に取得することとなるため，たとえば，その後

図表5—17　利用制限の課される事業の大幅な変更等

	条件　1	条件　2
1	支配日前に休眠状態である場合	支配日以後に事業を開始
2	支配日前に営む事業（旧事業）のすべてを支配日以後に廃止し，または廃止見込である場合	旧事業の支配日直前の事業規模のおおむね5倍を超える借入れ・増資（合併・分割による承継を含み，債務の弁済に充てられるものやDESを除く。以下「資金借入れ等」）を行うこと
3	支配株主グループが株式以外に欠損等法人に対して債権（債権を債権券面額の50％未満で取得している場合で，欠損等法人の債務の総額の50％を超える債権）を取得している 上記債権の債務免除等をせずに保有し続ける	旧事業の支配日直前の事業規模のおおむね5倍を超える資金借入れ等を行うこと
4	上記1～3における場合	欠損等法人が自己を被合併法人等とする適格合併等を行うこと
5	支配後，特定の役員のすべてが退任 旧事業の使用人総数のおおむね20％以上を退職させる	旧事業の使用人が従事しない事業の事業規模が旧事業の支配日直前の事業規模のおおむね5倍を超えることとなること（一定の場合を除く）
6	上記1から5に類するものとして政令で定める一定の事由（現在は規定されていない）	

　当該休眠会社をグループ内の他の法人と合併させた場合，第4号事由に該当することとなり，当該休眠会社の欠損金はすべて消滅することになる。このような事態を避けるためには，対象会社の株式を取得する前に売主サイドで合併しておいてもらうこと等が考えられる（ただし，グループ内適格合併に伴う欠損金制限に注意する必要がある）。

⑤　**少数株主の取扱い**

　ストックディールにおいて買手が対象会社の支配権を100％取得しようとす

る場合，対象会社の少数株主は何らかの方法で排除される。買手が対象会社の議決権の90％以上を取得している場合には，2014年会社法改正（施行日：2015年5月1日）で導入された株式等売渡請求制度が最も利用しやすい手法だろう。少数株主は強制的にキャッシュ・アウトされ，税務上は株式譲渡損益を認識する。

議決権の90％以上を取得していない場合は，株式併合に伴う端数処理としてのスクイーズ・アウトがある。一定数の株式を1株に併合することにより少数株主が有する株式を1株未満の端数として処理するものであるが，2014年会社法改正により規定が整備され利用しやすくなった。株式併合に伴う端数株式の買取り（会社法234，235）や反対株主の株式買取請求に基づく買取り（会社法182の4）はみなし配当の除外事由とされているため（所令61，法令23），少数株主は株式譲渡損益を認識することとなる。

従来よく行われていた全部取得条項付種類株式を用いたスクイーズ・アウトも，引き続き利用可能である。これは，定款変更により普通株式に全部取得条項を付し，当該株式に係る取得の決議によりその対価として新株を交付する際に，少数株主に対しては1株未満の端数のみが割り当てられるようにし，当該端数部分には金銭のみを交付するものである。この方法によった場合も，端数処理される少数株主にはみなし配当は発生せず（所令61，法令23），株式譲渡損益を認識する。しかし，定款変更に反対して株式買取請求を行った場合にはみなし配当が生じる点が，他の手法と異なる（所法25，法法24）。

少数株主をめぐる状況は事案によりさまざまであるため，少数株主の排除については，ストラクチャー全体への影響と少数株主の課税関係の双方に留意しつつ検討を進める必要がある。

⑥ 買収関連費用等の負担
　(a) 買収資金の調達コスト，DDコストの負担
企業買収においては，売手に支払われる直接の買収対価のほかにも買収資金調達のためのコスト（支払利息やシンジケート・ローンの組成費用等）や各種デューデリジェンスに要する費用など間接コストも多額にかかることが少なくない。このようなコストは誰が負担すべきかという問題があり，次にそのコス

トを負担する法人において損金算入のメリットが得られるかどうかという問題がある。

　費用負担すべき法人は，原則としてその費用の発生により便益を受けた法人である。資金調達コストであれば資金を借り入れた法人，デューデリジェンス費用であれば株式あるいは事業を取得した法人ということになる。ただし，デューデリジェンス費用についてはその範囲が広く，必ずしも事業の取得と直接関連するとはいえないものもある。その場合は，株式等を取得する法人ではなく，その親会社において一般的な調査費用として負担することも検討の余地はあろう。

　資金調達コストの損金算入可能性については，借入金の利子を固定資産の取得価額に含めなくてもよいとされていること（法基通7－3－1の2）とのバランスを考えても，有価証券の取得価額には含めないのが一般的である。支払利息は通常その計算期間に応じて損金算入される。資金調達のために特別に要した費用については，ローン組成時に役務提供が完了したとして損金とする例もあるが，税務上の繰延資産や長期前払費用としてその効果の及ぶ期間（借入期間）に応じて償却する例も多い。なお，買収後にローンの借換えが行われる場合には，従前のローンに関連して繰り延べていた費用は当該時点において費用化されることになると考えられる。

　デューデリジェンス費用については，買収により取得した有価証券の取得価額に算入しなければならないかどうかという問題がある。購入した有価証券の取得価額は購入の代価に購入手数料その他その有価証券の購入のために要した費用を加算した金額とされているためである。有価証券の取得価額に含めた場合にはその有価証券の評価減や譲渡が起こらない限り損金算入することができないため，取得価額に含めるかどうかは重要な問題である。また，有価証券の取得価額に含めた場合に，その後買手と対象会社が合併すると，取得価額に含めた付随費用は永久に損金算入の機会がなくなることになるため留意が必要である（図表5－18）。

　デューデリジェンス費用を有価証券の取得を目的としたものとそうでないものに区分するのは実務上難しい場合が多い。1つの方法として，会社が取締役会等の決議で対象会社の取得を決定した後に発生した費用かどうかで区分する

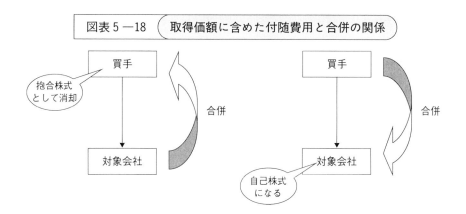

という考え方がある。会社が意思決定する前は有価証券の取得がなされるかどうかまだ不明であり，買収の成否にかかわらず発生する費用であるため，期間費用となるが，役員会等で決定した後は取得に向けて会社内部の組織が動き出すため取得に要した費用と考えるのが相当であるというものである。いずれにしても，買収の意思決定プロセスはケース・バイ・ケースであるから，税務当局とのトラブルを避けるためには買収経緯と会社内部の動きがわかる資料を整えておくことが必要だろう。

(b) SPCの負担する買収関連費用と合併

　株式買収を行う際の資金調達は，自己資金とすることもあれば，買収者の資産を担保とした借入れを行ったり，買収対象の収益・資産または取得する株式を担保とした借入れ（LBOローン）を行ったりと一様ではない。投資ファンドが用いることの多いLBO（レバレッジドバイアウト）とは，買収を目的として設立したSPCが借入れを行ったうえで，ファンドの資金と併せて株式買収を行う方法である。株式買収の後，対象会社はSPCの子会社となるが，子会社の形態のままでは，LBOローンと買収の目的となる事業の実態が別法人にあることから問題が生じる。具体的には，LBOローンは，実質的には対象会社の収益や資産を担保としているものの，借入れと実質的な担保が異なる法人にあるためにLBOローンの出し手が好まないということやSPC側ではLBOローンに係る支払利息が計上されるが，支払原資としては対象会社から

の配当など限定されるということがある。一般的には，これらの問題を解消するため，買収後にSPCと対象会社が合併する場合が多い。

その他にも，買手にはさまざまな買収コストが生じ，その一部は買手において損金算入される。買手が事業会社である場合には自社の事業収益と相殺することにより課税所得の計算上損金算入メリットを得ることができるが，買手が買収目的のためのSPCである場合には，LBOローンの支払利息と同様に買収コストが損金算入されたとしても欠損金を構成するだけとなり，損金算入の効果を十分に享受できないことがある（対象会社からの配当金収入があるが，受取配当等の益金不算入制度（法法23）によりその一部または全部は課税所得を構成しない）。このような場合には，買手と対象会社が合併し，対象会社の事業収益との相殺を図ることが考えられる。

SPCには実体のある事業がなく，みなし共同事業要件は満たさないと考えられるため，買手が対象会社を取得してから5年以内に適格合併をする場合には原則として繰越欠損金の引継ぎ等制限の適用がある。ただし，支配関係事業年度以後の繰越欠損金で引継ぎ等制限を受けるのは特定資産譲渡等損失相当額であるため，買収コストや支払利息の損金算入により生じた欠損金は引継ぎ等制限の対象にならない（適格合併における繰越欠損金の取扱いの詳細は**2**(1)②を参照）。

したがって，対象会社側の繰越欠損金や含み損の利用制限に支障がなければ，買収後に合併を行って買収コストの損金算入メリットを享受することも一般的に可能である。

規模の大きい案件の場合は買収費用も巨額になるため，買収費用にかかる消費税の控除／還付がとれるか否かも実務上大きな論点である。消費税の控除／還付をとるためには，SPCが課税事業者になるとともに課税売上割合が高いことが必要である。SPCが対象会社と合併せず，株式保有以外の活動がない場合，課税売上割合はゼロに近くなってしまうことになる。

⑦　その他

一般的にストックディールを行う際には，対象会社の事業年度が区切られないため（売主または買主が連結納税を採用している場合を除く），買収の時期

が対象会社の事業年度の途中である限り，対象会社を買収した直後の事業年度は，売手が株主であった期間と買手が株主となっている期間とが混在することとなる。買収後も対象会社の税務関連業務に精通している従業員が引き続き対象会社の業務に従事している場合には問題とならないが，そうでない場合には，買収直後の事業年度の税務申告を行う際に対象会社の税務関連業務に精通していた従業員等の協力を得られるように，売手との間で合意しておくことが実務上は重要である。

(3) アセットディール

① 非適格組織再編成と資産調整勘定等

会計上，ある会社を新規に連結する場合，子会社株式の取得原価と当該会社の識別可能資産および負債の時価との差額はのれんとなり，現行のわが国会計基準上，正ののれんは20年以内の一定期間で償却される。ただし，これは連結財務諸表において行われるものであるため，税務上はのれんの損金算入効果は得られない。通常は，当該会社を売却するときに子会社株式の取得価額が譲渡原価として損金算入されるに留まる。

しかし，一定の組織再編成を通して買収を行うと税務上ものれん相当額の損金算入効果が得られることがある。税務上時価で資産負債を移転することとされている非適格合併等がそれである（法法62の8）。

具体的には，非適格合併または非適格分割・非適格現物出資・事業譲受け（事業および当該事業に属する主要な資産および負債が移転するものに限る）が行われた場合において，当該非適格合併等における対価の額が移転する資産および負債の時価純資産価額を超えるときは，その超過額は資産調整勘定として5年間で損金算入することができる（図表5—19）。

アセットディールの代表的な手法である「事業譲渡」と「会社分割＋株式譲渡」はいずれも，資産調整勘定を認識することが認められる非適格合併等に該当する可能性がある。ただし，上述のとおり資産調整勘定の認識が認められる非適格合併等は，事業が移転し，かつ，当該移転の対象となる事業に属する主要な資産および負債が移転する場合（以下「事業と資産・負債の移転」という）に限られているため，アセットディールを行うことを予定している場合に

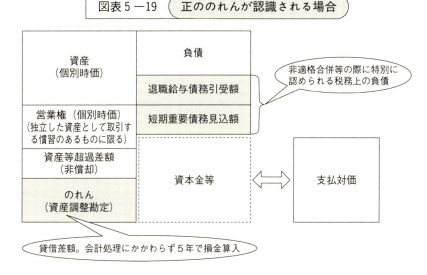

図表5−19　正ののれんが認識される場合

は，まず，この条件に該当することを確認する必要がある。事業譲渡については事業と資産・負債の移転が行われることを確認することで足りると思われる。会社分割と株式譲渡の組み合わせ（譲渡対象事業を分社型分割により新法人に分離し，当該新法人の株式を買手に譲渡する方式）は，分割法人による分割承継法人の株式継続保有見込みがないため，一般的には非適格分割として取り扱われる。したがって，会社分割と株式譲渡の組み合わせであっても，事業譲渡の場合と同様に事業と資産・負債の移転が行われることを確認することで足りると思われる。これらが確認できるならば，事業譲渡の場合には事業譲渡の対価（買収対価）が移転を受ける事業の時価純資産を超える部分が譲受法人（買手）において資産調整勘定となり，会社分割と株式譲渡の組み合わせの場合には分割対価はその後に行われる株式譲渡価額とほぼ同じであると考えられるから，株式の購入対価（分割対価と同等と仮定）が分割事業の時価純資産価額を超える部分が分割承継法人において資産調整勘定となる。

なお，資産調整勘定は差額概念であるため，買収プレミアム相当もこの中に含まれると考えられるが，寄附金相当額や資産等超過差額に該当する部分（図表5−21参照）は償却ができないため留意が必要である。

他方，非適格合併等の対価が時価純資産価額に満たない場合は，上記とは逆

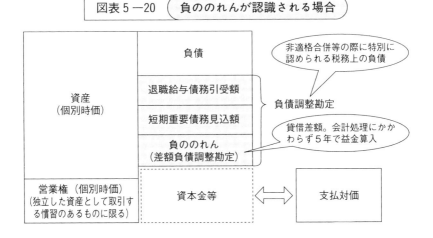

図表 5 —20 負ののれんが認識される場合

図表 5 —21 負債調整勘定と資産等超過差額

退職給与債務引受額	税務上，退職給与引当金は負債ではないが，この取扱いにおいては，引継ぎを受けた従業者に係る退職給付引当金の額（一般に公正妥当と認められる会計処理基準に従って算定されたもの）を負債として考える。
短期重要債務見込額	移転事業に係る将来債務で，その履行が事業譲渡等の日からおおむね 3 年以内に見込まれるもののうち，その損失見込額が移転資産の取得価額合計の20％超であるものをいう。
資産等超過差額	資産等超過差額とは，投資金額が純資産を超える部分のうち，以下のいずれかに該当するものをいう。 • 非適格合併等対価の交付時の時価が約定時の時価の 2 倍を超える場合の当該超過額 • 移転を受ける事業により見込まれる収益の額その他の事情から見て，実質的に被合併法人または分割法人の欠損金額（当該移転を受ける事業による収益の額によって補填されると見込まれるものを除く）相当と認められる額

に負ののれん（差額負債調整勘定）が生じ，5 年で益金算入することになる（図表 5 —20）。

アセットディールを予定している場合には，上述のとおり資産調整勘定を認

識可能な取引であるかの確認を行うことが大切であるが，資産調整勘定（差額負債調整勘定）の金額によってはタックス・プランニングに重大な影響があるため，資産調整勘定（差額負債調整勘定）の金額を把握することも同様に重要な問題といえる。そのためには，営業権を含む個々の資産の時価や負債の金額を把握することが重要であることはいうまでもないが，その他に負債調整勘定としての退職給与債務引受額や短期重要債務見込額（図表5―21）の金額を把握する必要もある。

② 消 費 税

　アセットディールを行う場合，消費税についても留意が必要である。事業譲渡は消費税の対象となる課税取引であるが，会社分割は不課税取引である（消法4①）。会社分割は，対価が金銭のときは限りなく事業譲渡に近くなるが，そのような場合でも不課税取引として取り扱われる。

　事業譲渡において対象資産の中に土地や有価証券などの非課税資産が含まれている場合は，消費税の計算を行うために譲渡対価総額を時価ベースで課税資産分と非課税資産分に区分しなければならない。ここで，営業権相当額は課税資産として消費税の対象となることに留意が必要である。

　譲渡側の法人は免税事業者に該当しない限り，受領した消費税相当額を申告・納付することになる。譲受側の法人に関しては，売手に支払った消費税額を仕入税額控除で取り戻せるかどうかが問題となる。受け皿会社を新たに設立した場合，設立1期目は開始時の資本金が1,000万円以上であるか課税事業者を選択した場合には消費税の納税義務があり，仕入税額控除が可能となる（消法9④，12の2，30）。しかし，設立1期目から課税売上げが大きく納税ポジションとなることが予想される場合には免税事業者となったほうが有利な場合もあり，消費税プランニングが重要な意味を持つ。

　なお，設立時の資本金の額が1,000万円未満であっても，基準期間に相当する期間の課税売上高が5億円を超える法人およびそのような法人を傘下に持つ法人が50％超出資して設立した法人は納税義務が免除されないこととされている（消法12の3）。

③ 流通税

　企業買収における税務デューデリジェンスは法人税に注意が向きがちであるが，登録免許税や不動産取得税などの流通税（図表5―22）の負担も考慮しておく必要がある。通常の株式買収であれば，対象会社の資産自体に変動は生じないためこのようなコストはかからないが，合併，分割，事業譲受けの場合に

図表5―22　登録免許税および不動産取得税の税率（2016年4月1日現在）

	合　併	分　割	事業譲受け
増加資本金に係る登録免許税	消滅法人の資本金まで0.15% 上記を超える部分0.7% （登法別表I二十四）	0.7% （登法別表I二十四）	／
不動産所有権移転登記に係る登録免許税(注1)	0.4% （登法別表I一）	2% （登法別表I一）	2%(注3) （登法別表I一）
不動産取得税(注1,2)	非課税 （地法73の7）	一定の場合は非課税 （地法73の7，地令37の14）(注4)	原則4% （地法73の15） 住宅および土地は3%（2018.3.31まで） （地法附11の2）

(注1)　課税標準は固定資産課税台帳の価額である。
(注2)　2018年3月31日までに宅地等（宅地および宅地評価された土地）を取得した場合は，課税標準額が2分の1となる（地法附11の5）。
(注3)　事業譲渡の場合には，土地の売買による所有権移転の場合の軽減措置（1.5%）（2017.3.31まで：措法72）は原則として適用されない。
(注4)　会社分割の場合の不動産取得税の非課税要件
　　● 分割対価資産として分割承継法人の株式以外の資産が交付されないこと
　　● 分割型分割の場合には非按分型分割型分割に該当しないこと
　　● 分割事業に係る主要な資産および負債が分割承継法人に移転していること
　　● 分割事業が分割承継法人において分割後に引き続き営まれることが見込まれていること
　　● 分割直前の分割事業に係る従業者のうち，その総数のおおむね80%以上に相当する数の者が分割後に分割承継法人の業務に従事することが見込まれていること

は資産の移転を伴うため流通税の負担が生じる場合がある。

　特に工場，多店舗展開型の小売業，ホテル，ゴルフ場など不動産を多く保有する業種や会社の場合，流通税の負担がストラクチャリングに少なからず影響を及ぼすことも考えられるため，初期的ストラクチャリングの段階から意識しておくことが必要である。

　2018年3月31日までに産業競争力強化法に基づく事業再編計画または特定事業再編計画の認定を受けた場合には，その認定の日から1年以内に受ける一定の登記に関して軽減が図られているため，流通税負担が重い場合には検討に値すると考えられる（措法80）。

2 統　　合

(1) 合　　併
① 適格／非適格

　合併の課税関係を考える場合，まず適格合併となるか非適格合併となるかの判定が重要である点は広く認識されているところであろう。この判定は，図表5−23に掲げる適格要件を満たす場合には適格合併，要件を満たさない場合には非適格合併として取り扱うというものであって，実務上は，予定されている合併がこの要件を満たすか否かを事前に判断しておくことが重要である。

　合併が資本関係のない会社同士の統合を目的として行われる場合，共同事業を営むための適格合併に該当するか否か判定を行うことになるが，合併が買収後の統合を目的として行われる場合には，グループ内の適格合併に該当するか否かの判定を行うことが多くなる。買収後の合併は，発行済株式のすべてを取得した後であれば100％の資本関係のある会社同士の合併となり，原則として適格合併として取り扱われるが，買収を通じて50％超を取得しているものの100％に満たない（少数株主がいる）状態であれば，合併後に対象会社の2割超の従業者を削減すると，適格要件を満たさないこととなる。

　このような判定を行った結果，適格合併と取り扱われる場合には，原則とし

図表5-23　適格要件（三角合併に関する事項は省略）

グループ内再編		共同事業
100％の資本関係（完全支配関係）	50％超100％未満の資本関係（支配関係）	
・金銭等の交付がないこと	・金銭等の交付がないこと ＋ ・被合併法人から承継した事業の継続が見込まれること ・被合併法人の従業者の80％以上が引き継がれること	・金銭等の交付がないこと ＋ ・被合併法人から承継した事業の継続が見込まれること ・被合併法人の従業者の80％以上が引き継がれること ＋ ・合併法人の事業と被合併法人の主要な事業が関連すること ・規模が１：５の範囲内にあることまたは常務以上の役員を引き継ぐこと
子会社同士の合併の場合は合併後も同一者による完全支配関係または支配関係が継続する見込みがある場合に限られる		・交付を受けた株式をすべて継続保有する株主の保有する株式が80％以上であること

て，合併に際して被合併法人の税務上の特性が引き継がれ，非適格合併と取り扱われる場合には，原則として，被合併法人の税務上の特性は引き継がれない。

なお，法人格が1つに統合される以上，適格・非適格にかかわらず，被合併法人の過去の租税債務は引き継ぐことになる（通法6）。

② 繰越欠損金

(a) 欠損金の繰越し規定の原則

経営不振企業の買収にあたって必ずといってよいほど問題となるのが繰越欠損金である。わが国税法上，青色申告法人は欠損金をその発生年度の翌年から9年間（2018年4月1日以後開始事業年度の発生分は10年間）繰り越して使用することができる（法法57）。なお，資本金1億円以下の中小法人（資本金5億円以上の大法人による完全支配関係のある法人等を除く）等を除き，欠損金

図表5−24　欠損金の控除限度割合の段階的引下げ

事業年度開始日	控除限度割合
2015. 4. 1〜2016. 3. 31	65%
2016. 4. 1〜2017. 3. 31	60%
2017. 4. 1〜2018. 3. 31	55%
2018. 4. 1〜	50%

の単年度使用額は当期所得の一定割合に制限されている。当該割合は図表5−24のとおり段階的に引き下げられている。

繰越欠損金は事業ごとに分割することができないため，分割や事業譲受け等の手法で事業を取得したとしても，対象会社の繰越欠損金を引き継ぐことはできない。税務上の繰越欠損金は法人格ごとに把握され，適格合併または清算の場合のみ他の法人に移転することができる（法法57②）。

(b)　**適格合併における欠損金の引継ぎと制限**

一般的に，対象会社の株式を購入しただけであれば，対象会社の有する繰越欠損金に制限は生じない（買手が連結納税を採用している場合を除く。**1**(2)③を参照）。

対象会社を買収した後，経営統合のために買手あるいはその子会社と対象会社が合併する場合がある（図表5−25）。ときには，対象会社だけでは欠損金を繰越し期限までに使い切ることができないため節税目的で合併することもあるだろう。また，買手が投資ファンド等である場合には，買収目的で設立されたSPCが株式取得資金を借入金で賄うことが多いが，当該借入金の返済を円滑に行うためにSPCと対象会社を合併させることも多い。

このように対象会社の株式を取得した後に合併を行うことは実務上少なくない。税務上，適格合併が行われた場合には被合併法人の有する繰越欠損金は合併法人に引き継がれ，合併法人において引き続き使用することができる。ただし，合併による繰越欠損金の引継ぎを無制限に認めると租税回避が行われやすくなることから，グループ化（発行済株式等の50%超を取得することをいう）

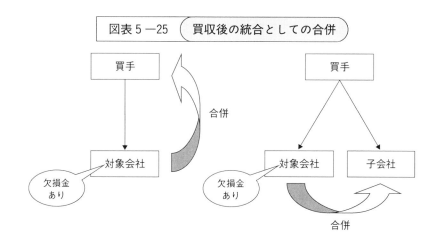

後5年以内に行う適格合併の場合には、被合併法人の有する繰越欠損金の引継ぎを一部制限している（法法57③）。また、存続法人と消滅法人を入れ替えることによる潜脱を防止するため、合併法人の有する繰越欠損金にも同様の制限が設けられている（法法57④）。一方、資本関係のない状態での合併で共同事業を営むための適格組織再編に該当する場合には、対象会社およびその合併相手法人の有する繰越欠損金に制限は生じない。

上記のグループ内合併における具体的制限は次のとおりである。すなわち、支配関係（50％超の資本関係）が合併日の属する事業年度の開始の日の5年前の日以後に生じている場合において、共同で事業を営むための要件（「みなし共同事業要件」という。図表5-26）を満たさないときは、被合併法人または合併法人の欠損金のうち、①支配関係が生じた事業年度（以下「支配関係事業年度」という）前の欠損金と②支配関係が生じた事業年度以後に生じた欠損金のうち特定資産譲渡等損失相当額は、原則として合併法人において利用することはできない（図表5-27）。

なお、支配関係とは、一方の法人が他方の法人の発行済株式（自己株式を除く）の総数の50％超を直接または間接に保有する関係、または、二の法人が同一の者によって発行済株式の総数の50％超を直接または間接に保有される関係をいう。また、特定資産譲渡等損失相当額とは、後述する特定資産譲渡等損失の損金算入制限（法法62の7）が適用されたならば損金不算入となるべき金額、

図表5−26　みなし共同事業要件（法令112③）

①事業関連性	被合併事業（被合併法人の主要な事業のうちのいずれかの事業）と合併事業（合併法人の事業のうちのいずれかの事業）とが相互に関連する	
②規模類似性	・被合併事業と合併事業の売上金額，従業者の数，被合併法人と合併法人の資本金の額のいずれかの規模の割合がおおむね5倍以内 ・支配関係発生時から適格合併直前まで被合併事業が継続，かつ，規模の変動がおおむね2倍以内 ・支配関係発生時から適格合併直前まで合併事業が継続，かつ，規模の変動がおおむね2倍以内	いずれか
③特定役員継続	被合併法人および合併法人の適格合併の前における特定役員（常務以上の役員）のいずれかの者（支配関係発生日前に役員であった者に限る）がそれぞれ適格合併の後に合併法人の特定役員となることが見込まれている	

図表5−27　引継ぎ等制限のかかる繰越欠損金

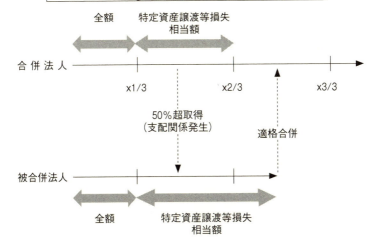

すなわち，合併前までに特定資本関係発生日において有していた資産の処分等により生じた損失の額である。

このように，株式の50％超を取得してすぐに合併すると対象会社の繰越欠損金を引き継げないことがある。対象会社自身で繰越欠損金の解消が可能である場合や繰越期限が早期に到来する場合には，欠損金を使い切ってからあるいは現有の欠損金の繰越期限が到来してから合併するという選択肢もある。また，被合併法人の支配関係事業年度の前事業年度末における時価純資産超過額（会社全体のネットの含み益の額）が支配関係事業年度開始時の欠損金額以上である場合には引継ぎ制限はないものとする特例がある。合併をすることが事業計画上必須である場合には，この特例の適用も視野に入れておくべきだろう。なお，時価純資産超過額の計算においては営業権の価値も考慮すると考えられるが，その計算については現在のところ明確な基準は示されていない。

なお，前述のとおり合併法人側でも同様の制限規定が設けられているため（法法57④），被合併法人が繰越欠損金を有していないまたは金額的に重要性がないからといってただちに合併（適格合併）をすると，合併法人の欠損金が消滅するという思わぬ結果を招きかねないことに留意が必要である。

〈参考〉　事業関連性の判定

共同事業を営むための適格組織再編と取り扱われるための要件（共同事業要件）の1つである事業関連性の要件は，「相互に関連するものであること」であるが，その具体的な判断基準が法人税法施行規則第3条に示されている。

規定は，大きく事業性があることとその関連性の2つに分けられており，さらに前者は，物的な設備，人的な設備，自己の活動の3つの要素に分けられている（図表5―28）。

この要件に従うと，単に株式取得のために設立されたSPCと対象会社の合併の場合は，事業関連性要件を満たすことが難しいことがわかるだろう。

なお，みなし共同事業要件における事業関連性の判定も上記の基準に従うことになる。

図表5−28　事業関連性の要件

事業性 （合併法人と被合併法人の双方が満たす必要あり）	モノ	事務所，店舗，工場その他の固定施設（本店または主たる事務所の所在地がある国または地域にあるものに限る）を所有または賃借していること	①
	ヒト	従業者（役員にあっては，業務にもっぱら従事するものに限る）があること	②
	自己の活動	自己の名義をもって，かつ，自己の計算において次のいずれかの行為をしていること ● 商品販売等（継続して対価を得て行われるものをいい，商品開発等を含む） ● 広告または宣伝による商品販売等に関する契約の申込みまたは締結の勧誘 ● 商品販売等を行うために必要となる資料を得るための市場調査 ● 商品販売等を行うにあたり法令上必要となる行政機関の許認可等の申請または権利の保有 ● 知的財産権の取得をするための出願もしくは登録の請求もしくは申請等 ● 商品販売等を行うために必要となる資産（固定施設を除く）の所有または賃借 ● 上記に類するもの	③
関連性		合併直前において，被合併事業と合併事業との間に次のいずれかの関係があること ● 被合併事業と合併事業とが同種のものである ● 被合併事業に係る商品等（商品，資産，役務，経営資源）と合併事業に係る商品等とが同一または類似している ● 被合併事業と合併事業が合併後に相互の商品等を活用して営まれることが見込まれている 《注》　合併後に被合併事業の商品等と合併事業の商品等とを活用して一体として事業が営まれている場合には，④の要件は満たすものと推定する。	④

③ 資産含み損

②で述べたとおり，繰越欠損金の引継ぎ等に関しては制限が設けられているが，いまだ損金として実現していない資産含み損を利用することによって租税回避が行われることも想定されるため，繰越欠損金引継ぎ等制限と一体の制度として特定資産譲渡等損失の損金不算入制度が設けられている（法法62の7）。この制度は，支配関係が合併日の属する事業年度の開始の日の5年前の日以後に生じている場合において，みなし共同事業要件を満たさないときは，被合併法人または合併法人が支配関係発生日前から有していた資産（棚卸資産等一定のものを除く）の譲渡，評価換え，貸倒れ等の事由により生じた損失（利益がある場合には相殺した後の金額）を合併法人において損金不算入とするものである。制限期間は，合併日の属する事業年度開始の日から同日以後3年を経過する日または支配関係発生日以後5年を経過する日のいずれか早い日までである（図表5－29）。なお，繰越欠損金引継ぎ等制限と同様に時価純資産超過額の特例が設けられている。

買収にあたって資産処分等を見込んでいる場合には，上記制限に当たることがないか事前に検討することが必要である。処分損が見込まれるときは売却益と相殺することにより制限回避が可能になることもある。また，被合併法人が合併前に含み損資産を処分することが可能であれば，繰越欠損金が生じない範囲において処分する限り，損金算入制限にはかからない（合併前の資産処分により繰越欠損金が生じると，②の繰越欠損金引継ぎ制限の適用を受けることに

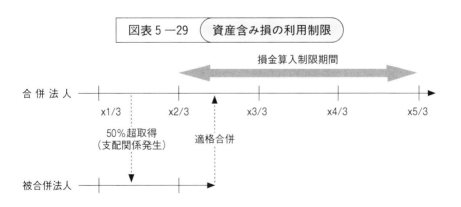

なる)。このように，合併と資産処分のタイミングを適切に調節することもタックス・プランニングの観点からは重要である。

④ 流 通 税

合併により消滅する法人が不動産を保有している場合，その所有権移転に関して登録免許税（固定資産課税台帳価額の0.4％）が課される。総資産に占める不動産の重要性が高い場合は，存続法人を選択する際に考慮する必要があるだろう。

(2) 株式移転

共同株式移転は法人格の統合を伴わずに持株会社の傘下にぶら下がる形式の統合であるため，当事会社自身の資産負債に変更は生じない。しかし，税法上は株式移転も組織再編税制に組み込まれており，適格要件を満たさない場合には株式移転完全子法人の有する一定の資産を時価評価することとされている（法法62の9）。時価評価対象資産は非適格株式交換の場合と同様，固定資産（営業権を含む），土地等，有価証券，金銭債権および繰延資産であり，時価評価損益が1,000万円（資本金等の額が2,000万円未満の場合は資本金等の額の2分の1）に満たない資産は除外される。

一般的に資本関係のない会社同士が共同株式移転を行う場面においては，事業関連性の要件等は満たしていることが多く，実務上は，共同事業の要件のうち，規模の要件や特定役員の要件の確認を行うことがメインとなる。

なお，株式移転の場合，繰越欠損金等の税務上の特性は維持される。

第6章

クロスボーダーM&Aの税務デューデリジェンス

第1節 クロスボーダーM&Aの税務デューデリジェンス留意点

　クロスボーダー案件は，大きく日本企業による外国企業の買収（インバウンドM&A）と外国企業による日本企業の買収（アウトバウンドM&A）との2つに分けることができる。インバウンドM&Aは，リーマンショック前までは日本における投資環境の整備も進んだこともあり，多くの企業やファンドが日本企業や不動産への投資を行っていたが，リーマンショック後はその数は減少したといわれている。しかしながら，その後の円相場の変動やそれに伴う不動産投資への関心の高まりを受け，一定の件数のインバウンドM&Aがある。

　一方，日本企業においては，国内市場での事業拡大に限界があったり，国際市場での生き残りのために国境を越えたM&Aを戦略の1つとして選択する機会は増えており，円相場の動向によって一時的な影響を受けるといわれることもあるが，全体的にアウトバウンドM&Aは増加している。

　また，税務専門家の関与という観点からは，日本企業による日本企業の買収の場合であっても，海外の税務専門家の関与が必要となる例がある。具体的には，海外に広く事業展開をしている日本企業の買収などが，それに当たる。アウトバウンドM&Aが増加している要因としても説明したとおり，日本企業の海外展開は拡大しており，グループ全体に占める海外事業の割合が高い日本企業が買収の対象となる例も多くある。海外事業の比率の高さが，対象会社グループの海外子会社における税務リスクの高さに直結するものではないが，財務的な観点から重要性が高い拠点については，税務の観点からもその拠点を理解することが求められる場面が多くなり，日本親会社に対する税務デューデリジェンスのみでは企業グループの一部しか見ることができないという例もある。日本企業による日本企業の買収であり，クロスボーダーM&Aではないような印象があるが，海外に広く事業展開をしている日本企業が対象会社の場合には，アウトバウンドM&Aと同様に外国の企業（日本の対象会社の有する海外子会社）の税務デューデリジェンスが必要となる場合もある。

図表6-1　M&Aの分類とデューデリジェンス

分類	買手企業	対象会社	特徴
国内案件	日本企業	日本企業	日本企業が海外に子会社を有する場合，外国企業（海外子会社）の税務デューデリジェンスが必要となる場面もあり，アウトバウンドのような要素を含む
アウトバウンド	日本企業	外国企業	
インバウンド	外国企業	日本企業	
海外案件	外国企業	外国企業	対象会社が日本に子会社を有する場合，日本企業の税務デューデリジェンスが必要となる場面もあり，インバウンドのような要素を含む

　クロスボーダー案件では，国内完結のM&Aでは考慮されない税務上の留意点があるため，以下ではクロスボーダー案件に特有の税務上の留意点を概説する。主に資金が国境を越えて移動する場面に着目した論点があり，その段階は，投資に始まり，その資金を回収，再投資をする段階，最終的に撤退する段階へと展開される。税務上は，これらのサイクルを通じて税金コストが適切に管理されるように投資の前段階から最適なストラクチャーを検討することが命題となる。

　アウトバウンドM&AであってもインバウンドM&Aであっても異なる国の間で行われる取引であることは共通しているが，そのアプローチは異なる。

　アウトバウンドM&Aの場合には，買収者が日本企業となるため，買収者のアドバイザーとなる日本の税務専門家は，目前の投資案件のみに限定されず，買収後の海外展開全般を考慮したサポートが必要となる。一方，デューデリジェンスの対象会社は海外法人であるため，日本の税務の知識だけでは，現地の税務リスクの把握はできない。日本国内で入手できる海外の税務情報も限られており，最新の税務情報かどうかの確認も難しい。また，実務上の取扱いなどは，実務経験がなければ判断が難しい。したがって，アウトバウンドM&A

の場合は，グローバルネットワークを有する会計事務所を起用し，現地の会計事務所に税務デューデリジェンスを依頼することが一般的である。

　一方，インバウンドM&Aの場合には，買収者が外国企業であるため，買収者のアドバイザーとなる日本の税務専門家は，日本の税務に関して考慮することが優先される。以下では，このような両者の特徴を踏まえ，それぞれの案件に特有の主な税務上の留意点を紹介する。

〈参考〉　最終個人株主の変動

　買収対象となる日本法人の傘下に海外子会社がある場合，買収に伴って海外子会社の所有者が交代すること（Ownership change）は感覚的に理解されやすいため，海外子会社のOwnership changeに係る税務上の取扱いを把握する必要があることは認識されやすい。これに対し，合併や共同株式移転の手法を用いて事業統合を行う場合には，統合対象となる日本法人の傘下にある海外子会社においてOwnership changeが起こるということが，買収の場合と比較して感覚的に捉えづらい面もあり，海外子会社のOwnership changeに係る税務上の取扱いを把握する必要性が認識されないこともある。しかし，海外には最上位の個人株主（以下「最終個人株主」という）の変動をもって発動する税制上の規定を有する国もあるため，たとえ，当事者が所有権の取得を意図しない取引（事業の統合など）であっても，海外子会社に目を向けた場合，現地税制による特別な税務上の取扱いが適用される可能性は否定できない。代表例としては，米国連邦税における繰越欠損金の使用制限がある（詳細は第11章第2節「米国における税務デューデリジェンス」参照）。これを規定するIRC §382では，米国法人の株式を5％以上保有している最終個人株主の変動に着目して規制を課すため，日本親会社における事業統合が米国子会社の有する繰越欠損金に影響を与えることも考えられる。

　ここで留意すべき点は，とかく買収に関連する規定であると考えられるものであっても，統合の際に適用される可能性のある規定が存在するということである。日本親会社が合併により消滅法人となる場合には，合併後に海外子会社の株主（日本親会社）の名称が変わることが多く，注意が行き届くと思われるが，共同株式移転を行ったり，日本親会社が合併における存続法人となる場合

には，統合後も海外子会社の株主（日本親会社）の名称に変更がないことが多く，見落とされがちとなるため留意が必要であることも付け加えたい。

図表6－2に合併と株式移転を通じて海外子会社の最終個人株主がどのように変動するか図示してあるので参照されたい。なお，ここでは図示していない共同新設分割であっても同様の問題が考えられる。

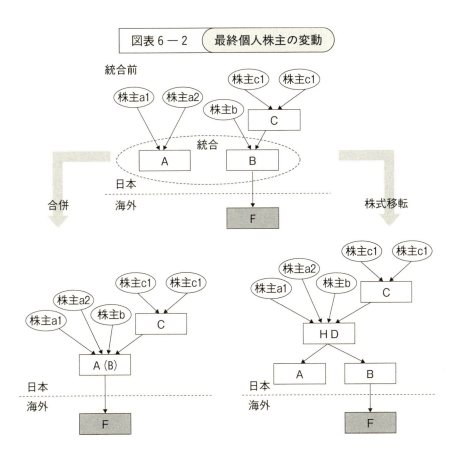

第2節　ストラクチャリングの留意点

(1)　アウトバウンドM&A
①　タックスヘイブン対策税制

　海外企業の買収時に最も留意すべき税務上の論点は，タックスヘイブン対策税制である。買収したものの，買収した海外子会社の留保所得が日本の法人税課税を受け，結果としてグローバルレベルでの税効率が悪くなってしまうと，買収時に見込んでいたキャッシュフローが悪化してしまい，結果として買収資金の回収に長期間を要することとなってしまう。

　タックスヘイブン対策税制は，そもそも日本企業・居住者が軽課税国（いわゆるタックスヘイブン）に子会社を設立し，所得をそこに不当に留保することによる租税回避を行うことへの対策として導入された制度である。原則として実効税率を判定し，当該税率が20％未満の外国子会社等（特定外国子会社等）の一定の所得（課税対象金額または部分課税対象金額）について内国法人等の所得とみなして合算課税を行うという制度である。

　日本企業が海外企業の買収等を行う場合，買収する企業グループの中に軽課税国に所在する会社がある場合には，タックスヘイブン対策税制の適用対象になる可能性がある。同税制における実効税率の判定は，原則として，法定実効税率によるものではなく，その事業年度ごとの実際の税負担率に基づいて行うため，毎年度判定を行う必要がある点に留意が必要となる。このためには各国の現地税制を検討する必要があるが，実際の税負担率を把握するためには，法定実効税率のみならず優遇税制適用の有無や課税所得の計算体系についても，現地税制の専門家を活用しつつ税制改正の動向も含めてタイムリーに検討を行う必要がある。

　なお，タックスヘイブン対策税制においては，適切な事業上の理由・事業実態がある外国子会社については，仮に所在地国が軽課税国であったとしても合算課税を原則として免除する規定がある（いわゆる適用除外規定）ため，これ

らの規定に該当するかどうかについても買収対象企業の事業実態を踏まえて，買収に先立って分析しておくことが望まれる。なお，適用除外規定に該当する場合でも一定の資産性所得（部分課税対象金額）については合算課税の対象とされることとなるため，軽課税国に所在する子会社等については，タックスヘイブン対策税制についての目配りは，常に必要となる。

また，たとえば日本親会社にタックスヘイブン対策税制の適用があったとしても，適用される日本親会社に青色欠損金が十分あり，結果として日本の法人税が課されない状況にある場合も考えられる。次に述べる配当免税制度や，事業の構造，円高の状況などにより，恒常的に日本親会社で欠損金が生じる会社で，かつ，海外子会社において一定の利益を計上するケースである。このような場合は，むしろ，軽課税国に所得を留保させ，タックスヘイブン対策税制の適用を受けさせるほうが，グローバルレベルでの税効率は下がる可能性もある。

② **外国子会社配当益金不算入制度**

平成21年度税制改正により，外国子会社配当益金不算入制度が創設され，同時に間接外国税額控除が廃止された。この制度は，持株割合（または議決権割合）について6か月超・25％以上の要件を満たす外国子会社からの剰余金の配当等（その剰余金の配当等の額の全部または一部が，その外国子会社の本店所在地国の法令において，その外国子会社の所得の金額の計算上損金の額に算入される場合には，対象から除かれる）については，その95％を益金不算入とすることとなっている。益金不算入割合が95％となっているのは，5％相当部分を外国子会社からの配当に対応する費用に相当する部分とみているためである。

上記の持株割合は，条約相手国の居住者である法人が納付する租税を日本の租税から控除する旨を定める租税条約により25％未満の割合が定められているときは，その割合によることとされている。また，この免税制度の適用を受ける配当に対して外国源泉税等が課されているときは，外国税額控除（直接税額控除）の対象にならず，かつ損金不算入とされる。

この制度改正により，海外子会社から配当で日本親会社へ資金還流する場合の税負担が，相当程度軽減されることとなる。従来は，海外からの配当は日本の高税率にさらされていたが，配当金額の5％に対する日本の法人税と，支払

時の現地国での源泉所得税のみに税負担が抑えられるからである。したがって，海外子会社買収時においては，当該子会社からの配当に対しての源泉所得税率の確認はもとより，当該海外子会社の子会社の所在地国によっては，ストラクチャーの見直しも必要になるであろう。

たとえば日本企業がアメリカ所在の企業を買収した場合，その子会社としてアメリカ以外の国に会社が多数あるケースなどは，その子会社（日本企業から見た場合は孫会社）を日本企業の直接子会社に組み替えるなどで，税回収効率がよくなる場合もある（図表 6 － 3 参照）。アメリカは全世界所得課税＋外国税額控除方式の国であるので，孫会社からの配当はいったんアメリカの高税率にさらされてしまうからである。

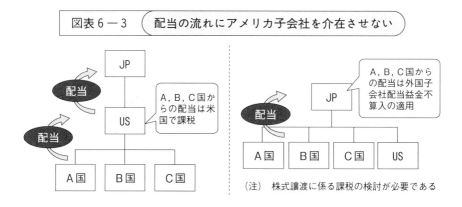

③ 資金還流と租税条約の適用

上述の外国子会社配当益金不算入制度が導入されたことにより，日本親会社への資金還流が改正前に比べて相当程度効率化された。そもそもこの制度の導入趣旨が，日本企業がグローバルで事業展開しているものの資金は海外で滞留させているままであり，その状況を変える必要がある，日本に還流させ，日本国内の雇用促進や投資等に活用してほしい，という政府の狙いからきているものであるから，その効果は当然効率的でなければならない。

しかし，完全に無税で回収できる制度ではない。配当金のグロス金額の 5 ％が課税所得に算入され，日本の法人税が課される。また，配当する子会社所在

地国において配当に係る源泉所得税が徴収されれば，それは税コストとなる。このうち，配当に係る源泉所得税に関しては，子会社所在地国と日本との租税条約の適用により軽減される可能性があるため，海外持株会社の設立などを利用して，さらに効率的な資金回収ができる可能性がある。

租税条約については，後述の「(2) インバウンドM&A」でも言及しているので参照されたい。

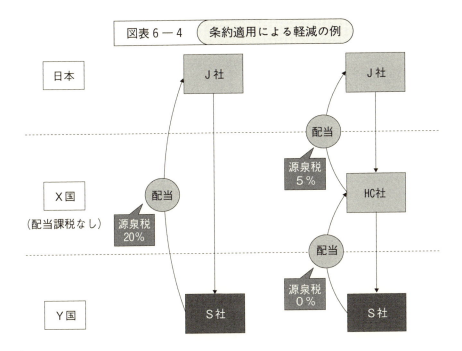

図表6−4　条約適用による軽減の例

上図のように，日本との租税条約がないY国に所在するS社から日本親会社J社への配当は，Y国の国内法に基づき20％の源泉税が課税される。一方，Y国とX国の租税条約では一定の子会社の配当は免税，かつ，X国には受取配当に係る課税がない。さらにX国と日本との租税条約では一定の子会社の配当に係る源泉税は5％である。このような場合は，X国に中間持株会社を配置することで，日本への資金還流に係る税効率が有利になる可能性がある。

なお，中間持株会社の設立にあたっては，租税条約の濫用防止に関する議論

には留意が必要である。租税条約を利用することのみを目的に，ある国に法人を設立することに対しては，以前より議論があり，濫用防止のために，二国間で締結される租税条約において，投資所得等の受け手側において，厳格な実体基準を要求する租税条約がある。また，近年，国際課税の議論においては，多国籍企業の過度な節税を抑制する動きが強化されており，BEPS（Base Erosion and Profit Shifting，税源浸食と利益移転）への対応策として，租税条約の濫用防止に関する議論も行われている。中間持株会社を用いたグループ内の資本再編を検討する場合には，これらの国際課税の議論の最新動向を念頭に置いた慎重な検討が必要である。

④ 買収前後の組織再編による影響

　海外 M&A にあたっては，買収の前後に，買収対象企業の事業再編・株式売却などが行われるケースが少なくない。買収前に行われるケースは，買収対象事業と被買収対象事業が同一会社に混在していて，事前に事業移転等により混在状態を解消しておく必要がある場合などが考えられる。買収後の再編は，たとえば，買収対象会社と同一国内に既存子会社が存在している場合に，両者を合併などにより統合するようなケースがあろう。

　買収前の再編等においては，再編により思わぬ課税関係が生じないかという点について，主として現地税制の観点から検討を行う必要があり，仮に非経常的な課税が生じる場合には，買収意思決定にあたっての企業価値算定などに十分反映させる必要がある。

　買収後の再編についても，同様に現地での課税インパクトに留意を払うことは当然であるが，同時に，たとえば，日本企業が株式を直接保有している海外子会社の組織再編にあたっては，より直接的に日本の課税関係が生じることも考えられる。たとえば，図表 6 − 5 のように X 国に所在する100％子会社たる買収対象企業 T を既存子会社 FS に統合する場合について，当該統合が日本の合併に相当するものと評価できるかどうか，仮に合併に相当する場合については当該「合併」が日本の税制適格要件を満たすかどうかについて検討する必要がある。国により組織再編に関わる諸制度はさまざまであり，日本の制度と異なっているため，日本の合併制度における権利義務の包括承継・消滅会社の自

第2節　ストラクチャリングの留意点　149

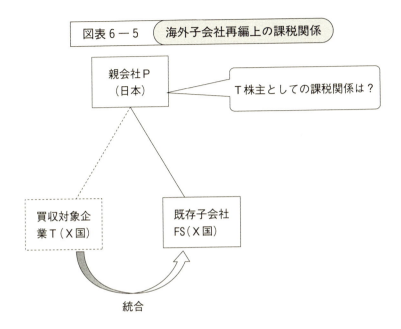

図表6－5　海外子会社再編上の課税関係

動清算といった特質と対比して同等と評価し得るかどうかを検討することとなる。併せて，過去の同様の事例の調査や現地法制・税制等の最新動向の調査などを行うことになろう。図表6－5の事例については，仮に統合が日本における合併に相当し，かつ税制適格要件を満たすものであると評価し得る場合には，T株式についてみなし配当・譲渡損益の認識は行われず，親会社PにおいてはT株式簿価をFS株式簿価に加算するのみ（簿価ベースでの取引）になるであろう。一方，統合が日本の事業譲渡と通常清算の組み合わせに相当する取引にすぎないと評価される場合には，みなし配当および譲渡損益の計上を行う必要があるため，大きな課税インパクトが生じることとなる可能性もある。

　また，国によっては日本と課税所得の範囲に対する考え方が異なる等の理由で，通常所得に対しては20％超の税率で課税するものの，再編に伴う資産譲渡益（キャピタルゲイン）に対しては課税しない，というケースがある。この場合，現地の実効税率（その事業年度ごとの実際の税負担率）が，日本のタックスヘイブン対策税制における20％のトリガー税率を下回るケースも考えられるため，留意が必要である。平成21年度税制改正前のタックスヘイブン対策税制

は，軽課税国に不当に「留保」された所得に対する対抗策という側面から，仮に特定外国子会社等において所得が計上されても，当該所得を日本親会社へ配当すれば合算対象所得から除外される（もしくは過年度合算所得を損金に戻し入れる）というのが原則であった。しかしながら，平成21年度税制改正後については，たとえ日本の親会社に配当したとしても，同年度において導入された外国子会社受取配当益金不算入制度により，原則として配当に課税されないこととなったのに併せて，タックスヘイブン対策税制も改正され，配当をしても合算対象所得からは控除されないこととなった。このため，たとえば図表6－5のような取引が，日本における事業譲渡＋清算という取引に相当するものと評価された場合において，Tにおける資産譲渡益により現地で非課税所得が生じているケースでは，仮にその後清算配当等によりT社の所得が日本の親会社Pに分配されているとしても，T社における資産譲渡益は，タックスヘイブン対策税制により合算課税の対象となる可能性がある点に注意が必要である。

⑤　Debt Push Down

　一般的に借入金とその返済原資となる収益を生み出す事業活動は同一の国にあることが望ましい。借入金と事業活動が異なる国にある場合，事業活動からあがった収益を借入金の返済へ充てるために資金が国境を越えることになるが，その際に国際的な二重課税が生じる可能性があるためである。外国子会社配当益金不算入制度により，従前より日本への資金回収は税効率がよくなったものの，完全に無税で回収できるわけではなく，配当金のグロス金額の5％が課税所得に算入されることによる日本の法人税と配当に対する源泉所得税がタックスリーケージとなる。

　そのため，投資時には日本国内で調達した資金を投資後に海外現地法人からの調達へと切り替えることは重要な検討事項となる。たとえば，投資時には日本国内で資金調達をするものの，投資後に海外現地法人（対象会社）が現地で新たな資金調達を行い，その資金を日本企業（買収者であり買収後は親会社となる）へ提供したうえで，日本企業が買収目的の借入金を返済する方法がある。この時，問題となるのが海外現地法人から日本企業への資金の提供方法である。税務上は，ここで生じる税金コストを適切に管理できる方法を現地の過少資本

税制や現地国と日本の租税条約の有無・内容等を踏まえて検討することになる。

　なお，検討の際に，平成24年度税制改正で導入されたいわゆる過大支払利子税制（(2)インバウンド M&A ③参照）についての留意が必要になった。同税制の適用対象は関連者等に対する純支払利子であるが，ここでいう関連者とは，
　①　その法人との間に直接・間接の持分割合が50％以上の関係にある者
　②　その法人との間に実質支配・被支配関係にある者
　③　①②の者による債務保証を受けた第三者等
である。よって，日本企業が子会社である海外現地法人から借入れをし，その海外現地法人に利息を支払う場合は，この制度の射程に入ってくるため，留意が必要となる。

⑥　Debt Allocation
　資金調達に関しては⑤で述べたように，借入金と事業活動を同一の国とするという問題もあれば，調達する国をどこの国とするかという問題もある。日本企業が外国企業を買収する際，当然のことながら，その資金調達は必ず日本を経由しなければならないということはない。⑤で述べたとおり，投資後に海外現地法人が現地で借入れを行い，その資金を買収資金を調達した法人へ回すということが考えられるが，その際，現地法人から買収資金の調達を行った法人への貸付け（グループ内ローン）を用いることも多い。買収資金の調達を行った法人と現地法人の間にグループ内ローンが生じるため，これを見越した資金調達国の選定を行うことで税金コストを適切に管理できる可能性がある。

　グループ内ローンは，日本と同様に多くの国で制度として用意されている過少資本税制の影響を考慮せずに議論することはできず，現地の過少資本税制を考慮することは大前提であるが，その他に有利な条件で資金調達可能な国を選定し，グループ全体のコストを最小化する方法を検討することになる。

(2)　インバウンド M&A
　インバウンド M&A についてもアウトバウンド M&A と同様に投資，回収，再投資，撤退のいずれの場面においても不測の課税（主に国際的二重課税）が生じないように投資の前段階から検討するという特徴に変わりはない。ことイ

ンバウンドM&Aについては第1節で述べたとおり，日本の税務専門家の視点からは，外国企業による日本への投資に関して，純粋に投資から撤退までのサイクルを考慮したアドバイスが求められることが多い。

　投資の際，より具体的には投資後のDebt Push-Downを経た後の資本構成によっては日本における過少資本税制の適用を受ける点や，利子や配当や使用料を支払う際に国境を越えるために二国間で課税が生じ，国際的な二重課税が生じる可能性がある点などは，アウトバウンドM&Aと同様の議論である。国際的な二重課税を回避するために資金を投下している企業の所在地国でも，外国税額控除制度や国外所得の免除制度等が存在すると思われるが，この検討に際して重要な要素は，各国の税制もさることながら，租税条約の適用の有無である。

① 租税条約

　平成28年6月1日現在において，わが国は65の租税条約を締結しており，96の国または地域について適用されている（財務省ホームページより）。ここ数年，毎年のように改正作業が行われている。大きな点としては2004年の日米租税条約（2012年6月一部改正合意），2006年の日英租税条約の改正，2011年の日蘭租税条約の改正などがある。また，新しい租税協定の締結として，日香租税協定の締結がある。これら新しい租税条約／協定に共通する点は，条約における軽減税率が改正前に比して有利になる点がある一方で，条約上の恩典に一定の制限を設ける特典制限条項（limitation on benefit（LOB）clause）が設けられた点にある（日香租税協定においては特典制限条項ではなく，減免の制限（limitation of relief）となっている）。

　租税条約では，利子，配当，使用料などの所得の源泉地や税率，さらに導管取引に対する課税権の規定等があり，日本では国内法の規定にかかわらず，租税条約の規定が優先されることから，国際取引において租税条約の適用の有無を検討することは必須である。日本と租税条約がない国や地域も多く，この場合は国内法が適用されるのみである。インバウンドM&Aに際しては，買収者である外国企業が考え得る投資経路に対し，日本で獲得した利益がどのように課税されるかを租税条約や国内法を踏まえ，課税関係を整理する必要がある。

② 過少資本税制

インバウンドM&Aでは，過少資本税制への留意は常に必要である。

過少資本税制とは，内国法人が外国親会社等からの資本の一定倍率を超える過大な借入れをしている場合に，その借入れに係る一定の利子は損金不算入とされる制度である。

たとえば，外国法人が日本企業買収のために100％子会社であるSPCを日本に設立し，その外国親会社がSPCに買収資金を貸し付けた場合で，その貸付金がSPCへの出資の3倍を超えているなどの要件を満たすときは，SPCが外国親会社へ支払う利子のうち一定の金額は損金不算入となってしまう。SPCが銀行借入れをしている場合で，外国親会社が当該銀行借入れに保証をしている場合も同様である。

③ 過大支払利子税制

平成24年度税制改正により，関連者間の利子を利用した租税回避への対応として，過大支払利子税制が導入された。この制度は平成25年4月1日以後開始事業年度からの適用となる。

もともと，日本では，利子の損金不算入制度として，上述の過少資本税制が平成4年に導入されたのであるが，近年の租税条約における利子源泉地課税免除規定の導入が進んでいること，および主要先進国での同様の制度の状況を踏まえて，過少資本税制とは違った視点での損金算入制限の規定が創設されたものである。

具体的制度であるが，法人の関連者に対する純支払利子等の額が調整所得金額の50％を超える場合には，その超える部分の金額は，当期の損金の額に算入しないというものである。ここでいう関連者とは，

① その法人との間に直接・間接の持分割合が50％以上の関係にある者
② その法人との間に実質支配・被支配関係にある者
③ ①②の者による債務保証を受けた第三者等

である。

また，損金不算入とされた金額は，翌期以降の一定期間繰り越して，損金算入枠に余裕があれば損金算入が可能となる。

本制度と過少資本税制の両方が適用になるケースも考えられるが，その場合は，計算された損金不算入額のうち，いずれか多い金額を損金不算入とすることとされている。

過少資本税制との違いは多くあるが，ことインバウンド M&A に関しては，過少資本税制と過大支払利子税制の双方に気を配る必要がある。

④ キャピタルゲイン課税

撤退を見越した税務上の留意点としては，非居住者等に対するキャピタルゲイン課税がある。ここでいう非居住者等に対するキャピタルゲイン課税は，国内に恒久的施設を有しない非居住者または外国法人（非居住者等）が内国法人の株式を保有している場合，一定の要件を満たす譲渡について非居住者等に日本の租税を課すというものである。具体的には，事業譲渡類似株式と不動産化体株式を譲渡した場合の課税となる。事業譲渡類似株式の譲渡益課税は，恒久的施設を有しない非居住者等が内国法人の株式を譲渡した際に常に課されるものではなく，一定の要件を満たした譲渡である場合に課されるものである。その具体的な要件は，いくつかあるが，代表的なものとして，

① 譲渡事業年度終了の日以前3年以内のいずれかの時において，非居住者等の内国法人の株式についての保有割合が25％以上であったこと
② その事業年度において当該株式の発行済株式総数の5％以上を譲渡したこと

とされている。この要件を満たす内国法人の株式の譲渡は，事業を譲渡して得た所得に類似するとみなされ課税が行われる。

また，不動産化体株式についても同様に要件が定められており，(i)国内にある土地等（土地，土地の上に存する権利，建物，附属設備，構築物）および(ii)国内にある土地等が総資産の50％以上で法人（連鎖関係にあるものを含む）の株式の価額の合計金額が総資産の50％以上である法人（不動産関連法人）の株式を譲渡した場合で一定の要件に該当するときに課税が行われる。

譲渡者が非居住者（個人）の場合，譲渡所得には15％の所得税（申告分離）が課税され（措法37の12），外国法人には税率24.43％（平成28年4月1日以後開始年度，地方法人税を含む）の法人税が課税されることとなる（法法143①）

が，非居住者等の居住地国と日本との間の租税条約により，源泉地国（日本）での課税が免除されている場合には，本制度による課税は生じない。したがって，非居住者等に対するキャピタルゲイン課税を検討するには，買収者である外国企業が考え得る投資経路に対し，どのように課税されるかを租税条約や国内法を踏まえ，課税関係を整理する必要がある。

第7章

税務デューデリジェンスと Post-Merger Integration (PMI)

第1節　PMIの重要性

　企業買収は，対象会社を取得したらそれで終わるわけではない。その企業の抱える問題点を把握し，適切な方法によりそれを改善し，企業価値を高めていくという過程はストラテジック・バイヤーでもフィナンシャル・バイヤーでも同じだろう。PMIは，その名のとおり，M&A実行後の事業統合であり，M&Aを通じて得ようとした効果を具体的に実現していく過程であると見ることもできる。したがって，PMIはM&Aの実行後に考え始めることではなく，実行の前段階でPMIを見越した検討をある程度行う必要がある。時間軸としてはM&Aの実行後の事象を指すが，ストラクチャリングを中心としたM&Aのプロセスにおいて初期段階から検討を要する分野でもある。必然的にPMIに関する税務上の論点も，M&A実行に向けたストラクチャーの検討と同時並行的に検討されることとなる。ストラクチャーの検討とPMIの論点を同時に検討することで，買収により生じる税金コストを最小限に留めるとともに，買収後の税負担を適切な方法で抑えることを模索することになる。

　PMIの主題としては，事業統合によるシナジー効果の追求（企業価値の向上）が一般的であるが，事業統合といっても，生産拠点や物流拠点の統合などに留まるものもあれば，法人格を同一にして経営までも統合するものもあり，その内容は多種多様である。そのため，PMIにおける税務上の論点としても実際にはさまざまな論点が考えられるが，実務上は，買収後の法人格の統合や連結納税の導入，買収コストの取扱いが論点となることが多い。

　さらに，近年増えているクロスボーダー買収においては，文化や制度の違いがある国の法人が突如としてグループ内に加わることとなる。この国境を越えたPMIにどう対応するのかは，効果的な海外進出を考えるうえでも非常に重要となる。

1 ビジネスの側面からのPMI──買収後の事業統合とタックス・プランニング

　買収後に，買収企業と被買収企業の拠点や部門，あるいは子会社機能の重複の整理などを行うことで，買収による統合効果を高めることは，通常よく行われている。先に述べたとおり，事業統合といってもその態様は多種多様であるが，子会社同士の合併など，法人格を同一にする場合には，税務上の側面からは，非課税の組織再編となるかどうかは重要である。また，非課税の組織再編であっても，繰越欠損金や含み損の取扱いが複雑に規定されている場合もある。そのため，ビジネス上の目的で行われるPMIの検討においても，税務上の取扱いを確認しておくことがタックス・プランニングにとって必要となる。

　また，買収後に，買収される企業の不採算部門などを切り出して売却することがあらかじめ想定される場合もある。その場合は，切り出しに伴う課税関係をあらかじめ検討しておく必要があるが，そのためには，買収前のデューデリジェンスの段階で，切り出される部門の会計上の部門B/Sはもとより，税務上の簿価についてもデューデリジェンスの調査対象に加えておく必要がある。

　タックス・プランニングにおいては，納税者に選択の機会が与えられている範囲で適切に税金コストを抑えることは合理的経済人として当然の行為と考えられることから，もっぱら税金負担の軽減のみを目的として通常とらない手法を選択するのでなければ，納税者が選択した手法が租税回避行為と認定される可能性は低いであろう。

2 税務コンプライアンスの面からのPMI
──税務検討プロセスの見直し，構築

　企業において，税務部門は，伝統的な部門に位置づけられるかもしれない。多くの日本企業では，税務を担う部門は，財務部や経理部の一部または下部組織であり，税務部が独立して予算や決定権限を持っている例は少ない。また，会計の分野では連結会計への対応とともに，グローバルレベルでのシステム化が進んでいるものの，税務の分野ではその流れはまだまだである。税務部門では，効率化に関しての関心は相対的に低いのも事実である。

　税務は各国ごとに制度も違い，また税制改正は頻繁に行われる。それゆえに，税務部門は"税務は会計とは違う"という理由で，税務以外の変化に対応することに関心を示すことも少なかった。

　しかし，近年急速に進むグローバル化への対応や，競争が激化する経済環境の中で生き残るための方法として，税務部門といえども，もはやそのような旧態依然とした対応は継続できるものではなくなりつつある。税務も会計，財務と同様に，グローバル対応が早急に求められる時代になってきている。

　特に，クロスボーダーM&Aにより海外売上高が伸びている企業にとっては，解決すべき課題は多い。買収した海外子会社の管理には，自前で設立した海外子会社の管理を行うよりも，より難しい課題が横たわっている。すなわち，買収された会社は，以前より独自に行っていた管理方法があるはずであるが，それは買収した日本の会社とは異なっているであろう。その異なる手法や，言語の問題，法律，文化の違いなど，日本親会社も海外子会社となった会社も，双方において多くの課題に一度に対処せねばならず，管理の側面からは海外企業の買収による急速な他国展開は，大きなチャレンジとなるものである。

　日本のみならず，海外の企業を買収した後に，買収対象会社に従来からサービスを提供していた税務顧問との関係をどうするのか，というのも課題の1つである。多くの例では，買収後も従来の税務顧問をそのまま残しているケースが多い。その税務顧問は，対象会社の初期の段階から継続して関与し続けてい

図表7−1　コンプライアンスプロセス管理システム

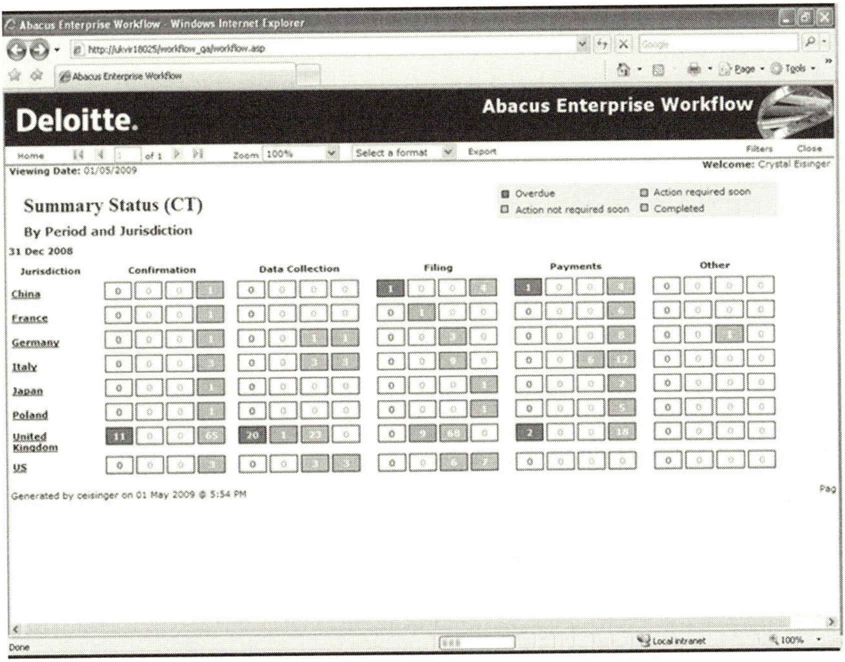

るために，対象会社としてはその税務顧問がいなくなってしまうと顧問が知っている多くの経験と知識も同時に失ってしまうのではないか，という心配があるためでもある。しかし，税におけるグローバル企業を目指すのであれば，ローカルの問題にローカルのチームが対応するという従来型から脱皮し，グローバルチームがグローバルな税務リスクマネジメントに取り組む，という発想が必要となっていく。

　税務におけるプロセスの進化も同時に推し進めていく必要がある。プロセスの標準化と適切な管理，およびクラウドなどのテクノロジーの利用により，従来の税務コンプライアンスにかけていた労力と時間は大幅に削減することが可能である。それにより生じた時間を，税務部門は税務戦略を練る時間に充てることができるし，税務課題を社内の重要なポジションに押し上げる戦略も進めることができる。

3 国内子会社の管理と海外子会社の管理：連結納税制度の活用

　日本の子会社の税務管理においても，親会社がどの程度子会社の状況を把握できているのかは，企業により状況はさまざまである。そのなかで，グループ税務管理を目指す目的から，連結納税を選択する企業も増えてきている。すなわち，親法人が子会社を含めて税務申告を行うことが連結納税であるから，子会社の税務情報を親会社が管理することは法令で定められた手続を遂行することであり，換言すれば法律に従い強制的に管理を行うこととなる。結果として子会社の税務コンプライアンス管理が進むというわけである。

　同様に，海外子会社においても，その地域で連結納税制度のようなグループ申告制度が存在するのであれば，それを適用することにより，当該地域の税務管理はその制度を通じて達成される可能性もある。

第2節 買収後の税務ガバナンスの高度化 (International Strategic Tax Review)

1 グローバル化対応への税務部門の担う役割

　いまや，税務戦略を練ることは，税務部門にとっては企業価値の向上のために，また企業内における存在価値の証明として，必要不可欠である。税務戦略に従い，企業の内部における機能とその役割をグローバルレベルで適切に配置し，グローバルレベルでの実効税率および税務の潜在的リスクを管理すること，これにより企業の税引後利益を最大化し，新たな研究開発や投資に備えることで，企業の競争力をさらに高める。日本企業がM&Aを通じて一層のグローバル企業になる時代である一方，日本企業における税務の取組みの主体は税務コンプライアンス遵守に相当程度寄っていることが伝統であり，もう1つの役割である事業および企業戦略の立案に関わったうえでの役割は希薄である傾向は否めない。

　また，税務問題を，企業のマネジメントにおいて戦略要素として等しく位置づけるように努めることも必要である。得てして，税務は会計よりも規定ぶりが細かく難解である部分が見られるがゆえに，その判断は財務部長やCFOへ一任されていることが多い。しかしながら，税務戦略は有効に生かそうとすればするほど，企業の組織のあり方そのものに議論を進めていく必要があり，そうなると，企業のトップマネジメントとしての会社の方針そのものに関わるレベルの課題となってくることから，そのように企業の意識を向けるための努力も必要になってくる。

2 グローバル税務戦略の具体的課題：実効税率

　日本における法定実効税率は，他国と比較して相対的に高くなっている（近年，税率そのものとしては低減の方向にあるが，課税ベース拡大や欠損金の50％の制限，外形標準課税の強化などを鑑みると，一概に税負担率という観点で他先進国と並びつつあるとはいえない）。

　多くの日系多国籍企業における実効税率も，その日本の高い法定実効税率に比例し，おおむね高い水準となっており，相対的に他国の多国籍企業と比し，全社レベルでのキャッシュフローが不利になっていると考えられる。もちろん，実際の実効税率の水準は，日本の企業においてもさまざまであり，自社の実効税率がなぜ他社と違うのかを確認してみる作業が必要となる。

　具体的には，税務ポジションからのアプローチと，事象からのアプローチがある。

　税務ポジションからのアプローチは，現在の税務ポジションを複数の視点を持って確認する作業となる。すなわち，課税所得や税率の推移，会計利益と課税所得差異の分析，繰越欠損金の推移，タックスインセンティブの確認，事前ルーリングの状況，税務調査の状況，さらには税制改正の情報収集などである。

　事象からのアプローチとしては，各国で取れるべき優遇税制の検討，欠損金の利用可能性の検討，連結納税などの制度利用，再編税制の活用など，単なる税制の適用から組織再編に至るまで，活用できる制度などを網羅的に確認することである。

　これらのアプローチにより，適切に収集された情報をもとに，どのようにすれば実効税率が引き下げられる余地があるのかを総合的に検討し，税務ポジションの最適化を目指すこととなる。

　典型例の1つとして，図表7－2を参照してほしい。

　剰余金を有する海外子会社があり，他国における運転資金および設備投資などの資金ニーズがある場合，日本を経由して他国へ還流させるのに比し，シンガポールなどの投資効率性や統括会社ロケーションに積極的な国に統括会社を

第 2 節　買収後の税務ガバナンスの高度化（International Strategic Tax Review）

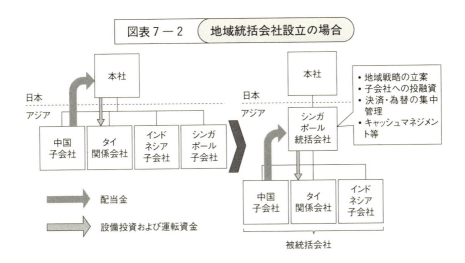

設置し，日本を経由させず，同一地域内でキャッシュを還流させたほうが効率的になる可能性もある。

　もっとも，図表 7 − 2 の左図から右図に移行するためには，事業や株式の移転が必要になるため，その移転に伴う譲渡益課税等についての検討と，なによりも税前利益の原資である収益を稼得するためのビジネスモデルとの整合性が必須である。

第3節 買収後のビジネスモデルの見直し（Business Model Optimization）

　買収による企業規模の拡大は，企業におけるビジネス構造のあり方を見直すきっかけにもなる。特にグローバル企業へと変貌を遂げていくに伴い，グローバルレベルでの製造・調達・販売の商流や，本社機能や研究開発機能の所在国などを見直しすることは必須となる。これらの検討にあたっては，ビジネス上の効率性を追求するのはもちろんであるが，税務上もその見直しが不利にならないように，むしろ税効率の面からも不要な二重課税等が生じないための視点を加えることが必要である。

　具体的には，以下のような視点が求められる。

- 企業にとって価値を創造している機能は何か，それはどの程度移転可能であるのかを洗い出す。
- リターンを生む業務プロセスなどの機能や，それに関連する資産やリスクを，ビジネスおよび税務面で効率的な国・地域に移転する。
- 資産やリスクに加え，人員を含めた業務・機能そのものを移転し，そこでの資産やリスクの管理を行う。

　これらの視点をもとに，流通，製造，調達，ブランド管理等の機能に係るビジネスモデルストラクチャーを検討していくこととなる。

　これらのストラクチャーの検討にあたり，税務上最も留意すべき点は，移転価格税制である。次節でPMIにおける移転価格を解説する。

第3節　買収後のビジネスモデルの見直し（Business Model Optimization）

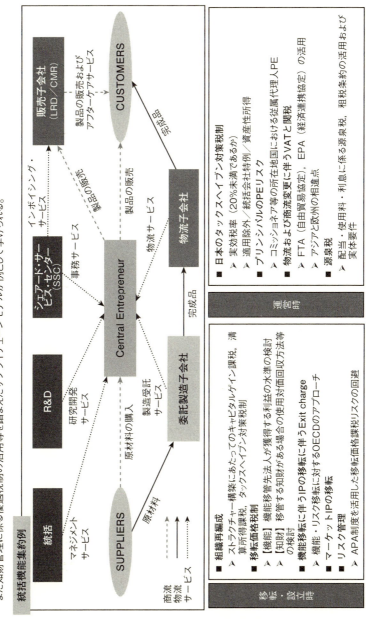

図表7－3　Tax Aligned Supply Chain Management の例

- サプライチェーンの見直しにおいて、ビジネス観点と税務観点の双方からの最適効率化の観点から、統括会社に機能およびリスクを集約、また知財管理に係る優遇税制の活用等を踏まえたサプライチェーンモデルが例として挙げられる。

第4節　移転価格デューデリジェンスのPMIへの貢献

　移転価格デューデリジェンスにおいて発見された買収対象会社の移転価格ポリシーに係る潜在的問題および移転価格更正リスクは，対象会社の買収を検討するクライアントにより，その買収価格の検討に利用されることとなる。加えて，移転価格デューデリジェンスを通じて得られた情報は，クライアントが対象会社の買収後に実施するPMIにおいても非常に有益な情報となることも多い。以下では，移転価格デューデリジェンスを通じて得られた情報が，買収後にどのように活用されるかを説明する。

　これまで見てきたように，移転価格リスクは潜在的に将来のキャッシュフローに反映され，企業価値に影響を与える。さらに，移転価格デューデリジェンスを通じて得られた情報は，以下で示している問題についても有用な情報を提供することがある。

1　将来の移転価格リスクとそこから発生するコスト

　これは，事業会社によるM&Aのケースに該当することであるが，仮に移転価格のリスクが大きい会社を買収した場合，現時点における直接の税務リスクの問題に加えて，さらなる追加コストを考慮する必要がある。すなわち，現在の移転価格ポリシーに潜在的なリスクが認識される場合，将来の移転価格リスクを回避するためには，適切な移転価格ポリシーを早急に設定のうえ，運用する必要がある。しかし，それには外部専門家を利用するなど金銭的コストがかかる場合もあり，また関係各部署との調整，説明作業などに時間的コストがかかる。

さらに，全社レベルの値決め実務はすぐに変えられないことが多いが，それは担当部署の意識，慣行，文化，インセンティブや評価の問題と結びついているため，それらを解決しなければ，効果的な移転価格の変更は期待できないことによる。

加えて，急激な移転価格ポリシーの変更は税収が減少する税務当局を刺激し，新たな移転価格調査が開始されるきっかけとなる場合がある。

すなわち，移転価格の税務リスクを考える際に，過去の実績とともに，将来に向けた実務的な対応能力を含めて，総合的に検討することが重要である。

2 合併・買収後の移転価格ポリシーの統合

同様に事業会社のM&Aのケースにおいて，買収・被買収会社の双方が海外展開している場合，両者の移転価格ポリシーを管理上統一したほうがよい場合がある。仮に，被買収会社の従来の移転価格ポリシーが買収会社の移転価格ポリシーと異なる考え方に基づいていた場合，両者のポリシーのすりあわせ，統合の必要性を考慮する必要がある。買収前に，あらかじめそういった情報を得ておくことは，買収後の統合作業をタイムリーかつスムーズに行うために有意義なことである。

企業の移転価格ポリシーは，その企業の事業の成り立ちや企業文化といったものと密接に結びついているものである。たとえば，本社の管理体制が強く海外事業について本社のビジネスの手法を現地展開する傾向の強い企業であれば，つねに子会社との取引価格を管理し，子会社の収益性も本社でコントロールすることが多いであろうし，逆に成長指向が強く海外事業についても社内ベンチャー的に現地経営者の手腕に任せて事業拡大を期待する企業であれば，海外での自主努力による収益力拡大を前提に移転価格を考えることが多いであろう。

こうした中，移転価格について異なる考え方を持つ2社が事業を統合しようとする際，検討しなければならない事項は多い。具体的には，棚卸資産・固定

資産の取引価格設定方法，無形資産に関する事項（保有者，対価回収方法，など），本社からの出張者・出向者に係る費用の取扱い，海外関係会社の年次予算設定方法，関係会社業績評価のルール，など幅広い分野にわたる。

　これらを変更し，本格的に統合していこうとする場合，新しい移転価格ポリシーの設計・導入，ロイヤルティ料率や役務提供対価の決定といった技術的な面から，究極的には異なる2つの企業文化の融合，あるいは生産・営業担当者の啓蒙といった経営的な面まで，対応していくことが必要となる。

　こうした観点から，買収対象会社の移転価格ポリシーや実務を概観し，将来における社内の統合作業や，税務コンプライアンスに係る工数・負荷をあらかじめ認識しておいたり，移転価格に関する情報をもとに買収後の事業統合の設計に役立てることは，事業遂行の観点からも有意義であるといえよう。

3　企業の事業遂行能力の側面資料としての移転価格対応状況の検討

　直接の税務上のリスクの問題から一歩離れて，デューデリジェンスにおいて移転価格を考える1つの意義として，企業活動を移転価格の観点から見るという点がある。

　いうまでもなく，移転価格は関係会社間の値決めである。これが適切にできているということは，海外事業が適切に運営されていることの1つの証左とはいえないだろうか。すなわち，親会社が海外子会社の機能とリスクを的確に把握しており，それに基づいた適切な関連者間の取引価格を設定しているならば，子会社の業績が移転価格によって歪められることがなく，いわば子会社の業績が移転価格によって曇っておらず，親会社から子会社の実態がきちんと見えていることになる。したがって，正確な実態の把握に基づく適切な資源配分を行い，適切なインセンティブを与えることで，適切な関係会社の管理が可能となる，と考えることも可能である。

4 PMIを一歩進めた戦略的な税務対応の検討

　前項までのポイントは，いわばPMIにおける「守り」の観点からの移転価格対応であったが，その対応を一歩進めて「攻め」の対応をとることも検討したい。

　これまでの「守り」の観点では，税務コンプライアンスの観点から，税務調査などにおいて更正を受けない，または指摘を受けないようにすることを主たる目的としていた。この対応自体は，社会と共存する企業市民としては当然のことであり，経済的な側面を考えても，税務調査において更正を受けた場合の潜在的な金銭的，時間的コストを考えるともっともな対応である。

　ここでの「攻め」の対応とは，「守り」の観点におけるコンプライアンス面の対応を疎かにするということではなく，コンプライアンスへの対応も当然のことながら行う一方で，事業戦略の策定などに際して，積極的に税務面での検討も行うというもので，欧米の企業では従前から行っていることである。M&Aなどの局面においては，買収企業をグループに取り込む際にできるだけ大幅な再編などを行わず，摩擦の起こらない方法で軟着陸させることも1つの方法であるが，「攻め」の対応においては，税務面での効率性などの尺度も加えた対応を検討することになる。

　より具体的には，PMI後の組織体制がより税効率の高い組織体制となるべく，新しく加わる組織のみならず既存の組織も含めたあるべき姿を検討することである。これは，たとえば，M&Aの結果重複することとなった販売拠点の統廃合を行う際に，より税率の低い国に集約したりするという比較的単純でわかりやすいアプローチから，研究開発拠点を税率が低い，もしくは研究開発活動に対する税務上のインセンティブを有する国に統合し，かつ現行の開発拠点から無形資産を新たな拠点に移転するという複雑でかつ緻密な設計が必要となるアプローチなど，グループ内の役割分担やリスク配分の観点から，さまざまなオプションが考えられる。

　企業ごとのあるべき姿は，当然のことながら事業上の要請や制約に縛られる

ことになるため，よほどのことがない限り大幅な変更には各種の困難が伴うと思われる。また，組織が動き，かつ人が動くことで，所得が国境を越えることも想定され，その場合には各国の税務当局によって移転価格税制をはじめとした税務面の注意をひくことが考えられる。これまで「守り」一辺倒だった企業にとっては，一気にその方針を変えるということに抵抗感もあろう。また，昨今の BEPS の流れの中では，「攻め」の姿勢を採用することについて慎重になる企業もあると考える。ただ，そのような企業にとっても，資産のより効果的な活用が注目される昨今の経済環境のもとでは，潜在的にグループ全体の実効税率を下げ，キャッシュアウトを減らす可能性がある合理的な「攻め」の観点を考慮しないということは現実的ではない。仮に，大幅な方針転換が難しい場合でも，経営の意思決定の際の尺度に，税務面の効率性という尺度が加わるだけで，自ずと多くのオプションを見ることになり，結果として将来的な選択の余地を広げるきっかけになるため，「攻め」の観点を意識の中に持つことは企業にとって十分に意味のあることと考える。

第8章

タイプ別税務デューデリジェンスの実務

M&Aの実務において，調査対象会社や買収会社は多種多様であり，M&Aの手法自体も千差万別である。このようなM&Aの中にあって税務デューデリジェンスを行う際には，各案件の特性を理解し，その特性に応じた的確な視点を持ったうえで分析を行うことが求められている。第3章においては，この概要を一般化して解説するために，これらの視点を大きく4つに分類し，それぞれのアプローチの必要性を中心に述べたが，本章においては，より実務に即した内容を述べていく。具体的には，税務デューデリジェンスを行ううえで持つべき視点を「調査対象会社や買収会社の属性」と「調査対象会社の業種」という2つに分類し，前者を第1節から第7節で，後者を第8節で解説している。

まずは，「調査対象会社や買収会社の属性」などをもとに各M&A案件の特徴を分類し解説するが，この区分には，数多くのものが考えられる。そこで，ここでは紙面の制約もあるため税務デューデリジェンスを行ううえで持つべき視点として有用と思われる区分を用いて説明することとする。なお，各案件を区分するうえで切り口として例示した特徴と想定される企業等の類型をまとめたものが図表8－1であり，以下では，この区分に従って順次解説していく。また，「調査対象会社の業種」による分類についても，特徴的な業種を中心に解説する。

図表8－1　特徴と想定される企業等の類型

No	特徴	区分対象	想定される企業等
1	調査対象会社に関する情報の入手範囲	調査対象会社	公開会社
			非公開会社
		M&Aの交渉方法	相対案件
			入札案件
2	調査対象会社の税務ポジション	調査対象会社	課税ポジション
			繰越欠損金を多額に保有
3	調査対象会社における恣意的な取引価格の設定等	調査対象会社	グループ会社
			オーナー会社
4	調査対象会社の経営管理状況	調査対象会社	意思決定過程の文書化の有無
			内部統制の良否
			外部専門家の関与の有無
5	調査対象会社における海外拠点の有無	調査対象会社	グローバル日系企業
			外資の日本現地法人
6	買収会社の特性	買収会社	ストラテジック・バイヤー
			フィナンシャル・バイヤー
7	再生・組織再編等の実施法人の留意事項	調査対象会社	再生対象会社
			過去に組織再編を実施
			連結納税制度の適用
		買収会社	連結納税制度の適用

第1節 調査対象会社に関する情報の入手範囲

　第4章においては調査対象会社の情報収集に関し，公開情報による外部からの事前情報収集と税務デューデリジェンス開始後の情報収集という観点から解説している。調査対象会社に関わる情報の収集は税務デューデリジェンスの基本であるが，実務においては，入手可能な情報は調査対象会社の属性や案件の性質により異なるため，情報入手の可否により異なる対応が求められる場合が想定される。そのため，調査対象会社に関する情報の入手範囲の広狭という視点から，税務デューデリジェンスにおける特徴や留意点を以下で解説する。

1 調査対象会社の属性（公開会社／非公開会社）による特徴

　調査対象会社が公開会社か否かにより，情報収集の可否が大きく異なる。ここでいう公開会社とは，東京証券取引所の市場第一部等で株式が売買されている会社，いわゆる株式を公開している会社を想定している。公開会社は，日々自社の株式が市場で売買の対象とされており，かつ，金融商品取引法に基づき有価証券報告書や四半期報告書を公表しているため，非公開会社との対比において特徴があるものと思われる。

(1) 公開会社における情報収集
① 外部からの事前情報収集
　調査対象会社が公開会社の場合，有価証券報告書を利用することにより，相当な事前情報収集を行うことが可能である。税務デューデリジェンスにおいて一般的に必要な情報と有価証券報告書から入手できる情報とを対比したものが

図表8－2である。これら情報は，主にビジネス・アプローチによる税務デューデリジェンスを行う際の予備的な情報として活用される。なお，具体的な例を巻末の「補章2　有価証券報告書から得られる情報」に記載しているため，そちらも併せて参照されたい。

図表8－2　有価証券報告書から得られる情報

有価証券報告書の項目		重要度	入手可能な情報	税務デューデリジェンスにおけるポイント
第1　企業の概況				
	1 主要な経営指標等の推移	高	過去5年間の連結および単体の財務数値や経営指標等	調査対象会社における大きな数値変動を把握する
	2 沿革	高	過去の大きなイベント	組織再編，企業買収やリストラクチャリング等の非経常的な事象の有無を把握する
	3 事業の内容	高	ビジネス内容と各社の役割分担およびビジネス・フロー	ビジネスを理解し調査範囲やリスクの絞込みを行う 過去数年間を比較し重要な変動の有無を識別する
	4 関係会社の状況	高	株式保有関係の把握と重要な子会社の有無（特定子会社か否か）	グループの資本関係の把握と過去数年間を比較し重要な変動の有無を識別する 重要な子会社や債務超過会社の有無を把握し調査範囲の絞込みを行う
	5 従業員の状況	低	提出会社の就労形態	パートやアルバイト等が多い場合には源泉所得税に関するリスクが増大する

有価証券報告書の項目		重要度	入手可能な情報	税務デューデリジェンスにおけるポイント
第2 事業の状況				
	1 業績等の概要	高	業績の概要把握	特別な事象の発生有無とその発生原因を把握する
	3 対処すべき課題	中	現状の問題点やリスク	税務に関係する記載があれば、必要に応じて調査範囲に反映する
	4 事業等のリスク			
	5 経営上の重要な契約等		重要な契約関係	
	6 研究開発活動	中	研究開発活動と発生コスト	税額控除への影響を把握する
	7 財政状態および経営成績の分析	高	経営・財務状況の概要把握	勘定科目の著しい増減や特別損益等の発生原因を把握する
第3 設備の状況		中	拠点ごとの設備金額と今後の予定（新設・除却等）	過去数年間を比較し重要な変動を識別する
第4 提出会社の状況				
	1 株式等の状況	高	新株予約権等の状況	ストック・オプション制度の有無を把握する
			発行済株式総数や資本金等の推移	過去の資本取引の概要を把握する
			大株主の状況	大株主の概要把握と（特定）同族会社か否かの確認をする
			議決権の状況	種類株式発行の経緯と税務処理の検討の要否
	2 自己株式の取得等の状況	中	自己株式の取得および処分の状況	取得や処分の経緯と税務処理の検討の要否
	5 役員の状況	高	役員の続柄と兼務の状況	オーナー一族の役員等を把握する
				他社との兼務の状況を把握する

第1節 調査対象会社に関する情報の入手範囲　　**179**

有価証券報告書の項目		重要度	入手可能な情報	税務デューデリジェンスにおけるポイント
第5　経理の状況				
	1 連結財務諸表等	高	グループの財務数値と会計方針	特殊な処理や非経常的な取引を把握する
				会計方針から税務調整の要否を把握する
				税効果の注記から主な税務調整項目を把握する
				企業結合および事業分離の注記から組織再編の概要を把握する
				セグメント情報から事業別・所在地国別の損益を把握する
				関連当事者間取引を把握する
				後発事象から直近決算日以降の重要なイベントを把握する
	2 財務諸表等	高	単体の財務数値と会計方針	特殊な処理や非経常的な取引を把握する
				会計方針から税務調整の要否を把握する
				注記からグループ会社との取引概要を把握する
				税効果の注記から税務調整項目を把握する
				後発事象から直近決算日以降の重要なイベントを把握する
				主要な資産および負債の内容から，営業・資金取引の概要を把握する

図表8－2に記載のとおり，有価証券報告書から相当広範な情報を入手することが可能であるが，これらの情報はあくまでも開示時点のハイレベルな（おおまかな）情報であるため，ビジネスを中心とした概要把握や税務デューデリジェンスにおける調査範囲策定の基礎資料・税務リスクの大まかな洗い出しが主な使用目的となる。また，公開会社においては，有価証券報告書以外にもIR関連の資料や株主への事業報告書，プレスリリース等がホームページで公表されていることも多く，このような情報を分析することにより，事前情報がさらに充実することとなる。

② 税務デューデリジェンス開始後の情報収集

税務デューデリジェンス開始後は，通常，非公開情報にアクセスすることが可能となる。具体的には，調査対象会社の確定申告書，税務調査に関する資料（更正通知書や修正申告書など），税務上の届出書，税務申告書作成のための基礎資料，勘定科目明細といった基本的な資料のほかに，各種契約書や税務リスクを識別するための書類等を査閲し，そのうえで調査対象会社の担当者に質問等を行うこととなる。そのため，税務デューデリジェンスにおいて調査対象会社の税務担当者の関与は欠かせない。しかし一方で，デューデリジェンスの結果等によって，検討中のM&Aが中止になることもあり，その際の不必要な混乱による事業価値の毀損を避ける目的からも，一般的には調査対象会社側の関与者は限られる傾向にある。

さらに，調査対象会社が公開会社の場合は，インサイダー取引との関係からこの傾向がより強くなる。たとえば，公開会社の発行済株式数の3分の1超を買い付けようとする者は，原則として株式公開買付け（TOB）を実施することが義務づけられているが，通常，TOBにおける株式買付価格は一定のプレミアムが含まれるため，TOBを事前に察知した人は，調査対象会社の株式を買い集め，その後のTOBに応じることにより，多額の株式譲渡益を獲得することが可能となる。このようなインサイダー取引は金融商品取引法に違反する行為ではあるが，インサイダー取引を未然に防止する目的からも，公開会社のM&Aにおいては関与者を限定し，情報漏えいの可能性を最小限に抑える傾向が特に強い。

通常，会社の税務処理を説明できる人物は限られるため，調査対象会社の関与者に会社の税務処理に詳しい人が含まれない場合には，税務デューデリジェンスに必要な資料が十分に得られなかったり，税務上の取扱いに関する回答を入手できないことがある。たとえば，公開会社のデューデリジェンスにおいて，経営企画部のメンバー数名と経理部長のみが対応する場合を考えると，経理部長が会社の税務処理をどの程度把握しているかはケースバイケースではあるものの，満足な回答が得られないことも想定される。また，そもそも対応する人員が少ないため，対応能力に限界があり十分な回答を得られないこともある。

(2) 非公開会社における情報収集

非公開会社においては，一般的には公開会社のような詳細な情報を事前に入手することは困難である。公開会社の子会社やある程度の規模の会社においては，ホームページ等で情報収集が可能な場合もあり，その他にも，帝国データバンクの企業情報や雑誌記事等により情報収集を行うことが可能な場合もあるが，いずれも公開会社において入手可能な情報に比べれば限定的なものに留まる。そのため，非公開会社が調査対象会社の場合には，税務デューデリジェンス開始後の情報収集がより重要となる。

一般的には，非公開会社においてはインサイダー取引規制を考慮する必要がない分，公開会社と比較して調査対象会社の情報管理のハードルは多少低くなる。そのため，調査対象会社側の関与者を増やすことに対する抵抗は少ないと思われ，この点においては，税務デューデリジェンス開始後の情報収集は比較的容易である可能性が高い。

ただし，非公開会社特有の事情として，オーナー経営者に対する求心力等の低下を懸念して，オーナーまたはその親族と数人の担当者のみが対応することもあり，実務においては，非公開会社のほうが対応者が少ないという事例も存在する。また，資料が整備されていなかったり，公開会社であれば当然に有する資料が存在しないといった状況も考えられる。しかし一方では，調査対象会社が株式公開の準備をしている場合には，有価証券報告書やIIの部（会社や利害関係者に関してより詳細な情報が記載されている株式公開に必要な資料）のドラフトを入手することにより，相当広範な情報を入手することが可能な場合

もある。

　上述のように，非公開会社が調査対象会社の場合，税務デューデリジェンス開始後の情報収集の可否はケースバイケースであり，公開会社と比較して容易であるとか困難であるということは，一概にはいいにくい面がある。

2　M&Aの交渉方法（相対案件／入札案件）による特徴

　M&Aの交渉方法によっても，入手可能な調査対象会社の情報は異なる。相対取引の場合，入札案件に見られる買手候補者間の公平性に対する配慮が不要であったり，買手とならない可能性のある者への情報開示に対する抵抗が相対的に低いと考えられるため，税務デューデリジェンスにおける，情報の入手制限は比較的少ないものと思われる。一方で，入札案件のような複数の買手候補者が存在する案件においては，案件の概要や調査対象会社の概要を記載したインフォメーション・メモランダムと基本的な開示資料が各買手候補者に配布されるとともに，質問書や資料依頼の形式で（つまり書面上のみで）質疑応答等が行われ，インタビューの機会も限られる（またはまったくない）といった環境で対応することが求められることも多い。さらには，質問や資料依頼の件数を制限されたり，追加の資料開示を一部拒まれることもあり，入手できる資料は必然的に限られることとなる。

3　情報収集に関するその他の制限

　今まで述べたこと以外にも，リストラや担当者の退職等により，過去の税務上の取扱いを確認できないこともある。また，子会社の売却を検討している親会社が，子会社には秘密裏で案件を進めるため，親会社の人材のみで税務

デューデリジェンスに対応する場合や，税務処理を顧問税理士に一任していた会社が何らかの事情で顧問税理士を最近変更した場合など，実務上は，必要な情報が入手できない場合は多々存在する。

4　入手可能な情報が制限される場合の対応方法

　上述したとおり，実務においてはさまざまな局面で入手可能な情報が制限されるが，情報が制限された場合には，自ずと税務デューデリジェンスの成果に影響が生じることとなる。ただし，情報のアクセス制限が生じている中でも最低限必要な情報を見極め，リスクの大小を判断しながら税務デューデリジェンスを進め一定の成果を出していくことが，専門家として求められる能力であり，逆にいえば，このような場面は専門家にとっては腕の見せどころということもできる。

　必要な情報が十分に得られず税務リスクを見極めることができない場合，まずは最悪の結果が生じた際の影響金額を定量化することが重要となる。そうすることで，買収会社がその税務リスクを容認し得るか否かを判断できるようになり，その後の対応を検討できるからである。この点につき，以下で設例をもとに説明する。

> ☞設例
> ①　調査対象会社は2年前に子会社を吸収合併している。
> ②　この合併は被合併法人である子会社を外部の第三者より買収（株式の100%取得）してきた直後に行われている。
> ③　当該合併は適格合併として取り扱われ，課税は生じていない。
> ④　調査対象会社から当該合併に関する資料開示は拒否されている。

　税務上の説明は省略するが，この設例の場合，繰越欠損金や資産の含み損に対する使用制限が生じる可能性を分析するため，まずは，みなし共同事業要件

の充足状況を把握する必要がある。しかし，この点に関する検討資料の開示がなく，調査対象会社の税務担当者に質問することもできず，また，他に開示されている資料から検討をしようにも情報が不足している場合には，これ以上の検討を行うことが困難となる。

　このような状況において，事実関係のみを述べ，繰越欠損金や資産の含み損に対する使用制限が生じる可能性があるという指摘に留まるのであれば，その報告を受けた買収会社としては，その事実をどのように受け止めるべきなのか判断が難しいであろう。そのため，税務デューデリジェンスにおいては，繰越欠損金や含み損の使用制限を可能な限り定量化し，最大の影響金額を把握し報告することが重要となる。最大の影響金額として算出された額が買収会社にとって非常に重要であり，かつ，リスクが顕在化する可能性が残されているのであれば，当該リスクを十分に評価できないままに案件を進めることは買収会社としては避けたいと思うだろう。そのような場合には，当該リスクを評価することの重要性を，フィナンシャル・アドバイザー等を経由して，調査対象会社等に説明し，追加の情報開示を要求（交渉）していくことが必要となる。一方，最大の影響金額として算出された額が案件の進捗を止めるほど重要ではないものの，リスクが顕在化した場合にある程度の影響が想定される場合には，売主の表明保証の対象とし，リスクを売主側に担保させるという対応も考え得る。この表明保証は，株式売買契約書やTOBにおける公開買付（応募）契約書（大株主との間で取り交わされる）に記載されることになるが，買収会社の他に，フィナンシャル・アドバイザーや弁護士と相談のうえ，対応していく必要がある。

　以上の内容を簡単にまとめたものが図表8－3である。

第1節 調査対象会社に関する情報の入手範囲

図表8-3 情報の入手制限とその対応

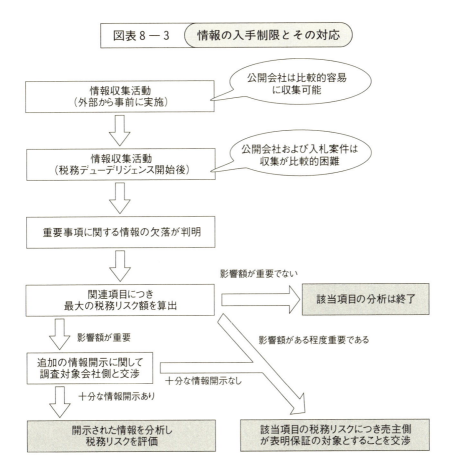

第2節　調査対象会社の税務ポジション

　課税所得が生じており毎期納税している会社と，繰越欠損金を多額に有し，課税所得が生じていない会社とでは，通常，抱えている税務リスクが異なる。そのため，税務デューデリジェンスにおいて，調査対象会社の税務ポジションを考慮することは重要であり，本節では，調査対象会社の税務ポジションごとに税務デューデリジェンスの特徴や留意点を説明する。

　なお，いずれにおいても詳細な分析を行うべきか否かの判断において，まずは金額的・質的重要性が考慮されるべきである。少額かつ質的にも重要ではない税務リスクを分析するために多くの時間を費やすことは，税務デューデリジェンスの本来の目的から外れるだけでなく，限られた時間で限られたリソース（調査対象会社の関与者も含めて）をもとに作業することが求められるデューデリジェンスにおいて，必要以上に調査対象会社の関与者に負荷をかけてしまうことにもつながる。そのような行動は，結果として，他のデューデリジェンス（財務，法務，ビジネス等）の進行を妨げることにもつながるため，厳に慎むべきである。

1　課税所得が毎期生じている会社

　毎期課税所得が生じ法人税等を納付している会社は，繰越欠損金を有しないため，今後の税務調査で指摘を受け課税所得が増加した場合には，増加した所得に対しそのまま追徴税額が課せられることになる。この税務ポジションが一番基本的なケースと思われるため，以下ではこのケースを前提として税務デューデリジェンスにおける基本的な着眼点を解説していく。

(1) 課税所得計算

　税務リスクを識別するため，確定申告書における申告調整項目等をレビューし，課税所得計算の適否を分析することとなるが，必要な申告調整項目のすべてが適切な金額で網羅されていることを短期間に確認することは事実上，不可能である。この点は，請求書等の細かな資料を閲覧した結果，いくつかの指摘がなされたり，規模の大きな企業では数か月に及ぶ実地調査が行われた結果，いくつかの指摘がなされる，という税務調査の実態からも明らかであり，税務デューデリジェンスにおいて，今後の税務調査で指摘を受ける可能性がある追徴税額を網羅的に把握することは難しい。それでは，どのような観点から課税所得計算の適否を分析するべきなのであろうか。この点については，第3章において加算調整項目の網羅性と減算調整項目の実在性に着目するべきという議論を既に行っているが，ここではさらに掘り下げた議論を展開していきたいと思う。

　まずは，税務調査で指摘を受けた場合に，その後の認容減算等により税額を取り戻すことができない項目（社外流出項目）に関する税務リスクは，調査対象会社の税務ポジションに与える影響が大きいため，通常は詳細な分析が必要となる。具体的には，役員給与関係，交際費，寄附金，受取配当金などが該当する。このうち受取配当金については，申告書上で益金不算入（つまり減算）とされている金額が過大でない限り，所得が過小であるという結論には至らないため，申告書に記載された金額を出発点として検討することが可能であり，検討のための手続は比較的容易である。これに対し，役員給与，交際費，寄附金等の損金不算入項目については，申告書上で損金不算入とされている金額が十分であるか（網羅的か）という観点から分析を行う必要があるが，税務申告書やその根拠資料からでは判断がつかない。そこで，たとえば各費目の変動状況や区分方法の確認，過去の税務調査における指摘内容の把握，取締役会等の議事録や稟議書等から該当項目を抽出する，といった作業が必要となる。

　次に，税務調査で指摘を受けた場合は留保項目として取り扱われるため，その後の認容減算で税額を取り戻すことは可能であるが，その認容減算が見込まれない，または長期にわたるため，結果として税額の取戻しに長期間を要する項目（土地，子会社株式，減価償却資産の取得価額や評価減等）についても，

詳細な分析が必要となるであろう。たとえば，低廉で資産を取得した場合の税務リスクに関して，その対象が棚卸資産であれば短期間で実現するため（次に述べるように課税所得に重大な影響を及ぼすほど多額でない限り）実質的なリスクは小さいと考えられるが，事業用の土地や子会社株式といったすぐに売却等が見込まれない資産の場合には，リスクは高くなるため，詳細な分析が必要となる。

最後に，税務調査で指摘を受けた場合は留保項目として取り扱われ，税額の取戻しにもそれほど長期間を要さないが，課税所得に重大な影響を及ぼす多額の申告調整項目（多額の加算調整漏れや多額の認容減算処理）については，ある程度詳細な調査が必要と思われる。課税所得が多額に増加する場合，たとえ短期間で税額を取り戻すことが可能であっても，買収後のキャッシュフローに影響があり，さらには追徴税額に対する過少申告加算税（追徴税額の10%〜15%）や延滞税等の追加負担が生じるためである。

(2) 税額控除

現行税制においては，所得税額控除（法法68）や外国税額控除（法法69）のほか，租税特別措置法に定めるさまざまな税額控除制度が存在する。これら税額控除は一定の要件のもとに適用可否が決められており，この要件を充足することなく税額控除を行っていた場合には，その後の税務調査において税額控除が否認され，結果的に追徴税額が生じることとなる。この追徴税額をその後に取り戻すことが可能であるか否かは，適用する制度や指摘内容により異なるため一概に述べることはできないが，取戻しの可否と金額により，詳細な分析を行うべきか否かを検討していく点は上記(1)と同様である。

なお，第3章における解説と本節(1)および(2)の議論を1つの表にまとめたものが図表8－4であり，効率的に税務デューデリジェンスを行うための基本的なスタンスといえる。

図表8－4　分析的手続の視点

税務申告項目	処理内容	誤りの種類とその結果		税務リスク	分析的手続の視点	分析項目の優先順位
課税所得計算	所得加算	過大	税額が過大計算されている	なし		
		過少	税額が過少計算されている	あり	加算項目の網羅性	①社外流出項目 ②留保項目：減算認容に長期間を要する項目 ③留保項目：課税所得に多額の影響がある項目
	所得減算	過大	税額が過少計算されている	あり	減算項目の実在性	
		過少	税額が過大計算されている	なし		
税額計算	税額控除	過大	税額が過少計算されている	あり	税額控除の実在性	①税額に多額の影響がある項目
		過少	税額が過大計算されている	なし		

(3) 過去の税務調査

　事業部門ごとに税務調査が行われ，結果として毎年税務調査が行われるような大企業を除けば，一般的には，3〜5年の間隔で税務調査が実施されていることが多いと思われる。「第3章第2節　❷税務調査アプローチ」で述べたように，調査対象会社における過去の税務調査の状況を把握することは，税務デューデリジェンスにおける重要な調査手続の1つである。たとえば，税務調査が終了している事業年度については，今後，再度税務調査が行われ追徴税額が生じる可能性は一般的には低く，詳細な手続を省略することも考えられる。

　また，税務調査で毎回重点的に調査対象とされている項目，指摘や指導を受けている項目，指摘や指導に対するその後の改善策などを確認することは，今後の税務調査で同様の指摘を受ける可能性の有無を判断する材料となるため，税務デューデリジェンスにおいて重点的に分析対象とする場合も多い。さらには，税務調査中の説明や交渉等により最終的には更正等の対象とされなかったものの税務調査において論点となった事項については，今後の調査においてこの点が指摘事項となるリスクを分析することが必要となることもある。このように，作業の効率化と調査対象会社の潜在的な税務リスクの把握を行うことができるため，税務調査関連の情報は非常に重要であることが多い。

(4) その他の着眼点

　そのほかに調査対象会社の税務リスクを把握する方法としては，たとえば，税務当局への照会文書の査閲や顧問税理士等との往復文書を査閲することが考えられる。これらは，調査対象会社自らが税務リスクになり得ると判断し，リスク低減を目的として行っていることであるため，関連する文書を分析することは，税務リスクの把握と評価においては非常に重要かつ有効な手段となり得る。また，非経常的な取引を中心に税務リスクを分析することが効率的であるため，このような取引を取締役会等の議事録や稟議書などから抽出し，税務上の取扱いを分析することも有効な手段である。これは，税務調査が定期的に行われている会社においては，事業内容や税務処理方法に変更がない限りは，今後の税務調査で経常的な取引につき多額の指摘を受ける可能性が低いと考えられることが背景にある。

2　繰越欠損金が多額に存在する会社

　過去継続的に赤字を計上している会社など，調査対象会社が多額の繰越欠損金を保有している場合がある。M&Aの実務においては，業績改善の目処が立たない子会社等が売却されることもあり，また，事業再生の分野においては，多くの会社が繰越欠損金を有していることから，このカテゴリーに属する案件は少なくない。このような会社では，今後の税務調査で何らかの指摘を受けた場合でも，繰越欠損金が存在するため，すぐに追徴税額が生じることは少なく，税務リスクが限定的である場合が多い。しかし一方で，このような会社特有の留意点もあるため，以下では，繰越欠損金を有する会社に特有の留意点を述べていく。

(1) 繰越欠損金の利用可能性

　調査対象会社が繰越欠損金を多額に有している場合には，税務デューデリジェンスにおいて，これら繰越欠損金の将来における利用可能性に関する分析

が，重要な調査項目になることが多い。株式買収後に，買収会社やそのグループ会社と調査対象会社が合併したり，調査対象会社で業務改善等が行われることで損益状況が改善されることが想定されるため，調査対象会社が買収時点で保有している繰越欠損金が将来も利用できるかどうかという点は，買収会社にとって関心の高いテーマとなる。

繰越欠損金の利用可能性は，その発生原因と発生時期により大きく異なる。そのため，税務デューデリジェンスにおいてはこの2点にフォーカスした分析が行われる。

① **繰越欠損金の発生原因**

繰越欠損金の発生原因を把握する趣旨は，今後の税務調査において繰越欠損金が大きく減額されるリスクの有無を識別することにある。たとえば，通常の営業赤字により生じた繰越欠損金であればこのようなリスクは相対的に低いと考えられるが（なお，国外関連者との取引により経常的に赤字が生じている場合には，移転価格税制の観点から別途検討を行う必要がある点には留意が必要である），子会社支援に係る損失や関係会社・役員等へ資産を譲渡したことにより生じた損失が繰越欠損金の重要な部分を占めている場合には，これらの取引が寄附金や損金に算入されない役員給与として取り扱われ，結果的に繰越欠損金が大きく減額される可能性があるため，この点につき詳細な調査を行う必要がある。

また，適格合併により多額の繰越欠損金を引き継いだため繰越欠損金を保有している場合には，被合併法人における繰越欠損金の発生原因を把握することはもとより（この趣旨は上記と同様である），合併における税務上の取扱いも検討する必要がある。その理由は，もしこの合併が非適格合併とみなされた場合には被合併法人の繰越欠損金を引き継ぐことができなくなり，また，適格合併に該当する場合でも，グループ内合併であり，合併の行われた事業年度の期首から5年以内にグループ関係が成立している場合には，繰越欠損金の利用制限が課される可能性があるためである。なお，この制限は被合併法人から引き継いだ繰越欠損金のみならず，合併法人が有する繰越欠損金に対しても課される点に留意が必要である。

② 繰越欠損金の発生時期

繰越欠損金の発生時期を把握する趣旨は，繰越欠損金の使用可能期限を特定することにある。現行税制では，中小法人に該当する等一定の場合を除いて，各事業年度開始の日前9年以内に開始した事業年度において生じた欠損金は，各事業年度の所得の計算上，欠損金控除前所得の一定割合を限度として損金の額に算入するとされており（法法57①），通常は9年間の繰越しが認められている。発生時期と発生金額を事業年度ごとに把握することにより，調査対象会社のその後の事業計画との対比から繰越欠損金の利用可能額を大まかに把握することが可能となり，その節税効果を調査対象会社の買収金額に考慮することも可能となる。

なお，繰越欠損金の利用可能額は，税制改正により，2016年度（2016年4月1日以後開始事業年度）から図表8－5のとおり変更される。

図表8－5　繰越欠損金の利用可能額の改正

制度			2016年度改正前	2016年度改正後
控除限度	大法人	原則	2015年度：所得の65% 2016年度：所得の65% 2017年度：所得の50% 2018年度：所得の50%	2015年度：所得の65% 2016年度：所得の60% 2017年度：所得の55% 2018年度：所得の50%
		特例 再建中の法人の扱い	所得の全額（再生計画認可の決定等から7年後まで）	改正なし
		新設法人の扱い	所得の全額（設立から7年後まで）	改正なし
	中小法人		所得の全額	改正なし
繰越期間			10年（2017年度以降発生分から）	10年（2018年度以降発生分から）
中小企業者等以外の法人の繰戻還付制度の不適用措置			2015年度まで	2017年度まで

(2) 税務調査が長期間未実施の場合

申告納税方式を採用する法人税においては，公平・公正な課税を実現するため，税務当局による税務調査が一定の頻度で実施されることが基本となってい

る。そのため，多くの会社は数年間隔で税務調査を受けているが，必ずしもすべての会社がこの対象とはなっていないと思われる。これは，税務当局の人的資源には限りがあるため，税務調査の効果が低い会社に対する調査は，自ずと優先度が低くなるからであろう。ここでいう「効果が低い会社」とは，税務調査による追徴税額が少ない会社を意味するが，これは税務申告に対する姿勢や能力のみならず，繰越欠損金を多額に有するため税務調査による修正が繰越欠損金の範囲内に収まり，結果として追徴税額が生じない会社も含まれる。

　そのため，税務デューデリジェンスにおいて重要な情報である税務調査関連の情報が，繰越欠損金を多額に保有する会社においては，そもそも存在しない，もしくは，相当古い情報であるためにあまり参考にならないといったことが想定される。たとえば，調査対象会社が，設立以来赤字であり過去まったく税務調査を受けていない場合には，税務調査関連の情報から税務リスクを洗い出すことは不可能である。また，こういった会社は税務処理全般に関しその適否が税務調査を通じて検証されていないため，根本的な誤りが存在する可能性がある。さらには繰越欠損金が多額に存在するため，会社の税務処理において十分な検討をすることなく，また，多少の誤りについても問題視することなく，処理が行われている可能性もあり，十分留意する必要がある。

　ただし，繰越欠損金が多額に存在するため，将来の税務調査において多額の追徴税額が生じる可能性は一般的に低く，識別した発見事項は，買収後にどのように改善を図っていくかというPMI（Post-Merger Integration）の問題として捉えられることが多い。しかし，将来の事業計画において繰越欠損金を全額（もしくは，ほぼ全額）使用することが想定されており，その想定に基づき買収金額が決められている（買収金額に繰越欠損金による税額抑制効果が含まれている）場合には，直接的に追徴税額に結びつかない発見事項であっても，将来の税務調査において指摘を受け，繰越欠損金が減額されることで，買収会社の想定していた税額抑制効果が限定的になる。したがって，このような場合には，繰越欠損金の額を株式売買契約書等における表明保証の対象にするなどの対応を検討する必要がある。

(3) 法人税以外の税金

　繰越欠損金が多額に存在する場合，一般的には税務リスクが低い会社と位置づけられる。そのため，法人税を中心とした税務デューデリジェンスにおいては，前述のとおり繰越欠損金の利用可能性の分析に注力したうえで，調査の範囲を絞ることも検討される。ただし，所得金額を課税標準としない税目（消費税・源泉所得税・外形標準課税等）も存在するため，このような税目に対する税務デューデリジェンスの重要性が，相対的に増すことがある点には留意が必要である。

3　その他の税務ポジション

　その他に考えられる税務ポジションとしては，過去に繰越欠損金を有していたが，最近事業年度においては課税所得が生じている会社や，毎期若干の課税所得（または繰越欠損金）が生じている会社などが想定される。いずれにおいても，基本的には上記の「**1**課税所得が毎期生じている会社」や「**2**繰越欠損金が多額に存在する会社」における留意点が混在することになる。ただし，会計監査人が関与していないオーナー会社などにおいては，納税額の圧縮を目的とした経理が行われることにより，毎期の課税所得がぶれたり，低く抑えられていることも考えられるため，この点には留意が必要となる。詳細は「第3節**2**オーナー会社」を参照されたい。

第3節 調査対象会社における恣意的な取引価格の設定等

　法人税法においては，各事業年度の所得の金額は益金の額から損金の額を控除した金額と定められているが（法法22①），ここでいう「益金の額」は取引時の時価により算定することが基本とされている。たとえば，土地を時価よりも低い価額で譲渡した場合，会計上は取引価額で売却損益を計上していても，税務上は時価と取引価額との差額について「（借）寄附金○○（貸）土地売却益○○」という取引を認識し，土地売却益はその全額が益金として課税所得を構成する一方で，寄附金は一定限度額までしか損金算入が認められないため，結果的に課税所得が増加するという事態が生じる。

　このように，適正価格で取引が行われない場合，税務上は寄附金認定というリスクが常につきまとうため，税務デューデリジェンスでは，調査対象会社の行った取引が適正価格による取引であったか否かを確認することが重要である。ただし，このような取引は利害が相反する第三者との間では通常行われないものであり，調査対象会社と利害が相反しない関係者間（グループ会社やオーナー一族とそれらの関連会社など）との取引において生じることが常である。そのため，以下では調査対象会社の属性ごとに，取引価格等に恣意性が介在する可能性のある取引という観点から税務デューデリジェンスの特徴や留意点を解説していく。

1 グループ会社

　資本関係で結ばれたグループ会社間の取引は，個社ごとに判断すれば利害の相反はあるが，グループ全体で判断した場合には利害が相反することは少ないため，グループ会社間の取引において経済合理性が疑われる取引が存在する場

合がある。この傾向は100％の所有・被所有の関係にあるグループ会社間ではより一層強くなるが，法人税法上はあくまでも個々の会社単位でこれら取引の経済合理性を判定し，場合によっては寄附金や受贈益の認定が行われることとなる。なお，完全支配関係のある法人間の取引については，2010年度税制改正において導入されたグループ法人税制が適用されるが，時価取引を原則とする基本的な考え方は同じである。また，グローバル企業にあっては，国内のグループ会社のみならず海外のグループ会社と取引を行うことも多く，国境を越える取引については，より詳細で厳格な規定（移転価格税制）が適用されることとなるため留意が必要である。なお，移転価格税制の詳細については第9章を参照されたい。

(1) 関係会社間取引の類型

　関係会社間の取引は大きく5つに分けることができるが，そのそれぞれにおける留意点は以下のとおりである。

① 営業取引

　1つの事業を遂行するうえで，たとえば製造と販売を別会社にするといったグループ構造は，ごく普通のものである。これは，経営管理のしやすさや人事コストといったさまざまな面から検討されたものであり，各々の会社においては必ずその存在意義（別法人としておく理由）がある。ケースバイケースではあるが，一般的にはこの存在意義に不自然な点がなく，それに則った営業取引が行われていれば，グループ間の営業取引に関して大きな税務リスクは想定されない。ただし，取引価額の決定方針が明確でなく，理由もなく頻繁に取引価額を変更している場合や，決算数値を見ながら期末近辺において過去に遡って取引価額を変更したり，名目が乏しい取引を擬制して金銭の受渡しを行う場合には，その一部を寄附金として取り扱われる可能性があるため留意が必要である。

② 金融取引

　金銭の貸借や外部借入れに対する債務保証・被保証などが該当する。グルー

プ会社に対するものであっても，金銭消費貸借や外部借入れに対する保証を無対価で行うことは経済合理性に欠けるため，基本的には債務者もしくは被保証者となる会社は何らかの負担をするべきである。これらの負担を課さない（軽減する）場合には，相当な理由がある場合を除いては寄附金として取り扱われる可能性がある。また，債務免除や債務引受け等についても同様である。なお，利息の支払が過少であると認定を受ける場合には，支払利息が計算の要素となっている項目（受取配当等の益金不算入，外形標準課税の付加価値割等）にも影響があるため，金額的重要性がある場合には留意が必要である。

③ 費用負担

代表的なものとして出向者人件費の負担が挙げられる。出向者の人件費に係る税務上の取扱いについては詳細な規定が法人税基本通達に定められているため，そちらを参照されたい。また，親会社等が子会社に対し管理部門の業務やシステムを提供することもあるが，この場合，提供を受けた業務等に見合う対価の受払いを行うことが求められる。

④ 経営指導料やブランド使用料等

純粋持株会社を頂点とし，その傘下に複数の事業子会社を配置するようなグループの資本構造をもつ会社を中心に，子会社に対し経営指導料やブランド使用料を課すことがある。これらの取引においてまず重要なのは，対価を支払うべき役務提供を受けているか（実態を伴っているか）という点である。この点が明確でない場合には，対価性のない経済的負担ということで寄附金として取り扱われる可能性がある。また，金額の算定根拠が明確であるとともに，事業年度の途中でこれらの計数を頻繁に変更しないことも，寄附金認定を受けないための重要な要素である。

⑤ 資産売却

グループ間で資産売却を行うことは少なくないが，これら取引は時価で行う必要があり，時価から乖離した取引価額が用いられている場合には，受払いした対価と時価との差額について寄附金や受贈益課税の問題が生じる。

(2) 関係会社間取引における税務リスク

　上述したとおり，時価と乖離した恣意的な取引価格で行われる関係会社間取引については，基本的に，受払いした対価と時価（適正な取引金額）の差額が寄附金や受贈益と認定されるリスクを有するが，このすべてが追徴課税につながるわけではなく，また寄附金等の認定時点ではリスクが顕在化しないこともある。この点を明らかにするため，関係会社間取引を完全支配関係のある法人間の取引とそうでない取引に区分したうえで，以下の2つの設例に基づき説明する（説明の便宜上，完全支配関係のない法人間の取引についても寄附金は全額損金不算入とする。また設例上の土地の譲渡直前簿価は1,000万円以上と仮定し，親会社における子会社株式の税務簿価の修正規定（いわゆる寄附修正）の仕訳は省略する）。

☞設例1　（損益取引）

　A社（親会社）はB社（子会社）に対し金銭を貸し付けている。この貸付金利息が適正水準（100）でない場合の税務上認識すべき追加仕訳。

① B社が利息を支払っていない場合（B社は100，得をしている）

会社	税務調整仕訳				AB間に完全支配関係なし	AB間に完全支配関係あり
A社	（借）寄附金*1	100	（貸）受取利息	100	課税所得＋100	課税所得＋100
B社	（借）支払利息	100	（貸）受贈益*2	100	課税所得±0	課税所得△100

② B社が利息を200支払っている場合（A社は100，得をしている）

会社	税務調整仕訳				AB間に完全支配関係なし	AB間に完全支配関係あり
A社	（借）受取利息	100	（貸）受贈益*2	100	課税所得±0	課税所得△100
B社	（借）寄附金*1	100	（貸）支払利息	100	課税所得＋100	課税所得＋100

＊1　法人による完全支配関係がある内国法人間の寄附金は全額が損金不算入となる。

＊2　法人による完全支配関係がある内国法人間の受贈益は全額が益金不算入となる。

第3節　調査対象会社における恣意的な取引価格の設定等

☞設例2　（売買取引）

C社（親会社）はD社（子会社）に土地（簿価200，時価300）を売却している。その後，D社は第三者に売却時の時価（400）で土地を売却している。CD間の取引が時価でない場合の税務上認識すべき追加仕訳。

① C社が200（簿価）で土地をD社に売却した場合（D社は100，得をしている）

取引	会社	税務調整仕訳	CD間に完全支配関係なし	CD間に完全支配関係あり
D社へ譲渡	C社	（借）寄附金*1 100 （貸）売却益*2 100	課税所得＋100	課税所得± 0
	D社	（借）土　地 100 （貸）受贈益*3 100	課税所得＋100	課税所得± 0
第三者へ譲渡	C社	仕訳なし*2	課税所得± 0	課税所得＋100
	D社	（借）売却益 100 （貸）土　地 100	課税所得△100	課税所得△100

② C社が400で土地をD社に売却した場合（C社は100，得をしている）

取引	会社	税務調整仕訳	CD間に完全支配関係なし	CD間に完全支配関係あり
D社へ譲渡	C社	（借）売却益 100 （貸）受贈益*3 100	課税所得± 0	課税所得△200
	D社	（借）寄附金*1 100 （貸）土　地 100	課税所得± 0	課税所得± 0
第三者へ譲渡	C社	仕訳なし*2	課税所得± 0	課税所得＋100
	D社	（借）土　地 100 （貸）売却益 100	課税所得＋100	課税所得＋100

* 1　法人による完全支配関係がある内国法人間の寄附金は全額が損金不算入となる。
* 2　完全支配関係がある内国法人間における一定の資産の譲渡損益は繰り延べられる。
* 3　法人による完全支配関係がある内国法人間の受贈益は全額が益金不算入となる。

上記のとおり，損益取引においては，便益を受けている法人において課税所得の増加がない（完全支配関係のある法人間の取引の場合には，便益を受けている法人において受贈益が益金不算入として取り扱われるため，課税所得が減少する）ことが特徴として挙げられる。また，資産の売買取引においても，便益を受けている法人で資産処分が終了していれば，結論は損益取引の場合と同

じである。たとえば、設例2の①において便益を受けているD社は、購入した資産を売却するまでの期間は課税所得が増加する（CD間に完全支配関係がある場合には、課税所得は増加しない）ものの、その後、時価で外部に売却した場合には、結果的に課税所得を減額することができるため、税務リスクは限定的である。そのため、調査対象会社がグループ会社との間で恣意的な取引価格の設定を行っている可能性がある場合でも、調査対象会社が便益を受けている側であれば、取引の結果、調査対象会社が資産を保有していない限りは、原則として、調査対象会社の課税所得は増加しないため、そもそも詳細な調査は不要であると結論づけることもあるため留意が必要である。

次に、資産の売買取引が完全支配関係のある法人間で行われる場合、便益を供している法人において寄附金認定を受けたとしても、その時点では、課税所得は増加しないケースがある。たとえば、設例2の①において便益を供しているC社は、寄附金認定を受けると同時に認識した売却益を繰り延べるため、寄附金の認定を受けた時点では課税所得は増加しないが、その後D社が購入した資産を売却した時点で課税所得が増加する。そのため、調査対象会社が完全支配関係のあるグループ会社との間で、資産売買取引について恣意的な取引価格の設定を行っている可能性があり、調査対象会社が便益を供している側である場合には、寄附金認定を受けた時点で税務リスクは顕在化しなくても、潜在的な税務リスクは継続するため、譲渡先との完全支配関係の継続見込みや譲渡先による資産の売却可能性など将来的に税務リスクが顕在化する可能性についても留意して調査を行う必要がある。

(3) 関係会社間取引の把握方法

上述のとおり、税務デューデリジェンスにおいて関係会社間取引を把握し評価することは重要な手続の1つであるが、どのようにすれば関係会社間取引を網羅的に把握することができるのであろうか。一般的には、有価証券報告書や会社法上の計算書類等に記載されている関係会社間取引や債権債務の金額が参考になるであろう。ただし、これらの情報は、個々の取引ごとではなく全体としての取引金額や債権債務残高を記載しているものであるため、概要把握や網羅性の確認には役立つが、一般的には取引の詳細を把握することはできない。

そのため，有価証券報告書や計算書類等の作成根拠資料を用いて詳細を把握することが考えられる。また，連結財務諸表を作成している会社においては，その作成過程でグループ間取引を相殺消去しているため，連結相殺消去仕訳の一覧を入手することによって，網羅的な取引の把握が可能となる。さらに，連結財務諸表作成会社の子会社が調査対象会社の場合には，連結パッケージ（親会社で連結財務諸表を作成する際に必要な情報を標準フォームとして各子会社に配付し，各子会社がそれに必要な情報を記載したうえで親会社に提出する）を査閲することも効果的である。これらのいずれも行うことができない場合には，調査対象会社に対するヒアリングで把握することとなろう。また，関係会社間取引は財務デューデリジェンスにおいても主要な調査項目とされることが多く，財務デューデリジェンスの担当者と連携をとることも大切である。以上の関係会社間取引の把握方法をまとめたものが，図表8－6である。

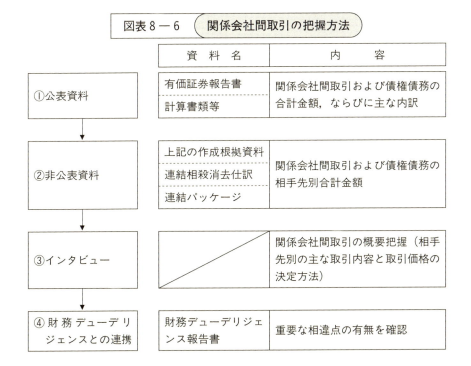

図表8－6　関係会社間取引の把握方法

	資料名	内容
①公表資料	有価証券報告書 計算書類等	関係会社間取引および債権債務の合計金額，ならびに主な内訳
②非公表資料	上記の作成根拠資料 連結相殺消去仕訳 連結パッケージ	関係会社間取引および債権債務の相手先別合計金額
③インタビュー		関係会社間取引の概要把握（相手先別の主な取引内容と取引価格の決定方法）
④財務デューデリジェンスとの連携	財務デューデリジェンス報告書	重要な相違点の有無を確認

2 オーナー会社

　特定の個人やその一族が支配する会社（いわゆるオーナー会社）においても，グループ会社と同じような問題が生じやすい。ただし，オーナー会社の場合は，法人間の取引（オーナー一族が所有する会社との取引）のみならず，法人と個人（オーナー一族）との取引においても同様のリスクがあるため，グループ会社とは異なる論点が存在する。また，取引内容もグループ会社の場合とは性質が異なることもあるため，オーナー会社を対象とした場合の税務デューデリジェンスの特徴や留意点を以下で取引の種類ごとに解説していく。なお，本項には直接関係しないが，オーナー会社では特定同族会社の留保金課税が生じることがあるため，この点も税務デューデリジェンスにおいては留意する必要があることを申し添えておく。

(1) 役員給与

　役員給与（従来の，役員報酬・役員賞与・役員退職金）についてはお手盛りの危険があるため，法人税法上は不相当に高額な部分は損金算入が認められていない（法法34②）。また，いわゆる「定期同額」でない役員報酬は，会社の損益操作を排除する目的から，一定の届出等を行っている場合を除き損金算入が認められていない（法法34①）。このように現行税制においては，所有と経営が未分離の法人を想定し，一定の役員給与につき損金不算入とする取扱いを定めている。オーナー会社はまさにこのカテゴリーに属する会社であり，一般的には役員給与の損金不算入規定に抵触する可能性が高い。

　また，オーナー一族が保有株を手放す場合，調査対象会社の役員を退任することが多いが，その際，役員退職慰労金を支給することが少なくない。オーナーとしては，株式譲渡した後の税引後手取額が多くなることを望むことから，株式の譲渡対価として収受した場合の譲渡所得に対する課税と，その一部を役員退職慰労金として収受した場合の退職所得に対する課税とを比較した結果，有利になる方法を選択しようとする誘因が働くためである。なお，役員退職慰

労金を支給する場合には，役員退職慰労金の損金算入可否（不相当に高額な部分が含まれているか否か）に関する税務リスクは調査対象会社に帰属するため，この点にも留意が必要である。

(2) オーナー一族およびその関連会社との取引

オーナー一族およびその関連会社との取引に関する税務リスクは，基本的にグループ会社における関係会社間取引と同様と考えられる。ただし，グループ会社の場合と異なる点は，オーナー一族側の都合を重視するあまり，調査対象会社側の経済合理性が乏しいケースが多いこと（たとえば，取引において不必要にオーナー一族やその関連会社を経由し，利益の一部をそれら個人や会社に付け替えるなど）が挙げられる。また，オーナー一族の事業承継に関連し，現オーナーや現オーナーの資産管理会社から，オーナーの子供や子供の資産管理会社などに対しグループ会社の株式や事業資産を売却したり，本業を事業譲渡する場合が考えられる。

これらの取引に関しては，前述のとおり寄附金や受贈益課税のリスクが生じるが，オーナー一族が役員としてこのような経済的便益を受けた場合には，この経済的便益は寄附金ではなく役員給与として取り扱われ，源泉所得税の対象となり，定期同額の経済的便益（たとえば，オーナーに対して無利息で貸付けを行う）であれば，これらの便益も含めたうえで，前述の役員給与の不相当に高額な部分の判定が行われ，定期同額でない経済的便益（たとえば，不動産の低廉譲渡）であれば，そもそも損金算入が認められないこととなる。さらに，オーナー一族が株主たる地位に基づいて経済的便益を受けた場合は，この経済的便益は調査対象会社が剰余金の分配を行ったものとして取り扱われるため（法基通1－5－4），その全額が損金に算入されないこととなる。

(3) 会社資産と個人資産の混同

オーナー会社の中には，会社資産とオーナーの個人資産との区分があいまいな会社が少なくない。オーナーにとっては，さまざまな支出を個人ではなく会社で行うことにより，節税メリットが見込まれるためである。たとえば，クルーザーを個人で購入しても個人所得税の軽減効果はない一方で，購入資金を

手当てするため会社から役員給与や配当という形で現金を集めた場合には所得税が生じるが，会社で購入した場合には，表面上は減価償却費や維持費を会社の損金として取り扱うことにより法人税の節税が見込まれる。また，個人の遊興費などを会社の交際費として処理することも散見される。

このように，本来は個人で負担すべきものを会社に負担させている場合には，会社側で負担している金額が寄附金として取り扱われる可能性がある。また，負担すべき個人が役員である場合は役員給与，株主である場合は剰余金の分配として取り扱われることも想定される。いずれの場合でも，各々の費用を会社で負担することの合理性が問われることとなるため，税務デューデリジェンスにおいて，このような観点から会社所有資産や会社計上費用の分析を行う必要がある。

(4) 節税の意図

オーナー会社においては，事業規模に比較して多数のグループ会社が存在する場合がある。その理由としては，資本金1億円以下の法人等を多数保有することにより，以下のような節税を意図している場合が考えられる。

- 交際費の損金算入限度額（1社800万円）を複数社で利用する。
- 課税所得のうち800万円以下の部分に対する軽減税率を複数社で利用する。
- 役員給与を数社に分散し「不相当に高額」と認定されるリスクを低減する。

さらには，各社の決算月を異なるものとして課税の繰延べを図ることも可能である。たとえば1月に，1月決算会社から12月決算会社に対し費用（12月決算会社では収益）を計上すると，1月決算会社における損金は申告納付時（3月）に納税額の減少を通じて現金支出を減少させるが，12月決算会社における益金は申告納付時（翌年2月）に納税額の増加を通じて現金支出を増加させることとなる。そのため，両社の期間を通じた効果を合算すると効果は相殺されるが，現金収支上はほぼ1年間にわたりメリットが生じることとなる。

このような節税を強く意識しているオーナー会社の税務デューデリジェンスにおいては，各社がどのような理由で設立されているのか，また，決算月が異なる場合はその理由も併せて確認する必要がある。たとえば，消費税の免税事業者であることを利用するため，資本金1,000万円未満の会社を設立して2年

後に清算する行為を繰り返していたり，決算月の違いを利用して粉飾をする場合などが考えられるため，事業上の必要性から考えて会社数が多い場合や各社の決算月が異なる場合には，それなりの税務リスクが潜んでいることを認識したうえで税務デューデリジェンスに臨む必要がある。さらには，調査対象会社が脱税を行っていた場合には，追徴税額等の資金負担として顕在化する税務リスクのみならずレピュテーション・リスクまでを背負い込むこととなるため，この点は特に慎重に分析を行うべき事項である。

第4節　調査対象会社の経営管理状況

　調査対象会社の経営管理状況は，税務デューデリジェンスにおいて考慮すべき項目の1つである。たとえば，良好な内部統制が整備・運用されている場合には，税務リスクが相対的に低く抑えられている可能性が高いため，税務デューデリジェンスの手続を省力化することが可能となる場合もある。なお，経営管理の状況は会社規模に左右される面があり，大規模会社においては権限と責任を委譲する過程において，稟議書や報告文書といったものが作成され，内部統制が適切に構築される傾向にあるが，中小法人においては，ほとんどが経営者個人の力量に依存し，内部統制が未整備であることも多い。さらには，会社規模に応じて，公認会計士による会計監査が法律で求められ，外部専門家の関与を受ける場合もある。ここでは経営管理の状況を，意思決定過程の文書化，内部統制の状況，外部専門家の関与という3点から分析し，それぞれにおける税務デューデリジェンスの対応方法を説明する。

1　意思決定過程の文書化の有無

　ここまで，公開会社／非公開会社，グループ会社／オーナー会社，といった調査対象会社の特質を述べてきたが，これらの会社でどのように経営の意思決定が行われるかは千差万別である。大規模会社においては，株主総会を頂点にそれぞれ権限を委譲する形で，取締役会や稟議制度が存在するとともに，取締役会の下に常務会や経営会議といった会議体を置く場合もある。一方，オーナー会社を典型例とした中小法人においては，実質的にすべての意思決定を社長であるオーナーが行う場合も考えられる。意思決定の形態は会社規模や会社理念によりさまざまであり，また，どのような形態が最適であるかは一概にい

えないが，税務デューデリジェンスという観点からすれば，意思決定過程が文書化されている場合は，それらの文書が重要な情報源となる。

　第3章において「ビジネス・アプローチ」という方法論を説明したが，調査対象会社でどのような事象が生じているのかを把握する最も効率的な手法の1つが，重要な会議体における意思決定や報告事項が記載された議事録を査閲することである。議事録を通じ，どのような意図でどのような取引が行われているかを大まかに把握することが可能となり，税務リスクの所在にあたりをつけることができる。また，税務調査においては税務当局もこのような議事録を閲覧するため，彼らの視点から議事録を見ることも大切である。たとえば，子会社との取引価格を期首まで遡って修正している場合に，会社担当者から適正水準に是正するための措置であるとの説明を受けていても，議事録には「子会社の赤字決算を避けるために実施」というような記載があれば，当然に寄附金認定のリスクが高まることとなる。

　一方，このような意思決定過程を文書化していない会社も多数存在する。この場合には，会社経営者や経理担当取締役等へインタビューを行うことにより，税務リスクの所在を識別していくこととなるが，議事録等の査閲に比べて網羅性の確保が難しくなる。たとえば，子会社との取引価格を事後的に修正しているか否かという問題点について，議事録等を査閲し事実関係を把握したうえでインタビューをしているわけではないため，実際は存在しているにもかかわらず，会社担当者が失念しており「ありません」という回答を得た場合に，これ以上の検討が行われない可能性がある。そのため，意思決定過程を文書化していない会社に対する税務デューデリジェンスにおいては，税務リスクの網羅的な把握のためにも，財務諸表の数値変動や契約書等の査閲など，会社担当者の回答のみに依拠しないような追加手続が特に重要であることに留意が必要である。また，意思決定過程を文書化している会社においても，リスクの高いものを意図的に議事録に載せていない場合も考えられるため，調査対象会社の状況に応じた対応が必要となる。

2 内部統制の良否

　一般的に，公開会社や社歴の長い会社では，良好な内部統制が整備・運用されていることが多い。ある程度の規模の会社において，良好な内部統制なくして安定的な日々のオペレーションの確保は望めず，また，長年の経験により安定的なオペレーションを行うための方策が業務フローに盛り込まれていることが多いためである。課税所得を適切に計算するために，内部統制が良好に整備・運用されているか否かという点は，税務デューデリジェンスにおいて重要な考慮ポイントである。

(1) 調査対象会社の一般的な内部統制の状況

　内部統制が良好に整備・運用されている会社においては，一般的に会計数値の信頼性は高いと考えられる。税務上の課税所得は，日々の取引の積み重ねである会計数値をもとに算出された「当期純利益」をスタートとして，必要な申告調整を加味して算出されるものであり，そもそもの会計数値の信頼性が低い場合には，当然に税務上の所得に対する信頼性も低くなる。たとえば，内部統制が欠如している会社では，担当者レベルでの不正（架空売上の計上，現金の横領，経費の水増しなど）が発生するリスクが高く，そのため会計数値が実体を反映していない場合がある。ただし，このようなリスクを検討することは財務デューデリジェンスに求められる役割であり，実務上は財務デューデリジェンスの担当者とコミュニケーションを密にしておくことが重要となる。

　したがって，税務デューデリジェンスにおいては，課税所得を適切に算出するための内部統制が整備・運用されているか否かという点が，分析すべきポイントとなる。たとえば，税務上の交際費を漏れなく集計し損金不算入として取り扱っているかという点を分析するために，交際費の集計過程を把握する必要があるが，以下の3つの場合では，後者になればなるほど，交際費は漏れなく集計されている可能性が高いといえる。

　① 経費を使った各担当者が伝票起票し，その結果である交際費勘定の金額

をそのまま使用している。
② そのまま使用はしているが，交際費勘定に計上すべきものを税務上の観点から明確化し各人に通知している。
③ 経費計上については経理部で請求書をもとに一括で処理しており，経理部で計上時に交際費に該当するか否かを判断している。
そのため，①と③では自ずと調査範囲が異なることになる。

(2) 税務リスクに対する内部統制

また，課税所得を適切に計算するため，税務リスクを網羅的に把握し検討する体制が調査対象会社において構築されているか否かという点も，税務デューデリジェンスにおいては重要な考慮点である。

日々の業務において税務リスクにさらされる取引が存在する場合も少なくないが，このような税務リスクを識別することができなければ，そもそも対策を講じることができず，税務リスクはそのまま存在し続けることとなる。そのため，調査対象会社に税務の知識を有する人材がおり，その人物がどのようにリスクを識別しその低減を図っているのかを把握することが重要である。なお，中小法人においてはこの役割を顧問税理士が担っている場合も多い。

税務リスクに対する内部統制が適切に整備・運用されている会社においては，会社の識別しているリスクとその対応策を確認するだけでも税務デューデリジェンスの目的はある程度達成することが可能であるが，そのような体制が構築されていない調査対象会社においては，多くの取引に内在する税務リスクを識別するところから始める必要があり，困難な作業となることが多い。たとえば，調査対象会社がある大きな企業グループに属する小規模な子会社である場合に見受けられる事例であるが，親会社は子会社の税務に一切関与せず，一方で子会社に税務の知識がある人材もおらず，顧問税理士の関与もない場合，そもそも税務リスクの検討すら行われていないことがある。この場合，影響の大きい項目から優先的に分析を行っていくこととなるが，専門家として高度な能力が求められる一方で，網羅的な税務リスクの把握や定量化までは実施しきれない場合も多い。そのため，株式売買契約書等における表明保証の対象とするなどの対応を検討する必要がある。

3 外部専門家の関与の有無

　調査対象会社には，さまざまな外部専門家が関与している場合がある。顧問税理士はその代表例であるが，その他，法定監査の対象となる会社では会計監査人が関与している。このような外部専門家の関与は，調査対象会社の税務リスク低減に寄与しているため，税務デューデリジェンスにおいては外部専門家の関与状況も考慮する必要がある。

(1) 顧問税理士の関与

　一般的に顧問税理士が関与している会社は多いと思われるが，その関与の仕方はさまざまである。小規模会社で見受けられるような記帳代行から税務申告まで，会計・税務のあらゆる側面に関与している場合もあれば，大規模会社では人材も揃っているため，税務調査の立会程度の関与となっていることもある。

　税務デューデリジェンスにおいては，顧問税理士の関与範囲と近年の相談内容程度は最低でも確認する必要がある。関与範囲を確認する理由は，申告書の精度に関する全般的な情報入手であり，①顧問税理士がすべて作成している場合と，②会社が作成したものをレビューしている場合と，③顧問税理士は申告書の作成過程には一切関与していない場合とでは，税務申告書の精度が異なる可能性があるためである。また，近年の相談内容を確認する理由は，税務リスクの所在を把握するための重要な手続となるためである。そのほかにも，顧問税理士の経歴や関与年数なども必要に応じて参考にすべきである。

(2) 会計監査人の関与

　会社法や金融商品取引法に基づき，調査対象会社が会計監査人による監査を受けている場合がある。そのほかにも，株式公開目的や連結財務諸表監査の一環として，法定監査ではないが任意に監査を受けている場合がある。一般的には，会計監査人は監査法人であることが多いが，このような外部専門家が関与しているということは，会計数値を含む財務諸表の記載事項に対する信頼性が

高まることにつながる。また，会計監査人は監査における意見を記載した監査報告書のみならず，監査の過程で気づいた事項を会社に対して文書で提出している場合も多く，これらの文書を査閲することにより，間接的に税務リスクの有無を識別することが可能となる場合もある。さらには，監査の過程において未払法人税等の十分性を検証する目的から税理士が関与することも多く（大手監査法人による会計監査では，メンバーファームの税理士法人によりこの作業が行われていることもある），この過程で指摘を受けた事項を確認することも，税務リスクの把握においては有効な手段となる。

第5節 調査対象会社における海外拠点の有無

　調査対象会社がグローバルに事業活動を行い，海外に複数の拠点を有する日系企業である場合や，外資系企業の日本拠点である場合には，日本国内で取引が完結している会社に比べ，税務リスクが広がることが想定される。そのため，本節では，調査対象会社が海外拠点を有する場合の税務デューデリジェンスの特徴や留意点を，❶グローバル日系企業と❷外資の日本現地法人という2つの視点から説明する。

❶　グローバル日系企業

　ここでいうグローバル日系企業とは，親会社は日本法人だが事業活動を世界的に展開しており，国内のみならず海外にも子会社や支店を多数有している会社を想定している。このような企業集団を買収する際に必要となる税務デューデリジェンスは，調査対象会社が国内にのみ拠点を有する場合と比べ，日本の税制において留意すべきポイントが増えるのみならず，海外諸国の税制に関する知識が必要となる場合も多い。そのため，国内にのみ拠点を有する調査対象会社との対比という意味で，追加的に留意すべき点を以下で説明する。

(1) 海外子会社の税務デューデリジェンス

　税務リスクは一般的に法人を単位として認識されるため，株式買収を行う際は，本来であれば，直接株式を取得する調査対象会社（親会社）のみならず，親会社が，直接または間接に保有する国内子会社・海外子会社についても，親会社が株式を保有し続ける前提がある限り，税務デューデリジェンスの対象とすることが望まれる。しかし，買収対象となる企業グループに属するすべての

会社に対し税務デューデリジェンスを実施することは，時間的・物理的な制約から現実的ではなく，また，情報管理の観点から，調査対象会社は案件の存在を子会社に知らせないこともあるため，調査対象会社としても，自らの企業グループに属するすべての会社に対する税務デューデリジェンスを受け入れることは困難であることが多い。

そのため，グローバル日系企業の買収案件における税務デューデリジェンスの実務においては，依頼主である買収会社と協議をしたうえで，以下のようなアプローチを採ることがある。

① 特に重要な子会社には親会社と同様の調査手続を実施する。
② ある程度重要な子会社にはハイレベルな（おおまかで基礎的な）調査手続を実施する。
③ 重要性のない子会社は調査の対象としない。

重要な子会社もしくはある程度重要な子会社（以下，「重要な子会社等」という）の識別方法については，ビジネス上の観点，財務的な観点を考慮し，規模（売上，利益，総資産など）の大きい子会社や機能的に独立しているためグループでのコントロールが希薄な子会社などを候補として挙げるほかに，税務的な観点からは（今後の事業計画で使用が見込まれていたり，金額が多額であること等から）重要な繰越欠損金を有している子会社や，所在地国において優遇税制の適用を受けている子会社を候補として挙げることも考えられる。また，各子会社に対し税務に関する全般的な質問を送付し，その回答内容に重要な税務リスクを示唆するものがある子会社を，調査対象に加えていくという方法も考えられる。この質問書には，たとえば以下のような項目を含めることが考えられる。

- 税務調査の実施状況
- 税務当局と合意している特別な取扱い（優遇措置を含む）
- 税務当局と係争中の事項
- 税務専門家への相談事項
- 組織再編の実施状況
- 移転価格税制に関する検討状況
- M&Aに伴う主要株主の変更による影響の有無

このような作業を通して，重要な子会社等における調査項目を絞り込み，そのうえで，海外子会社に関しては，海外の税務専門家に実際の作業を依頼することとなる。大手の税理士法人であれば現地の税務専門家とネットワークがあるため，現地の税務専門家との調整も含めて，大手の税理士法人に依頼することが現実的となるであろう。税制は国ごとに異なり，また，改正も頻繁に行われることから，重要な海外子会社等については各国の税務専門家による税務デューデリジェンスが重要であるが，その一方で，海外子会社側の対応は前述のとおり情報管理等の観点から限定的であることも多い。そのため，調査対象会社（親会社）の海外現地法人に対する内部統制の状況（どの程度，海外現地法人のことを把握し，税務リスクをコントロールしているか）を分析し，親会社における内部体制に一定程度依拠せざるを得ないことも多いと思われる。

(2) 移転価格税制，間接税

調査対象会社の事業活動が，日本国内のみならず世界的に展開されている場合には，クロスボーダー取引の占める割合が高くなることに付随し，税務デューデリジェンスにおいてカバーすべき分野も広がることとなる。具体的には，国外関連者との取引価格の妥当性に着目する移転価格税制や，他国から製品を持ち込む際に課せられる関税を中心とした間接税などの視点が加わることになる。これらはいずれも特殊な分野であり，通常，各分野の専門家により税務デューデリジェンスが行われる。これらの各分野の税務デューデリジェンスの詳細については，後述の「第9章　移転価格税制とデューデリジェンス」および「第10章　間接税と税務デューデリジェンス」を参照されたい。

なお，移転価格税制に関する税務調査において海外のグループ会社に対し所得を移転しているという判断がなされた場合には，移転した所得に相当する益金を認識する一方で同額が国外関連者に対する寄附金として取り扱われ，その全額が損金不算入となる（措法66の4③）ため，法人税の課税所得計算に大きな影響がある。そのため，クロスボーダー取引における移転価格税制の影響は大きく，税務デューデリジェンスにおいても重要な検討分野になる。

(3) 親会社を中心とした内国法人における留意点

調査対象会社グループが海外に事業展開をしている場合，国内にのみ拠点を有する場合の留意点に加え，日本の税制上も以下の項目についても留意する必要がある。

① 外国税額控除，外国子会社配当益金不算入制度

外国税額控除には，調査対象会社が直接納付した外国法人税（海外支店の現地法人税や海外子会社からの受取配当金に対する源泉所得税など）の税額控除（直接外国税額控除）と，間接的に納付した外国法人税（海外子会社が納付した現地法人税のうち調査対象会社への配当に対応する部分）の税額控除（間接外国税額控除）の2種類が存在していたが，間接外国税額控除については，平成21年度税制改正により廃止となり，代わりに国外配当を免除する方式として外国子会社配当金益金不算入制度が導入されている。

直接納付した外国法人税については，そのすべてを損金算入するか税額控除とするかの選択適用であるため，税額控除が選択されている場合には，加算調整されている外国法人税の網羅性を大まかにでも確認する必要がある。また，外国子会社からの配当益金不算入については，適用対象となる「外国子会社」の要件（その発行済株式または議決権の25％以上を配当の支払義務が確定する日以前6か月以上継続して保有していること，租税条約の適用がある場合には，条約で定める持分割合を保有していること）の検討に加え，益金不算入となる配当に係る源泉所得税が直接外国税額控除の対象に含まれていないか留意する必要がある。

さらに，発展途上国等で減免された外国法人税を納付したものとみなして外国税額控除の適用を受ける「みなし外国税額控除」が存在する場合には，金額的に重要なものについては租税条約等の根拠を確認し，処理の妥当性を確認することとなる。また，外国税額控除は控除限度額や繰越控除制度が存在するため，この点についても分析が必要になる場合がある。

② タックスヘイブン対策税制

タックスヘイブン対策税制とは，租税の負担割合が20％未満となる国（軽課

税国）に所在する法人に留保された所得につき，経済的実態に係る適用除外の要件を満たす場合を除き，その持分に応じた部分を株主である内国法人等の所得に合算して課税する制度である。

まずは，調査対象会社における合算課税要否の判定状況を分析することとなるが，もし網羅的な検討が行われていない場合には，合算課税の適用漏れの有無を検討する必要がある。重要な影響の有無を把握するために，軽課税国と思われる国に所在する子会社で，当期純利益と配当金額を比較し多額の留保所得が生じている場合には，詳細な検討が必要になるであろう。また，2010年度税制改正において，適用除外要件を満たす場合でも，軽課税国に資産性所得を有する場合には，当該所得について，原則として合算課税を受けることとなったため，調査対象会社の合算課税要否に際しては，適用除外要件の判定に加え，資産性所得の有無についても確認漏れがないよう留意が必要である。

③ 源泉所得税

源泉所得税は源泉徴収義務者である支払法人側に税務リスクが帰属するが，内国法人に対する支払と異なり，外国法人に対する支払においては源泉徴収が必要となる場合も多い。また，支払先である外国法人が所在する国と日本国との間で租税条約が締結されている場合には，一定の書類を届け出ることにより，軽減税率が適用される場合がある。

クロスボーダー取引においては源泉所得税の取扱いが複雑になるため，海外へ多額の支払がある場合には，その支払内容・支払先ごとに源泉徴収の有無を確認し，また，必要な届出が行われているかという点を確認する必要がある。

④ その他

その他に調査対象会社が海外に事業展開している場合の特徴的な留意点としては，たとえば，外国法人等に派遣している駐在員に対する給与の一部負担（較差補填）や手取り保証のための追加負担等が挙げられる。これらの負担は，派遣元での損金算入可否や駐在員の現地所得税の計算に影響を及ぼすため，金額的な影響を考慮のうえ，必要があれば分析対象とすべきである。

以上の内容を簡単にまとめたものが，図表8－7である。

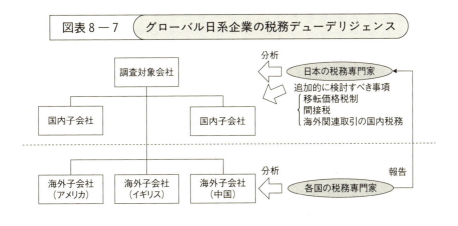

2 外資の日本現地法人

　調査対象会社がグローバル企業の日本子会社という場合も想定される。この場合もクロスボーダー取引が存在するため，税務デューデリジェンスにおける留意点としてはグローバル日系企業と同様のポイントを挙げることができる。ただし，グローバル日系企業と異なり，グループを統括する会社ではなく，限られた機能のみを有する子会社であることも多いため，移転価格税制や源泉所得税といった項目を除けば，留意すべき重要なクロスボーダー取引は限定的な場合も多い。その反面，外資の日本現地法人に特有の事象として，海外の親会社から資金調達を行っていることとの関連で，過少資本税制と過大支払利子税制の適用状況を分析する必要がある点に留意すべきである。

第6節　買収会社の特性

　買収会社がストラテジック・バイヤー（事業会社である買手）であるかフィナンシャル・バイヤー（投資収益目的の買手）であるかにより，税務デューデリジェンスにおける実施手続が異なる場合がある。これは，税務デューデリジェンスにおける発見事項を以下の4つに区分した場合，買収会社の属性によりそれぞれのウェイトづけが異なるため，クライアント（ここでは買収会社を想定）と協議したうえで実施手続が決まる税務デューデリジェンスにおいては，買収会社の要望が実施手続に直接反映されるためである。
(A)　企業価値に影響を与える事項の識別（簿外租税債務や繰越欠損金の利用可能性など）
(B)　表明保証の対象とすべき事項の識別（簿外租税債務など）
(C)　PMIにおいて留意すべき事項の識別
(D)　買収ストラクチャーへの影響

　ストラテジック・バイヤーとフィナンシャル・バイヤーを比較した場合，一般的には(A)および(D)はフィナンシャル・バイヤーにおける関心が高く，(C)はストラテジック・バイヤーにおける関心が高い傾向にある。以下では，買収会社をストラテジック・バイヤーとフィナンシャル・バイヤーとに分けて，各買収会社における税務デューデリジェンスの特徴を説明する。

1　ストラテジック・バイヤー

　ストラテジック・バイヤーの行うM&Aの特徴は，水平統合や垂直統合のように買収対象にシナジー効果を求める点にある。これは，ストラテジック・バイヤーは自社事業の強化といった経営戦略の一環としてM&Aを選択する

ことが多く，必然的に自社事業と関連する業務を手がける会社が買収の対象となるためである。したがって，ストラテジック・バイヤーは調査対象会社の事業に関して深い知識を有していることが多く，税務デューデリジェンスの調査範囲を策定する際に，業界で問題となりやすい点をあらかじめ特定したうえで，「この点を重点的に見て欲しい」といった具体的な依頼がある場合も多い。また，実務上は，法令等により税務上の取扱いが明確に規定されていない取引も存在するが，このような取引は業界特有の商慣行に多く見受けられるため，ストラテジック・バイヤーは自社の税務申告において同様の税務リスクを負っていることも多く，この類の税務リスクは許容範囲として取り扱われることもある。

なお，買収会社と調査対象会社が同一事業を営んでいる場合には，自社の税務処理との対比で，調査対象会社の税務処理を把握したいというニーズも多い。これは，調査対象会社の詳細な税務処理を明らかにし，両社の税務ポジションを比較する目的だけではなく，買収後のPMIを意識していることが多い。すなわち，ストラテジック・バイヤーは，買収後に事業を統合させることが多く，その際に円滑に統合できるよう，税務デューデリジェンスの時点で統合に向けて解決すべき問題点（同様の取引に対する異なる税務処理等）を明確にしておくことを望む傾向にある。たとえば，リース会社でよくある統合問題としては，賃貸資産の減価償却の取扱いがある。リース会社では，会計上はリース期間定額法，税務上は定率法により賃貸資産を償却することが一般的であり，その際，損金経理している減価償却費は税務上の償却限度額を全体としては下回るのが常である。しかし，個々の資産で比較すると一部は償却超過となる場合もあり，この償却超過額をどのように取り扱うかは，リース会社によって対応が異なっている。統合後はシステムを一本化するため，いずれかの会社が採用している方法に統一することを考えるが，会計および税務処理の変更は課税所得に与える影響も大きいため，PMIにおいて解決すべき問題点を早めに把握する目的から税務デューデリジェンスの段階で両社の税務処理を把握することが求められることになる。

なお，ストラテジック・バイヤーは，調査対象会社にとって事業上の競争相手であることも多いため，M&Aが成立しない可能性のある時点においては，

調査対象会社の業務上の重要な機密事項が開示されない場合も多く，デューデリジェンスが実施しにくい場合もある。ただし，開示が制限される情報の多くは税務には直接的に関係のない事項であり，この影響は，税務デューデリジェンスにおいては限定的であることが多い。

2 フィナンシャル・バイヤー

　フィナンシャル・バイヤーのM&Aにおいては，すでにポートフォリオに同業他社が組み込まれており，新たな買収によるロールアップ（複数の会社に順次投資してひとつの傘下に収めることで全体としての価値を高めること）を狙う場合を除いては，前述のストラテジック・バイヤーのような観点は希薄なことが多い。一方で，フィナンシャル・バイヤーのM&Aにおける最大の関心事はIRR（内部投資収益率。投資により資金を寝かせる期間と比して，どの程度の成果があるかを表す指標）であることが多く，買収金額の算定（IRRの見込）との関連で将来キャッシュフローに直接影響する項目については，詳細な分析が求められる。そのため，税務デューデリジェンスに対しては，簿外租税債務の識別や繰越欠損金の利用可能性を中心とした分析が要求される傾向が強い。また，フィナンシャル・バイヤー（特にバイアウト・ファンド）の買収ストラクチャーとしては，100％子会社である買収目的会社を用意し，その買収目的会社においてファンドからの出資の投資効率を上げる（レバレッジを効かせる）ため借入金等で資金調達をしたうえで対象会社を買収することが一般的である。この借入金を返済するため，買収後に，買収目的会社と対象会社が合併することも多く，企業買収とその後の組織再編は一連の取引となることが多い。そのため，買収ストラクチャーへ影響する項目を税務デューデリジェンスにおいて識別することも重要となる。

第7節　再生・組織再編等の実施法人の留意事項

　第1節から第6節で述べてきた特性以外にも調査対象会社や買収会社の有する特性としては複数のものが考えられるが，本節では代表的な例として，調査対象会社が再生対象会社である場合，過去に組織再編を実施している場合と，調査対象会社または買収会社が連結納税制度の適用を受けている場合の税務デューデリジェンスの特徴や留意点を説明する。

1　再生対象会社

　企業の事業再生を成し遂げるための1つの重要な手段としては，再生対象会社およびその株主，金融機関等の再生債権者，ならびにスポンサー候補企業等，さまざまな当事者の利害を調整すると同時に，損失負担等の責任範囲を明確にしつつ，再生対象会社の過剰債務を正常な水準にまで削減する方法が挙げられる。

　この方法の下では，過剰債務削減の際に債務免除益課税がどの程度発生するか把握することが税務上重要であると考えられる。その際，過去の税務ポジションの検討により税務上利用可能な損金がどの程度現存するかを把握するだけではなく，将来の税務ポジションを予測してどの程度損金が追加で発生するかという点も併せて把握することにより，実態に即した税額の試算が可能となる。このように，事業再生の過程での発生税額を検討するために過去および将来の税務ポジションを把握することが，事業再生における税務デューデリジェンスの主な目的であるといえる。

(1) 過去の税務ポジションの把握

　基本的には買収・統合を前提とした通常の税務デューデリジェンスと同様の手続となるが，その目的が事業再生にあるため，一例として以下の税務事項に重点を置く必要がある。

① 繰越欠損金

　一般的に，多額の青色繰越欠損金（以下，「繰越欠損金」という）があり課税所得が発生していない会社に対しては，税務調査が長期間にわたり実施されていないケースが多い。一方，繰越欠損金の更正可能期間は，その発生事業年度に係る法人税申告書の法定申告期限から9年間（通法70②）と定められている。したがって，事業再生ストラクチャー完了後の時点で，調査未了期間に係る税務調査を一度に受けた結果，想定外の指摘事項により繰越欠損金が減額され，債務免除益課税が遡及的に生じる可能性もある。

　また，債務免除益との相殺後に繰越欠損金が一部残る場合，将来における課税所得との相殺にも使用できるため，税務リスクを考慮した正確な繰越欠損金額を把握することは事業再生における税務デューデリジェンスにおいて非常に重要である。

　したがって，事業再生ストラクチャーの遂行に資するよう，繰越欠損金の発生原因および内容を分析し，税務当局による否認リスクを検討する必要がある。さらには，再生計画案におけるタックス・プランニングの関係上，繰越欠損金の消滅スケジュールを把握しておくことも必要である。

　ただし，再生対象会社では，経営不振等を理由として過去の経理担当者がリストラされており，当時の税務処理の根拠を知る者がいないケース，あるいは会計税務に関する基礎資料の整備状況が著しく悪いケースがよく見受けられる。その場合，次の②特例欠損金に関しても同様のことがいえるが，欠損金額の発生原因等が不明瞭な結果，損金性の判定ができないこととなるため，税務調査において相当の困難さを伴うことが予想されよう。このような欠損金額については，税務デューデリジェンス上では保守的に税務リスクがあるものとして捉えざるを得ないこともある。

② 特例欠損金

　特例欠損金とはいわゆる期限切れの欠損金であり，一定の事由（会社更生法に基づく更生手続の開始決定，民事再生法に基づく再生手続の開始決定，または私的整理ガイドラインやRCC企業再生スキーム等一定の私的整理に基づく再生計画の認可等）に伴い，債務免除益やデット・エクイティ・スワップ（DES）による債務消滅益が税務上認識された場合，課税所得の計算上損金算入される欠損金である（法法59，法令117）。

　この特例欠損金額は，債務免除等を受ける日の属する事業年度終了の時における前事業年度以前の事業年度から繰り越された欠損金額の合計額から，一定の繰越欠損金を控除した金額（法令118）であり，原則として債務免除等を受ける事業年度の法人税申告書別表5(1)に記載される利益積立金期首残高から，前事業年度末の繰越欠損金額を差し引いた金額とされている。

　先述①に記載した繰越欠損金だけでは債務免除益を十分に相殺し切れない場合，この特例欠損金の多寡が事業再生ストラクチャーを成功させるうえでの鍵となるケースが多い。したがって，基準日時点における特例欠損金額を把握し，繰越欠損金と合わせてどの程度の損金が存在しているか総合的に検討することが必要である。

③ 還付対象となり得る納付税額の洗い出し

　納付税額の減少に係る更正可能期間（5年間）内に納付した法人税，住民税・事業税，ならびに消費税は，仮装経理による過大申告の更正の申出または請求が認められた場合に還付される可能性があるため，税務デューデリジェンスの時点で納付金額を把握しておくことも有用である。

④ 滞納租税債務の有無の確認

　再生対象会社が法的整理等を利用する場合，滞納租税債務は優先債権として区分されるため，その分だけ他の再生債権の弁済へ充当する資金が減少することになる。したがって，基準日以前に発生した公租公課（法人税・地方税・消費税・源泉所得税・社会保険料等）が納付期限までに支払われているかどうか確認しておくことが有用である。なお事例としては，相当規模の不動産を保有

する再生対象会社において固定資産税を滞納しているケース，あるいは従業員給与に係る源泉所得税を滞納しているケースが散見されている。

(2) 将来の税務ポジションの把握

再生対象会社における基準日時点のバランスシート上には，多くの含み損が損金化されないまま残っているケースが多く見受けられる。通常これらの含み損は，基準日以降において税務上の損金算入要件を満たした時点で初めて損金として認識されることとなる。債務免除益と相殺可能な損金が潜在的にどの程度存在するのかを試算し，将来の税務ポジションを予測するためには，税務上の損金算入要件の特徴に応じて，これらの含み損を以下の3つに分類し把握することが有用である。

① 資産評価損

会社更生法による更生計画認可の決定，民事再生法による再生計画認可の決定，またはRCC企業再生スキームによる再建計画の決定等の一定の要件（法法33）を満たした時点で資産評価損として損金算入される含み損がこれに分類される。対象となる主な資産は，棚卸資産・投資有価証券・土地・建物ならびにその他固定資産等である（法令24の2④，68の2③）。

当該資産に係る含み損の額を把握する際，税務デューデリジェンスの実施時点では正確な時価情報が入手できない場合が多い。たとえば，土地に関しては，税務上資産評価損を実際に認識する時には不動産鑑定評価額等の公正な価額に基づく必要があるが，税務デューデリジェンスの時点では容易に入手可能な固定資産税評価額等を代替的に使用せざるを得ない場面がよくある。その場合，税務デューデリジェンスの時点における資産含み損の額は参考数値以上のものではない点に注意されたい。

なお，資産評価損の損金算入のためには別表添付方式（評価損益明細を法人税申告書に添付することにより損金経理を行わずに損金算入する方式（法法33⑦））または損金経理を行う方式のいずれかを採用することとなるが，損金算入できる金額の下限等その税務上の取扱いがそれぞれ異なる（図表8－8）。そのため，含み損（益）のうちどの部分が損金（益金）になり得るか事前に検

図表8－8　各法的・私的整理の下における資産評価損益の計上方法

法的・私的整理＼計上方法	損金経理方式	別表添付方式
会社更生法	資産評価損益の認識	（適用不可）
民事再生法(注1)	資産評価損の認識	資産評価損益の認識
RCC企業再生スキーム	（適用不可）	
私的整理ガイドライン		
中小企業再生支援協議会の準則		
事業再生ADR		
企業再生支援機構		

(注1)　民事再生法を適用した場合，損金経理方式と別表添付方式のいずれも選択が可能となる。

討しておくことが重要である。

また，会社更生法による更生計画認可の決定，または別表添付方式を採用した場合は，資産評価益も同時に税務上認識しなければならないため，資産評価益課税により事業再生に大きな支障が生じるケースがまれに起こり得る点にも留意されたい。

② 仮装経理を起因とした含み損

過年度における仮装経理（粉飾決算）の結果生じた含み損がこれに分類される。代表例としては，実在性のない資産（架空在庫，架空売上債権）や簿外債務（仕入債務の過少計上）等が挙げられる。これらの含み損は，実際に修正経理（過年度遡及会計基準導入後の事業年度においては，修正再表示による処理）を行い，更正の申出または請求が税務当局により認められ更正が行われた結果，原則として損金算入できることとなる。

再生対象会社が過去に多額の粉飾決算を行っているケースは珍しくなく，この請求等により特例欠損金や繰越欠損金の増額更正を受けることも，事業再生ストラクチャーを成功させるうえでの1つのポイントとなることもある。この

ような場合，税務デューデリジェンスの段階で仮装経理の状況を検討し，更正の請求等が認められた場合の損金を事前に把握することが重要である。

③ その他の含み損

①②のいずれにも該当しない含み損がこれに分類される。代表例としては，相手先の財政状態の悪化等を原因とした売掛金や貸付債権の回収不能見込額等が挙げられる。これらの含み損は税法上規定されるそれぞれの要件に従い実際に損金算入されるため，そのタイミングが債務免除を受ける事業年度以前となるとは限らないが，潜在的な損金として把握しておくことも有用である。

2 調査対象会社における過去の組織再編

法人税法では，2001年度税制改正において組織再編税制（合併・会社分割・現物出資・事後設立に関する税制）が導入され，2006年度税制改正においてその対象範囲が，株式交換・株式移転にまで，また2010年度税制改正において現物分配まで拡大されている。M&Aにおいては，買収ストラクチャーの検討において組織再編税制に関する深い知識が必要となるが，調査対象会社が過去に組織再編を実施している場合も多く，その場合は過去の組織再編も重要な税務デューデリジェンスの対象項目となる。その理由は，組織再編の方法によっては，資産の含み益に課税されたり，繰越欠損金や資産の含み損が使えなくなることがあり，調査対象会社の税務ポジションに大きな影響を及ぼす可能性があるためである。以下では，頻繁に用いられる合併を例に，税務デューデリジェンスにおける留意点を説明する。

(1) 適格合併か非適格合併か

まずは，適格合併か非適格合併かを明らかにする必要がある。法人税法上，合併という行為は以下のように整理されており，基本的には課税取引（非適格合併）であり，かつ，被合併法人の繰越欠損金を合併法人に引き継ぐことは認

められない。
　① 被合併法人から合併法人に対して資産および負債を時価で譲渡する。
　② 合併法人は①の対価として合併法人株式等を被合併法人に交付する。
　③ 被合併法人は②で受領した交付対価を株主に分配して清算する。
　ただし，一定の要件を満たした場合は，例外的に非課税取引（適格合併）として取り扱われ，被合併法人の資産および負債は税務上の簿価で合併法人に引き継がれるとともに，繰越欠損金も原則として，合併法人に引き継ぐことができる。
　この要件の詳細は他の組織再編税制の解説書に委ねるが，大まかには以下の3つの区分に応じて適格合併の要件が決められており，後に行くほど要件が厳しくなっている。
　(A) 100％のグループ関係にある法人間の合併
　(B) 50％超100％未満のグループ関係にある法人間の合併
　(C) 共同で事業を営むための合併
　以上から明らかなとおり，適格合併か非適格合併かにより調査対象会社の税務上の取扱いが大きく異なるため，この判断が適切に行われているか否かという点を根拠資料をもとに詳細に分析する必要がある。また，適格・非適格の区分に応じた適切な税務処理が行われていることも，合わせて確認する必要がある。特に非適格合併の場合は，時価の算出方法やみなし配当に伴う源泉所得税の徴収といった，税務リスクに結びつきやすい事象も多いため，留意が必要である。

(2) 適格合併における留意点

　過去に行われた合併が非適格合併に該当すると判断されていた場合には，課税取引であり，納税額に直結するため，注意深く検討したうえで税務処理が行われていることが多いと思われるが，適格合併に該当すると判断されていた場合には，非課税取引であり，期中合併でない限り通常年度と異なる時期に申告もしないことから，調査対象会社における税務処理の検討が詳細に実施されていない場合がある。特に，グループ内の適格合併（上記(1)の(A)または(B)）という判定がされている場合に，この傾向は強い。グループ内の適格合併であろう

とも，合併の行われた事業年度の期首から5年以内にグループ関係が成立している場合には，一定の要件（通常この要件を「みなし共同事業要件」と呼んでいる）を満たさない限りは，原則として，被合併法人および合併法人の一定の繰越欠損金および資産の含み損に利用制限が課されるため，適格合併だからといって税務リスクが低いと考えることはできない。しかしながら，実務上はこのような認識がなく，みなし共同事業要件の充足状況の確認まで行われていない組織再編の事例が散見されるため，特に注意が必要である。買収後に使用するつもりであった繰越欠損金や資産の含み損が，調査対象会社の過去の組織再編により，実は使用できないということが買収後に判明した場合には，買収会社の計画は大きく狂うであろう。そのようなことがないように，税務デューデリジェンスにおいて詳細に検討する必要がある。

(3) 調査対象会社が適切な検討を実施していない場合

上述のとおり，調査対象会社の過去の組織再編は，適切に処理がなされていない場合には，その影響が重大である可能性が高く，税務デューデリジェンスにおける主要検討項目の1つとなっている。具体的には，調査対象会社における検討過程を評価していくこととなるが，実務上は，そもそもこのような検討が調査対象会社において行われていないこともある。たとえば，調査対象会社が，ある会社の子会社であった場合などに見受けられるが，親会社において調査対象会社の組織再編を検討していたため，調査対象会社にはなんら判断材料や根拠資料が残されておらず，結果として詳細な分析ができない場合がある。そのような場合，まずは調査対象会社の親会社に当時の検討内容や資料の開示を依頼することとなるが，時として，親会社においても詳細な検討が行われておらず，資料も整備されていないといった事例がある。そうなると，入手可能な資料から最悪の結果となった場合の影響を推し量るしかないが，実質的な影響は軽微であるというような結論づけができない場合には，株式売買契約書等において表明保証の対象とすること等を検討する必要があるであろう。

3 連結納税制度の適用

　2002年度税制改正において，法人税法に連結納税制度が導入された。それ以前は会社ごとに法人税の申告・納付を実施する，いわゆる単体納税制度しか存在しなかったが，現在では，100％の支配・被支配関係にある会社を同一納税単位として申告・納付することが認められている。連結納税においては単体納税と異なる連結納税特有の税務上の取扱いが複数存在するが，以下では，税務デューデリジェンスという観点から重要と思われる点に絞って解説する。なお，M&Aに関連のある連結納税特有の税務上の取扱いを説明するうえでは，「(1) 調査対象会社が連結納税制度を適用している場合」と「(2) 買収会社が連結納税制度を適用している場合」の2つのケースに分けることが有用であると考えられるため，それぞれに分けて税務デューデリジェンスにおける留意点を述べていく。

(1) 調査対象会社が連結納税制度を適用している場合

　税務デューデリジェンスにおいて特に留意すべき点としては，連結納税制度の特徴でもある以下の点が挙げられる。

① 連帯納付義務

　連結納税に伴う租税債務は連結親法人が納税義務者であるが（法法4の2），連結子法人においても連結完全支配関係がある期間内に成立した租税債務については連帯納付責任を負うこととされている（法法81の28①）。そのため，連結親法人を買収する場合はもとより，連結子法人を買収する場合においても，理論上は対象会社が連結納税に係るすべての租税債務（顕在化していない税務リスクも含む）を負担することとなる。しかし一方で，連結子法人を買収する際に，連結納税グループに属するすべての会社の税務デューデリジェンスを行うことは現実的でない。そのため，このリスクについては，顕在化する可能性も含め，クライアントと相談のうえで対応することになる。

② 連結加入(開始)時における連結子法人の資産の時価評価

　ある法人が新たに連結子法人となる場合，一定の要件に該当しない法人(時価評価対象法人)においては，保有する一定の資産に対し時価評価課税が行われる。そのため，まずは時価評価対象法人が適切に識別されているか否かという点が，税務デューデリジェンスにおいて重要な検討ポイントになる。次に，時価評価資産の範囲と評価方法が問題となる。含み益が多額にある法人ではこの影響が大きいが，さらにはこの含み益が事業用資産である不動産や子会社株式に帰属する場合，多額の課税所得が生じる一方で，ステップアップした税務上の帳簿価額はこれらの資産を処分しない限りは損金とならず，課税を受けるのみで，所得を減額する機会を得られないという問題がある。このように，時価評価は調査対象会社等の税務ポジションに重要な影響があるため，税務デューデリジェンスにおいて詳細な検討が必要となる。

③ 連結加入(開始)時における連結子法人の繰越欠損金の切捨て

　ある法人が新たに連結子法人となる場合，一定の要件に該当しない法人においては，保有する法人税上の繰越欠損金がすべて切り捨てられる。連結納税における基本的な取扱いであり，調査対象会社が誤って処理していることは少ないと思われるが，地方税法上の取扱いを含め，税務デューデリジェンスにおいて確認しておく必要があるであろう。また，連結子法人が一定の要件に該当する場合，保有する繰越欠損金は，特定連結欠損金として引き継ぐことが可能であるが，当該欠損金は他の連結法人において利用することができないため，繰越欠損金の将来における利用可能性を検討するうえで留意が必要である。

④ 連結離脱時における譲渡損益調整の所得算入

　連結法人間で行われた資産の譲渡損益のうち一定のものは，連結所得の計算において課税が繰り延べられる。これは，同一納税単位内における資産移動であることに着目した措置であるが，譲渡当事者のいずれかが連結納税から離脱した場合，課税の繰延べを行う必要がなくなるため，繰り延べた譲渡損益を所得算入することとなる。買収により調査対象会社は，既存の連結納税グループから離脱することが想定されるため，調査対象会社において過去から繰り延べ

てきた譲渡損益が、買収に起因して一括で所得算入されることとなる。そのため、買収後の調査対象会社の税務ポジションに与える影響を税務デューデリジェンスにおいて把握する必要がある。

⑤ 連結離脱時における投資簿価修正

同様に、連結納税離脱において留意すべき事項として、連結子法人株式の投資簿価修正が挙げられる。これは調査対象会社が直接または間接に保有する連結子法人株式のすべてについて、その税務上の帳簿価額を修正するというものであり、保有する連結子法人の課税済み利益（配当済みの部分は除く）に応じて、その連結子法人株式の帳簿価額を切り上げないと、連結子法人株式の売却時に課税済み利益によって上昇した価値が売却益として再度課税される（二重課税が生じる）ことから規定されたものである。投資簿価修正自体は課税取引ではないが、調査対象会社等が保有する子会社株式の税務上の帳簿価額が変わるため、買収後に子会社株式の譲渡や子会社の清算等を予定している場合には影響がある。

⑥ 連結離脱時の事業年度

連結納税離脱においては、離脱日の前日までをみなし事業年度として取り扱うため、このタイミングで一度連結法人としての単体納税が生じることとなる。また、連結親法人と調査対象会社の決算月が異なる場合には、離脱日から連結親法人の決算期末まで、その翌日から調査対象会社の決算期末までがさらにみなし事業年度として取り扱われる。この点は課税所得への影響というよりは申告手続の事務負担の増大という側面が強いが、たとえば、買収後に事業年度の変更を予定している場合などは、みなし事業年度が優先され、意図した事業年度の変更ができないことがあるため留意が必要である。

(2) 買収会社が連結納税制度を適用している場合

調査対象会社は単体納税だが、買収会社が連結納税を適用しており、調査対象会社の株式を100％取得する場合、株式を100％取得した時点で、調査対象会社は連結納税に加入することとなる。この際の留意事項は、調査対象会社で時

価評価と繰越欠損金の切捨てが生じることであり，税務デューデリジェンスにおいてこの点を分析し，調査対象会社の買収後の税務ポジションを把握しておく必要がある。

　内容については，上記(1)の②および③を参照されたい。なお，買収会社が株式を100%取得する場合でも，2か月以内に連結グループから離脱するのであれば，時価評価は不要（ただし，連結親法人事業年度の末日をまたいで離脱する場合を除く）であるため，買収会社において買収後に一部株式譲渡を行うことが検討されている場合には，譲渡のタイミングに留意する必要があろう。また，連結加入に伴い，調査対象会社においては，加入日の前日までがみなし事業年度として取り扱われる点も留意すべきポイントとして挙げられる。

第8節　業種別の特性

　税務デューデリジェンスにおいては，調査対象会社の特徴的な取引に税務リスクが潜んでいることも多く，また，買手がストラテジック・バイヤーの場合には，買収後に事業統合を行うことも多い。その際に，会計・税務処理を統一する必要があるため，税務デューデリジェンスを通じて買手と売手に共通する取引や業務の税務処理を確認しておくことがPMIを円滑に進めるために有用となる。調査対象会社の特徴的な取引を理解するためには，まず，調査対象会社の事業を理解する必要があり，第3章で述べたビジネス・アプローチを実践することが大切となる。また，ストラテジック・バイヤーのアドバイザーとして税務デューデリジェンスを行う場合には，クライアントから税務デューデリジェンスを行う前に業界特有の処理やクライアントの懸念する業界特有の問題を聴取しておくことで，効率的かつ効果的に調査対象会社に特有の取引や業務（売手と買手に共通の取引や業務となる）を把握することが可能となる場合も多い。

　調査対象会社のビジネスがモノを仕入れて販売している場合には，モノの動きと会計・税務処理が連動するため，そこに判断の入る余地は少なく，税務リスクは相対的に低いと考えられる。一方で，調査対象会社のビジネスがモノの動きを伴わない場合には，各取引を認識する基準が目に見えず，会計・税務処理に判断が伴ったり，一定の基準による規則的な取扱いを定めたりと，各社が特有の認識基準を設けて会計・税務処理を行っていることがある。

　また，一般的に収益認識基準は，期間帰属の問題と考えられるため，複数の課税期間を合わせて見た場合には金額的な影響が重要とならないことが多く，社外流出項目と比較して税務リスクは相対的に低いと考えられる。しかし，損益計算書のトップラインである売上高や販売費及び一般管理費の中でも金額的重要性の高い費目にあっては，期間帰属の問題であっても，金額的に重要な問題となることがある。また，金額的に重要な項目は調査対象会社のビジネスの

基本となる活動を反映していることが多いため，その税務処理を把握することは，PMIに資する情報を得ることにつながり，税務デューデリジェンスにおいては欠かすことのできない視点である。

以下では，次の業種等の特徴的な税務処理の例を紹介する。
- 製造業
- 建設および不動産業界
- 小売業界
- エネルギー関連業界
- 教育関連および福祉関連業界
- IT関連業界
- コンテンツビジネス
- 投資ファンド傘下の企業

1 製造業

(1) リベート

メーカーで製造した製品は，最終消費者に直接販売されることもあれば，小売業者や卸売業者（以下「卸売業者等」という）を介して最終消費者へ販売されることも多い。このとき，実務上は，メーカーから最終消費者までの商流に介在する卸売業者等に対して，取扱数量に応じたインセンティブ（リベート）が支払われることが多い。メーカーが支払うリベートについては，卸売業者等に実際に支払うタイミングではなく，リベートを支払う原因となった売上に対応するように売上割戻引当金等の科目を用い引当処理される。税務上は，売上割戻引当金を一定の範囲内で計上することを認めており，税務デューデリジェンスにおいては，会計上認識されている売上割戻引当金が税務上も認められるものか確認することが重要となる。具体的には，リベートの算定基準が販売価額または販売数量によっており，かつ，その算定基準が契約その他方法により相手方に明示されている場合には，売上割戻を販売した日の属する事業年度の

損金（益金のマイナス）として計上することが認められている（法基通2－5－1）。

(2) 販売子会社に対する販促費等

　海外に事業を展開しているメーカーでは，海外に製造子会社や販売子会社を有していることが多く，日本の親会社に対する税務調査では，これらの海外子会社との取引内容・取引条件についても調査の対象となることが多い。海外子会社との取引に関しては取引価格そのものの問題は，移転価格税制の問題と考えられるため，詳細は「第9章　移転価格税制とデューデリジェンス」を参照していただきたいが，移転価格税制の専門家が参画しない税務デューデリジェンスにおいても検討可能な取引があるため，ここで紹介したい。

　過去の経験上，海外に事業を展開しているメーカーにおいては，海外の販売子会社への協賛金や販売促進費等の名目で事後的に販売子会社へ支出が行われるケースが散見される。海外に事業を展開しているメーカーの多くは，海外に加工を委託したものであっても，商流上は日本の親会社が海外の製造子会社からいったん買い取り，そのうえで海外の販売子会社へ販売し，海外の販売子会社が現地の最終消費者や卸売業者等へ販売するという流れになっていることが多い。このような取引の中で，ライフサイクルの短い製品であるほど顕著であるが，海外の販売子会社が市場環境の変化に十分に対応できず，採算が悪化することも現実には起こり得る。この時，海外の販売子会社から日本の親会社になんらかの名目で事後的に補塡を要請することも考えられるため，税務デューデリジェンスにおいては，このような支出の有無を確認することが必要となる。このような支出は，日本の親会社から海外の販売子会社への卸値を双方の責任のもと事前に十分に交渉していれば生じることは少ないが，海外子会社の管理方針が明確でない企業グループにおいては，生じる誘因がある。なお，このような支出があり，国外関連者への寄附金と認定された場合には，寄附金の限度額が十分にある場合においても全額が損金不算入（社外流出）となるため影響が小さくない場合も考えられる。

(3) 在庫等の計上漏れ

　製造業の税務調査における典型論点として，棚卸在庫の計上漏れがある。たとえば，いわゆる原価差額については期末棚卸資産に対応する部分の金額は，期末棚卸資産の評価額に加算する必要があるものの，特に管理が適切に行き届かない中小企業においては適切な配賦が行われず，全額発生時の損金としている場合がある。

　また，滞留製品在庫について，会計上は全額損失計上されている場合であっても，税務上は一定の場合を除き，原則として実際の当該在庫の除売却時に損金算入されることから，たとえば実際には除却がされず工場に残置されたままである等の場合には，損金不算入と扱われる場合がある。在庫ではないが，工場内の機械や備品等につき，固定資産台帳上は除却処理されているものの，実際には工場に残されており，税務調査時に除却損の過大計上が発覚するケースもある。

　在庫の管理は，通常は本社の経理部等では必ずしも実施されず，工場内の部門経理等の担当者が管理する場合が多いが，当該部門経理担当の他業務に忙殺されている，経験年数が浅い，本社経理とのコミュニケーションの頻度が少ない等の場合にはミスが生じやすい環境であると考えられるため，税務デューデリジェンス手続においてそのような事象が検出された場合には，特に注意して検証を行う必要がある。

2　建設および不動産業界

(1) 収益認識基準

　建設業を営む企業において，長期大規模工事に該当する工事がある場合には，工事の進行程度に応じた収益認識方法である工事進行基準が強制適用される。工事進行基準の適用範囲は，2008年度税制改正において工事期間が1年以上，かつ請負対価が10億円以上の工事にまで拡大されているため，税務デューデリジェンスにおいては，契約書の閲覧や担当者へのインタビューを通じて，工事

進行基準の適用漏れがないか確認することが重要となる。

(2) 棚卸資産の評価損

　不動産業界は，地価変動に大きく影響を受ける業界であり，販売用または開発中のマンション在庫など棚卸資産の評価損は，金額的に重要性が高いことが多い。そのため，一時差異とはいえ，相対的に対象会社の税務ポジションに与える影響が大きく，税務デューデリジェンスを実施する場合に，重点項目の1つとして時価の客観性や低価法の申請の有無を確認しておく必要があるものと考えられる。

(3) 消 費 税

　不動産業界においては，土地の販売などに起因して，課税売上割合が低くなる傾向があるため，控除対象仕入税額の計算において個別対応方式を採用することが一般的であると思われる。そのため，税務デューデリジェンスにおいては，課税仕入れの区分が適切に行われているか確認を行うことが重要になる。また，不動産業において，販売目的で取得したマンションが住宅貸付けに転用されるなど，調整対象固定資産を課税業務から非課税業務に転用しているケースが散見されるが，調整対象固定資産の転用については，税額調整が必要となる場合があることから，重要性の高い調整対象固定資産を抽出し，用途変更の有無や税額調整の実施状況を確認することも，不動産業の税務デューデリジェンスを実施する場合に留意する必要があろう。

3　小売業界

(1) 商 品 券

　金銭を受領し，その見返りに商品券を発行している会社においては，その商品券が利用されるか否かに関係なく，商品券発行時に受領した金銭を返還不要としていることが一般的であると思われる。この返還不要の金銭の受領に伴う

益金の認識時点については，法人税基本通達に定めがあり，この定めに従った取扱いがなされているかどうか，税務デューデリジェンスを通じて確認する必要がある。

詳しくは，「補章3第2節**6**預り金・前受金」を参照されたい。

(2) 付加価値割

百貨店等の小売業においては，いわゆる消化仕入という取引形態が行われており，テナントから売上高の一定割合を受け取るという契約形態になっていることがある。この売上高から一定割合を受け取ることに代えて，固定的な賃借料を収受していないこともあり，実際にはこの売上変動の部分が家賃に相当すると考えられている。この変動家賃については，地方税の取扱通知（道府県民税関係）に法人事業税・外形標準課税における取扱いが定められているが，会社によって対応が異なっていることもあり，税務デューデリジェンスにおいて調査対象会社の認識や処理方法を確認することが大切である。

この取扱いは，百貨店等のみならず，百貨店等に出店しているテナント企業においても支払賃料の問題として捉えることができるため，百貨店等に出店している業態を抱える企業の税務デューデリジェンスを実施する際には，このような観点から検討をすることも必要となる（地方税の取扱通知（道府県民税関係）4の4の8(6)）。

4　エネルギー関連業界

(1) 価格調整

エネルギー関連業界の取引は，輸入価格をもとに国内市場への取引価格（国内の卸売業者への販売価格）が決まることが多い。取引価格が前月CIF等をもとにしている場合には，請求段階で前月CIF等が確定しており確定した価格で取引できる可能性もあるが，当月CIF等をもとにしている場合には請求段階で当月CIFが確定していないため仮価格で取引せざるを得ず，その翌月

の請求に，仮価格と確定した価格の差額精算を含めることがある。これがいわゆる価格調整であり，エネルギー関連業界では一般的な取引であると思われる。

　税務申告書の提出期限が事業年度終了後2か月後（延長のある場合には3か月後）であるため，事業年度の最終月における仮価格の取引についても，申告期限までには確定した価格が判明していると思われる。申告期限までに判明している事項は可能な限り確定申告に織り込むという考えもあるため，税務デューデリジェンスにおいては，調査対象会社におけるこのような取引の有無を確認し，もしある場合には，その会計・税務処理を併せて確認する必要がある。

(2) バーター取引

　エネルギー関連業界に属する企業の場合，備蓄義務の基準を満たすための売買としてポイント取引，地域間の運送効率のために在庫を融通しあう地域バーター取引，季節変動に対応するために在庫を融通しあう時差バーター取引等の特殊な取引が行われていることがあるため，エネルギー関連業界に属する調査対象会社の税務デューデリジェンスを行う際には，まずはこれらの取引の有無を確認する必要がある。

　会計上は，昨今の循環取引に関する問題と類似の問題と考え，バーター取引についても在庫の貸し借りとして処理すべきであるという意見があるようだが，税務上は売買として処理することが求められる可能性がある。そのため，税務デューデリジェンスにおいては，調査対象会社の会計・税務処理を確認する必要がある。

5 教育関連および福祉関連業界

(1) 前受収益

　教育関連事業においては，受講生から入学金や授業料の一部もしくは全部を入学時に前もって受け取っていることが多く，教育関連事業の税務デューデリ

ジェンスを行う際には、これらの税務上の取扱いについて留意する必要がある。

　入学金については、入学に伴って実現する収益であると考えられるが、前受する授業料については、授業の進行に併せて認識すべきものと考えられる。会計上は、このような収益認識を行うことについて異論はあまりないと思われるが、税務上は、前受けする授業料が、たとえ受講生が授業を受けることを止めた場合であっても、原則として返還不要となっていることが多く、返金を要しない入金に関連する益金の計上時期をどう考えるべきか、という問題として捉えられることもあり、意見の分かれることもあるように思われる。

　また、このような問題は、老人ホームにおける入居一時金等についても同様である。老人ホームの場合の入居一時金については、入居者が入居した時期から退去するまでのサービスの対価として受け取るものであるという見方もあれば、入居後も毎月一定の金額を受け取ることから、入居一時金はあくまで入居するという一時の行為に関連する対価であるという見方もある。そのため、税務上の取扱いを容易に結論づけることは困難であり、調査対象会社の会計処理、認識、過去の税務調査における税務当局とのやり取り、過去の裁決事例などを確認することが重要となる。

6　IT関連業界

(1)　請負契約

　実務上、従業員として雇われていた個人がその会社を退職し、その後、その会社と業務委託契約等を締結するというケースは比較的多いと思われる。このような契約形態は、IT関連業界のみにある問題ではないが、IT関連業界においては、スキルのある技術者とその技術者による継続的な役務提供を希望する会社との関係が、このような問題を生じさせやすい環境にあり、事例としても多いと思われる。したがって、IT関連業界に属する調査対象会社の税務デューデリジェンスを行う際には、特に留意すべき取引ではないかと思われる。

　調査対象会社においてこのような取引が行われている場合、業務委託契約を

締結している元従業員との関係が，引き続き雇用に準ずるものと認められた際に，支払っている対価（業務委託契約に基づく報酬）が報酬ではなく，給与として取り扱われるべきものであり，給与所得の源泉徴収が必要であるところ，行われていなかったという源泉所得税の徴収漏れに関する問題が生ずる可能性がある。給与所得に係る源泉所得税の徴収漏れとなった場合には，通常，該当する元従業員は，扶養控除等申告書を会社に提出していないことから，乙欄に基づく源泉徴収が必要となり，不納付の源泉徴収税額が多額になる傾向がある。

この問題は，給与所得と事業所得の区分の問題であり，この判定基準に沿って調査対象会社の担当者に取引の実態を確認していく必要がある。

(2) 開発者への報酬

個人にソフトウェアの開発を委託した場合に，著作物に係る権利の帰属によって源泉所得税の取扱いが異なるため，個人との契約において，どのような取り決めがあるか確認する必要がある。

この問題は源泉所得税に関連する基本的なテーマではあるが，基本的な部分であるからこそ，調査対象会社の担当者における十分な理解とその理解を前提とした個人との契約がなされているべきであり，税務に関連する内部統制の状況を把握する目的からも有意義であり，税務デューデリジェンスを通じて確認されるべき点ではないかと思われる。

(3) 開発コスト

IT関連業界においては，外部からの委託等に基づく開発に要した費用を集計することは自然のこととして行われているが，ここでは，自社開発のソフトウェアに関連する費用の集計に関する留意点を述べたい。

税務調査においても，自社開発のソフトウェアの開発に要した費用の集計漏れを指摘されているケースは多く，税務デューデリジェンスを通じて確認されるべき点ではないかと思われる。ただし，調査対象会社の行っていない作業を税務デューデリジェンスの担い手が行うことは不可能であり，調査対象会社の担当者へのインタビュー等を通じて，調査対象会社の自社開発ソフトウェアへの費用集計方法等を確認し，可能であるならば一定の仮定を設けたうえで影響

額を試算する必要がある。

7 コンテンツビジネス

(1) コンテンツ制作費の償却

　コンテンツは，パッケージ流通，ノンパッケージ流通や権利許諾など多様な流通・販売形態をとり，その収益獲得機会が多様であるため，会計上，コンテンツ制作費は費用収益対応の観点から個別実態に応じた費用化の方法が検討される点に特徴がある。税務上，著作権の償却に関する直接的な規定はなく，コンテンツ制作費に関連した規定としては，映画フィルム，レコード原盤の減価償却方法を定めたもの（「器具備品」として2年で減価償却）や販売用ソフトウェアの減価償却方法を定めたもの（複写販売用のマスターは3年で減価償却）があるが，上述のとおり会計上は個別実態に応じた費用処理方法を採用し，税務基準と処理が異なることが多いものと考えられるため，調査手続として税務調整の実施状況を確認することは重要である。なお，映画フィルムについては税務上，原則2年の減価償却に代えて，封切日から10か月で償却する特別な償却方法などが認められている（「耐用年数の適用等に関する取扱通達」4－3－3(4)および付表6(2)に定める方法）が，適用には一定の要件を満たすことが必要となるため，映画業界における税務デューデリジェンスを実施する際には当該要件の充足状況にも留意する必要がある。

(2) 著作権の使用料

　著作権の使用料に対しては，源泉所得税が課せられる（内国法人への支払は除く）こととなるため，著作物を利用するコンテンツビジネスにおいて，著作権の対価を支払った側の法人において源泉所得税の徴収漏れがないか確認を行うことは，税務デューデリジェンスの手続上，重要である。上記著作権の対価が支払われる場面としては，たとえば出版業界における作家への原稿料の支払や，映画業界における海外著作権者への国内配給権の許諾を受けるためのミニ

マム・ギャランティー（最低保証印税）の支払などが挙げられる。なお、非居住者に対する著作権の使用料について、租税条約の適用を受けるため、源泉徴収税率が減免されるものとして取り扱われている場合には、非居住者の居住地国における居住者証明が届出書に添付されるなど、租税条約の届出が適切に行われていることが条約の恩典を受けるための前提となるため、併せて確認しておく必要があるものと考えられる。

(3) 単行本在庫調整勘定

出版業を営む企業においては、最終刷後6か月を経過した単行本については、一定の算式により算出した単行本在庫調整勘定を無税で引き当てることが認められており（法基通9－1－6の8）、出版業を営む企業の税務デューデリジェンスを行う際には、この処理が適切に行われていることを確認する必要がある。

一定の算式に基づき自動的に算出可能であることから、重大なミスが発見される可能性は相対的に低いと考えられるが、特定の業種にしか認められておらず、また、法人税法の本法に規定がなく法人税基本通達にのみ定められている単行本在庫調整勘定については、出版業界において特徴的な税務処理と考えられることから、税務デューデリジェンスを行う際には留意が必要である。

8 投資ファンド傘下の企業

(1) 株主関連費用

投資ファンドが買収目的会社（以下、「SPC」という）を用いて事業会社を買収するケースにおいては、本来、SPCが負担すべき費用を事業会社が負担していることもあるため留意が必要である。

また、投資ファンドが傘下の企業を売却する場合、その直前に事業会社から投資ファンドへ臨時の支払が行われることがあり、そのような取引の有無を確認することも大切である。投資ファンドは、事業会社に投資している期間に経

営指導料や派遣した役員の報酬等として，事業会社から収入を得ていることがあり，いざ企業を売却する際に，企業の売却によって得られる収入のほかにも，対価を得ようとする誘因が働く。その顕著な例が，事業を売却する直前に経営指導料等の契約を遡及的に見直し，臨時の支払を行われるということであり，このような取引の有無を確認する必要がある。

(2) 資金調達関連費用

投資ファンドが上場会社を公開買付け（以下，「TOB」という）により買収する場合には，資金調達に関連するコストとして多くの種類のコストが発生し，また，その金額が多額となることが多い。

TOB開始時からTOB決済時までの金融機関による貸出コミットメントに対する報酬，TOB終了後から本格的な借入れ（シニアローン）までの期間のつなぎ融資（ブリッジローン）の調達金利，協調融資となるシニアローンのアレンジメントフィーやメザニンのアレンジメントフィー，運転資金（リボルバー）の貸出コミットメントに対する報酬など，資金調達関連のコストは多岐にわたり，これらのコストが適切に処理されていることを確認することが税務デューデリジェンスにおいて重要となる。

第9章

移転価格税制と
デューデリジェンス

第1節　M&Aにおける移転価格税制

1　移転価格税制の概要

　近年のM&A案件の大型化に伴い，M&Aの対象となる企業も，日本企業をはじめとするグローバルビジネスを行う多国籍企業となる案件が増加してきている。グローバルビジネスを行う企業の多くは，その関係会社との取引を通じてビジネスを展開しているが，企業によっては海外売上および利益が全体の売上および利益に占める割合が高いことが多く見受けられる。このような企業がM&Aの対象会社となる場合にクローズアップされる税務問題が，移転価格税制である。

　移転価格税制とは，企業間取引における商品，数量，市場などのさまざまな条件が同一であれば，同一企業グループ内の取引であっても，お互いに資本関係などの特殊な関係を有しない独立企業同士の取引価格で行われるべきである，という「独立企業間原則」に基づいて成り立っている税制である。したがって，同一企業グループ内の取引における価格と独立企業同士の価格が合致しない場合，関係会社間での特殊な関係に基づいて取引価格がゆがめられ，結果として利益が一方の国から他方の国に移転しているとみなされる。このような場合，課税当局は，関連者間取引により海外へ移転されたとされる所得を独立企業間原則に基づいて価格更正することにより，海外に移転されたとする所得を自国で課税しようとする。移転価格の実務において，独立企業間における取引価格は，各国の税制においてその検証方法，すなわち独立企業間価格算定方法（Transfer Pricing Method：TPM）が定められており，これに従い検証がされる。

　TPMは，各国の税法においてそれぞれ定められているが，基本的には各国

ともほぼ共通のものを採用している。移転価格税制を導入した多くの国が，経済協力開発機構（OECD）の定める「移転価格ガイドライン」に定められたTPMを採用しているからである。日本においても，同ガイドラインに従ったかたちで以下のTPMが採用されている。

- ■独立価格比準法（Comparable Uncontrolled Price Method）
- ■再販売価格基準法（Resale Price Method）
- ■原価基準法（Cost Plus Method）
- ■その他の方法
  - 利益分割法（Profit Split Method）
  - 取引単位営業利益法（Transactional Net Margin Method）

　日本の税法上，原則的には独立価格比準法，再販売価格基準法，原価基準法（これらを総称して「基本三法」と称する）を優先的に用いるべきとされてきたが，2011年度の税制改正において，この基本三法を優先する方針から，適用が可能な方法の中から最も適切な方法を選定するというベストメソッドルールに制度が転換された。

　TPMは，上述のように数種類あるものの，実務上は検証に必要な情報の入手可能性の観点から，これら基本三法の適用は多くなく，2011年度の税制改正によるベストメソッドルールの導入前においても取引単位営業利益法（TNMM）の適用が多かった。

　同方法は，移転価格税制の対象となる取引（検証対象取引）における取引価格そのものを検証するのではなく，それらの取引の結果としての営業利益の水準を検証するものである。すなわち，検証対象取引と，同種または類似の取引を行う独立の第三者が得る営業利益の水準とを比較し，両者が同等の水準にあれば，検証対象取引が独立企業間原則を満たすとするものである。

　移転価格デューデリジェンスにおいても，作業に係る時間的制約や情報の入手可能性を勘案し，TNMMを用いて買収対象企業の移転価格分析を行うことが多い。たとえば，海外に親会社を持つ製造業が日本に販売子会社を持つ場合，この販売子会社と同様の取引形態を持ち，同様の機能を果たし同様のリスクを負担する独立の販売会社（通常は複数）を探し，両者の営業利益水準を比較し，ほぼ同一の水準にある場合，移転価格税制上，独立企業間原則を満たす，と考

えることになる。

　TPM に加え，移転価格税制では取引を行う関連者の範囲，対象取引の種類，具体的に TPM を適用するに当たっての留意点などを定めており，分析においてはこれらの点についても税制に則ったかたちとする必要がある。

2　移転価格税制執行の現状

　企業活動のグローバル化を受け，移転価格税制の対象取引である企業グループ内での国際取引（国外関連取引）は増加の一途をたどっている。また，特に製造業を中心に，日本企業の海外事業における現地製造・販売の流れもますます深化しており，企業によっては本社機能を海外に移しているケースもある。その結果，グループ内の商流の主流はかつてのモノの輸出入取引から本社を通らない外・外取引にシフトしつつあるといえる。

　こうした流れを移転価格の観点から捉えると，かつての日本と海外子会社間の輸出入取引における移転価格の問題から，外・外取引において直接商流が通らない本社の貢献とその対価の海外子会社からの適切な回収という議論になってくる。日本の税務当局は，日系企業の海外事業における本社の製品技術，生産ノウハウ，製品ブランド形成といった貢献の対価が適切に回収できているか，という観点から，移転価格税制の執行を強化してきている。

　注目すべきもう1つの大きな流れとしては，BEPS の動きが挙げられる。BEPS とは，Base Erosion and Profit Shifting の略称であり，日本語では税源浸食と利益移転と訳されているが，その目的としては，企業による行き過ぎた節税を抑制するとともに，各国政府による企業誘致等のための行き過ぎた税優遇を相互に牽制するためのものである。この動きは，2012年前後から OECD と G20によって主導されたものであるが，移転価格税制を含めた国際税務に関する15の行動指針が2015年夏に示され，2016年以降はその行動指針に基づき，各国の政府がそれぞれの国の法令に落とし込む動きが加速すると考えられている（なお，本邦においても，2016年度の税制改正において，上記

図表9－1　移転価格の更正件数ならびに金額

	2012事務年度	2013事務年度	2014事務年度
更正件数	222件	170件	240件
更正所得金額	974億円	537億円	178億円

（注）事務年度は，7月1日から翌年6月30日までである。

BEPS行動計画13に基づく移転価格文書化義務が法律の中に組み込まれた）。

　BEPSの目的は前述のように，主に欧米企業を中心とした行き過ぎた節税行為を抑制するものであったが，その影響は，欧米企業に限らず日系企業にも及ぶものであり，特に移転価格税制にかかる行動指針によって，企業による移転価格のコンプライアンスコストが増加するとともに移転価格リスクが上昇することが想定されている。したがって，国際展開を行っている企業においては，移転価格対応の重要性がますます高まると考えられている。

　続いて，本邦における移転価格税制の執行状況についてであるが，図表9－1は，日本の国税庁が公表した移転価格税制に関する執行状況のまとめである。上の表が示すとおり，年によって更正件数・更正所得金額ともに変動があるものの，更正件数は200件前後で推移している一方で，更正所得金額は大幅に減少している。本傾向に関して，国税庁からの具体的な説明がないことから，その原因について確かなことはわからないが，更正件数に関しては，2012事務年度より前の3事務年度においては，130件前後で推移していたことを考えると，日本の税務当局が移転価格税制の執行に力を入れていることが容易に想像できる。一方で，近年の更正所得金額の減少傾向については，企業側の移転価格にかかる対応の必要性が浸透してきていることも一因であることが想像できるとともに，事業環境，経済環境等の外的な要因も少なからず企業の業績に影響を与えることから，上記更正所得金額の統計にも間接的に影響を与えていると考えられる。

　今後は，前述のBEPSの考え方に基づく移転価格税制の積極的な執行が，日本のみならず海外（特に新興国）においても見込まれることから，移転価格にかかるリスクは，さらに高まると考えられ，デューデリジェンスにおける移

転価格税制の観点からの検討も，その重要性がより高まっていくと考えられる。

〈参考〉　移転価格税制と二重課税

　移転価格税制に基づき税務調査を受け，その結果追徴課税を受けた場合，二重課税の状態となる。すなわち，同一の取引に係る利益について，取引の一方の国が課税所得の増加を主張した場合，他方の国において課税所得の減額が行われない限り，増加された課税所得部分は取引に関連する両国において二重に法人税が課される状態となる。

　この問題は，究極的には，関連する両国に対し相互協議という，税務当局間の話し合いを申し立て，両国間での合意が成立すれば解決されることになる。その場合，移転価格税制に基づく課税リスクはなくなるのではないか，したがって移転価格リスクは，デューデリジェンスにおける税務リスクとして考慮する必要はないのでは，という疑問が生ずる。

　しかしながら，現実的には，以下の理由により，相互協議による税務当局間の合意の可能性をもって移転価格リスクが完全に解決されることにはならない。

　第1に，相互協議の申立てができるのは，相手国と日本との間で租税条約（協定）が締結されている場合に限られているため，日本との間で租税条約が締結されていない国との取引については，相互協議の申立てをすることができない。

　第2に，協議において合意の成立まで費やす多くの人的，金銭的なコストを勘案すると協議が効果的でない場合や，協議相手国の状況から，相互協議がうまく機能しない場合もある。したがって，実際には，相互協議を申し立てることが現実的でない場合がある。

　第3に，相互協議に関して，関連する税務当局には，二重課税解消の努力義務が定められているが，合意は義務づけられていない。したがって，相互協議の結果，合意が成立しない可能性もある。

　第4に，課税を受けてから解決するまでの時間を考える必要がある。相互協議の申立てから合意の成立までには，通常数年間を要し，これに要するさまざまなコストや不確実性を無視することはできない。なお，企業のキャッシュフローとしては，日本において納税者が移転価格課税を受け，相互協議の申立て

を行った場合には，一定の条件のもとで追徴税額の支払猶予が可能であることから，課税を受けた時点でキャッシュアウトが起こる問題は対処が可能である。

3 移転価格リスクの要因

　M&Aの対象が日系企業で海外に関係会社を持つ場合や外資系の子会社である場合，潜在的に移転価格を検討する必要が生じる。これらの企業では，通常，親子会社間での関連者取引比率が非常に高く，特に子会社サイドから見た場合移転価格が最も重大な税務リスクとなる場合が少なくない。子会社全体の仕入高や売上高に対して取引価格の更正を受ければ，価格自体の変更がわずかでも関連者取引比率が高ければ，子会社の利益は大きく変動することになるのである。すなわち，多国籍企業の税務リスクという観点から，移転価格は金額的な面での影響度が非常に大きいといえる。

　これに加え，移転価格の問題が他の税務問題と比較して大きな問題となる潜在的な要因としては，(1)事実認定の問題，(2)更正対象取引，および(3)除斥期間（税務調査によって更正・決定を行うことができる期限）が考えられる。

(1) 事実認定の問題

　日本を含む多くの国において，移転価格税制の執行の根拠となる法令・規則・通達が概して簡潔に制定されており，個別事案への適用において解釈の余地が大きいため，移転価格は事実関係の認定が重要であるといわれる。ある事実関係について，特定の法令への分類，適用が問題になることよりも，そもそもその事実関係の有無や性質が議論の対象となることが多い。たとえば，子会社が生産活動を行っている場合に，それが本社からの単純な委託加工であるか子会社独自の創意工夫に基づくものであるか，ある国で自社商品がヒットした場合，それが現地子会社の営業努力によるものか，それとも本社の優れた製品開発能力に基づくものか，といった一見税務問題には関係ないと思われる事項が争われることがある。こうした事実関係が，前述した「本社の貢献とその対

価の適切な回収」などの議論に関係してくるためである。このため，税務当局側と納税者側で解釈の相違をもたらす可能性をはらんでおり，納税者側の税務ポジションが将来的に否認されるリスクが高まる。ここでの判断に必要な情報やデータは，公開情報からは入手不可能であることはいうまでもなく，企業内部で得られる情報からであっても，表層的な情報からは窺い知れないことが多い。実際に事業に携わっている担当者からのヒアリングが唯一の事実認定の方法であるケースも多い。

したがって，こうした事実認定について，いかに適切な手段で正確な事実関係の把握を行い，客観的なサポート資料の入手ができるかが，税務当局の出す結論に大きく影響することになる。

(2) 更正対象取引

通常の法人税の調査においては，税務調査の結果により更正処分を受けるといった場合でも，一般的にはたとえば交際費の損金性否認や資本設備に対する修繕費の収益的支出の否認など，単発の取引であることが多い。これに対して移転価格税制に基づく更正の場合には，移転価格税制の対象が，すべての国外関連取引としていることから，棚卸資産取引のみならず，役務提供取引，無形資産取引，金融取引など，ほぼすべての種類の取引がその対象となる。特に，棚卸資産取引については，経常的に行われる取引であることから，関連者との仕入または販売取引が多い場合には，潜在的に移転価格課税の対象となる金額が増えることになり，結果として移転価格リスクが膨らむことになる。

(3) 除斥期間

日本の税制においては，一般の法人税に係る税務調査で更正・決定を行うことができる期間の制限は通常5年であるのに対して，移転価額税制の場合には6年間（ただし，仮装・隠ぺい等がある場合には7年）となっている（措法66の4⑯）。これは，移転価格に関する調査が一般の法人税に関する調査に比較して複雑であり，時間がかかることによる。このため対象会社は法人税の除斥期間後（5年間）も移転価格の更正リスクにさらされるため，移転価格の更正リスクの顕在化に留意しなければならない。

第2節　移転価格デューデリジェンス

1　移転価格デューデリジェンスとは

　移転価格デューデリジェンスは，他の税務分野におけるデューデリジェンスと同様，買収対象会社の移転価格税制上のリスクの存否を明らかにし，その評価額の算定を試みることである。

　より具体的には，買収対象会社がグループ全体で，買収時点以降，潜在的に移転価格による更正を受けるリスク（移転価格リスク）をどれだけ抱えているかを評価するため，すべてのグループ内国際取引（国外関連取引）を洗い出し，その取引価格が独立企業間原則に照らして適正に設定されているかを，関連各国の移転価格税制に基づいて検証のうえ，そのリスク（潜在的更正金額）を定性的・定量的に分析することになる。

　これは移転価格の実務において経常的に行われる移転価格リスク分析と同じ性質を持つものといえる。したがって，実際の作業に際しても，移転価格リスク分析において用いられる作業工程や分析手法を援用することになる。しかしながら，デューデリジェンスならではの事情，あるいは留意すべき点が存在するのも事実である。

　以下，こうした点を踏まえながら，移転価格デューデリジェンスの実務を概観する。

2 移転価格デューデリジェンス実施における留意点

　税務デューデリジェンスを通じて，移転価格リスクを把握することを目的とするが，各案件の性質や目的に照らし，作業範囲を明確にすることが必要である。すなわち，ハイレベルな（おおまかな）移転価格リスクの所在を確認するもの，概算での定量的な移転価格リスク額の算定を行うもの，さらには将来的な移転価格問題への対応策・改善策の提案まで行うものなどの目的を明確にする必要がある。この観点から移転価格デューデリジェンス実施における主な留意点を以下に述べる。

(1)　入手情報・資料の制限

　情報の入手可能性は，他の税務デューデリジェンスと同様，大きく制限される可能性がある。移転価格については，財務諸表などの決まった形式として残されていない情報が評価のうえで非常に重要となる場合がある。たとえば，経営上の重要な意思決定のプロセス，無形資産構築に係る費用の分担実績，事業上のリスクを企業グループ内でどのように負担するかを定めたルール，などである。これらの情報については，対象会社側の担当者の協力が必要であるが，その買収が友好的なものでない場合には，その協力を得ることが難しい場合もある。また，移転価格税制が国外の関連者との取引を対象としていることから，国外の関連者の側に必要な情報が存在することも多く，使用する言語や物理的な距離の問題から情報の入手が制限されることもあるため，デューデリジェンスを通じて，どこまでの情報にアクセスすることが可能かを見極める必要がある。

　デューデリジェンスの結果としての発見事項は，これらの資料で得られた情報の範囲に制限されるため，与えられた情報でどのレベルまでの分析・評価が可能であるかを見定め，各関係者間で十分に認識の共有を行う必要がある。

(2) 調査時間の制限

調査時間についても，他の税務デューデリジェンスと同様，情報収集，分析，評価に必要な時間を十分には確保できない可能性がある。通常の移転価格調査対応のための移転価格のリスク分析は，数か月単位の時間を費やすことが多いが，デューデリジェンスにおいてはまったく違うスケジュールで案件が進む。したがって，限られた時間内で可能な作業範囲の見極めと各関係者の了解，理解の共有が必要である。

特に，独立企業間価格を算定するうえで行われる比較対象企業の選定作業や，海外子会社の所在地国における移転価格税制の概要と執行状況の確認などには，作業負荷の程度や海外とのコミュニケーションに要する時間などの事情により，通常多くの時間が必要とされるため，そうした作業がどの程度可能であるか，そしてどの程度重要なのか等，適切な判断と関係者への説明が重要になってくる。

(3) 社内移転価格担当者

買収対象会社の担当者の移転価格に対する知識，海外子会社の存在する現地とのコミュニケーションの可否も大きなポイントとなる。買収対象会社の直接の窓口が税務担当部門であっても，担当者が移転価格の問題に携わった経験があるとは限らず，あるいは，移転価格を税務部門以外の部門（海外事業統括部門，関係会社管理部門など）で取り扱っていることも多い。こうした場合，できるだけ社内の移転価格の事情に明るい担当者と連絡が取れるよう手配するとともに，担当者がどの程度の情報を持っているかを確認することが重要である。

移転価格デューデリジェンスにおいては，前述のように他の海外税務デューデリジェンス同様，必要な情報は海外に所在する関係会社にあることが多い。日本側の担当者が海外の状況を完全に把握していない場合も大いに考えられる。現地での移転価格調査の状況や，現地側での文書化などについては，日本側が把握しきれないケースもあり得るだろう。その場合に，日本側を通じて，あるいは直接海外関係会社の移転価格担当者にコンタクトが可能であれば，直接事実関係を確認することで，潜在的に重要な情報が得られることも多い。

さらに，可能であれば，移転価格担当者以外に，海外事業に関する実務責任

者に，海外関係会社の概要や主要な機能・負担するリスクについて確認することができれば，より正確な情報が得られることになる。

前述したように，移転価格税制においては，事実認定の問題が非常に重要な役割を果たしており，できるだけ表層的な事実関係を超えた事業活動の実情に明るい担当者から直接情報を入手することが，精度の高い移転価格デューデリジェンスを実現することにつながる。

(4) 定量的リスクと定性的リスク

移転価格デューデリジェンスにおいて問題となるのが，調査結果に基づく結論をどこまで明確にできるか，という点である。すなわち，先に述べたように，根拠となる法令，規則が比較的簡潔であり，個々のケースにおいては常にそれらの解釈を行うため，断定的な結論を導きにくい要素が大きく，また評価に必要な情報も客観性を維持することが困難なことも多いことから，定量的な結論が出しにくいことが多い。

したがって，実務では，いくつかの前提条件（例「税務当局がA国所在の子会社の機能を限定的な委託製造会社と認める限りにおいて」など）をおいて結論を導いたり，定量的な評価が可能な部分とそうでない部分を区別したりして，より明確な評価を求めるニーズへの対応と評価の信頼性の確保という両立の難しい2つのテーマの妥協点を見出すことが重要となる。

なお，定量的な評価とは，一般的には，現在の移転価格と本来あるべき移転価格（すなわち独立企業間価格）との差を潜在的更正金額として算定するものである。したがって，現在の移転価格と本来あるべき移転価格それぞれの情報が入手されている場合はそのまま定量的な評価を行うが，入手が困難な場合は，独立企業間価格を一定の幅で示したり，移転価格税制専門家がこれまでの実務から培ってきた経験則を用いて妥当と思われる水準を用いたりして定量的な評価を行うこともある。無論，こうしたケースでは，いったん「仮」に設定した計数により定量的な評価を行うものであり，将来的にはより厳密な分析・検証が必要であることを明確にしておく必要がある。

そして，こうした過程で洗い出されない取引あるいは，定量的分析で把握しきれなかった事項については，その妥当性を移転価格税制の観点から評価する，

定性的な分析により対応することになる。

3 業種別の移転価格問題の留意点

　ここでは，移転価格デューデリジェンスについて，業種別の特徴，あるいは注意すべき点について簡単に触れておきたい。なお，こうした業界特有の事情については，各業界における一般的な知識を取得することに加え，インタビューなどを通じ，各当事者からの情報提供を受け，理解に役立てる必要があることはいうまでもない。

(1) 製造業

　日本企業に対するデューデリジェンスで，件数が比較的多いのが自動車，電機，機械などの産業に代表される製造業といえよう。製造業全般の特徴としては，国境を越えた関連者間の取引，すなわち国外関連取引がきわめて活発であり，それに伴い移転価格における更正リスクも高くなる点が挙げられる。

　また，これら産業では，日本を代表する「ものづくり」のノウハウが競争力の源泉となっているケースが多く見受けられ，これに対する日本側の貢献と，それに対する収益が適切に日本に還元されているか，というテーマで移転価格の妥当性が論じられることが多い。したがって，デューデリジェンスにおいても，表面的な国外関連取引のみならず，こうした視点からの検証が重要となってくる。

　製造業においては，産業により移転価格税制上留意すべき特徴がある。たとえば自動車産業であれば，基本的に超過収益力の源泉となる基礎技術やブランドは，販売を行う市場の多様性にかかわらず同一である一方，消費財産業であれば，各市場ごとに独自のブランド導入や製品投入を図っており，市場ごとに無形資産の生成に対する貢献や対価回収に関する議論が異なってくるケースもある。

　また，産業によっては同一グループ内で事業の多角化を図っている産業も多

く，事業セグメント別に複数の分析が求められることもある。

(2) 製薬業

これらの産業では，比較的少数の多国籍企業が全世界規模での事業活動を展開し，移転価格が問題となるのもこうした多国籍企業が中心である。また，事業における新薬の研究開発の果たす役割が非常に大きく，直接商流を通じて行う国外関連取引のみならず，製品（薬品）の開発とそれに関する各関係会社の貢献ならびにリスク管理という観点から，移転価格問題を検証することが多い。また，製薬業界（特に処方薬といわれるもの）の特徴として，製品のライフサイクルの初期には，長い研究開発期間とそれに伴う巨額の開発コストが計上される一方で，開発に成功し市場で販売されるようになると，場合によっては巨額の利益が計上されることになるため，製品のライフサイクルの中でもキャッシュフローが大きく変動することに特徴がある。また，医薬品は，販売される市場での臨床試験が義務づけられており，販売活動についてもMRという専門的な知識を持った担当者が販売活動を行うなど，製品が開発された後の活動にも，他の製品にない特徴がある。

こうした企業におけるデューデリジェンスについては，事業の特徴や市場の状況等，専門的な情報を最低限理解したうえで体系的に分析しないと，移転価格に関する的確な検証がなされないため，与えられた情報のレベルや時間的制約をにらみながら，適切なデューデリジェンスの作業を遂行する必要がある。

(3) その他

金融やサービス産業といった「ものづくり」以外の業種についても，産業全般のサービス化，あるいは移転価格の分野における無形資産や役務提供に関する議論の発展を受け，近年移転価格問題が注目を集めるようになってきている。

① 金融業

金融業界については，関連者間の取引価格について，その取引種類（金融取引）の性質上，市場価格が明らかになっていることが多く，これらが移転価格の分析における検証の重要な要素となろう。一方，日本法人と国外関連者に機

能が分散され，これらの者が共助的に一体として事業を行っているような高度に統合されたグローバルトレーディング等の取引形態については，第三者間で同様の取引を行うケースはほとんどなく，かつ，リスクを取るための資本の貢献と実際のオペレーションを行う人的な機能との間で，その相対的な重要性が問題になるなど，個別の事例に即した移転価格を設定する必要がある。これらの特殊性に起因する移転価格問題について理解する必要がある。

② サービス業

　サービス業については，その業種や事業内容が多岐にわたるため，それぞれの業界や市場の特殊性を十分に理解したうえで分析を行う必要がある。また，独立企業間価格を算定するうえでの基準となる比較対象企業のデータが入手しにくいケースが多い。そのため，それぞれの業界における事業内容および機能・リスクを勘案したうえで，まったく同一あるいは類似の業種から比較対象企業を選定することが不可能な場合には，業種の基準等を緩めたうえで機能およびリスクに重点を置くことなどにより，信頼できる情報が入手できる範囲内で最も比較可能性の高い比較対象企業を選定するなどして対応していくことが重要である。

③ 商　　社

　商社は日本独特の事業形態であるといわれる。その活動は多岐にわたり，仲介，卸売りといった伝統的事業から投資業務，資源開発までカバーしており，それぞれについて適切な機能分析と比較対象取引の選定を行う必要がある。仲介業については，商品の所有権を取得するものの在庫リスクを持たない場合（仕入れ時点であらかじめ売り先が決定されている場合）は，その機能の実態からみて役務の提供と捉える場合もある。また，投資業務，資源開発などについては，投下資本回収に関するリスクを誰が負担するか，その業務における成功要因は何か，そしてその要因は誰による貢献なのかなど従来の商社機能に関する議論を超えた分析を行う必要があると考えられる。

第3節 移転価格デューデリジェンスの実務

上記において移転価格デューデリジェンスの一般的留意事項を説明したが，以下では，移転価格デューデリジェンスの作業工程に沿って，実務上のポイントなどを概観する。

1 スケジューリング

実際のデューデリジェンスを行うにあたっては，まずスケジュールの確認を行い，与えられたタイムフレームの中で実施可能な作業について各関係者の了解を得る。

次に，必要な情報のリストアップを行い，各情報の保有者・入手可能性を確認し，買収対象会社の窓口等を通じて，情報提供の依頼を行っていく。

典型的な移転価格デューデリジェンスの実施スケジュールは図表9－2のようになる。

大まかにいうと，初期段階で作業全体の期間，目標，成果物イメージを決定して，限られた時間内で無駄な作業ややり残しの作業が発生しないようにしておく。併せて，必要な情報リストを最初に提示し，できるだけ早い段階で情報を入手し，分析を開始することが，より効率的な作業を可能とする。実際の分析にあたっては，初期分析の後に仮報告を行い，当事者間で認識が一致していることを確認し，方向の修正や追加情報の必要性について対応できるようにする。特に，移転価格デューデリジェンスにおいては，移転価格担当者による単独の作業となるケースが多いため，他の税務デューデリジェンス担当者やデューデリジェンスに携わる各当事者とのコミュニケーションについては，十分に留意する必要があろう。

第3節　移転価格デューデリジェンスの実務　**261**

図表9－2　スケジュール例

フェーズ	具体的内容
フェーズ1	・内部キックオフミーティング（討議事項：デューデリジェンスの全体的な目標や大まかな成果物のイメージの確認，デューデリジェンスを行う範囲の確定，具体的なスケジュールの設定など） ・情報提供元（関係会社，担当部署）の確認 ・情報提供依頼リストの送付
フェーズ2	・提供された情報に基づく移転価格リスクの分析 ・必要に応じ，情報提供元への確認，追加の情報提供依頼
フェーズ3	・フェーズ2の作業に基づく発見事項の仮報告 ・他の税務デューデリジェンス担当者との情報交換，発見事項の整合性確認 ・当事者間のすりあわせによる，追加調査事項（追加情報提供によるより定量的な分析の遂行，初期デューデリジェンスによる発見事項に対する詳細な分析の遂行など）の決定
フェーズ4	・追加調査の遂行 ・全調査事項をとりまとめた最終報告書の作成，報告作業
フォローアップ	・当事者間での依頼による再度の追加調査（必要あれば）

2　入手資料

(1)　入手資料と分析内容の相関性

　入手可能な基礎資料と，それに基づく分析内容のレベルについては，おおよそ図表9－3のような関係になろう。
　同表にあるように，入手できる情報によって分析のスコープや目的が決定されるため，資料の入手状況に応じた作業内容の見直しが必要となる。一方で，分析の目的に照らして，入手資料の優先順位を定めて，資料依頼のときにメリハリをつけることも有用であろう。

図表9－3　入手資料と評価内容のイメージ

有用性	資　料	分析する内容
個別取引・法人についての分析に役立つもの　↑↓　総括的，グループ全体の分析に役立つもの	・買収対象会社グループの移転価格問題について，各国税務当局からの調査，税務当局による事前確認の審査，相互協議，法的救済の申立てなどを実施した際の資料	買収対象会社グループ内の個別取引，法人レベルについての定量的な分析（潜在的更正リスク額の算定）
	・グループの国外関連取引に関係する各法人について，詳細な機能とリスクを示す資料 ・移転価格文書や事前確認申請に関する資料 ・過去または継続中の税務調査に関する資料 ・無形資産の使用，役務の提供に関する情報	グループ全体レベルでの大まかな定量的分析（移転価格更正リスク額の算定）および定性的な分析（各取引，各取引関連者について，取引形態，移転価格ポリシーに起因する潜在的な問題点などの指摘）
	・全般的な移転価格ポリシーやグループとしての移転価格設定に関する考え方 ・収益状況 ・関連者間取引の内容（取引種類，取引額）	定性的な分析（グループ全体での取引形態，移転価格ポリシーに起因する潜在的な問題点などの指摘）
	・海外関係会社の基本情報（所在国，売上高）	定性的な分析（グループ全体での潜在的なリスク存在の可能性についての指摘）

(2) 詳細検討のための資料依頼

　実際の調査では，基本資料として入手できた情報（有価証券報告書，税務申告書，その他インターネット上の公開情報など）をもとに移転価格分析に必要な追加情報（すなわち公開されていない情報で移転価格に関係ある既存情報）の洗い出しを行い，買収対象会社に対し提供依頼を行うことになる。図表9－4では，デューデリジェンスにおいて一般的な依頼資料のリストを掲げる。

図表9−4　依頼資料例

検討内容	資料名	目的	依頼部署
関連者間取引の価格設定ポリシー	・グループの移転価格設定ポリシー（あれば） ・関連者間取引の取引価格設定方法に関する資料	グループの関連者間取引の価格設定ポリシーや実務を知ることにより、ポリシーと取引実態の整合性、税務当局の見地から見た妥当性などを検証する。	財務，海外統括，関係会社管理，海外営業部門など
各子会社関連基本情報	・法人概要（沿革，主な事業内容，取扱製品など） ・各海外関係会社財務基本計数 ・本社側の対海外関係会社損益（切り出し損益）	グループの本社および各国外関連取引を行う子会社の概要，グループ内での役割，関連者間取引に係る損益状況を把握し，グループ内での損益配分状況を知ることにより，潜在的な移転価格更正リスクの所在を検証する。	財務，経理，税務部門など
国外関連者に関する資料	・取引種類，取扱製品に関する資料 ・無形資産の使用許諾に関する資料 ・役務提供に関する資料 ・為替レート変動の取扱いに関する資料 ・その他，関連者間での損失発生時の負担に関する情報（ワランティ，在庫処分） ・関連者取引の契約書類	グループの本社および各国外関連取引を行う子会社の概要，グループ内での役割，関連者間取引に係る損益状況を把握し，グループ内での損益配分状況を知ることにより，潜在的な移転価格更正リスクの所在を検証する。	財務，経理，税務部門など
移転価格に関する資料	・移転価格に係る税務調査に関する資料 ・事前確認に関する資料 ・その他，移転価格に関して税務当局との交渉などを行った記録 ・移転価格文書（ドキュメンテーション） ・移転価格に関する分析資料，第三者による意見書など	直接的に移転価格に関する既存資料が存在する場合，デューデリジェンスにおける分析，検証の資料として活用する。	税務部門

3 インタビュー

　続いて，提供された情報を補完し，提示資料では詳細な確認・検討が困難な情報や，移転価格に関する考え方などの明文化されていない情報を得るため，買収対象会社の担当者にインタビューを実施する。グループ内取引の価格設定方法といった移転価格税制に関する事項に限らず，グループ内の海外事業の概要，各関係会社の持つ機能・リスク，海外事業に用いられる無形資産，グループ内で提供される役務など，広く海外事業全般に関する事項を確認する。

　これは，前述したように，移転価格については事実認定が重要な問題となり，かつ重要な事実が税務に関する事項に限らないこと，また移転価格に関する事項は必ずしも明文化されているとは限らないため，インタビューが非常に重要な情報入手の手段となるためである。

　また，対象者についても，各テーマについてそれぞれの適任者を選抜してもらうことが望ましいが，時間的制約やデューデリジェンスの性質上困難な場合も多く，その場合はデューデリジェンス担当者に質問するか，間接的に情報を入手することになろう。

　具体的な質問テーマとしては，図表9－5のようなものが一般的である。

図表9−5　質問事項の例

テーマ	質問テーマ
概要	・事業計画，計数計画は誰が策定するのか。 ・子会社の事業遂行に関する子会社側の権限の範囲。
機能	・子会社の事業遂行に際し，主要な各機能（戦略策定，製造，営業，管理など）を主に果たすのは，親会社と子会社どちらか。
リスク	・子会社の事業遂行に際し，主要な各リスク（市場，在庫，為替など）を負担するのは，親会社と子会社どちらか。
無形資産	・子会社の事業遂行に際し，使用する無形資産は何か。また，その開発に貢献したのは，親会社と子会社どちらか。 ・無形資産の使用許諾に関する対価の設定方法。
役務提供	・子会社の事業遂行に際し，親会社からの役務提供はあるか。 ・子会社が，親会社または他の関係会社のために行う役務提供はあるか。 ・各々の対価の設定方法。
移転価格関連	・移転価格に関する事項（財務調査，文書化，既存ポリシー，事前確認など）について，提供資料以外での情報を入手する。

4　所得移転の蓋然性検証

　所得移転の蓋然性検証とは，入手資料の検討・分析およびインタビューの結果をもとに，税務当局の見地から所得の国外移転がないかを入手データをもとに客観的に評価するものである。したがって，検討の結果，海外へ移転されたとみなされる金額を，移転価格の税務調査における潜在的な所得更正金額と推定する。

　所得移転の蓋然性検証にあたっては，理論的には買収対象会社グループ内の国際取引（移転価格の分野では，こうした取引は「検証対象取引」と呼ばれる）について，各当事者がどのような機能とリスクを持っているかを分析し，その機能とリスクにふさわしい取引価格（移転価格）に基づいて取引をしてい

るかを判断するのであるが，実務上，個々の取引価格を検証することは困難なことが多く，取引の結果として得られる利益（各関係会社の営業利益）が妥当な水準であるか（利益水準が独立企業間原則を満たしているか）を判断することがより一般的である。そして，その妥当な水準であることの判断基準としては，検証対象取引の利益が独立企業間のそれと同じ水準であるかどうかを比較する(注)。したがって，買収対象会社の主要計数に加え，独立企業間取引の情報が欠かせない。しかしながら，より精緻な情報を得るためには，厳密な機能・リスク分析が必要となり，先に述べた情報入手可能性や時間的な制約の問題が絡んでくる。場合によっては，過去の経験則に基づく「ハイレベルの」（おおむねの）検証とせざるを得ない場合も多い。

　(注)　ここで述べられた方法は，移転価格税制では取引単位営業利益法（TNMM）と呼ばれる手法である。

　具体的な検証の方法については，図表9－6の例を参照されたい。

図表9－6　所得移転の蓋然性検証手順の例

ステップ	作業内容
1	検証対象企業の機能，リスク分析
2	検証対象企業の機能，リスクに基づく移転価格算定方法（Transfer Pricing Method，以下「TPM」）の決定，分析手法の決定
3	決定されたTPM，分析手法による比較対象取引（あるいはベンチマーク）の選定
4	選定された比較対象取引による独立企業間価格の検証作業
5	潜在的更正リスク額の算定

　上述した所得移転の蓋然性検証方法により，日系企業が買収対象会社となった場合に潜在的移転価格リスクをどのように判定するか検討する。

　図表9－7の例は，上述した検証方法に沿って，所在国ごとに子会社の状況をまとめたものである。

図表9－7　所得移転の蓋然性検証結果の例（日系企業の例）

（単位：千米ドル）

所在国	A	B	C
機能・リスク	委託製造	卸売	委託研究開発
売上高	10,000	8,000	1,000
営業利益率	△2％	8％	10％
独立企業間利益率レンジ	2％から7％	1％から5％	5％から12％
リスクの存在	現地側の利益率が低すぎ，現地側での更正リスクあり	現地側の利益率が高すぎ，本社所在国側での更正リスクあり	独立企業間原則を満たしている
潜在的リスク額（プラスは日本側，マイナスは現地側，単年）	10,000×（△2％－2％）＝△400	8,000×（8％－5％）＝240	ゼロ

5　個別取引検証

　移転価格デューデリジェンスにおいて，上記の所得移転の蓋然性検証は移転価格に関係する各関係会社の全体像を捉える，いわばマクロ的な視点からの分析である。これに加え，実務上は各関係会社が行う各関連者間取引に潜在する問題点を検討する個別取引検証を行う。個別取引検証は，いわばミクロ的な視点からの分析であり，マクロ的な視点に基づく検証を補完し，マクロ的な手法だけでは検証・分析できない問題点を把握することを可能とする。

　個別取引検証が必要な理由としては，多くの国において移転価格税制は，原則的にはそれぞれの取引ごとの価格の妥当性を検証するものであることに起因する。つまり，仮に上記の例において各社の利益率が独立企業間利益率レンジに収まっている場合でも，個別の取引を見た場合には取引ごとに利益率にばらつきがあり，このような場合，税務当局は，問題がある取引のみに着目して移

転価格税制上の更正処分をすることが可能であることによる。

　この個別取引からのアプローチでは，取引種類ごとに典型的な移転価格上の問題点の所在を探していくという作業が必要となる。しかし，移転価格更正リスクの定量的な検証に必要な独立企業間の比較対象取引が見つからないケースが多いため，問題点の評価は定性的なものとなることも多い点に留意が必要である。

　個別取引検証アプローチにおける一般的な関連者間取引における検討事項を図表9－8にまとめた。

図表9－8　関連者間取引の取引種類と注意すべき典型的な問題点

取引種類	典型的な問題点
棚卸資産の売買	● 同一製品を他社にも販売，あるいは他社から購入している場合，取引価格が同一か。同一でない場合，差異の生じる理由を説明できるか（内部比準取引に関する問題）。
有形固定資産の売買	● 無償で提供していないか。無償の場合，委託加工先としての取扱いとなっているか。 ● 機械設備の取得原価を下回る価格で販売していないか。
無形資産使用許諾の対価（ロイヤルティ受払い）	● 同一の技術や商標を，他社に提供している，あるいは他社から提供されている場合，対価の設定方法が同一か。同一でない場合，差異の生じる理由を説明できるか（内部比準取引に関する問題）。 ● 無形資産を供与しているにもかかわらず，対価が徴収されていない事実はないか。徴収された対価は妥当な水準と考えられるか。
役務提供	● 役務提供がなされているにもかかわらず，対価が徴収されていない事実はないか。あるいは，役務の有償性がないにもかかわらず，対価を徴収している事実はないか。 ● 本社費用の配賦は適切に行われているか。
金融取引	● 金融取引の取引価格は，妥当な設定がなされているか。 ● 保証取引について，保証料の徴収漏れはないか。

6 調査報告

　調査作業がいったん終了した段階で，通常，クライアントに対して中間報告を行うこととなる。ここでは，定量的な評価に必要な情報が入手された場合，リスク額の算定を行い，また，定性的な問題点について，認識された事実があればそれを指摘することになる。併せて，この段階で移転価格分析を行ううえで不明な情報があれば，その指摘を行い，入手可能であるかを確認することになる。なお，通常，移転価格デューデリジェンスは，他の税務デューデリジェンスとは独立して行われることも多いため，中間報告を行うにあたって，その他の税務デューデリジェンス担当者との調整を行い，移転価格デューデリジェンスにおいて発見された事項との整合性の確認を行い，報告内容の信頼性を高めることが重要であるのはいうまでもない。

　さらに，中間報告での討議事項や，追加の依頼事項を踏まえて，最終報告を行う。最終報告においては，これまで述べてきたように，入手できた情報の内容と，それから導くことのできる意見，結論の範囲について，明確に説明しておくことが重要である。

　具体的な調査報告の内容を図表9－9にまとめた。

　移転価格に係る最終報告を受けた後，クライアント側では，その報告結果をどのように用いるか，という判断を行うことになる。対象会社における移転価格リスクが高いと判断された場合には，売主との交渉次第ではあるが，対象会社の買収の際の評価に反映することも考えられる。また，移転価格リスクの算定が難しく，買収の際の評価に反映させるほどの情報等が収集できない場合には，買収時の売主との契約において，将来的に過去年度の移転価格について更正を受けるなどの問題が生じた場合には，売主側にそのコストを負担させることを定めることも考えられる。ほかにも，たとえば対象会社の海外事業のみを買収する場合などにおいて，買収の後，その海外子会社が海外の税務当局によって移転価格更正を受けた場合，取引相手であった日本の親会社が，更正を受けた時点では別のグループ会社となっており，移転価格調査に必要な資料等

図表9－9　調査報告に含まれる主な内容

タイトル	内容
総合評価（エグゼクティブ・サマリー）	分析結果の概要，最も重要な発見事項について記載
分析概要	分析範囲，対象期間，入手資料，分析手法，調査の際に制約となった事項，その他注記すべき事項について記載
所得移転の蓋然性検証結果	定量的な分析結果をグループ全体および個別関係会社ごとに記載
個別取引に関する分析結果	棚卸資産，無形資産，役務提供などの取引別に発見された事項を記載
定性的な評価事項	上記以外に，移転価格ポリシー，無形資産の生成・保有に関する事項，過去の移転価格調査に関する事項などについて特筆すべき点がある場合に記載
（オプション）移転価格リスクに対する対応方法	分析結果で明らかになった対処すべき事項について，とりうる対応方法について記載

の入手が難しくなったり，移転価格上の更正を受けた場合の対応的な調整等ができなくなるなど，移転価格上の対応が難しくなることがある。このような状況は，逆に日本の親会社が移転価格更正を受ける場合にも想定されることから，移転価格に関して不透明な部分が多い場合には，仮に移転価格調査などになった場合には，売主との間で相互に協力し合うことを取り決めておくことなども必要になろう。

第10章

間接税と税務デューデリジェンス

第1節　関税と税務デューデリジェンス

　調査対象会社が国際間で物品の商取引を行う際には，日本または現地において，その物品の輸入に対して関税が課せられている場合がある。その輸入取引において適正に輸入申告が行われていない場合には，関税の問題が生ずることになる。しかしながら，通常の税務デューデリジェンスにおいて，関税が調査対象税目になることはあまりない。なぜなら，日本では輸入貨物の関税率が諸外国に比べて低いことから，調査対象会社が日本国内に所在する場合には関税についての問題意識が薄く，さらに，税務デューデリジェンスを行う者にも関税デューデリジェンスのノウハウがあまりないからである。

　しかしながら，輸入国によっては高額な関税が発生している場合もあり，また訴訟案件となっているケースも少なくない。さらに，FTA（自由貿易協定）やEPA（経済連携協定）による特恵関税の適用が否認され，事後調査または検認において関税を追徴される場合があることから，国際商取引を行う調査対象会社には思わぬ関税の租税債務が生じている場合がある。本節では，まず，関税制度の一般的な説明を行い，次に関税デューデリジェンスを行うにあたっての一般的な調査方法を解説する。

1　関税制度

(1)　関税とは

　関税とは，「輸入品に課せられる税金」であり，輸入国が輸入者に対してその物品が輸入される際に賦課する税金である。関税はその賦課目的により，財政関税と保護関税とに区別される。前者はその輸入国が関税を税収目的として賦課するものであり，後者は国内産業の保護を目的として賦課するものである。

日本を含め先進国で賦課している関税は、後者の国内産業保護のための関税であり、税収に占める関税の割合は、先進国ほど低く途上国ほど高くなっている。

(2) 関税の計算方法

関税にはモノの価値に対して課税する従価税方式とモノの数量に対して課税する従量税方式がある。本節では、最も一般的な関税の賦課方式である従価税方式について説明する。

関税の計算方法は次のとおりである。計算式はいたって単純であるが、その課税標準である関税評価額および適用される関税率の決定が複雑である。

関税 ＝ 関税評価額 × 関税率

① 関税評価額

日本を含めWTO（世界貿易機関）加盟国は、マラケシュ協定附属書１Ａの1994年の関税及び貿易に関する一般協定第7条および1994年の関税及び貿易に関する一般協定第7条の実施に関する協定に基づき、関税評価額の計算方法をその国内法令で定めている。たとえば、日本においては、関税定率法4条から4条の4において、当該協定に則した関税評価額の算定方法を定めている。

一般に関税評価額の算定方法は、売手（輸出者）と買手（輸入者）との物品の取引価格を基礎とし、その取引価格に含まれていない次のような費用（買手により負担される費用）を加算した金額をもって申告すべき関税評価額としている。

(i) 輸入貨物の輸入港または輸入地までの輸送費用および保険費用
(ii) 輸入貨物に係る仲介手数料
(iii) 輸入貨物の生産のために無償で提供した資材および金型
(iv) 輸入貨物に関連のあるロイヤルティ等

加算すべき費用はすべて、輸入貨物に関連のある費用であることから、どこまでが輸入貨物に関連する費用であるのかどうかが輸入者と税関当局との争点となる。また、輸出者と輸入者との取引が無償で行われる場合、輸出者と輸入者との間に特殊関係があり、その特殊関係が取引価格に影響を与えている場合

には，次のいずれかの方法により関税評価額を決定することになっている。
- (i) 同種の貨物に係る取引価格による課税価格の決定
- (ii) 類似の貨物に係る取引価格による課税価格の決定
- (iii) 国内販売価格に基づく課税価格の決定
- (iv) 製造原価に基づく課税価格の決定

② 関 税 率

　その輸入貨物に係る適正な関税率を決定するにあたっては，その輸入貨物のHSコードを適正に判断しなければならない。なぜなら，このHSコードごとに各国が関税率を定めているからである。この『HSコード』とは，HS条約（商品の名称及び分類についての統一システムに関する国際条約―the International Convention on the Harmonized Commodity Description and Coding System）に定められた各品目ごとの番号である。HSコードは，国際貿易の対象となるすべての商品を網羅するように構成されており，分類の最小単位は号と呼ばれる6桁の数字で示される項目で，5,204号からなっている。これらが21部，97類，1,223項にまとめられている。6桁以降も各国の必要性に応じてコードが定められており，通常1つの商品を9〜10桁で表示している。たとえば，グランドピアノのHSコードについては，日本ではすべてのグランドピアノについて9201.20-0002（関税率：無税）と単一のコードを定めているが，米国では新品か中古かで分類を設けており，さらに新品の場合には寸法に応じて分類を設けている。そのためHSコードは9201.20-0005〜0051（税率：4.7％）と複数のコードに分かれている。

　上述のとおり，各国の産業保護政策に基づいて関税率は定められているものの，特定のセクターに高関税品目が偏在している。参考までに，主な高関税セクターは図表10−1のとおりである。

第 1 節　関税と税務デューデリジェンス　　**275**

図表10-1　各国の高関税セクター

	日本	米国	EU	オーストラリア
1	乳製品 (102.7%)	乳製品 (16.6%)	乳製品 (45.3%)	衣類 (41.4%)
2	穀物調製品 (61.0%)	飲料 (14.8%)	砂糖・菓子類 (25.6%)	紡織用繊維 (18.2%)
3	砂糖・菓子類 (27.1%)	砂糖・菓子類 (12.3%)	飲料 (20.8%)	革・履物等 (15.2%)
4	飲料 (16.1%)	衣類 (11.6%)	動物性生産品 (20.4%)	輸送機器 (12.5%)
5	動物性生産品 (14.2%)	石油 (7.1%)	穀物調製品 (19.4%)	電気機械 (11.0%)

	中国	韓国	タイ
1	砂糖・菓子類 (27.4%)	穀物調製品 (161.1%)	飲料 (57.3%)
2	穀物調製品 (23.7%)	コーヒー・茶 (74.1%)	コーヒー・茶 (55.5%)
3	飲料 (23.2%)	乳製品 (69.8%)	果物・野菜・植物 (47.8%)
4	綿 (22.0%)	果物・野菜・植物 (63.8%)	砂糖・菓子類 (47.8%)
5	衣類 (16.1%)	油脂 (44.1%)	輸送機器 (47.7%)

(注)　％は単純平均実行関税率を表す。
(出所)　WTO World Tariff Profiles 2015

(3)　特恵関税制度

　日本を含む先進国が定める関税率の種類のうち，特恵税率というものがある。一般特恵関税制度（GSP：Generalized System of Preferences）により定め

られた税率で，開発途上国の輸出所得の増大，工業化と経済発展の促進を図るため，現在，日本では開発途上国から輸入される一定の農水産品（約410品目），鉱工業産品（約3,150品目）に対し，一般の関税率よりも低い税率（特恵税率：主に無税）が適用される。また，特別特恵措置というものも設けられており，後発開発途上国48か国の約2,400品目に対して無税が適用される。

上記のとおり制度上は無税となっているが，その適用を受けるためには原産地証明書の提出または，その輸入貨物がどの段階から特恵受益国で製造されたのかを当局に対して説明する必要があり，特恵税率を否認されるケースもある。

(4) 自由貿易協定（FTA：Free Trade Agreement）／経済連携協定(EPA：Economic Partnership Agreement)

FTAとは2国間または地域間で，輸入される商品の関税率を無税にしたり，輸入数量を自由化する協定のことである。また，EPAとはFTAの要素に加えて，投資・知的財産・競争政策等の連携が行われる協定のことである。FTAについては現在，世界中で約400件の協定が存在する。日本はすでに図表10−2のとおり，シンガポール，メキシコ，ASEANおよびペルー等の

図表10−2　日本のFTA/EPAの現状

1. 発効済み（2016年2月現在）

シンガポール	メキシコ	マレーシア	チリ	タイ
インドネシア	ブルネイ	ASEAN	フィリピン	スイス
ベトナム	インド	ペルー	オーストラリア	モンゴル

2. 交渉中等

カナダ	コロンビア	日中韓	EU	RCEP（注1）
TPP（注2）	トルコ	GCC（注3）	韓国	

(注1)　RCEP（東アジア地域包括的経済連携）：ASEAN10ヶ国，日本，中国，韓国，オーストラリア，ニュージーランド，インド
(注2)　TPP（環太平パートナーシップ）：オーストラリア，ブルネイ，カナダ，チリ，日本，マレーシア，メキシコ，ニュージーランド，ペルー，シンガポール，米国，ベトナム
(注3)　GCC（湾岸協力理事会）：アラブ首長国連邦，オマーン，カタール，クェート，サウジアラビア，バーレーン

国々または地域と15件のFTAもしくはEPAを締結している。

　輸出国と輸入国との間でFTA/EPAが締結されている場合には，一般に取引される商品に対して低い関税率または無税が適用される。しかしながら，この協定の適用を受けるための要件が規定されており，上記の特恵関税制度と同様の手続が必要とされている。

(5) 特殊関税

　特殊関税とは，不公正な貿易取引や輸入の急増など特別の事情がある場合に，輸入国の産業を一時的に救済するため，通常課されている関税に追加的に課される割増関税で，相殺関税，不当廉売関税（アンチダンピング），緊急関税（セーフガード）および報復関税等がある。ニュース等で報道されたり，企業の訴訟案件となるのは，この特殊関税問題であることが多い。

2　関税デューデリジェンスの一般的な手法

　関税デューデリジェンスを行うにあたっての主な確認項目は次のとおりである。提供資料およびインタビューから各項目の検討を行い，短いデューデリジェンスの期間中に，いかに調査対象会社の潜在的な関税のリスクを抽出していくかがポイントとなる。

(1) 商流と物流

　まずは取引の基本である商流（カネ）と物流（モノ）の流れを把握する。カネの流れについては，調査対象会社の財務データにより把握することができ，調査対象会社が内国法人であれば，法人税申告書・別表17(4)からも国外関連者間とのカネの流れを把握することができる。カネの流れにおいて留意すべき点は，調査対象会社とその関係会社との間のロイヤルティのやりとりである。上記 **1**(2)①で述べたとおり，輸入取引に関連したロイヤルティは輸入国側での輸入申告において，関税評価額に算入されなければならない。そのロイヤルティ

が輸入取引に関連しているにもかかわらず，関税評価額の計算に含まれていない場合には，過少申告となり，将来の当局の調査により追徴されるリスクがある。

また，モノの流れについては，調査対象会社の物流に関する資料から把握できる。その資料内容の詳細が必要な場合には，調査対象会社の物流担当者を指名して，インタビューを行う必要もあるだろう。材料の購入から完成品が現地で販売されるまでの一連の流れを理解することにより，次で述べる項目(2)および(3)の検討がスムーズになるだろう。さらに，金型等の無償提供物品の有無を確認し，上記**1**(2)①で述べた関税評価額に加算すべき要素があるかどうかの検討を行う必要がある。

(2) 主要取引商品

調査対象会社に対する関税デューデリジェンスの必要性を判断する目安となるのがこの項目かもしれない。すなわち，調査対象会社の取引商品が有税品目であるかどうか，有税品目である場合には関税率がどのくらい高いかどうかをまず確認する必要がある。この確認作業により，関税デューデリジェンスの対象となる商取引の有無を判断することができるであろう。

取引商品のHSコードを確認できる場合には，JETROホームページ (http://www.jetro.go.jp) または弊デロイト トーマツの通商webサービス『Trade Compass』でHSコードごとの関税率を把握することができる。HSコードの確認ができない場合には，調査対象会社に輸入国側で関税が発生している商品等を質問する必要がある。各国の関税率については，一般に，医療品目やIT品目は国際条約の関係上，関税が無税となっている。また，上記**1**(2)②に記載された各国の高関税セクター（図表10−1）から読み取れるように，各国とも高関税を設定している品目が似通っている。

(3) 輸出国と輸入国

商流と物流の確認後，商品の輸出国および輸入国を再確認する。上記**1**(3)および(4)で述べたように，商品を製造している企業が特恵関税受益国に所在する場合，また，その商品の輸出国と輸入国との間でFTA等が締結されている場

合には，その取引商品が低税率または無税で輸入されている可能性が高い。輸出国および輸入国の再確認により，関税デューデリジェンスの対象となる取引を絞り込むことができる。輸入国側の特恵関税制度およびFTA等の締結状況を確認する場合には，前項目と同様にJETROホームページ等を活用することにより情報収集ができる。

　調査対象会社に対する質問書またはインタビュー等で現在の輸出入取引に特恵関税やFTA税率を適用しているかどうかの確認を行い，その取引に関税が生じていないことを再確認する必要がある。また，特恵関税等を適用していない場合には，デューデリジェンス後のフェーズにおいて特恵税率等が適用できるかどうかの検討を行うことも有用と思われる。

(4) 事後調査実績

　税務デューデリジェンスの基本であるが，関税においても当局の調査実績（調査対象期間，調査内容，追徴税額等）を確認する必要がある。税関による調査を日本では事後調査と呼んでおり，一般に，企業の事業年度とは関係なく2～3年間（遡及期間が輸入許可後から3年間であるため）を調査対象期間として調査を行っている。各国の当局も，同じようなタイミングで事後調査を行っているようである。なお，2011年度の税制改正により，日本では関税の遡及期間が5年に変更された（2011年12月2日以後に行われた輸入申告に適用される）。

　日本の財務省関税局では，事務年度ごとの事後調査実績を発表しており，直近の実績内容は図表10－3のとおりである。主な申告漏れの内容は，海外生産のために輸入者が輸出者に無償で提供した原材料費用の申告漏れ，インボイス上の決済金額以外の貨物代金の申告漏れ，ロイヤルティの申告漏れ等である。

　余談ではあるが，84類および85類に分類される品目は関税が無税であることから，納付不足税額とは輸入消費税のことである。追徴された輸入消費税については，その輸入者がその輸入消費税を個別対応方式において課税売上対応として区分している場合には，その追徴税額の全額を控除対象仕入税額として取り扱うことができるため，実質的な税負担は加算税と延滞税のみとなる。

　また，事後調査の状況を把握する際には，事後調査の後に，調査対象会社が

適正に関税評価額の計算方法を行っているかどうかを質問書等により確認し，同様の指摘がなされないことを確認する必要がある。また，関税評価額の計算方法はWTO加盟国では同じルールであることから，海外に所在する調査対象会社が同じような指摘を受けているかどうかを確認する必要もあるだろう。

なお，商品の輸入国の政府が経済発展のためにFTA/EPAの締結拡大を

図表10－3　関税・輸入消費税の事後調査実績

〈輸入事後調査の状況〉

		2014事務年度	2013事務年度
調査を行った輸入者①		3,545者	3,614者
申告漏れのあった輸入者②		2,363者	2,427者
申告漏れの割合②／①		66.7%	67.2%
申告漏れに係る課税価格		1,082億5,406万円	888億1,810万円
追徴税額	関税	49億472万円	35億7,179万円
	消費税	68億9,791万円	48億4,910万円
	計	118億263万円	84億2,089万円
	加算税	7億4,865万円	5億9,389万円
	重加算税	1,511万円	1億4,279万円

〈納付不足税額が多い上位5品目〉

順位	2014事務年度			2013事務年度		
	分類	品目	納付不足税額	分類	品目	納付不足税額
1	02類	肉類	27億8,682万円	02類	肉類	14億3,075万円
2	85類	電気機器	15億2,800万円	85類	電気機器	9億5,663万円
3	84類	機械類	13億3,672万円	64類	履物類	7億5,291万円
4	30類	医療用品	6億9,136万円	84類	機械類	6億5,510万円
5	64類	履物類	6億2,470万円	62類	織物衣類	5億6,690万円

（注）　2014事務年度とは2014年7月から2015年6月までの1年間をいい，2013事務年度とは2013年7月から2014年6月までの1年間をいう。
（出所）　財務省関税局「2014事務年度の関税等の申告に係る輸入事後調査の結果」

行っていくものの,関税制度の執行側である税関当局は,逆にFTA税率適用の締め付けを行っていく傾向にあると考えられる。これからのFTA/EPAでは,その適用要件の1つである原産地証明書につき,自己証明制度が導入されていく。すなわち,その商品の輸出者が原産地規則を満たしていると自社で判断して,輸入者へ自社発行の原産地証明書を使用させることになる。今までは商工会議所という第三者が発行している証明書のため,比較的信憑性の高いものであったが,これからの自己証明制度に基づく原産地証明書につき,輸入国の税関当局は『検認』という,原産地規則に関する専門的な調査を行うことになる。この場合,輸出者側が原産地規則を正しく理解したうえで,その規則の要件を満たしていることを証する資料(たとえば,付加価値基準におけるFOB価格40%以上の付加価値が計算されている書類)を保存していなければならない。そこで,これからの関税デューデリジェンスにおいては,対象会社がFTA税率を活用しているので重要な発見事項はないと諦めるのではなく,対象会社が原産地規則の要件を満たしているかどうか,適正な資料を保存しているかどうかを精査する必要がある。

(5) 係争案件

現地の関税制度が日系企業の貿易の障壁となっているケースがあり,現地の子会社が関税問題で当局を相手に訴訟を行っている場合がある。たとえばヨーロッパでは,民生電子機器の一部がIT製品(原則,無税品)であるにもかかわらず,高い関税が賦課されているという問題が過去に生じていた。また,アンチダンピング(AD)に関して,輸入国政府の調査を受けていたり,実際にAD措置が行われている場合がある。AD調査は通常1年かかるうえ,ケースによって異なるものの平均AD率はかなり高く,AD措置の影響は非常に大きい。こういった係争案件は法務デューデリジェンスの資料に混じっている場合があるので,訴訟関連の資料を確認したり,インタビュー等で確認する必要がある。

第2節　付加価値税と税務デューデリジェンス

1　付加価値税の概要

　学問的な説明となるが，一般に付加価値税とは，各取引段階の付加価値（利益）に対して課税される間接税であるといわれる。事業者は，その取引の対価に税率を乗じて税額を算出して取引の相手方から付加価値税を徴収し，その後，事業者自ら負担した付加価値税を前段階税額控除方式により控除して，控除後の付加価値税を納付する仕組みである。日本であれば消費税，ヨーロッパであればVAT，その他の国々ではGST等と名称は異なるが，税法の仕組みについては似通っている。しかしながら，その税率についてはまったく異なっており，たとえば日本の消費税率8％（2017年4月から10％に増税予定であるものの，その増税施行日等については変更される可能性がある）に対して，韓国10％，中国17％，そしてスウェーデンでは25％の税率が設定されている。たかが付加価値税と考えていると痛い目に遭うだろう。本節では，まず，付加価値税のデューデリジェンスが必要と思われるケースを説明し，次に日本の消費税のデューデリジェンスを行うにあたっての一般的な調査方法を解説する。

2　付加価値税デューデリジェンスの必要なケース

　一般に付加価値税はB/S勘定科目であることから，損益に影響を与えることはない。しかしながら，調査対象会社が次に掲げるケースに該当する場合に

は，潜在的な付加価値税の問題を抱えている場合がある。

(1) 調査対象会社が金融業等を営む場合

　金融業等を営む場合，すなわち，付加価値税法上，非課税取引を行っている場合には，支払った付加価値税の全額を控除税額とすることができないのが一般的な付加価値税のルールである。日本の消費税については，課税売上割合が95％未満である場合，また，課税売上割合が95％以上であってもその課税期間における課税売上高が5億円を超える場合には仕入税額の全額を控除することができなくなるが，ヨーロッパのVATについても『Partial exemption』という類似のルールがあり，非課税売上に帰属する仕入税額は控除できなくなる。さらに，一定の費用に係るVAT/GSTについても仕入税額控除が認められないケースがある。このような場合には，どのように控除対象仕入税額を計算しているのか，また，どのくらいの控除対象外の仕入税額がP/Lに影響を与えているのかを確認する必要がある。

(2) 調査対象会社が海外で商取引を行っている場合

　日本に所在する調査対象会社が直接または間接的に海外で商取引を行っているケースがある。たとえば，その調査対象会社が商品の所有権を現地まで保有し，現地で譲渡する場合や，物流には携わらないが，現地の法人間の取引に商流だけ絡ませるケースがある。ここで留意しなければならないのが，現地で商取引を行う際に（すなわち現地で，付加価値税法上の課税取引を行う場合），現地で付加価値税法上の課税事業者として登録を行わなければならない場合があることである。また，今まで行っていた取引が現地の付加価値税法上，課税取引であったにもかかわらず，無登録・無申告であった場合もあるだろう。一般に諸外国の付加価値税のペナルティは高いことから，多額の租税債務が生じているかもしれない。したがって，その調査対象会社がどのように海外で商取引を行っているのかを把握し，現地における付加価値税の問題を検討する必要がある。

3 消費税デューデリジェンスの一般的手法

本項では，日本の消費税についてのデューデリジェンスを行うにあたっての主な確認項目を挙げてみたい。当然と思われる項目もあるが，その当然であるがために確認していなかったという場合もあるので留意が必要である。

(1) 税務調査／事後調査の状況

消費税の税務調査については，法人税の税務調査と同時に行われているので法人税のデューデリジェンスと同時に確認を行うことができる。また，消費税の更正通知書には更正の内容が記載されていないことから，これについても法人税のデューデリジェンスとともに確認を行うことになるだろう。税関の事後調査は第1節2(4)で述べたとおり，事業年度に関係なく行われているので，必ず調査対象期間や調査内容等を確認する必要があるだろう。

(2) 納税義務者の判定

調査対象会社の基準期間における課税売上高を確認する際には，その調査対象会社が合併・分割等で設立された法人であるかどうか，また，新設法人であるかどうかに留意して確認する。前期が免税事業者で今期が課税事業者，逆に，今期が免税事業者で来期が課税事業者となる場合には，棚卸資産に係る消費税額の調整が行われているかどうかの確認も行う必要がある。

また，2011年度税制改正により設けられた「前年又は前事業年度等における課税売上高による納税義務の免除の特例」については，調査対象会社が消費税法第9条第1項の規定により継続的に課税事業者であれば検討不要であるものの，その調査対象会社の国外関連者が過去において日本で課税取引を行っていた場合には，その国外関連者の消費税の納税義務を判定するために検討が必要になると考えられる。

(3) 届出書の履歴

　消費税で最も影響を与えるのが届出書であるかもしれない。「消費税課税事業者選択届出書」を提出していたにもかかわらず，免税事業者として申告納税していないケースも考えられるだろうし，「消費税簡易課税制度選択届出書」を提出していたにもかかわらず，原則方式で申告していたケースも考えられるだろう。届出書の履歴を確認し，その届出書の内容，適用事業年度を再確認する必要があるだろう。なお，2016年度税制改正における「高額資産の課税仕入れ」に係る納税義務の免除および簡易課税制度の適用に関する取扱いについては，調査対象会社がTMKまたはSPCを使った不動産取引を行っている場合において着目すべき論点だろう。

(4) 申告書作成に使用した計算書類

　消費税のデューデリジェンスを行う場合，消費税申告書の写しだけを入手しても，何の確認もできない。その申告書作成に使用した計算書類を入手しなければ何も始まらないのである。入手した計算書類は，おそらく売上／仮受消費税の項目と仕入／仮払消費税の項目に分かれているだろう。売上／仮受消費税については，調査対象会社の事業活動をイメージしながら課税・免税・非課税・不課税を確認していくとよい。なぜなら，その資料に転記されたP/L等の数値だけ追っていっても，課否判定をすることは難しいだろう。2011年度税制改正により，課税売上割合の計算方法が消費税の納税額に大きな影響を与えることになるため，非課税売上の計上漏れの有無（たとえば，従業員からの社宅家賃の収受）は必ず確認すべきところである。さらに，昨今の国税当局による輸出免税の否認事例（たとえばB/L（船荷証券）作成手数料が課税取引となった事例，日米地位協定の臨時特例法に基づき輸出免税を適用したところ米軍の証明書が発行されていなかった事例，輸出物品販売場における保存書類不備の事例）があることから，調査対象会社のビジネスに関連した固有の否認事例を念頭に，資料の請求やインタビューを行う必要がある。

(5) 控除税額の計算方法

　仕入／仮払消費税の項目の確認を行う前に，調査対象会社のその課税期間に

おける課税売上高をまず確認してみる。2011年度税制改正により，2012年4月1日開始事業年度から，課税売上割合が95％以上であっても，その課税期間における課税売上高が5億円を超える場合には，仮払消費税の全額を控除対象仕入税額とすることが認められず，個別対応方式または一括比例配分方式のいずれかで仕入税額控除の計算を行わなければならないからである。

　この税制改正の影響を受けている課税期間についての主な確認事項は次のとおりである。
① 　個別対応方式を適用している場合には，前課税期間の仕入税額控除の計算方法を確認する。前課税期間において一括比例配分方式を適用していた場合には，2年間の継続適用が終了しているかどうかを確認する。
② 　仕入税額控除の計算の妥当性を検証していく。特に，個別対応方式を適用している場合には，安易な用途区分の方法（課税仕入れ等の中から課税売上対応のものだけを抽出する方法）を行っていないかどうかを確認する。

　上記②の妥当性の検証は，短期間のデューデリジェンスでは実行困難な場合が想定される。調査対象会社が一括比例配分方式を適用している場合には，上記(4)で述べた課税売上割合の検証に専念するほうが効果的かもしれない。

(6) 　輸入消費税

　調査対象会社が貨物の輸入を行っている場合には，調査対象会社が特例輸入者かどうか，また，その輸入消費税の納付方法を確認する必要がある。納付した輸入消費税の控除の時期の確認も確かに必要であるが，調査対象会社が特例輸入者である場合，または，その納付方法につき納期限の延長の適用を受けている場合には，約3〜4か月分の輸入消費税額に相当する担保を税関に提供している。M&Aにおける買手が調査対象会社の事業を引き継ぎ，輸入取引を行う場合には，ビジネス上，当該担保の内容および担保金額を買手へ報告することも，消費税のデューデリジェンスだけに，付加価値のあるデューデリジェンスとなるだろう。

(7) 　リバースチャージ

　国外事業者が事業者向け電気通信利用役務を行う場合における課税関係につ

いては，リバースチャージが適用される。現行制度においては経過措置として，課税売上割合が95％以上の事業者または簡易課税の適用を受けている事業者につき，当分の間その適用が省略されることになるが，課税売上割合の低い金融機関等にとっては，リバースチャージの仕訳が義務であり，このリバースチャージが納付額に大きな影響を与えることになる。経理上のプロセスにおいて適正にリバースチャージの取扱いが行われていない場合には過少申告になることから，調査対象会社のリバースチャージに関する取扱いについて，必ず確認する必要があるだろう。

(8) 軽減税率について

2017年4月から軽減税率が導入される予定（その施行日等については変更される可能性がある）である。軽減税率対象物品の線引きがはっきりとした制度のように見えるが，食用・非食用の両方に使用される化学品等の製造業者および一体資産（食用品と非食用品をセットにしているもの）の製造業者にとっては，その線引きに迷う物品があり，また，外食産業はテイクアウト以外が標準税率適用というルールになっているものの，システムにおいてどのように情報を区分できているかが不安な部分がある。そこで，調査対象会社の事業内容に着目し，適正に標準／軽減税率を適用できているかどうかの検討が必要である。なお，適格請求書保存等方式では罰則の規定が設けられることになるが，消費税のデューデリジェンスにおいて，すべての請求書をチェックすることは困難であることから，まずはサンプルチェックを行いながら様子を見るほうがよいだろう。

第*11*章

海外現地法人の
税務デューデリジェンス

第1節 海外現地法人の税務デューデリジェンスの特徴

　クロスボーダー案件における海外現地法人の税務デューデリジェンスは，日本の対象会社の税務デューデリジェンスと比較して，いくつかの特徴がある。海外現地法人の税務デューデリジェンスが必要となる場面は，日本に親会社を有する多国籍企業のM&A案件のみならず，外国に親会社を有する多国籍企業のM&A案件も存在し得るが，以下では，日本に親会社を有する多国籍企業のM&A案件において，日本の税務専門家が中心となって企業グループの税務デューデリジェンスの指揮を執る例を想定し，その特徴を解説する。また，第2節以降では，実務において登場機会の多い国を中心に，各国の税務デューデリジェンスの特徴を解説する。

1 各国の税務専門家の関与

　本書において海外現地法人の税務デューデリジェンスという章立てを設けている理由そのものであるが，財務報告の世界において国際会計基準等の統一された基準があるのに対し，税法の世界では，それぞれの国・地域が税法を定めており，ある国における税務上の取扱いが他国においても同様である保証はない。そのため，財務デューデリジェンスにおいて分析の対象となる財務書類を連結財務諸表や連結ベースの事業計画等とすることで，親会社の所在地国の専門家が企業グループ全体の財務分析を行うことがあるのに対して，税務デューデリジェンスの場合には，親会社の所在地国の税務専門家が全体の取りまとめを行いつつも，各国の税務の専門家の関与が必要となる点は特徴的である。

　これは，財務報告の場合には比較可能性が重視されるために各国で統一された会計基準が求められるのに対し，税法は，各国の財政・投資誘致等の政策的

な観点を考慮したうえで定められていることによる。最近では，行き過ぎたタックスプランニングへの対策としてBEPS（Base Erosion and Profit Shifting，税源浸食と利益移転）の議論が進んできており，各国の税務当局がある程度，標準化されたルールを有することで，各国の税法の差異を利用した節税策（二重非課税）等を封じる動きが進んでいるが，各国が独自に税法を有すること自体に変化はなく，BEPSの議論が進んだ後の世界においても海外現地法人の税務デューデリジェンスに各国の税務専門家の関与が必要であることは変わらないと考えられる。

2 親会社における子会社の税務に関する情報の収集度合い

　連結財務諸表を作成する際，連結財務諸表の作成に必要な子会社の財務情報は，1箇所（一般的に親会社）に集約されるため，財務報告に関連する情報は，ある程度親会社に集約されていることが多いといえる。連結財務諸表を作成する過程では，子会社から報告された財務数値をそのまま受け入れるのではなく，その背景を理解するために，もととなる財務数値の作成に関与した担当者に問い合わせ，親会社においてもその理解を深めるプロセスがあると考えられる。

　これに対して税務申告の場合には，親会社等にて情報を収集して，それを1つの情報（財務報告の場合の連結財務諸表）にまとめる積極的な理由がないため，親会社における子会社の税務に関する情報の収集度合いは千差万別である。税務申告の世界においても，連結納税制度を適用している場合には，連結親法人が連結子法人の情報を収集するということはあるが，一般的には国を跨いだ連結納税制度は想定されておらず，連結納税を採用している場合においても，その範囲が企業グループ全体に及ぶことは想定されない。また，移転価格税制の分野において，国別報告書（CbCR：Country by Country Report）等の作成を通じて，企業グループの究極の親会社に情報を集約することが求められる場面もあるが，海外子会社の税務申告の内容に関する踏み込んだ理解までは求

められていないため，国別報告書等が制度化された後も，親会社における子会社の税務に関する情報の収集度合いは企業グループによって大きく異なることには変わりはないと考えられる。

なお，連結財務諸表を作成する際に，連結財務諸表上の繰延税金資産等に関する情報を各子会社から収集しているという面もあるが，その場合も連結財務諸表の作成に必要な範囲での情報収集であり，親会社が海外子会社の税務申告の内容に関する踏み込んだ理解を得ているとは限らない。

税務デューデリジェンスに限らず，M&A案件においてデューデリジェンスを行う場合，対象会社の各分野に精通した担当者へのアクセスが重要な要素となるため，親会社等にある程度情報が集約されていることは効率的なデューデリジェンスの実施の助けとなる。この点，海外子会社の税務デューデリジェンスを行う際には，子会社の税務に関する情報の収集度合いが各企業グループによって異なることから，その収集度合いによって，税務デューデリジェンスの実施にあたって採用し得るアプローチも異なることになる。

3 子会社の税務の情報へのアクセス

税務デューデリジェンスを行うタイミングは，案件によって異なるが，M&A案件の場合には，その検討段階において，潜在的なM&Aの存在を知り得る従業員を限定することが一般的である。これは，M&A案件に関する情報が上場企業等におけるインサイダー情報に該当するという理由もあれば，M&A案件自体が，クロージングまではその成否が確約できないという性質を有するためである。すなわち，M&A案件のクロージング前にその存在を知った関係者がさまざまな憶測をすることで，案件の成否そのものが困難になる可能性があると考えられるためである。

M&Aに関する基本合意を公表し，その後に税務デューデリジェンスを行う場合には，対象会社において，そのM&A案件の存在が広く知られているため，対象会社において税務デューデリジェンスに対応する人員の範囲を広げる

ことが可能であるが，案件が公表される前に税務デューデリジェンスを行う場合には，対象会社において税務デューデリジェンスに対応する人員が限定されることが多く，税務デューデリジェンスの範囲に対する制限になることもある。

　一般的に，M&A案件は親会社の限られた人員で検討し，子会社のマネジメントにその案件の存在を知らせることで情報管理が難しくなると考えている企業も多く，子会社が海外にある場合には，その傾向は強くなる。この論点は，上述の子会社の税務に関する情報の収集度合いにも関係しており，親会社が海外子会社に関する税務の情報をある程度収集している場合には，親会社において海外子会社の税務の事情に精通している担当者を通じて，海外子会社の税務に対する理解をある程度深めることも可能であるが，親会社に海外子会社に関する税務の情報が集約されていない場合には，税務デューデリジェンスの制約となる可能性がある。

第2節 米国における税務デューデリジェンス

　買収等における税務デューデリジェンスが偶発租税債務の洗い出しや買収形態の構築に必要な情報の収集を目的とするという観点から，税務デューデリジェンスの手法や進め方について日米でそれほどの差はない。しかし，当然，法制度が異なり，日本の国税に相当する連邦税においても日本とは異なる特有な規定がある。訴訟社会，契約社会である米国におけるデューデリジェンス業務はきわめて広範に及ぶ作業であり，法律事務所，会計事務所等が共同で進めていくが，過去の申告内容（または未申告内容）に係る偶発債務の洗い出しは会計事務所の担当となるケースが多い。また，米国では税務が細分化され，それぞれの分野にスペシャリストが存在するが，大型案件の税務デューデリジェンスでは，税務分野別に特化したメンバーがチームを編成することが一般的である。

　米国では連邦税のみならず，州税の影響も重要となる局面がたびたびある。米国においては州が課税権を有しており，独特の課税方法を導入している州がある。州による課税権の主張は年々強まる傾向にあるが，リーマンショック以降の米国では，多くの州が財政危機に陥っていることから，ネクサス基準の厳格化等により，課税権の強化がさらに進んでいる。したがって，税務デューデリジェンスの過程で，申告するべき州に対する未申告が発覚するケースは実務上多い。州は数が多くまた，特異な規定が多いことから，本節においては米国の連邦法人税に特有ないくつかの項目について解説する。

1　調査の範囲

　米国においても，基本的には買収ストラクチャーの違いによって税務デュー

デリジェンスの調査範囲は異なってくる。ストックディールの場合には，買手は対象会社の租税債務をすべて承継する一方，アセットディールの場合には，承継する租税債務は，州税等に限定されることが多い。

一方で，米国を対象とした税務デューデリジェンスの調査範囲の決定に際しては，上記ストラクチャーの違いだけでなく，後述する S 法人，LLC やパートナーシップなど，それ自体が租税債務を負担するのか，それともパススルーとするのかを，税務上，選択することが可能な組織体が存在する点にも十分に留意しておく必要がある。なお，当該選択は米国内に留まらず，外国の組織体にも及ぶため，対象会社となる米国法人傘下に外国子会社が多数ある場合には，各外国子会社の米国税務上のステータスについても確認が必要となる。

一例として，ある米国法人が有する米国 LLC の持分すべてを取得するというようなストラクチャーを買手が検討している場合に，対象会社である当該 LLC がパススルー選択をしている場合，法的には当該 LLC 持分の取得であっても，税務上はストックディールではなく，アセットディールとして取り扱われるため，買手が引き継ぐ租税債務の範囲は限定的となる可能性がある。また，このような場合，欠損金は，米国 LLC の株主である売手に帰属しており，米国 LLC に帰属していないため，買手は米国 LLC の持分を取得しても当該欠損金を使用することができない。

実務上，対象会社における税務上の組織形態は，税務申告書入手後など，調査手続開始後でないと把握できないケースも多いが，デューデリジェンスの調査範囲や採用すべきストラクチャーに大きく影響する情報であるため，米国税法上，どの組織体に対してどのような税務上の組織形態が選択されているか，いち早く確認することは重要である。

2 租税の徴収権の時効（Statute of Limitations）

税務デューデリジェンスの主目的が偶発租税債務の洗い出しであることから，

課税庁の租税の徴収権の消滅時効について確認することが重要である。過年度の税務調査が終了している場合であっても，法的には時効が成立していない場合，課税庁は追加で更正することができる。税務調査が終了している課税年度において追加の調査を行い更正することは一般的ではないが，皆無ではない。

　米国税法上，時効は法人税申告書提出期限または提出日のいずれか遅い日から3年で成立する。米国の申告書の提出期限は，事業年度終了日から3か月目の15日となる。たとえば3月決算の場合は6月15日となる。ただし，延長申請をすることにより6か月間の延長が認められる。このことから，税務デューデリジェンスにおいて直近3年分の税務申告書をレビューする。しかし，総収入（Gross Income）の重要な申告漏れがある場合には時効は6年となる。この場合の重要な申告漏れとは，申告漏れとなった金額が総収入の25％以上の場合をいう。また，無申告や意図的な課税回避の場合は時効はない。また，税務調査が進行中の場合や税務調査が予定されている場合，調査に必要な期間を確保するために，納税者が税務当局から時効の延長に合意を求められることがある。したがって，税務デューデリジェンスでは，そのような合意がなされていないか確認する必要がある。

　また，米国では連結納税グループの税負債はグループ内の法人各々に「連帯責任（Joint and Several Liability）」が課せられる。したがって，連結納税グループに参加していた子会社を買収する際には，過去の連結納税から発生する偶発租税債務に対する検討を加えておく必要がある。

3　被買収法人の繰越欠損金

　被買収法人に繰越欠損金がある場合，当該欠損金が買収後に活用でき，税務メリットを享受できる場合は，被買収法人の評価に影響を与えることがある。したがって，税務デューデリジェンスにおいては，被買収法人における繰越欠損金の使用可能額を確認することが重要となる。

(1) 繰越欠損金の使用制限（Internal Revenue Code "IRC" §382）

米国においても法人の特定の課税年度において欠損金が発生した場合，当該欠損金は過年度に繰り戻し，過年度の課税所得と相殺し，税金の還付を得ることになる。また，過年度の所得と相殺して残った欠損金は翌期以降に繰り延べ，将来の課税所得と相殺することが認められている。米国税法上の欠損金は直近の2年の課税年度への繰り戻し，残額を翌期以降，20年繰り延べられる（1997年8月5日以前に開始する課税年度に発生した欠損金は3年の繰戻し，15年の繰延べとなる）。

被買収法人の繰越欠損金は買収後も使用可能であるが，使用できる金額には制限が課される場合がある。すなわち，欠損金保有法人を買収し，課税所得との相殺を無制限に認めると課税上の弊害が生じるとの考えから，一定の株主構成が変動した場合，変動後の各課税年度における変動前の繰越欠損金の使用に制限を設けている。この規定は買収による株主構成の変動だけではなく，非課税組織再編によって株主構成が変動した場合においても適用される。

米国税法上，税務上の繰越欠損金を保有している法人（以後，「欠損法人」という）の株主構成が3年以内に50％超変動した場合には，株主変動後の各課税年度に使用できる繰越欠損金が制限される。株主変動後に使用できる繰越欠損金の上限は，株主変動直前の株式の時価に長期免税債利率を乗じた額となる。ただし，株主変動後，2年間欠損法人の事業を継続しない場合には，繰越欠損金の使用限度額は株主変動時に遡及してゼロとなる（IRC §382(c)(1)）。

株主変動割合の算定は，5％以上保有している最終個人株主の持分の変動を分析して判定される。たとえば，欠損法人の株主が法人の場合はその法人株主の5％以上保有する個人株主の変動を見て判断する。さらに，その法人株主の株主が法人の場合には，その法人株主の5％以上保有する個人株主を見る。法人株主が公開会社で5％以上の個人株主が存在しない場合は，5％未満の一般株主を単一個人株主として判断することになる。

合併，株式移転等の組織再編や増資等の場合は，株主構成が50％超変動したか否かの判断は困難な場合がある。しかし，買収においては一般的に被買収法人の株式の100％を取得することが多く，この規定が適用されることになる。

(2) 各課税年度の使用限度額

　株主変動後の各課税年度の繰越欠損金の使用限度額は，欠損法人の株主変動直前の株式の時価に長期免税債利率を乗じて算出する。長期免税債利率は毎月税務当局から Revenue Ruling の形式で発表されるが，株主変動の日が属する月，前月，前々月の3か月間における最も高い率を使用することになる（IRC §382(f)）。また，欠損法人の IRC §382の適用を受ける株主変動が2回以上起きた場合には，IRC §382の限度額は最も低い額が適用される（Reg. 1.382-5(d)）。

　たとえば，2009年に IRC §382の適用を受ける株主構成の変動があり，その時点での使用限度額が100と仮定する。当該法人を2011年に買収し，その時点での使用限度額を900とする。その場合，2009年の株主構成の変動があった日以前に発生した繰越欠損金のうち，2011年の買収後の課税年度に使用できる額は900ではなく，100となる。2009年の株主構成の変動があった日の後に発生した欠損金の2011年の買収後の課税年度に使用できる金額は900となる。したがって，買収によって制限される繰越欠損金の限度額の調査も重要であるが，過年度における IRC §382の適用を受ける株主構成の変動の有無を確認することも重要となる。たとえば，2012年に所得が500あり，2009年の株主構成の変動があった日以前の繰越欠損金が3,000あったと仮定した場合，2009年の株主構成の変動があった日以前の繰越欠損金のうち2012年の所得と相殺できるのは，100となる。残りの所得400については，2009年の株主構成の変動があった日の後に生じた繰越欠損金がある場合には，相殺することができる。ここでは，2011年の株主構成の変動による制限が900であり，すでに使用した100を控除してもなお残額が800あることから，当該欠損金と相殺することができる。

(3) 欠損法人の株式の時価

　米国税法上，欠損法人の株式の時価の計算方法に関する特別の規定はなく，いわゆる市場価格となる。また，欠損法人に50％以上（議決権または価値）保有する子会社が存在する場合，当該欠損法人の株式の時価の算出において，50％以上保有する子会社株式を除く必要がある。たとえば，被買収法人であるＴ社が50％保有する子会社Ｓがある場合，Ｔ社の株式の時価を算定する際，Ｓ社株式の時価を除く必要がある。Ｔ社が50％保有するＳ社の株式の時価を200,

S社株式を除く前のT社株式の時価を500とすると，IRC§382の限度額の計算上，T社株式の時価からT社が保有するS社株式の時価を除外することとなり，T社株式の価値は400（500－200×50％＝400）となる。

通常，買収価額が市場価額と考えられ，租税回避のために恣意的に買収価額が設定されていない場合には，買収価額をベースにIRC§382の限度額が算定される。ただし，被買収法人に複数の米国内外の子会社が存在し，子会社ごとの買収価額が設定されていない場合は追加の作業が必要となる。たとえば，米国子会社を保有する日本法人の株式買収において，当該被買収法人（日本法人）が米国子会社を保有しており，当該米国子会社に欠損金がある場合，米国子会社の欠損金はIRC§382制限の対象となる。しかし，買収価額は被買収法人である日本法人を頂点とするグループ全体で設定されており，米国法人単独の価値を算定していない場合がある。また，米国法人が被買収法人となる場合でも，当該米国法人が50％以上の子会社を保有していることがある。この場合は，買収価額を被買収法人と各子会社に配賦する必要があるが，買収交渉において各子会社ごとの価額が設定されていなければ，独自にIRC§382制限枠を計算するために各子会社の評価を行う必要がある。

(4) 株主構成変動直前の増資

株主変動のあった日の2年以内に行われた増資は，欠損法人の株式の時価を増加させ，IRC§382の限度額を増加させる目的とみなされ，原則として，欠損法人の株式評価をする際に考慮されない（IRC§382(l)）。ただし，議会の報告書によると，法人の設立のための出資，最初の欠損年度以前の出資，営業経費に充てられる出資等は例外的に扱われる。

(5) IRC§382の適用がある場合の未実現損益（unrealized built-in gain/loss）の取扱い

未実現利益（unrealized built-in gain）とは，株主変動の直前における資産の時価相当額が税務簿価を超える部分であり，未実現損失（unrealized built-in loss）とは，資産の税務簿価が時価相当額を超える部分である（IRC§382(h)）。

欠損法人が一定額以上の未実現損益を有する場合，株主変動後の各事業年度の繰越欠損金の限度額の算定に考慮される。ただし，株主変更の直前における純未実現損益（net unrealized built-in gain or loss）の額が次のいずれか少ない金額以下の場合はIRC§382の限度額の算定上考慮しない（IRC§382(h)(3)(B)）。

① 　株主変動直前の純資産の時価の15％相当額
② 　$10,000,000

　この判定上，現金および相場のある債券（たとえば，政府債）については，時価と税務簿価に著しい差がない場合は，未実現損益の金額に含めない（すなわち，時価と簿価が等しいとして取り扱う）。

　純未実現利益が存在し，当該含み益が株主変動のあった日から5年以内に実現した場合，IRC§382の限度額は，実現した利益相当分だけ増加する。ここでは株主変動後に生じた含み益は含まない。また，実現した利益相当額が株主変動直前の含み益金額を超える部分についても含まない。

　純未実現損失が存在し，当該含み損が株主変動のあった日から5年以内に実現した場合，実現した損失相当分は株主変動前の損失とみなし，IRC§382の制限対象となる。含み益の場合と同様に，株主変動後に生じた含み損は含まない。また，実現した損失相当額が株主変動直前の含み損金額を超える部分についても含まない。

4　被買収法人が連結納税グループの場合

　被買収法人が連結納税グループの場合，被買収法人が単独で税務申告を行っている場合と比べて追加の留意点がある。米国の場合，日本とは異なり，連結納税選択の要件を満たす場合は連結納税を選択していることが一般的である。ここでは，米国の連結納税に特有な制度で買収において留意が必要な項目を解説する。

(1) 繰越欠損金の使用制限と連結納税子会社への税務簿価調整

　米国連結納税制度では，子会社に対する税務上の投資簿価の調整が要求される。連結納税親会社の子会社への投資簿価の調整は，各課税年度終了後および期中の売却等に係る損益の計算等，税務簿価の情報が必要な場合に行う。連結納税子会社に課税所得および非課税所得があった場合は，親会社の当該子会社に対する税務簿価は増額される。一方，連結納税子会社が計上した税務上の欠損金や，税務上損金とならないまたは資産化できない支出は減額項目となり，当該子会社に対する税務簿価が減額される。

　連結納税子会社が計上した税務上の欠損金による税務簿価の減額のタイミングには特別の規定が設けられており，当該欠損金を他のメンバーが使用した課税年度および当該欠損金の繰越期限が到来し消滅した課税年度となる。したがって，必ずしも欠損金を計上した課税年度において当該子会社の税務簿価を減額するものではない。たとえば，連結納税子会社が欠損金を計上した場合でも他の連結納税グループに課税所得がなく，当該欠損金が計上された課税年度に使用されずに翌期に繰り越された場合は，欠損金を計上した課税年度に子会社の税務簿価が減額されることはない。

　一方，子会社の欠損金の繰越期限が到来し，消滅した場合は消滅した課税年度に子会社の税務簿価を減額する。たとえば，2010年に連結納税子会社が欠損金を計上し，その後，使用されずに繰越期限の2030年に消滅した場合，欠損金が発生した2010年に当該子会社の税務簿価を減額するのではなく，欠損金が消滅した2030年に減額する。

　税務上の欠損金の消滅に伴う親会社における子会社株式の税務簿価の減額規定は，買収により新規に連結納税グループのメンバーとなった被買収法人の買収前の繰越欠損金が消滅した場合にも適用される。米国の連結納税制度では，子会社が新規に連結納税グループに加入した場合，当該子会社が保有する繰越欠損金は消滅することなく連結納税加入後に使用することができる。ただし，使用できる金額には次に解説するSRLY制限が課される。

　連結納税における子会社の連結納税加入後の課税年度における繰越欠損金の使用制限には，前述のIRC §382（買収等による欠損法人の50％超の持分比率の変動による制限）とSRLY（Separate Return Limitation Year）と呼ばれ

る連結納税制度特有の繰越欠損金の使用制限がある。SRLY は，欠損法人が連結納税加入前に保有していた欠損金の加入後の使用を，当該欠損法人が連結納税グループ加入後のグループの課税所得に寄与した額まで制限する制度である。SRLY は買収によって新規に連結納税子会社となった場合だけではなく，グループ内再編等で連結納税の持分要件を満たし連結納税グループに加入した場合にも適用される。たとえば，日本法人が2つの米国子会社を100％直接保有しており，一方の子会社を他の子会社に現物出資し，米国での連結納税グループを組成した場合にも適用される。ただし，連結納税グループの親会社となる法人の繰越欠損金は SRLY 制限の対象とならないという例外があるため，実際の適用に際しては個々の事実関係に基づく確認が必要となる。IRC §382 と SRLY が同時（または6か月以内）に適用される取引があった場合は IRC §382の規定が適用され，SRLY の適用はない。

　連結納税制度における子会社の税務簿価調整と繰越欠損金の使用制限の観点から買収において被買収法人が連結納税子会社となった場合，予期せぬ問題が発生する場合がある。

　たとえば，2010年に1,000の繰越欠損金を保有している法人を600で買収し，連結納税子会社とした場合，取得時の当該被買収法人に対する連結納税親会社の税務簿価は600となる。買収の翌年の2011年に1,000の繰越欠損金のうち，400の繰越期限が到来し，消滅した場合，当該子会社に対する税務簿価は消滅した400減額される。当該子会社に課税所得がない場合，増額項目はないので，買収時の税務簿価から400が減額され，翌期の税務簿価は200となる。さらに，2012年においても課税所得がゼロで，繰越欠損金の残額600のうち，300の繰越期限が到来し消滅した場合，税務簿価が300減額される。連結納税親会社の当該子会社に対する税務簿価は前年度の簿価調整により200となっているがさらに300減額された場合，簿価がマイナス100となる。このように連結納税親会社の子会社に対する税務簿価がマイナスになっている状態は Excess Loss Account（ELA）と呼ばれ，当該子会社株式を処分した場合，ELA の額が親会社のみなし譲渡益として，課税所得となる。

　この場合の処分は売却や連結納税の解消等，広義となっている。また，ELA のある連結納税子会社株式が無価値となり，資産を処分した場合には会

社法上の取扱いに関係なく子会社株式を処分したとみなされ，ELAの額までみなし譲渡益を認識させられることがある。

たとえば，上の例では連結納税親会社の子会社株式に対する税務簿価はマイナス100となっている。その時点で当該子会社株式を処分した場合には，親会社は100のみなし譲渡益を認識することになる。600で買収した子会社の繰越欠損金の税務メリットを享受することなく，100の課税所得を認識することになり，600を拠出して100の課税所得を負ってしまうことになり，最悪な状況となる。被買収法人である子会社の繰越欠損金を他の連結納税グループのメンバーが使用し，税務メリットを受けた結果，当該子会社の税務簿価が減額し，最終的に処分した場合，同額の課税を受けるのは仕方ないとしても，税務メリットを受けることなく，繰越欠損金が繰越期限の到来により消滅した結果，課税を受けるのは問題である。

このような悲劇を回避する方策として，財務省規則では被買収法人の繰越欠損金を放棄する選択を設けている。この選択を行うことにより，被買収法人の欠損金の一部または全額を放棄することができ，買収後の繰越欠損金の消滅によるマイナス簿価調整を回避することができる。この選択は被買収法人が連結納税グループに加入した課税年度の申告書において行う。

被買収法人に多額の繰越欠損金が存在する場合，当該欠損金を買収後に使用できる場合は税務メリットがある。一方，IRC §382等の制限により，繰越欠損金が買収後に使用できず消滅した場合はデメリットとなる。したがって，多額の繰越欠損金を保有している法人を買収する際は，買収後の使用可能額を把握することが重要となる。使用可能額は税法の使用制限枠の計算のみならず，事業計画等から判断し，十分な使用限度枠があった場合でも課税所得が十分に存在すると考えられるかどうか判断すべきである。検討の結果，被買収法人の繰越欠損金の一部または全額が買収後に使用できないと判断された場合には，買収により連結納税グループに加入した課税年度において繰越欠損金の引継ぎの放棄の選択を行うべきである。

5 被買収法人がS法人の場合

被買収法人がS法人（S Corporation）の場合の留意点を解説する。

(1) S法人の課税の概要

S法人とは，一定の要件を満たした米国法人が選択を行うことにより出資者課税を選択した法人をいう。この選択を行うことにより，法人が稼得した所得は法人レベルで課税されず，株主が持分に応じた法人の所得を取り込み，他の所得と合算し課税される。これにより，同一の所得に対する二重課税が回避される。すなわち，通常の法人であれば，まず法人の所得が法人で課税され，その後，課税済みの所得を株主に分配した時点で配当として課税され，法人レベルと株主レベルの両方で課税されるところ，株主課税だけで終わる。S法人が稼得した所得は発生した課税年度で株主に課税されるため，翌期以降に課税済所得が株主に分配されても，株主に課税されることはない。

このようなS法人の場合は法人レベルで法人税の課税を受けないため，買収に関しても通常の株式買収のように法人税の偶発債務の問題はない。ただし，給与や売上税等，法人税以外の税に関しては精査が必要となる。したがって，被買収法人がS法人の場合は法人税の精査ではなく，S法人としての資格要件に不備がないかの精査が重要となる。S法人としての税務メリットを享受するには，S法人の選択が適正に行われており，かつ，S法人の要件を継続して満たしていることが不可欠となるので，税務デューデリジェンスではそれらの項目の確認作業を重点的に行う。

(2) S法人の要件

法人がS法人を選択するには次の要件を満たす必要がある。

① 米国法人であること（ただし，保険会社，Reserve Method（貸倒引当金計上）の採用が認められている小銀行，IRC §936のみなし税額控除を受けている法人（米国準州の税額控除），輸出促進法人（DISC）は対象

外)
② 株主が100人以下であること
③ 株主が米国市民・居住者および適格遺産・信託であること（すなわち，法人株主，非居住者が株主となっていないこと）
④ 複数の種類の株式が発行されていないこと

S法人を選択するには適用開始年度開始日から3か月目の15日までに選択書（Form 2553）を税務当局に提出し，承認されることが要件となる。通常，Form 2553提出後，60日以内に税務当局から判断が出される。

S法人の選択が継続されるには上記の要件を継続して満たしていることが不可欠であるため，選択の様式，Form 2553のコピーおよび税務当局の承認のコピーを入手すると同時に，株主に非適格株主が存在しないか，または複数の株式が発行されていないか精査が必要である。

S法人の要件を満たしているか否かの精査でしばしば問題となるのは，当事者が認識せず，S法人の要件に違反していることがある。たとえば，株式要件の場合（すなわち，1種類の株式のみ発行可），特定の株主に分配を行った場合，すべての株主が平等な分配権を有しておらず，その結果，複数の株式が発行されているものとみなされ，この要件に違反していると認定され，S法人の選択が無効とされるリスクがある。または，特定の株主に分配がない場合でも特定の株主がS法人の役員となっており，法人が当役員の私的な費用を支出している場合，当該株主・役員に分配があったものとみなされ，その結果，分配権の異なる複数の株式が発行されていると認定され，S法人の選択が無効とされるリスクがある。したがって，S法人から特定の株主への分配またはみなし分配が行われていないか精査が重要である。

(3) S法人とIRC §338(h)(10)の選択
① 選択の必要性

法人はS法人の株主にはなれない。したがって，法人がS法人の株式を買収した場合，買収時点でS法人の選択は無効となり通常法人となる。買収が課税年度の途中で行われた場合，被買収法人はS法人としての期間と通常法人としての期間を有することになり，申告書も2つに分けて提出する。S法人はそれ

自体が納税主体ではないので税務上の欠損金も株主に帰属し，Ｓ法人には帰属しない。それゆえ，欠損金を保有するＳ法人を買収した場合でも買主が買収後に税務メリットを受けることはない。

また，Ｓ法人の株式買収は通常の株式買収と同様，買収価額が被買収法人の資産に反映されることはなく，被買収法人の資産の簿価は買収前の簿価を引き継ぐ。このように買収価額が買収対象資産に反映されず，営業権等の償却メリットが享受できないデメリットを回避するため，IRC §338(h)(10)の選択を考慮する必要がある。

② 通常の選択とIRC §338(h)(10)の選択

IRC §338の選択とは，一定の要件を満たした株式買収を資産買収と同様に取り扱う規定である。このみなし資産譲渡は税務上のみの取扱いであり，会社法上はあくまでも株式買収であり，たとえIRC §338の選択を行ったとしても，通常の株式買収と同様に租税債務も含めた偶発債務を引き継ぐことになる。IRC §338の選択は，通常の選択と，被買収法人が米国の連結納税子会社またはＳ法人に限定される(h)(10)の選択がある。IRC §338の選択を行うには，買主が法人で非関連者である売主から12か月間に被買収法人の80％以上（議決権かつ価値）を買収することが要件となる。

IRC §338の選択を行い資産の税務簿価をステップアップさせると，その代償として被買収法人は，従来からの税務簿価と資産のみなし買収額に関して売却益を認識させられる。「通常の」IRC §338の場合，被買収法人が資産売却益を認識したうえで，株主は通常の株式売却と同様に売却益を認識する。Ｓ法人または連結納税グループの子会社が認識する資産売却益に関しては，このような二重課税デメリットがなく，下の例で示されるように(h)(10)の選択を通じて売手・買手の双方にメリットが生じるケースが多い。なお，被買収法人がＳ法人でも連結納税子会社でもない場合においても，被買収法人に繰越欠損金が存在する場合には，通常のIRC §338が有効となるケースもある。IRC §338下で認識される資産売却益に対する繰越欠損金の使用は，前述のIRC §382の制限が適用されないからである。

IRC §338(h)(10)の選択を行うことにより資産買収と同様，買収価額を資産の

取得価額（税務簿価）に反映させ，営業権の認識も含め，ステップアップした税務簿価をベースに償却メリットを享受することが可能となる。この選択は，買主にとっては営業権等の償却メリットが享受できる一方，Ｓ法人は法人レベルでの課税がないため，売主にとってデメリットにならない場合がある。したがって，この選択をすることにより，売主にとってデメリットがない，また，あった場合でも影響が大きくない確認を行い，当該選択の検討を行うことが必要である。

③　IRC §338(h)(10)選択の取扱い

　Ｓ法人の株式買収の際に IRC §338(h)(10) を選択した場合，米国税法上の取引は次のステップで行われたものとみなして取り扱う。

①　"旧"被買収法人は"新"被買収法人に資産を売却したものとして取り扱う（新・旧は税法上の考え方であり，会社法上は単一の法人であり，新・旧の被買収法人が存在するのではない）。資産売却の対価は通常，株式の売却価額と被買収法人の債務の合計額となる。

②　ステップ①で発生した譲渡損益は被買収法人の株主に配賦され，当該株主が申告・納税を行う。被買収法人の株主へ配賦された課税所得（損失）は，当該株主のＳ法人株式に対する税務簿価を増額（損失の場合は減額）させる。

③　被買収法人であるＳ法人の株主は株式売却損益は認識しない。

④　"旧"被買収法人は，ステップ①のみなし資産譲渡後に清算されたものとみなされる。株式の譲渡代金は"旧"被買収法人が買主から受け取り，清算分配として"旧"被買収法人の株主に分配される。

⑤　ステップ④で分配された金額は，被買収法人であるＳ法人の株主が清算分配として受け取ったものとして取り扱う。清算分配として受け取った金額と被買収法人であるＳ法人株式に対する税務簿価の差額に対し，損益を認識する（設立当初からＳ法人を選択している場合は，税務簿価と清算分配の金額は同額となる。次の例を参照）。

⑥　"新"被買収法人はステップ①のみなし譲渡で資産を譲り受けたものとして取り扱われ，あたかも資産買収のごとく，時価で資産を受け入れる。

買収価額（株式の対価＋引き継いだ債務の合計額）を各有形・無形資産に配賦し，残額は営業権となる。米国税法上，営業権は15年で償却する。

この税法上の取引ステップを簡単な例で示すと，次のとおりとなる。
■前提
被買収法人の貸借対照表：剰余金がなく，資本金50，株主の当該Ｓ法人への税務簿価が50と想定

建物	150	借入金	100
		資本金	50
		剰余金	0

建物の時価が250と仮定。当該Ｓ法人の株式を300で売却した場合，株主は250（300－50）の譲渡益を認識する。当該取引においてIRC §338(h)(10)を選択した場合，課税関係は次のとおりとなる。

被買収法人であるＳ法人は250（現金300＋債務100－簿価150）の資産のみなし譲渡益を認識する。当該みなし譲渡益は株主で課税される。その結果，株主のＳ法人に対する税務簿価は300（取引前の簿価50＋みなし資産譲渡益250）に増額される。Ｓ法人の株主は清算分配として300を受け取るが，その時点ではＳ法人への税務簿価も300となっているため，清算時の損益の認識はない。したがって，Ｓ法人が認識する譲渡益は250となり，株式売却と同額となり，追加の譲渡益はない。

売主が認識する譲渡益の額が，株式売却とIRC §338(h)(10)を選択した場合と同額であっても，納税額が異なる場合がある。米国税法においては，所得の種類がキャピタルゲイン・ロスと通常所得（損失）の2種類がある。個人の場合，キャピタルゲインは優遇税制があり，通常所得より税率が低い。またキャピタルゲインはキャピタルロスおよび通常損失と相殺が可能である。一方，通常所得は通常損失とのみ相殺が可能である。このようにキャピタルゲインは通常所得より，有利となる。

個人株主の株式売却益はキャピタルゲインとなるが，資産の譲渡益の場合はその種類によってキャピタルゲインまたは通常所得となる。たとえば，棚卸資

産の譲渡益は通常所得となる。また，過年度に償却している事業資産の場合，譲渡益のうち，累積の償却額までは通常所得として認識し，それを超える額はキャピタルゲインとなる。

　IRC §338(h)(10)の選択をした場合は資産の譲渡としてみなされるため，譲渡益の額は株式売却と同額であっても譲渡益がキャピタルゲインと通常所得に分類され，通常所得に分類された額が優遇税率の適用がなく，売主にとってデメリットとなる。

　買主（この場合"新"被買収法人）の資産の取得価額は400（現金300＋債務100）となる。買収価額は資産の時価をベースに各資産に配賦される。上の例では建物の時価は250であるため，買収価額の400のうち，250を建物に配賦し，残額は営業権となる。

資産（建物）	250
営業権	150
合計	400

　建物は新規取得資産として250をベースに建物の償却期間で償却する。また，営業権は15年の定額で償却する。

　IRC §338(h)(10)の選択を行った場合，買主にとって償却メリットが享受でき有利になる。売主のデメリット（もしあれば）を把握し，売主のデメリットを補填してもなお，追加の償却メリットを考慮した場合，買主にとって有利となることがあるので，比較が必要となる。

6　被買収法人がLLCの場合

　日本法人が米国のLimited Liability Company（LLC）の持分を買収する場合の，日米の税務上の留意点をいくつか解説する。

(1) LLCとは

米国LLCは持分会社であり原則，課税主体ではなく，出資者がLLCの所得に対し課税される。一方，団体課税を選択した場合は，通常の法人同様，法人レベルで所得に対し，法人税が課される。

LLCの出資者が単独の場合は税務上，LLCは無視され，LLCが稼得した所得をあたかも出資者が直接稼得したかのごとく取り扱われる。LLCの出資者が複数存在する場合はパートナーシップとして取り扱われる。

パートナーシップとして取り扱われた場合は，パートナーシップレベルで課税所得を計算し，情報申告書で税務当局に申告すると同時に，各出資者に配賦される額を通知する。各出資者はLLCから配賦された課税所得を他の所得と通算し，申告・納税する。LLCは原則パススルーであるが，団体課税を選択をすることも可能であり，この選択を行った場合は通常の法人と同様，法人税を申告・納税することになる。

(2) 団体課税を選択していない場合

団体課税を選択していないLLCは納税主体ではないため，法人税に関しては債務を引き継ぐことはない（ただし，雇用税，資産税，売上税等に関しては納税主体となることがある）。同様に欠損金も出資者に帰属し，LLCに帰属しないため，買収後に買主が使用することはできない。

団体課税を選択していないLLCを日本法人が直接買収した場合，日米租税条約の適用を受けることができない場合がある。日米租税条約において日本の居住者が米国税法上構成員課税を受けており，日本税法上は団体課税を受けている米国の事業体に出資した場合，日米租税条約の適用はない。日本の税法上明確な規定はないが，米国LLCは一般的に外国法人として取り扱うとされている。もし，この考え方が適用された場合，当該LLCは日米租税条約の適用を受けることはできない。たとえば，米国居住者が当該LLCに源泉徴収が必要となる利子を支払った場合，日米租税条約の軽減税率ではなく，国内法の30%で源泉徴収される。

7 パートナーシップ持分（パートナーシップとして取り扱われるLLCの持分を含む）

パートナーシップ持分を買収する場合，買収価額がパートナーシップの純資産を超える場合（すなわち，プレミアムで買う場合）はパートナーシップがIRC§754の選択をすることにより，プレミアム部分が取得したパートナーシップ持分に対応する資産の追加簿価となる。

■例　パートナーシップの貸借対照表

貸借対照表

現金	5,000	負債	10,000
未収金	10,000	資本A	15,000
棚卸資産	20,000	B	15,000
減価償却資産	20,000	C	15,000
	55,000		55,000

Xが当該パートナーシップ持分をAから22,000で譲り受けた場合，プレミアム部分の7,000(注1)はXにとってはパートナーシップ資産の簿価を増額し，パートナーシップ資産の時価に応じて配賦され，減価償却資産に配賦された部分は減価償却の対象となる。この例示において，未収金，棚卸資産，減価償却資産の時価と簿価が同額であると仮定すると，7,000は営業権となる。営業権は15年で償却することになる(注2)。

(注1)　厳密には買主パートナーのパートナーシップへの投資簿価（この場合は買収価額22,000とパートナーシップから配賦された債務3,333（10,000×1/3）の合計額）25,333と売主パートナーから引き継いだパートナーシップ税務上の資本勘定（この場合は15,000とパートナーシップから配賦される債務3,333の合計額）18,333との差額である7,000。

(注2)　パートナーシップ持分の売買が関連者間で行われた場合は，営業権の償却が制限されることがある。

8 ゴールデンパラシュート (Golden Parachute Payment)

　米国法人の買収において，役員・従業員の報酬・福利厚生に関する税務は，主要な調査項目の1つとして挙げられる。ここでは，実務上よく遭遇するゴールデンパラシュートについて解説する。

　被買収法人の役員・従業員への報酬がゴールデンパラシュートに該当した場合，被買収法人の法人税の計算上，当該役員・従業員への報酬が損金とならないことがある。ゴールデンパラシュートとは，次のすべての要件を満たした報酬をいう。

① 税法で規定された特定の役員・従業員等へ支払われる報酬（金銭およびストック・オプション等）

② 法人の支配権の変更（通常，50％超の議決権の変更）を報酬の支払条件としていること

③ 報酬額が対象役員・従業員等の過去5年間の年平均報酬の3倍を超えていること

　特定役員・従業員への報酬がゴールデンパラシュートに該当した場合，当該パラシュート報酬から過去5年間の年平均報酬を引いた金額（いわゆる，Excess Parachute Payment）は被買収法人の法人税の計算上，損金とならない。

　また，ゴールデンパラシュートを受け取る特定の役員・従業員等は通常の所得税に加えてExcess Parachute Paymentに対し，20％の税金（Excise tax）が課される。

　多くの米国法人において特定の役員・従業員との雇用契約がゴールデンパラシュート規定に抵触するような条項を含んでいることがある。ストック・オプションの場合，オプションの権利が確定するまで，通常，一定の雇用期間を要求されるが，法人の支配権が変更したことにより，雇用期間に関係なく権利が確定する条件が付されていることがある。このような場合にはストック・オプションがゴールデンパラシュートに該当することがある。

ゴールデンパラシュートは被買収法人で損金にならないばかりか,個人所得税においても追加のペナルティ的な税金である Excise tax が発生するため,十分留意が必要である。Excise tax は個人に課される税金であるが,法人が負担する条項が含まれている場合がある。その場合,肩代わりした金額が追加の報酬となり,さらに,それに対する所得税を負担することにより,税金費用が雪だるま式に膨らむ。したがって,税務デューデリジェンスにおいて雇用契約書のレビューは重要な調査項目となる。

9 その他

本節では,連邦法人税に特有な項目に限定して解説したが,米国の税務デューデリジェンスの実務においては,次の項目も調査範囲に含まれるのが一般的である。

- 過去の組織再編の状況
- FIN48を含む会計上の税金費用の計算(Income Tax Provision)
- 州税(法人税,売上税・使用税,資産税,不動産税等)
- 移転価格税
- 米国外に拠点がある場合には,CFC(Controlled Foreign Corporation)規定,PFIC(Passive Foreign Investment Company)規定等の適用および米国外拠点における税務コンプライアンス状況
- 税務調査の実施状況
- 非適格繰延報酬(Nonqualified Deferred Compensation)の取扱い(IRC §409A)

なお,2010年度の連邦法人税申告書より,一定の要件を満たす法人に対し,不確実な税務ポジション(UTP;Uncertain Tax Position)の報告がスケジュール UTP により求められている。当スケジュールは,法人税に関する潜在的租税債務が報告対象となっていることから,税務デューデリジェンスにおける税務リスクの分析において有用なデータを提供することになる。

第3節 英国における税務デューデリジェンス

　英国の税制は，国税を中心とした制度となっており，法人に主として関連する地方税としては，日本の固定資産税に相当するRatesとCouncil taxがあるのみである。法人税に相当する税目は，法人税（Corporation Tax）であり，事業から生じる各種の所得と，一時的な譲渡行為に伴い生じる譲渡所得において，別々の税法が適用される仕組みとなっている。本節においては，日本法人が英国企業の買収を行う際に，英国税法上，一般的に留意すべき事項について解説する。

1 租税の徴収権の時効（Statute of Limitations）

　英国税法上，通常，英国法人税申告書（CT600）は，事業年度終了後12か月以内に，英国税務当局（HMRC）に提出しなければならない。英国法人税申告書が提出期限までに提出されている場合には，HMRCは当該税務申告書について，事業年度終了から24か月の期間において，質問（self assessment enquiry）を納税者に対し行うことができる。すなわち，当該self assessment enquiryの制度においては，事業年度終了後，通常2年間HMRCは追加徴税を行う機会を有することとなる。

　さらにHMRCは当該self assessment enquiryの制度に加えて，不適正な開示（inadequate disclosure）に対してはdiscovery assessmentの制度により，事業年度終了から4年間，追加徴税を行う機会を有することができる。また，不注意（carelessly）により税額が過少に申告されていた場合には当該事業年度終了日後6年間，意図的（deliberately）に税額が過少に申告されてい

た場合には当該事業年度終了日後20年間の期間において，HMRC は discovery assessment の制度を行使することができる。

英国企業の税務デューデリジェンスを行う場合には，これらの self assessment enquiry の制度および discovery assessment の制度を念頭に置き，調査対象期間を決定することになるが，discovery assessment の制度においては，不注意（carelessly）とは，たとえば税務に関する内部統制の不備による誤り等の項目も含まれると考えられることから，一般的には事業年度終了日後 6 年間を最大限の期間と仮定したうえで調査対象期間が判断される傾向といえる。

2 英国企業の買収

(1) 英国企業の買収の特徴

日本法人による英国企業の基本的な買収形態は，英国以外の他国における企業買収の場合と比して特段の差異はなく，直接投資または現地 SPC を用いた投資，対象企業の株式による買収，事業そのものでの買収というパターンに原則として区分されることとなる。しかしながら，たとえば米国企業を買収する場合に比して，英国企業等の欧州企業を買収する場合は，欧州という単位で当該国のみならず複数国の税務上の取扱いを検討する必要性が生じる可能性が高い。たとえば，SPC を通じて買収を行う場合，その SPC の設立国の選定については，実務上の観点からも買収対象企業の所在地国と同一にする手法が一般的と思われるが，投資法人誘致に係る税制を誘致政策として積極的に規定している同じ欧州内であるオランダやベルギー等の第三国を経由した投資等を，税務上やファイナンス上の観点から検討することも一案として考えられる。また，第三国からの投資を選択しなかったとしても，欧州の場合には欧州が 1 つのマーケットであると考えることも多いことから，買収対象企業の傘下に欧州域内の子会社群が各国にわたって存在していたり，また，買収対象事業自体が欧州域内の各国顧客との取引のために各国に営業所や営業担当者を有している商流モデルである場合が多く，自然発生的に 3 か国以上の課税上の問題をデュー

デリジェンスの過程において検討する必要性が生じることは少なくない。このような傾向は，欧州におけるM&Aの特徴的な点と思われる。

(2) 買収資金としてのグループローンに係る利息と過少資本税制

買収主体としての在英子会社（SPC）を通じて，ターゲットとなる英国企業を買収する場合において，当該外国企業の買収資金を親会社である日本法人からSPCへの増資として提供するか，グループローンとしての貸付けで提供するかにより課税上の留意点は異なる。グループローンとして行った場合，当該貸付金は関係者間取引として取り扱われ，移転価格税制の観点からArm's lengthでの日本での受取利息，英国での支払利子の認識が，その貸付期間に応じて求められることとなる（当該利子の支払がない場合，実務上，英国課税当局よりも，むしろ日本課税当局において，移転価格税制または課税アプローチが簡易な寄附金認定によりチャレンジされる可能性が高いと思われる）。

なお，英国から日本への利息の支払については，日英租税条約の適用を前提として，英国における源泉所得税は，原則として免除される。

☞ 設例

日本企業が英国企業を買収するにあたり，英国にSPCを設立しSPCを通じて買収を行う。M&A投資額6,000について，出資1,000，グループローン5,000としてSPCを設立する。

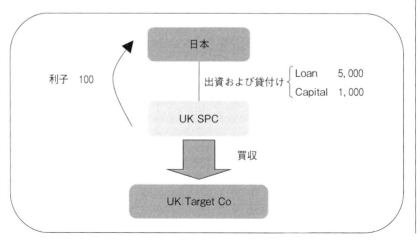

第3節　英国における税務デューデリジェンス

本設例においては，英国過少資本税制の適正比率が1：1であると仮定した場合，グループローン5,000のうち1,000に対応する利子までしか認められず，支払利子100のうち20までしか損金として認められないと仮定する。

	過少資本の問題がある場合	過少資本の問題がない場合
過少資本による英国での税額増加 80（利息否認額）×20%（UK法人税率）	16	N/A
日本法人税課税額 100×33.06%	33	33
税負担合計	49 (49%)	33 (33%)

過少資本税制の取扱いおよび適正負債資本比率の考え方は，国によって大きな違いがあり（例：オランダ3：1，ルクセンブルク85：15から99：1），財務や法務，事業上の理由により，グループローンの金額が資本に比して大きくなる可能性がある場合は，英国以外の第三国SPCを通じた買収が有用となるケースもある。その場合，支払利息に係る源泉所得税の取扱いおよび二重課税排除の可否についても留意することが重要である。

グループ法人からの借入金である限り，過少資本税制の問題は避けて通れない論点ではあるものの，EU域内の法人からの借入金利子については，源泉所得税が原則として免除されるというメリットがある（EU Interest Royalty Directives）。

利息の支払側である英国SPCにおいては課税所得の計算上，支払利息は原則として損金と認められるが，自己資本に比してグループローンが過大な場合には，借入金利息の不当計上を防止する観点から，英国においても他の多くの国と同様に過少資本税制（Thin Capitalisation rules）が規定されている。

SPCにおける自己資本とグループローンの金額のバランスによっては，過少資本税制が適用され，当該支払利息の損金算入が制限され，利息の受取側（日本親法人側）と支払側（SPC側）において，二重課税が生じるおそれがある。英国の過少資本税制は，移転価格税制の一部として取り込まれており，日本における3：1というような適正負債資本比率（Debt Equity ratio）の明確な数値基準はなく，Arm's lengthとしての適正比率か否かにより判断される。Arm's lengthとして認められる比率であれば，損金算入が認められることから，通常は移転価格専門家における分析をもとに，適正な負債資本比率を

個々に検討することが行われている。

(3) 欠損金の使用制限

① グループリリーフ

英国税制においては、グループリリーフ制度を用いたグループ法人間における欠損金の使用が特徴の1つといえる。

グループリリーフとは、75％グループ法人間において、当該事業年度における課税所得の計算上、利益と損失の相殺を認める制度である。75％グループとは、発行済普通株式および経済的持分の75％以上が直接または間接に保有されている関係にあるグループをいう。すなわち、グループの他法人において発生した欠損金を自己の所得と相殺し、グループ全体での税負担を軽減することができる。

外国法人を介したグループについてもグループリリーフの適用は可能であり、たとえば、同一の日本法人に75％以上を保有される英国法人間においても適用が可能である。したがって、買収対象法人グループが、複数の英国法人によって構成されている場合は、グループリリーフの適用可能性も踏まえた検討（具体的には、欠損金の税務上の評価）を行うことが望ましい。

なお、英国グループ税制には、その他、同じく共同出資者において欠損金を利用できるコンソーシアムリリーフ等があるが、M&Aとの関連性は高くはないことから本書における詳細な制度説明は割愛する。

なお、グループリリーフは、その事業年度に生じた欠損金のみについて適用されるものであり、翌事業年度以後に繰り越された欠損金ついては、その欠損金の生じた法人でしか利用できないことには留意する必要がある。また、英国法人税は、日本の所得税のような所得区分（不動産所得、事業所得、金融関連所得、等）を設けているが、それに係る制限規定もある。たとえば、繰り越された事業所得欠損金（Trading income）については、無期限の繰越しが認められる一方、将来の同一事業（Same trade）に係る事業所得としか相殺できない。

また、譲渡損失（Capital loss）については、その事業年度の譲渡益（Capital gain）または（繰り越した場合には）将来の譲渡益（Capital gain）と相

殺することしか認められておらず，グループリリーフの適用もない。しかし，一定のキャピタルゲイン・グループ内の他のグループ会社で生じた譲渡益と，繰越譲渡損失の相殺は可能である。

　企業買収等により，グループリリーフにおける企業グループへの加入または離脱が生じた場合，その加入日または離脱日からのみなし事業年度を認識し，原則として，その加入後または離脱前までの利益または損失について，それぞれの新旧のグループにおいてグループリリーフの適用をすることができる。ただし，当該買収タイミングを利用した不当に意図的な（unreasonably or unjustly）損失計上等については，租税回避防止措置が規定されていることに注意すべきである。

（注）　2016年3月16日において，2016年度の予算案が公表され，英国法人税法における抜本的な改正のいくつかが公表されている。

　　その中において，欠損金に係る大幅な改正が示されており，英国法人における M&A において重要な影響を生じるものと考えられる。具体的には，2017年以後に発生する欠損金については，上述の欠損金の所得区分は廃止される。これにより，今後は，繰越欠損金については，所得区分の制限なく，（日本の法人税法における欠損金のように）すべての種類の所得に対して使用することができる。また，グループリリーフについても2017年以後発生の繰越欠損金については，当該発生事業年度のみならず将来においても英国内のグループ会社に移転することが可能となる。

　　一方，従来は欠損金使用について制限はなかったが，2017年4月1日以後においては，500万ポンドを超える部分について繰越欠損金の使用が所得の50％まで制限されることとなる（500万ポンドまでは100％の使用が認められる）。

　　したがって，今後生じる M&A においては，特に税務上，繰越欠損金の価値評価および取得に係るストラクチャー検討において，当該税制改正の詳細動向についても留意することが重要であろう。

② Change in ownership

　事業所得欠損金を含めた収益性の欠損金に関しては，通常，M&A 等により株主に重要な変更があり（Change in ownership），かつ，前後3年以内に事業内容の大きな変更（Major change in the nature or conduct of the company's trade）があると認められる場合等には，その変更の事実が生じた日以

前に生じた繰越欠損金について使用が制限される。

当該事業変更の有無の判定については，数値基準等により判定するものではなく，事業変更の合理性等を勘案したうえで解釈によって判断する必要があるため，もし，M&A後に事業内容の見直し等が見込まれているような場合には，現状の繰越欠損金の使用可能性につき英国税務専門家による事前の精査が重要となる。

譲渡損失に係る繰越欠損金は，支配権変更に伴い，通常，使用制限が課される。しかしながら，当該支配権変更前の譲渡損失に係る欠損金（pre-entry loss）は，原則として，当該会社の支配権変更前から有していた資産から生じる譲渡収益との相殺が認められる可能性がある。

(4) 無形固定資産の償却可能性

従来は，M&A等により取得した営業権（Goodwill）等の無形固定資産（Intangible fixed assets）については，2002年4月1日以後に生じたものについて，会計処理に沿った償却（4％相当額の定額償却を選択することも可）が認められていた。

無形固定資産の償却は実際のキャッシュフローを伴わずして課税コストを低くする効果があるため，大きな節税効果を生じ得るが，たとえば，買収対象企業の株式買収等では通常，無形固定資産を認識することが困難であるように，無形固定資産の認識に係る税務上のプランニングが重要であった。

しかし，2015年度税制改正により，2015年7月8日以後開始事業年度において，同日以後に取得されたGoodwillおよび一定の無形資産の償却が制限されることとなり，第三者への売却が行われるまでは償却ができないこととなった。したがって，M&Aにおける事業買収（Asset deal）と株式買収（Share deal）に係る重要な違いが，今後はなくなるものと考えられる。

(5) 英国における組織再編関連税制

英国SPCを通じて英国企業の買収を行う場合，その買収後に，SPCと買収された企業とをビジネス上の観点から統合することや，株式買収後に，買収者のビジネスとの統合やその他のビジネス上の観点から欧州域内においてグルー

プ組織再編を実施することは往々にしてある。その場合，英国税制上，以下に記した項目が主に関連すると考えられる。

① Intra group transfer

　英国会社法においては，日本や米国，オランダ等において見られる「合併」制度に類するものは一般的には存しない。税務上においては，Merger（合併）や Amalgamation（統合）といった場合，同様の効果を生じる手段として，片方の法人がもう一方の法人にすべての事業，資産負債を事業譲渡により移転した後，移転し空になった法人を清算するという手段が用いられるのが通常である。ただし，英国裁判所の関与のもとで日本の組織再編と類似した行為が実行可能な場合もある。

　事業譲渡は，資産の譲渡として原則は課税取引として取り扱われるが，英国税制上，75%以上の保有関係にある英国法人間において資産の譲渡が行われた場合，その譲渡対価の額および時価にかかわらず，当該資産がグループ外部に売却される時点まで譲渡損益（Capital gain or loss）は原則として繰り延べられ，いわゆる簿価譲渡が認められる。この規定は，一般に No gain no loss または Nil gain nil loss と呼ばれている。

　したがって，当該規定の適用により，原則として課税を伴わない統合を実現することができる。

　ただし，譲受法人が当該資産の譲渡を受けた日から6年以内に当該グループを離脱した場合は，原則として，その時点で繰り延べられていた利益の取戻し課税が譲受法人に対して行われる（Degrouping charge）。すなわち，当初のグループ内譲渡時点において，譲受法人があたかも時価譲渡を行い，かつ，同額で取得したものとみなす。ただし，取戻し課税の認識のタイミングは，グループ離脱の日の属する事業年度開始日または当初のグループ内資産譲渡日のいずれか遅い日とされる（なお，Degrouping charge は，譲渡法人等に対して課税をすることも選択できる）。

　また，事業所得として区分された繰越欠損金（Trading loss）については，事業の移転とともに移転先法人に引き継ぐことができる。しかし，当該事業に係る資産および負債のすべてを移転していない場合には，当該欠損金の使用に

ついて一定の制限が生じる可能性がある。

② Substantial Shareholding Exemption rules
　原則として，以下のすべての要件を満たす株式や出資証券等の譲渡については，当該譲渡に係る譲渡損益（Capital gain or loss）は課税対象外となる（益金不算入または損金不算入）。
- 当該譲渡対象法人の10%以上の持分を保有し，かつ，譲渡前2年の期間内において連続して12か月以上保有していた期間があること
- 譲渡法人が，事業法人グループ（Trading group，一般にはInvesting companyと称される投資等を目的とし，その収益項目が主に配当等のPassive incomeにより占められる法人は該当しないことになる）に属していること
- 株式譲渡の対象となる法人が，事業法人（Sole trading company）または事業法人グループに属していること
- 租税回避防止規定に抵触しないこと

　当該規定は，譲渡損益自体の認識を行わず課税対象外とする規定であるため，譲渡益の発生が見込まれる場合には非課税となる有利な規定ではあるものの，その逆の譲渡損が生じる状況においては，その損失が認められないこととなるため納税者不利となるものである。また，納税者側における選択適用は認められず，上記要件に合致する限り強制適用となる。

③　日本のタックスヘイブン対策税制との関連
　上記の英国組織再編税制の適用において，日本のタックスヘイブン対策税制のリスクに留意することが実務上，重要となる。
　日本のタックスヘイブン対策税制は，その外国法人の実効税率（租税負担割合）が20%未満となる場合において，経済的実態に係る適用除外要件を満たす場合を除き，その一定の所得を日本の親会社の所得とみなして課税する制度である（資産性所得に係る規定は，関連性が低いと考えられることから，ここでは詳細は割愛する）。英国における組織再編が日本のタックスヘイブン対策税制に影響を与える典型的な例として，組織再編に伴う傘下の法人株式の譲渡に

ついて上記②の SSE ルールが適用されるケースが挙げられる。英国の標準法人税率は現在20％（ただし，現在，2020年までに17％までの段階的な引下げが予定されている）であるが，SSE ルールの適用の結果，実効税率が20％未満となるケースは往々にしてあり，特に投資ビークルとして設立された SPC において従業員等の経済的実態を備えていることは実質的に困難であることから，組織再編の過程で予期せぬ課税を日本側で生じてしまう可能性があり，留意が必要である。なお，欧州においては，組織再編や投資促進の観点から，外国法人株式に係る譲渡損益の非課税制度を導入している国は多く（オランダ，ベルギー，ドイツ等），株式買収を行った後の再編プランについては，ここで述べた日本のタックスヘイブン対策税制上の論点は常に生じ得るものとなっている。

第4節 オランダにおける税務デューデリジェンス

1 オランダにおける税務執行の概観

　日本との比較において，オランダの税務執行で最も特徴的な部分は，納税者と税務当局との距離にあるといえる。オランダも日本と同様に，納税者が税務申告書を提出し，その後，税務当局から納税者（もしくはアドバイザー）に対し，税務申告の内容に関する問い合わせがあったり，場合によっては税務調査が行われる。しかし，オランダの税務当局は，納税者が税務申告書を提出し，それを税務当局が事後的に確認する，というプロセスを効率的であるとは考えておらず，税務申告書を提出する前に，取引発生前に，税務当局と納税者の間で協議しておくことを好む。事前に協議しておくことで，税務申告書を提出した時点では，主な取引については協議済みとなっており，担当調査官は税務申告書上で，協議したとおりの取扱いとなっていることを確認するのみで足りる。事後的に検証するプロセスは時間がかかり，また，税務当局と納税者を対立させることもあるため，事前協議が税務当局・納税者の双方にメリットのある取組みであると考えられている。オランダ人は合理的である，といわれることが多いが，税務執行の場面においても，そのような姿勢を垣間見ることができる。

　税務当局と納税者の間で事前に協議するための仕組みとしては，具体的には，2つの方法がある。ルーリング（Advanced Tax Ruling）とホリゾンタル・モニタリング（Horizontal Monitoring）である。

(1) ルーリング（Advanced Tax Ruling）

　オランダではルーリングが盛んであり，納税者が予定している取引およびその税務の取扱いを書面に記載し税務当局に照会をかけると，担当調査官は，そ

の内容に合意する場合，書面にサインをして納税者に戻すことになっている。ルーリングは取引実行前の計画段階において取得することも可能であり，納税者にとっては将来の税務調査において税務上の取扱いを否定されることで不測の税負担を負うことになるという意味での税務リスクを回避することができる。そのため，オランダにおける税務実務においてルーリングは幅広く利用されており，M&Aの場面において，税務デューデリジェンス等を通じて，オランダ法人の税務の概況を知るには，対象となるオランダ法人の有するルーリングを把握することは有益である。

(2) ホリゾンタル・モニタリング（Horizontal Monitoring）

ホリゾンタル・モニタリングは，税務当局が納税者と合意することで始まるプロセスであり，税務当局と納税者の対話の一形態であると同時に，税務当局が納税者に提供するサービスと捉えることもできる。税務当局と納税者の間に，透明性（Transparency），理解（Understanding），相互信頼（Mutual trust）をもたらし，効率的な税務執行および納税者の税務に関する環境改善をもたらすものとして，オランダの税務当局が数年前から始めた取組みである。具体的には，納税者が税務申告書を提出した後に，その申告内容の問い合わせをする，という事後的な検証を通じた対話ではなく，税務当局と納税者が継続的に対話し，その中で，事前に幅広く税務に関する協議をしていくこととなる。このようなプロセスを可能とするためには，納税者側も税務に関する十分な知識と体制（Tax Control Framework）を有していることが求められるため，この取組みは，オランダ発の大規模多国籍企業から試験的に導入され，その成功体験をもとに，現在，対象となる企業の範囲を拡大しているところである。提出された税務申告書を税目ごとに担当調査官が事後的に検証するという縦割り（Vertical）の従来型の対話から，事前に幅広く納税者と同じ目線で対話をしていくことから，このような呼び名がついていると考えられる。

ホリゾンタル・モニタリングは新しい取組みであり，導入している企業は限定的ではあるが，M&Aの場面において，対象となるオランダ法人がホリゾンタル・モニタリングを導入している場合には，税務デューデリジェンス等を通じて，税務当局との対話の内容を把握することは，オランダ法人の税務の概況

を知るうえで大変有益である。

2 オランダ法人税の概要

(1) 納税および時効

　オランダ法人税の納付は，納税者の作成した税務申告書に記載された金額をもとに，納税者自らが納税するという形式（申告納税制度）ではなく，納税者の作成した税務申告書等をもとに税務当局が賦課決定通知書を発行し，その賦課決定通知書に基づいて納税するという形式（賦課課税制度）を採用している。

　賦課決定通知書は，予備的賦課決定通知書（preliminary tax assessment）と最終賦課決定通知書（final tax assessment）に分けられ，予備的賦課決定通知書は一度のみならず，数回発行されることもある。納税者は，原則として事業年度開始後1か月を目処に発行される予備的賦課決定通知書に基づき，該当する事業年度が終了するまでに法人税の納付を終わらせる，という前提で納付を行っていく。ただし，予備的賦課決定通知書は，過去2年間の課税所得の平均値等をもとに計算された当期の課税所得の見込額をもとにしているため，事業年度終了後に判明する実際の課税所得に基づく法人税額と乖離が生じることは自然であり，当該差額については，事業年度終了後に発行される賦課決定通知書に基づいて精算されることとなる。なお，事業年度の途中において，それまでに発行された予備的賦課決定通知書のもととなる課税所得の見込額と，実際の課税所得に差異が生じると予想される場合には，税務当局に対し，予備的賦課決定通知書の再発行を依頼することも可能である。

　最終賦課決定通知書は事業年度終了後3年以内に交付されなければならない。最終賦課決定通知書の発行は，担当調査官が該当する事業年度の税務申告の内容を認めたことを意味すると考えられるが，担当調査官が事業年度終了後5年（国外所得については12年）以内に最終賦課決定通知書を発行する時点で知りえなかった事実を把握した場合には，追加賦課決定通知書を交付することも認められている。

(2) 法人税率

オランダの法人税率は，企業規模の大小にかかわらず，200,000ユーロまでの課税所得には20％，200,000ユーロを超える課税所得には25％を適用することとなっている。

課税所得	法人税率
200,000ユーロ以下	20％
200,000ユーロ超	25％

(3) 代表的な制度
① 資本参加免税

資本参加免税は，会社への出資から生じる所得（典型的には配当と株式の譲渡等から生じるキャピタルゲイン）を出資者の段階において非課税とする制度である。出資をする会社と出資を受ける会社の関係を見た場合，後者は事業から生ずる利益について法人課税を受けるため，課税済利益が配当等を通じて出資者に還元された際に，出資者においても課税されると同一の所得に対する二重課税が生じるため，このような制度が設けられている。現在では，配当の非課税制度は多くの国で導入されているが，日本の国外配当免税制度と同様に欧州内においても，フランス，ベルギーでは一部課税（95％非課税や99％非課税）とする制度となっている。また，キャピタルゲイン課税についても，同国においては一部課税となっており，配当およびキャピタルゲインの双方について100％非課税としている点はオランダの資本参加免税の特徴である。

資本参加免税は，原則として，以下の(i)から(iii)のすべての要件を満たした場合に適用される。
 (i) 子会社の資本金のうち少なくとも5％を所有すること
 (ii) 子会社の資本は株式に分割されていること
 (iii) 以下の条件のうち1つを満たしていること
　・ポートフォリオ投資でないこと
　・子会社は最低10％の税率で課税されていること
　・連結ベースで資産の50％超が事業資産（アクティブ）であること

②　繰越欠損金

　税務上の欠損金は１年間繰り戻すことができ，残った欠損金は将来の所得と相殺するため９年間の繰越しが認められている。欠損金は古い順に所得と相殺される。

　2009年，2010年および2011年の３年間に発生した欠損金については，企業のキャッシュフロー改善を促すため，時限措置として，納税者の選択により，欠損金の繰戻しを通常の１年間ではなく３年間（ただし，２年前・３年前の所得と相殺可能な欠損金は各年10百万ユーロを上限とする）とすることを認め，３年間の繰戻しを選択した欠損金については，繰延期間を９年から６年に制限する制度が導入されていた。

(a)　オーナーシップ・チェンジに伴う繰越欠損金の利用制限

　税務上の繰越欠損金を有するオランダ法人の究極の株主に重要な（30％）変更があった場合，原則として，繰越欠損金は消滅する。ただし，当該原則規定に対して，複数の例外規定があるため，オーナーシップ・チェンジに伴う繰越欠損金の利用制限はオランダ税制における難解な制度の１つとなっている。最も重要な例外として，欠損金を有する法人の大部分の資産がポートフォリオ投資ではなく，かつ，欠損金を有する法人の事業活動が，オーナーシップ・チェンジの直前までにおいて，最も古い欠損金が生じた事業年度における事業活動の30％未満に縮小していない場合には，繰越欠損金の利用制限が課されない，という例外規定がある。

(b)　持株・金融会社（Holding and financing company）に対する繰越欠損金の利用制限

　オランダ法人が持株会社・金融会社に該当する場合には，特殊な繰越欠損金の利用制限が課される可能性がある。具体的には，欠損金が生じた事業年度において，欠損金が生じるもととなった事業活動のほとんどすべてが持株もしくは金融事業からなる場合には，本規定が適用される。持株・金融会社の欠損金は，同様に持株・金融会社の利益とのみ相殺が認められることから，その利用に制限が課されることとなる。

ただし，25名以上の正社員が持株・金融以外の事業に従事している場合には，本規定は適用されないため，一定数の従業員がおり，通常の事業活動を行っている場合には，あまり縁のない規定ともいえる。

③ 連結納税制度

オランダでは連結納税制度が用意されており，オランダ法人たる親会社が95％以上保有するオランダ法人とともに申請することで適用可能である。オランダ法人がオランダ法人以外の法人を介在させて他のオランダ法人を保有する

従前

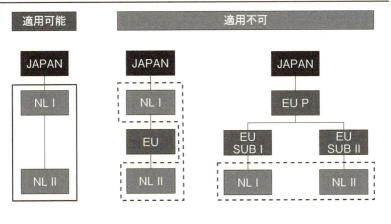

今後

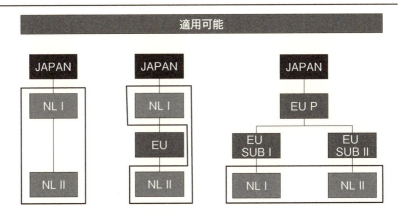

ケース（親と孫の関係にあるケース）および，オランダ法人以外の法人が共通の株主として存在するケース（2以上のオランダ法人がオランダ法人以外の法人を通じて兄弟の関係にあるケース）は，同一の企業グループと考えることができるが，これまでオランダの連結納税制度の適用が認められていなかった。しかし，欧州司法裁判所の判決を受け，2015年10月15日に改正案が発表され，今後はこれらのケースについても連結納税が認められることになる予定である。なお，オランダでは，連結納税申告書を提出するグループのことをFiscal Unityと呼ぶ。

連結納税制度の利点は，連結納税グループ内の企業の利益と損失を相殺できることにあるが，キャピタルゲイン・ロスを認識することなく，グループ内で資産を移転できることも大きな利点となる。

④ 支払利息の損金算入制限

オランダ法人税制には，支払利息の損金算入に関連する制度が複数存在するが，いずれも持株会社等の過剰な借入金に対する支払利息の損金算入を制限することを意図したものであり，事業会社がこれらの規定の適用を受けるケースは限定的である。

なお，オランダ法人税には，2012年度時点では，いわゆる過少資本税制が存在していたが，2013年度税制改正において廃止された。2012年度時点で適用されていた過少資本税制は，純資産の3倍＋500,000ユーロを超える借入金がある場合に，その超過した借入金に対応する支払利息を損金不算入とする制度であった。

現在の支払利息の損金算入に関する制限としては，主に以下の規定が存在する。

 (a) グループ内借入金
 (b) グループ資本異動に伴う借入金
 (c) 買収に伴う過剰な借入金
 (d) 株式投資に伴う過剰な借入金

(a) グループ内借入金

グループ内の会社から借入れを行った場合，その支払利息のうち，独立企業間価格を超える部分は損金算入を認めない，とする制度である。

(b) グループ資本異動に伴う借入金

オランダ税制ではグループ内の資本異動に伴うグループ内借入の支払利息に損金算入制限を課している。配当・資本の払戻し・現物出資・株式の取得・持分の増加等を通じて，グループ内からの借入れが増加した場合，当該取引に事業上の正当な理由がある，もしくは，受取利息についてオランダ税法に基づき課税所得を算出した場合に，貸手の所在地国における当該受取利息に対する実効税率が10％以上でない限り，当該借入金にかかる支払利息は損金算入が認められない。本規定は，事業上の理由もなくグループ内の資本異動に伴い資本を負債に置き換える等の行為を通じ，作為的に受取利息・支払利息の発生を通じて所得の調整を行うことを防止するために導入されている制度である。

(c) 買収に伴う過剰な借入金

2012年度税制改正において導入された制度であり，本規定の導入以前は，オランダ法人が，オランダ法人（対象会社）を取得する目的で調達した借入金にかかる支払利息は，原則として，オランダ連結納税制度（fiscal unity）のもとで，対象会社の事業上の利益と相殺することができていた。しかし，このような制度を背景として，「過剰な」支払利息の損金算入があったとの認識から，連結納税制度を利用することで，買収に伴う借入金利息を対象会社の事業上の利益と相殺することを制限する制度が導入された。本規定は，オランダの対象会社の事業上の利益と「過剰な」支払利息の相殺を防止するため，第三者から調達した借入金と同様にグループ内の借入金にも適用される。

ただし，以下の2つの基準のいずれかを満たす場合，支払利息の損金算入は認められる。
- 支払利息が1,000,000ユーロを超えない
- 買収に伴う借入金が買収価格の60％を超えない（ただし，この割合は，2013年以降毎年5％ずつ低下し，最終的には25％まで低減する）

(d) 株式投資に伴う過剰な借入金

2013年度税制改正において導入された制度であり，本規定の導入以前において，投資の資金調達に係る支払利息が，オランダ税法上，原則として損金算入できる一方，（適格）投資から得られる収入は資本参加免税のもとで免税となっていることを問題視し，このような課税上の不均衡を是正するために導入された。具体的には，「投資に関する過剰な借入金」にかかる「過剰な支払利息」の損金算入を制限する制度であり，投資先がオランダ国内か国外かを問わず，また，借入金も関係会社からの借入れか第三者からの借入れかは問わない。

本規定の適用にあたって，投資の資金調達が「過剰」な借入れか否かを判断する必要があるが，ここでは，借入金が特定の投資と直接（あるいは過去の経緯から）関連していることは求めず，企業が5％以上の持分を有するすべての投資の税務上の簿価の合計が，（税務上の）純資産を超える場合に，投資に関する過剰な借入金があると考える。「投資に関する過剰な借入金」に係る支払利息および関連費用（「投資に係る過剰な支払利息」）は，比例配分（プロラタ）により計算され損金算入が制限される。

計算法：

投資に関する過剰な借入金＝投資の税務上の簿価－税務上の純資産

投資に係る過剰な支払利息＝
　　利息および資金調達費用×投資に関する過剰な借入金／当該会計年度における借入金の平均残高

なお，実務の便宜上，「投資に係る過剰な支払利息」には閾値として75万ユーロが設定されており，当該金額に達するまでの支払利息は損金算入される。

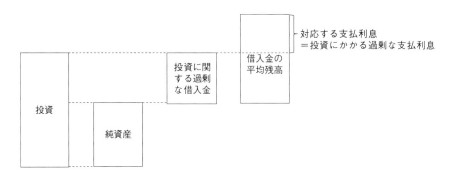

3 M&Aの代表的手法

　オランダにおける買収の手法としては，圧倒的に株式買収（ストックディール）が多い。その理由は，前述の資本参加免税による。資本参加免税が適用される場合，株式の売手は，キャピタルゲインに対する課税が生じないため，手取額が多くなる。それに対して，事業譲渡等を通じたアセットディールの場合，個別の資産の時価と簿価の差額や自己創設のれんに関連する譲渡益に課税が行われ，当該税負担を売手において負担しなければならないため，売手の理由により，アセットディールが行われることは限定的である。一方，簿外債務等の引継ぎを遮断する等の意図から買手の側において，アセットディールが好まれる場合もあるが，そのような場合には，買手において認識可能な無形資産の償却から生じる節税効果は買収価格の決定において確実に考慮することが求められる。

　なお，オランダにおける営業権の税務上の償却年数は10年とされている。

4 M&Aにおけるオランダ税務の留意点

　冒頭で述べたようにオランダの税務執行の特徴は，税務当局と納税者の距離にあるといえる。税務デューデリジェンス等を通じて，対象会社の税務の概況を把握する場合，日本では税務調査を通じた税務当局と納税者との対話に注目するが，オランダでは，税務調査の頻度は高くなく，税務当局と事前に協議しているケースが相対的に多いため，税務デューデリジェンス等では，税務調査があればその概要は当然のことながら，税務当局と合意したルーリングや現在協議中の事項を把握し，買収後も該当するルーリングが有効であることの確認を行うことがより重要となる。

第5節 ドイツにおける税務デューデリジェンス

1 ドイツ法人課税の概要

(1) 法人所得に対する課税

　ドイツの法人の所得に対する課税としては，法人税と営業税がある。法人税は法人の課税所得を課税標準として課される国税であり，税率は15％である。ドイツ法人は原則として全世界の所得が課税対象となる。ただし，ドイツ法人が海外に保有する恒久的施設に帰属する所得に対しては，当該租税条約に国外所得免除方式が採用されている場合には，課税対象外となる。

　連帯付加税は，東西ドイツの統一を契機に，旧東ドイツ地域の復興の財源を確保すること等を目的として設けられた国税である。連帯付加税は，法人税額を課税標準として，それに5.5％を乗じて計算されるので，実質的に法人の所得に連動している。

　営業税は，法人税の課税所得から一定の調整を行って営業税の課税標準を算定し，税率を乗じて算定する地方税である。営業税は，3.5％に各市町村の乗率を乗じて算定されることから，所在地により税率が異なる。

　上記を総合すると，ドイツにおける実効税率は以下のとおり算定される。

項　目	税　率
法人税	15％
連帯付加税	0.825％（15％×5.5％）
営業税	約12％〜17％（3.5％×各市町村の乗率）
法定実効税率	約30％

(2) 課税所得

　法人税の課税所得は，ドイツ商法会計基準に基づいた決算書における利益を基礎として，一定の税務上の調整を行い算定される。会計上の決算書のなかに税法規定を用いて算出した額を取り込む場合もあるため，税務調整項目は比較的少ないが，受取配当金，株式等売却損益，交際費等などの項目は調整が必要である。

　また，営業税における課税所得は，法人税の課税所得を基礎として，受取配当金，支払利息などの一定の調整を行い算定される。

(3) 申告期限および納付

　申告期限は，原則として終了した事業年度の翌年の5月31日となっている。このため，3月決算会社も12月決算会社も申告期限は同じであり，たとえば，2015年3月決算会社，2015年12月決算会社の申告期限とも，原則として2016年5月31日が申告期限である。なお，申告書が会計事務所等の専門家により作成される場合には，終了した事業年度の翌年の12月31日まで原則として申告期限が延長される。このため，日本と比較して，申告期限までの期間が非常に長いので留意が必要である。

　申告書を送付して数か月後に税務署から査定書が送付され，追加納税がある場合には査定書受領後1か月以内に納付する必要がある。

　また，過年度の納税状況により前払査定書が発行される。予定納税については，法人税は，3月10日，6月10日，9月10日，12月10日が納税期限であり，営業税については，2月15日，5月15日，8月15日，11月15日が納税期限となっている。

(4) 時効および税務調査

　税務上の時効は，申告書提出日を含む暦年末より起算して4年間である。ただし，納税者側に過失がある場合は5年間，また重過失または脱税があると判断された場合には10年間に時効は延長される。

　税務調査は一般的には，3～4事業年度程度を対象として行われる場合が多い。また，時効を回避するために，時効となる直前に税務調査がスタートする

2 連結納税制度

(1) 概　要
　法人税および営業税法上，日本における連結納税制度に類似する規定としてオルガンシャフト（Organschaft）という制度が設けられている。ドイツ国内における親子会社間で損益移転契約を締結することにより，子会社の損益を親会社に移転し，結果的に日本の連結納税制度と類似の効果を得ることができる制度である。

　ただし，オルガンシャフトは個別決算書において実際に損益移転の仕訳を反映させるなど，日本の連結納税制度とは異なった側面を有している。たとえば，オルガンシャフトを締結した場合，子会社の会計上の当期純利益は常にゼロとなる。

(2) オルガンシャフトの適用条件
　オルガンシャフトは，親会社および子会社の総会決議により損益移転契約を締結したうえで商業登記が必要であり，登記された事業年度の期初から有効となる。また，親会社は，子会社の持分を直接または間接的に50％超保有し，損益移転契約は，少なくとも5年間の契約が締結され実際に実行される必要がある。損益移転契約が5年以内に終了した場合には，原則として，適用初年度から遡及的に無効となる。

　オルガンシャフト適用前の事業年度に発生した子会社の欠損金は，オルガンシャフト適用後に親会社の利益と相殺することはできない。

　なお，VATについても連結納税を行うことはできるが，法人税および営業税とは手続や要件が異なる。

3 繰越欠損金

(1) 繰戻還付および繰越控除

　法人税法上は，欠損金の繰戻還付制度があり，100万ユーロを限度として前事業年度の利益との相殺により還付を受けることができる。それを超える欠損金については繰戻還付を受けることはできないが，翌事業年度以降に繰越可能であり，かつ繰越期限は無期限である。

　営業税法上は，欠損金の繰戻還付制度はないが，法人税と同様に欠損金の無期限の繰越しが可能である。

(2) 最低課税制度

　繰越欠損金について，法人税および営業税法上，単年度の課税所得に対して100万ユーロまでは全額相殺可能であるが，これを超える課税所得に対してはその60％までしか相殺が認められない。このため，残りの40％部分が課税対象となることから，債務免除や会社の清算をする際などに予想外の税金負担を発生させるおそれがあるので，十分に留意する必要がある。

(3) 繰越欠損金の利用制限（持分変更規定）

　繰越欠損金を有する法人の出資者持分が変更となった場合，以下のとおり，欠損金の一部または全部が消滅してしまう可能性がある。

① 一部が消滅する場合

　5年以内に一の取得者等に25％超50％以下の持分（直接，間接を問わない）が移転する場合には，変更割合に応じた繰越欠損金の額が消滅する。たとえば，30％相当の持分の移転があった場合には，繰越欠損金の30％が消滅することとなる。

② 全部が消滅する場合

5年以内に一の取得者等に50％超の持分（直接，間接を問わない）が移転する場合には，繰越欠損金の全額が消滅する。

ただし，持分変更があっても，一定のグループ内組織再編，当該繰越欠損金保有会社の株式に税務上の含み益が存在する場合等には，持分変更による繰越欠損金の消滅が回避される可能性がある。

4 投資所得に対する課税

(1) 受取配当金の課税

法人税法上，内国法人および外国法人からの受取配当金は非課税所得とされている。ただし，受取配当金の5％相当額が損金不算入の費用とみなされることから，結果として95％相当額が非課税扱いとなる。なお，2013年2月28日後支払われる配当については，少なくとも持分の10％以上保有している場合に95％益金不算入となる。

営業税法上は，原則として持分の15％以上を保有していること等を条件に，95％非課税扱いとなる。

(2) 株式等譲渡損益および株式等評価損

法人税および営業税法上，株式等の売却益は保有割合または保有期間にかかわらず非課税所得とされている。ただし，売却益の5％相当額が株式の保有および売却に要した費用とみなされて損金不算入となるので，結果として95％相当額が非課税扱いとなる。なお，外国投資家がドイツ会社の株式を売却したときも，原則としてドイツにおいて5％分が課税対象になるが，租税条約の規定により課税が制限される場合がある。

なお，売却益が非課税扱いとなることに対応し，株式等の売却損については損金不算入となっている。また，株式等の評価損についても同様の理由から損

金不算入となっている。

5 支払利息の損金算入制限

　支払利息の損金算入制限の概要については，以下のとおりであるが，法人税および営業税の取扱いが異なり，また詳細な規定が存在するので留意する必要がある。

(1) 法人税における支払利息の損金算入制限

　2008年の税制改正により，関連者等への支払利息について損金算入を制限する過少資本税制は廃止されたが，支払利息全般に対する損金算入制限の規定が新設されている。損金算入可能額の算定方法は次のとおりである。
① 支払利息は，受取利息相当額までは損金算入できる。
② 受取利息を超える支払利息（以下，純支払利息）が300万ユーロ未満の場合，支払利息は全額損金算入できる。
③ 純支払利息が300万ユーロ以上の場合，利息控除前・繰越欠損金控除前・減価償却費控除前課税所得（税務上のEBITDA）の30％相当額までが損金算入できる。

(2) 営業税における支払利息等の損金算入制限

　営業税の課税所得算定における支払利息等の損金算入については，前述の法人税における支払利息等の損金算入制限とは異なり，債務にかかる支払利息について，その25％相当額が損金不算入となる。また，営業税においては，リース料およびロイヤルティ等に対して，いわゆる「みなし利息」の考え方が導入されており，リース料等のうち一定割合について税務上は支払利息とみなし，当該利息相当額も損金算入制限の対象としている。なお，営業税における支払利息等の損金算入制限の計算においては，年間10万ユーロの控除が認められている。

6 営業権の償却

営業権は外部から有償取得した場合のみ資産計上可能で，会計上は見積使用可能期間により，税務上は15年間で定額法で償却される。会計と税務に差異がある場合には，税効果の対象となる。

7 不動産移転税

ドイツでは，不動産の取得，交換等，不動産の所有権に移動をもたらすあらゆる取引に関して不動産移転税が課される。これには，不動産の直接の売買取引のみならず，不動産保有法人の株式の95％以上が直接または間接的に譲渡された場合等，間接的な不動産の移転も含まれる。

税額については，譲渡対価や評価規定に基づく評価額を課税標準として，3.5％～6.5％の税率（地域により異なる）を乗じて算出される。

なお，組織再編に伴って不動産保有法人の株式の95％以上が直接または間接的に譲渡された場合も課税対象となる。ただし，当該税制が適切な組織再編行為の促進を阻害する可能性があることから，一定のグループ内組織再編の場合には課税が免除される例外規定が設けられている。

8 印 紙 税

ドイツにおいて印紙税は課されていない。

9 M&Aの代表的手法

　ドイツにおけるM&Aの手法としては，株式譲渡が選択されることが多い。これは，株式譲渡益が95％非課税であることが大きな要因である。また，事業譲渡の場合には，譲渡先に繰越欠損金等を移転することはできないが，株式譲渡の場合には，繰越欠損金や買収までの当期損失等が，一定の要件を満たす場合には保持できるので，これも株式譲渡が選択される要因である。

　なお，外国投資家がドイツにSPCを設立して，SPCが株式を取得する場合もある。SPCが借入れにより資金調達をして株式を取得する際には，SPCと買収子会社との間でオルガンシャフトを実施のうえ，買収子会社の利益をSPCに移転して，SPCにおいて発生する支払利息と相殺するストラクチャーも見られる。

　一方で，事業譲渡の場合には，買手が，営業権の認識や，ステップアップされた金額で資産を取得できるので，買収後に，これらの償却費が損金算入され税負担を軽減する効果があることなどから，M&Aの手法として事業譲渡が選択される場合もある。

第6節 中国における税務デューデリジェンス

　中国の税制は，各税目ごとに国家税務局と地方税務局によりそれぞれ管轄される仕組みとなっている。

　法人税に相当する企業所得税は国家税務局管轄であり，事業から生じる所得とその他の所得が合算して計算される総合課税が適用される。一方，間接税として増値税（付加価値税）が課税され，増値税は国家税務局管轄である。また，日本と同様に課税文書には印紙税が適用されるが，中国の印紙税は，課税文書の作成場所にかかわらず，中国の法律保護を受ける文書はすべて課税対象となる。たとえば，中国国外で非居住者企業間で作成された中国企業の持分譲渡契約書についても課税対象となる。印紙税は地方税務局管轄である。個人の所得に対しては個人所得税が課税され，個人所得税は地方税務局管轄である。

　上記のとおり，税目ごとに管轄税務局が異なるため，複数税目に跨る税務問題について当局の見解が分かれる場合には，交渉が複雑となり時間を要する場合が散見される。本節においては，日本企業が中国企業の買収を行う際に，中国税法上，一般的に留意すべき事項について解説する。

1　租税の徴収権の時効（Statute of Limitations）

　中国租税徴収管理法において，租税の徴収権に係る時効は，3年間（移転価格は10年間）であるが，追徴額が約2百万円（10万人民元）以上の場合には5年間まで延長することが可能とされている。また，悪質な脱税行為に該当する場合は，無期限に延長される。

2 欠損金の使用制限

欠損金が発生した場合には，その欠損金を最長5年間繰り越して，以降の各事業年度における企業所得税額と相殺控除することができる。ただし，欠損金の繰戻還付は認められていない。なお，株主変更に伴う欠損金の利用制限はない。

3 営業権の償却

M&A等により取得した営業権（のれん：Goodwill）については，中国企業所得税法上，使用期間が不明であるため，償却が認められず，当該のれんに対応する企業全体の処分もしくは清算時にのみ損金として取り扱われることとなる。

4 中国における組織再編税制

組織再編に係る税務上の取扱いについては，「財務部，国家税務総局：企業の再編業務に係る企業所得税の処理に関する若干の問題についての通知」（財税［2009］59号，以下「59号通達」）（2008年1月1日より施行）等において定められている。組織再編時の税務処理については一般税務処理（課税再編）と特殊税務処理（非課税再編）があり，一定の要件を満たす場合には，特殊税務処理を選択適用することができる。一般税務処理が適用される場合は当該再編について時価評価による含み損益の認識が求められ，譲渡者において発生するキャピタルゲイン（時価と簿価の差額）が課税の対象となる。一方，一定の要

件を満たし，特殊税務処理を選択適用する場合は，簿価での資産負債移転が生じたものとして取り扱われ，キャピタルゲイン・ロスの認識が行われず，結果として含み損益の課税の繰延べが認められることとなる。

(1) 特殊税務処理の適用要件

59号通達および「企業再編促進に関連する企業所得税処理問題に関する通達」（財税「2014」109号，以下「109号通達」）（2014年1月1日より施行）における特殊税務処理の要件は以下のとおりとなる。

- 合理的な事業目的があること
- 譲渡される持分，資産の割合が規定の割合を満たすこと（全持分の50％以上または総資産の50％以上が譲渡されること）
- 経営活動の連続性があること（再編後12か月間に従来の経営活動が変更されないこと）
- 持分による対価支払額が規定の割合を満たすこと（持分による対価支払額が取引の支払総額の85％以上であること）
- 持分による支払を受けた元の主要出資者の持分保有の連続性（再編後12か月間において，元の主要出資者が取得した持分を譲渡しないこと）

さらに，持分譲渡，資産譲渡に係るクロスボーダー型再編のうち，非居住者間で行われる譲渡取引の場合には，以下の3要件が上記に追加して求められる。

- 非居住者企業が，100％の持分を直接保有する他の非居住者企業に対して，保有する居住者企業の持分を譲渡すること
- 再編前後において非居住者企業の持分譲渡所得に対する源泉税の負担が変わらないこと
- 非居住者企業が取引後の3年間，保有する非居住者企業の持分を譲渡しないことを，所轄税務機関に対し，書面で承諾すること

非居住者企業が得るキャピタルゲインに対しては，原則として，10％の源泉税が課され，持分譲渡取引の当事者双方が非居住者企業の場合，出資先の中国居住者企業の所在地で，持分を譲渡する側が自ら申告を行うか，もしくは代理人（現地会社もしくは外部の会計事務所等）に委託して申告納税することとなる。また，出資先の中国居住者企業は，当該申告に協力しなければならないと

されている。

「国家税務総局：非居住者による持分譲渡における特殊税務処理の適用に関する問題についての公告」(国家税務総局公告2013年第72号，以下「72号公告」) (2013年12月12日施行) によると，非居住者企業間の持分譲渡取引には，国外企業の分割，合併により中国居住者企業の持分が譲渡される場合が含まれるとされている。

(2) 中国国外中間持株会社を通じての買収

「非居住者企業による財産の間接譲渡に係る企業所得税の若干の問題に関する公告」(国家税務総局公告2015年第7号，以下「7号公告」) (2015年2月3日施行) において，非居住者企業が，合理的な事業目的のない取引スキームの実施を通じ，中国居住者企業の持分等の財産を間接的に譲渡し，企業所得税の納税義務を回避する場合，当該間接譲渡取引の性質を改めて定め，中国居住者企業の持分等の財産を直接譲渡するものとみなすと定めている。

中国居住者企業の持分等の財産とは，非居住者企業が直接保有した場合には，その譲渡によって取得した所得に対して中国税法の規定に従って中国で企業所得税を納付しなければならないものであり，「中国課税財産」と総称され，以下を含む。

- 中国国内の機構，場所の財産
- 中国国内の不動産
- 中国居住者企業の権益性投資資産

中国課税財産の間接譲渡とは，非居住者企業が，直接または間接に中国課税財産を保有する中国国外の中間持株会社 (中国国外で登録された中国居住者企業を含まない企業，以下「中国国外企業」) の持分およびその他の類似の権益 (以下「持分」と総称) を譲渡することにより，中国課税財産を直接譲渡したのと同じまたは近い結果が生じる取引をいい，非居住者企業の再編によって中国国外企業の株主が変更される場合を含む。

間接譲渡益課税の適用については，以下の順序で判断される。

(1) 間接譲渡益課税の適用対象となるか否かの判定
(2) 上記(1)において適用対象となる場合，セーフハーバールールが適用でき

るか否かの判定
(3) 上記(2)においてセーフハーバールールが適用できない場合には、以下の4要件を満たさないことを確認
　① 国外企業の持分の75％以上の価値が直接または間接に中国課税財産から生じたものであること
　② 中国課税財産の間接譲渡取引が発生する前1年間のいずれの時点においても、国外企業の資産総額（現金を含まない）の90％以上が直接または間接に中国国内の投資により構成されているか、あるいは中国課税財産の間接譲渡取引が発生する前1年間において、国外企業が取得した収入の90％以上が直接または間接に中国国内を源泉としていること
　③ 国外企業および直接または間接に中国課税財産を保有する傘下企業が、所在国家（地域）で登録され、法律の要求する組織形式は満たしているが、実際に履行する機能および負担するリスクが限定的であり、それに経済実態のあることを裏付けるのに十分でないこと
　④ 中国課税財産の間接譲渡取引に係る国外での所得税の税負担が、中国課税財産を直接譲渡した場合に中国で課される可能性のある税負担より低いこと
(4) 上記の4要件をすべて満たさないのであれば、以下に列挙される要素に照らして、「合理的な事業目的」の有無を総合的に判断する
　① 国外企業の持分の主な価値が直接または間接に中国課税財産から生じたものであるか否か
　② 国外企業の資産が主に直接または間接の中国国内での投資から構成されているか否か、あるいはその取得する収入が主に直接または間接に中国国内を源泉としているか否か
　③ 国外企業および直接または間接に中国課税財産を保有する傘下企業が実際に履行する機能および負担するリスクが、企業の組織構成に経済実態のあることを裏付けられるか否か
　④ 国外企業の株主、ビジネスモデルおよび関連の組織構成の存続期間
　⑤ 中国課税財産の間接譲渡取引に係る国外での所得税の納付状況
　⑥ 持分の譲渡者が中国課税財産に間接投資し、それを間接譲渡する取引

と，中国課税財産に直接投資し，それを直接譲渡する取引の代替可能性
⑦ 中国課税財産の間接譲渡による所得に対して中国で適用される租税条約または協定の状況
⑧ その他の関連要素

(5) 上記(4)において「合理的な事業目的」がないと判断される場合には，間接譲渡益課税が行われることになる。

7号公告により，取引の当事者双方および持分が間接的に譲渡される中国居住者企業は，いずれも間接譲渡取引を主管税務機関に報告するか否かを自ら選択することができる。また，主管税務機関は，上記関係者および取引のプランニングに関与した第三者に対して，間接譲渡取引に関する資料の提出を求めることができる。

また，対価の支払者には源泉徴収義務が課されている。源泉徴収義務者が源泉徴収をせず，持分の譲渡者も納税額を納付しない場合，主管税務機関は税収徴収管理法および同実施細則の関連規定に基づき，源泉徴収義務者の責任を追及し，源泉徴収義務違反について，未納税額の50％以上3倍以下の罰金を科すことができる。ただし，源泉徴収義務者が持分譲渡契約書あるいは協議書の締結日から30日以内に，取引の関連資料を提出した場合には，源泉徴収義務者の責任は軽減または免除される可能性がある。

持分の譲渡者が，中国課税財産の間接譲渡に係る所得に対して納付すべき税額を期限までに納付せず，あるいは不足があり，源泉徴収義務者も源泉徴収をしていない場合，持分の譲渡者に利息が課される。持分の譲渡者が，中国国外企業の持分の譲渡契約書あるいは協議書の締結日から30日以内に，規定に従って取引の資料を提出するか，あるいは規定に従って申告納税を行った場合，基準利率に基づき利息が計算される。一方，規定に従って資料を提出しないか，申告納税を行っていない場合，基準利率に5％を加えた利率で利息が計算される。ここでいう基準利率とは，税額の帰属する納税年度に中国人民銀行が公布した，追加納税期間と同期間の人民元貸付けの基準利率となる。

5　中国企業の税務デューデリジェンスの実務

　中国企業のデューデリジェンスの全体的なスケジュールは日本におけるデューデリジェンスと大きな違いはないが、各案件ごとに許認可等の確認を対象政府部門・政府機関とデューデリジェンスのプロセスにおいて行う必要がある点が最大の違いである。外資の資本参加が認められない場合、デューデリジェンス等の他のプロセスを進めることができたとしても、最終的には中国企業を買収することができないため、許認可等の確認は最重要事項であり、通常、匿名により水面下で感触をつかんでおくことになる。

(1)　基本的確認事項
　調査対象会社の全体的な税務ポジションを理解するために、以下の基本資料を入手し検討する。

①　入手すべき資料としては、調査対象年度の監査報告書・すべての税目における申告書を入手する（主としては企業所得税・個人所得税・増値税・印紙税など）。申告書は、調査直近月までの月次および四半期ならびに年度ごとに当局に提出している納税申告書等を入手する。

②　税務登記を行っているかどうか確認するために、税務登記証の副本を閲覧する。

③　税務上の優遇政策を得ている場合は、税務当局から文書での許可書が出ているケースがあり、あれば閲覧する。

④　中国企業の場合、内国資本企業にしても外商投資企業にしても、税務代理（税務顧問）を置いていることが多いので、日頃の関与度合、過去の税務調査の状況などのヒアリングを行う。

⑤　現地財政部門から税還付の名目で財政補助が出ているケースもあるので、過去に受けているその内容と今後の見通しについてヒアリングする。

⑥　使途不明金・簿外現金の有無についてヒアリングする。

　調査対象会社の基本的な税務ポジションの確認は、上記の資料や情報等をも

とに行うが，税務デューデリジェンスの対象となる各税目の調査は，通常，以下に示した事項を確認しながら進めることになる。調査対象会社の特性により税務デューデリジェンスの調査範囲も異なるため，実務においては以下に示した事項に関連する資料を入手しさらなる分析を実施し，税務リスクの検討を実施することが一般的である。

また，中国には日本において類似の租税が存在しない特徴的な租税も存在し，これらの租税に対する調査対象会社の対応状況等を確認することも中国企業の税務デューデリジェンスの特徴的な手続であるといえる。

(2) 企業所得税

① 過去数期の企業所得税申告書を入手して，該当する期の損益計算書の税引前当期利益と申告書上の当期利益が一致しているか確認する。
② 年度末の企業所得税申告書に添付されている課税調整表を閲覧し，課税調整が税法に従い行われているか検証する。
③ 適用税率が，当該企業の優遇政策に従った税率であるか，法令もしくは当局からの批准書を元に検証し税率の妥当性を確認する。
④ 財務デューデリジェンスの結果検出された修正事項の企業所得税への影響額を算出する。
⑤ 繰越欠損金の発生時期を確認するとともに，基準日現在で有効な税務上の繰越欠損金を把握する。
⑥ 調査基準日が決算期中の場合，直近四半期末の納税申告資料を入手し，その時点での決算における収益・費用の計上基準が現金主義でなく発生主義によるものか否か検証する。

(3) 個人所得税（源泉所得税）

① 過去数期の個人所得税申告書を入手して，申告時点での在籍人員と申告書における人員が一致していることを検証する。不一致の場合，合理的な理由によるものか検証する（架空人件費の検証にもつながる）。
② 各人の課税対象所得が税法の規定に照らして網羅されているか検証する（現金支給の渡し切り住宅手当・食事手当など）。

③ 常駐している外国籍の従業員などは，海外で支払われている給与・手当・賞与などが課税対象から脱漏しているケースがあるので，税法の規定に照らして網羅されているか否か検証する。
④ 源泉徴収義務者に対する奨励金が税務当局から支払われている場合は，それが会社の収入として計上されているか検証する（経理担当者が個人的に着服しているケースがある）。

(4) 増値税

① 過去数期の増値税申告書を入手して，売上・仕入項目が該当する期の損益計算書上の数値と一致していることを検証する。不一致の場合，合理的な理由によるものか検証する。
② 中国の場合，会計上も現金主義による収益・費用の計上が多いので，発生主義に基づくものであるか否か検証する（増値税は，物販の場合，税率も17％と高いので特に掛売りなどの場合，売上代金を回収してからでないと売上計上しないケースが多く，意図的に収益計上を遅らせているケースが散見される）。
③ 仕入税額控除の算出において，仕入税額控除の対象となる仕入に関する原始証憑が法的に適切なものか検証する（中国の場合，売上に際して「発票」と呼ばれる公給領収書（官製領収書）の発行が義務づけられており，仕入税額控除を行う場合は，それら発票を入手しなければ仕入税額控除が認められない。その集計値であることが必要であるとともに，発票自体，正規なものであることが必要）。また，売上高についても会社で発行した発票の控えと照合し，網羅されているか検証する。

(5) 印紙税

① 過去数期の印紙税申告書を入手して，印紙税の納付が課税要件に従って網羅されているか検証する（印紙税は，税額は僅少であるが未納付が発覚すると延滞税などが多額になるケースがある）。

6 中国企業の税務デューデリジェンスにおける発見事項の例

　中国では租税回避を意図した会計処理が行われているケースが散見されるため，以下に調査対象会社が租税回避を目的とした行為を行っていた場合の一般的な発見事項を記載した。

　買収対象とする中国企業が非上場企業でありオーナーの影響力が非常に強い企業や物品の動きを伴わない業種である場合には，過度な租税回避や脱税を目的とした行為が行われることが見受けられる。以下は，一般的に利用される租税回避や脱税手段の例示である。

① 売上過少，架空経費の計上により収益・費用の計上に逆粉飾があり，適切な会計上の利益になっていないことによる企業所得税の過少の申告。
② 売上の計上漏れにより売上増値税の過少計上，虚偽の材料仕入による仕入増値税の過大計上による，増値税の仕入税額控除過大により，納付すべき増値税の過少申告。
③ 虚偽の領収書（いわゆるＢ勘）に基づく経費計上での所得圧縮。
④ 企業が計上する給与を実態より低くし，他科目で実態とのその差額を支払処理し，個人所得税を意図的に低くしているケース。
⑤ 意図的に優遇政策や政府補助金を獲得するため，納税登記地は低税率の場所であるが，実際の業務を行っている場所は異なり，脱税行為と判断されるケース。
⑥ 関連会社取引・特別利害関係人を使っての意図的な所得移転および所得隠し。
⑦ 親会社・関連会社からの受贈益を益金としないことによる，課税所得の圧縮。
⑧ 輸入免税原材料の国内横流し，輸入品目の虚偽申告による関税法違反。
⑨ 発注先から預かっている金型などを資産計上することによる，架空資産の計上と，減価償却費の水増し。

⑩　外国人駐在員の海外支払分の給与・賞与などを個人所得税算出対象から除外することによる個人所得税過少申告。

　なお，中国の税法上では延滞税率は年利18.25％（日歩0.05％：租税徴収管理法32条）。また，罰金は未納付・過少納付税額の50％から5倍（租税徴収管理法63条他）となっている。よって過少納付などが明らかになった場合，多額の租税債務が生じることになる。

第7節 インドにおける税務デューデリジェンス

　インドにおける主要な課税主体は中央政府と州政府であり，インド憲法において，それぞれの政府が課税する税の区分が明示されている。直接税は中央政府により定められており，たとえば，法人所得税（Corporate Income Tax，最低代替税（Minimum Alternate Tax（MAT）を含む），配当分配税（Dividend Distribution Tax（DDT））などがある。また間接税としては，中央販売税，有価証券取引税（Securities Transaction Tax），商品取引税（Commodities Transaction Tax），関税，物品税，サービス税が課される。インド政府は物品サービス税（Goods and Services Tax（GST））のインド全土への導入に向けた取り組みを進めており，実現すれば，現在の流通税に多大な影響を与えることになる。

　また，2015年4月1日より法人および個人に課されていた富裕税が廃止となった。富裕税は，一定の非生産的な特定資産の純資産額が300万インドルピーを超える場合に，法人および個人に対して1％の税率で課税されるものである。

　税制改正時期は予算案発表（直接税，間接税ともに）2月末日となっているのが通例で，選挙等と予算案発表時期が重なる年度は，予算案発表時期が変更となる年度もある。

❶ インドにおける法人課税

　法人税は，インド法人およびインド国外で設立された外国法人に対して課される。インドの内国法人についてはキャピタルゲインを含む全世界所得課税となり，費用控除（実質的に事業用途に係る支出に限る）が認められる。また，

居住パートナーシップファーム，有限責任事業組合（Limited Liability Partnership（LLP）），その他の個人以外のエンティティについても全世界所得課税となる。

インドで設立された法人または当該年度に実質的管理の場所がインドにある法人が，インド内国法人とされる。インドの内国法人に対する法人税率は，30％に加えて超過税（課税対象所得が1,000万インドルピーを超える場合は7％，課税対象所得が1億インドルピーを超える場合は12％），2％の教育目的税，1％の中高等教育目的税が適用される。インド非居住法人および外国法人の支店に対する法人税率は，40％に加えて超課税（課税対象所得が1,000万インドルピーを超える場合は2％，課税対象所得が1億インドルピーを超える場合は5％），2％の教育目的税，1％の中高等教育目的税が適用される。

インドでは，課税年度は「前年度」（会計年度）といわれ，4月1日から3月31日までとなる。申告期限は9月30日であるが，移転価格税制に該当する法人については11月30日が申告期限となっている。連結納税制度や過少資本税制などはない。

MATも法人に課せられる。1961年インド所得税法（Income Tax Act, 1961（ITA））に従って計算した税額が会計上の当期純利益の18.5％を下回る場合，この当期純利益が課税所得とみなされ，18.5％の税率（ならびに超課税および教育税）が課せられる。このMATと通常計算税額との差額は10年間の繰越しが認められており，翌課税年度以降の通常計算税額との相殺が認められている。

インド法人は，配当申告，配当分配，または配当のいずれかを行う際には，配当総額に対して15％のDDTが課税され，DDT計算において支払われる配当をグロスアップする必要がある。2015年4月1日からの実効税率は20.3％（12％の超課税および3％の教育目的税を含む）で，源泉徴収とは異なり配当受領者側は非課税である。ただし，海外親会社を持つインド子会社は，課税対象となる親会社への支払配当額から，子会社からの受取配当額を控除することができる（当該子会社が当該配当額に対するDDTを納付していることが条件となる）。

2 税務当局による税務調査および租税徴収権の時効（Statute of Limitations）

インドでは，納税者は所定期限内に申告書を税務当局に提出する必要があり，次の2つのレベルで税務調査の対象となる。
① 総括税務調査（サマリー調査）：提出した申告書について明らかな誤りまたは誤った請求等を確認するために行われる調査
② 詳細かつ綿密な調査：事実または法律に対する疑問についての調査

また，売上高が所定の許可限度を超える場合も，税務調査の対象となる。税務調査は，通常，税務申告書を申請した事業年度終了日から6か月後に開始する。詳細かつ綿密な調査の対象となる申告書は，売上高，欠損額，異常な内容である取引等によって選定される。また，コンピュータによる選択フィルターからランダムに税務調査対象申告書を選択することもある。詳細かつ綿密な調査の場合には，課税対象所得が帰属する課税年度（Assessment Year）終了から2年以内（移転価格税務調査の場合には3年以内）に通知書を発行しなければならない。

インドでは，一般的に，税務調査の対象となる周期について定められてはいないが，上記のような税務調査に関するガイドラインが毎年発行され，それに基づき税務調査が開始される。

納税者が10万インドルピー超の課税所得について税務調査を免れたと税務調査局が判断した場合には，当該年度から過去7年間に対する税務調査を再び始めることができる。しかし，税務当局による調査・更正後，納税者が税務申告書を提出し，税務調査のためのすべての書類を提出した場合は，当該年度から過去5年間のみが税務調査の対象となる。なお，国外資産に関連する所得（いかなるエンティティの金銭的利益を含む）について税務調査を免れた場合には，当該年度から過去17年間に対する税務調査を再び始めることができる。税務当局の税務調査完了後に税務債務が成立した場合には，税金回収についての時効はない。

デューデリジェンスを行う際には，納税者に発行する通知書，その通知書に対する納税者の回答が，検証の対象となる。

3 M&Aの代表的手法

インドにおけるM&Aの主な手法として，合併（Amalgamation/Merger），会社分割（Demerger），および事業譲渡（Slump sale）が挙げられる。合併や会社分割はインド会社法上で裁判所が関与する組織再編手法であり，これらの再編には裁判所への申請，認可という手続が必要となることから，そのプロセスに6か月から8か月かかることが通常である。事業譲渡の場合，裁判所の関与を必要とする事業譲渡と当事者間の合意（合意書の締結）による私的事業譲渡に分類されているが，一般的に実務上で用いられているのは私的事業譲渡である。税務上，適格事業再編（合併，会社分割等）については特定の条件が満たされた場合は非課税取引とされている。

なお，実務上の留意点として，非課税取引であっても不動産の移転や新株発行を伴う場合は印紙税の課税対象となるため（州により税率が異なる），あらゆる面を考慮したうえで事前のプランニングが肝要である。

さらに，インド非居住者との取引に関しては，インド外国為替管理法（Foreign Exchange Management Act（FEMA））の規制を遵守する必要がある。

(1) 合併（Amalgamation/Merger）

合併はITAに定義されており，非課税取引として取り扱われる主な要件は下記のようなものが挙げられる。

- 被合併法人の有するすべての資産および負債が，合併の一環として，合併法人に引き継がれること
- 被合併法人の75%以上の株式の株主が，合併の一環として，合併法人の株主となること

インドにおいて，合併は高等裁判所により管理されているため，法人が登記

されている地域を管轄する高等裁判所の承認を受ける必要がある。

　株主および法人の税務上の特性（株式保有期間・取得価格・NOL（Net Operating Loss）・恩典等）はおおむね引き継がれる。また，株主または法人に対する資産譲渡によるキャピタルゲイン課税は発生しない。なお，株式の交換比率は資産価値やキャッシュフロー等，適切な評価に基づき決定され，発行株式は商業的な考慮に基づき優先株，普通株のどちらでも可能である。

(2) 会社分割（Demerger）

　会社分割の定義も合併と同様にITAに定められており，一連の手続に裁判所の関与が必要となっている。合併と同様に非課税取引として取り扱われるための要件は細かく定義されており，主なものとして以下の点が挙げられる。

- 継承事業に関連するすべての資産が分割法人から分割継承会社へ簿価で引き継がれること
- 継承事業に関連するすべての負債が分割法人から分割継承会社へ引き継がれること
- 分割法人の75％以上の株式の株主が分割継承法人の株主となること
- 分割法人の株主に対して分割継承法人が対価として新株発行を行うこと（人的分割）

　会社分割も高等裁判所により管理されているため，法人が登記されている地域を管轄する高等裁判所の承認を受ける必要がある。

　合併同様，株主および法人の税務上の特性（株式保有期間・取得価格・NOL・恩典等）はおおむね引き継がれる。また，株主または法人に対する資産譲渡によるキャピタルゲイン課税は発生しない。

　一方で，合併とは，次のような複数の相違点がある。

- 会社分割の場合には，欠損金の繰越しに関連する恩典がすべての会社（サービス会社を含む）に適用される
- 分割法人の事業所得による損失（以下「事業損失」）の引継ぎは，分割法人における事業損失の生じた過去事業年度に応じて分割承継法人に引き継がれ，新たな8年間の繰越期間は生じない
- 会社分割の場合には，事業継続または資産継続保有の要件は要求されない

(3) 事業譲渡（Slump sale）

　事業譲渡の定義も合併・会社分割と同様に，ITA に定められている。裁判所が関与を行う事業譲渡と当事者間の合意（合意書の締結）による事業譲渡があるが，裁判所が関与する事業譲渡は実務上あまり用いられていない。事業譲渡から発生する税金は，譲渡した資産の所有期間に応じて短期または長期キャピタルゲインに区別される。事業譲渡を行う際に満たすべき要件は，下記のようなものが挙げられる。

- 継承事業のすべての資産・負債が譲渡法人から移転されること
- 譲渡対価は，個々の資産・負債に価格をつけて決定されずに，一括対価により決定されること

　事業譲渡の対価は商業的交渉により決定されるが，一定の場合には免税等のベネフィットを得られるように計画することが可能である。

(4) 株式の譲渡

　日本法人が，インド内国法人の株式を譲渡する場合におけるキャピタルゲインに対しては，日印租税条約上，源泉地国課税を認めており，インドで課税される。当該キャピタルゲインに対しては，日本法人の日本法人税も課税されることとなるため，外国税額控除の適用等を受ける必要がある。

(5) 資産譲渡（Asset sale/Itemised sale）

　事業譲渡の要件を満たさない事業の取得は，資産譲渡に分類されることとなる。資産譲渡から発生するキャピタルゲインは，下記の要因に応じて課税対象となる。

- 資本資産の性質（償却資産または非償却資産）
- 非償却資産の場合―資産の所有期間

4 欠損金の繰越期限，M&Aにおける使用制限

　インド法人の所得は，事業所得，建物賃貸所得，キャピタルゲイン，その他所得の4つに区分される。

　法人の課税所得は，通常，これらすべての所得合計に基づき決定され，事業損失とキャピタルロスのみが，翌期以降8年間繰り越すことができる。

　1課税年度において生じた事業損失は，その年度においては他のいずれの所得とも相殺が認められ，当該損失は翌期以降8年間繰り越すことができ，また翌期以降8年間に生じる事業所得とのみ相殺することができる。

　1課税年度において短期資産の譲渡により生じた損失（短期キャピタルロス）は，当該課税年度に生じたキャピタルゲイン（長期，短期にかかわらず）と相殺することができる。相殺後に超過損失額がある場合は，繰越しが認められ，翌期以降8年間に生じるキャピタルゲイン（短期，長期にかかわらず）と相殺することができる。長期キャピタルロスは，当該年度の長期キャピタルゲインとのみ相殺が認められる。相殺後に超過損失額がある場合は，繰越しが認められ，翌期以降8年間に生じる長期キャピタルゲインと相殺することができる。

　事業損失およびキャピタルロスは，税務申告書が提出期限内に提出されている場合にのみ繰り越すことができる。しかし，未償却減価償却額は税務申告書が提出されていない場合でも無期限に繰越しが認められる。

5 オーナーシップ・チェンジに係る留意点

　上述のとおり，法人の事業損失は，同一課税年度に生じた他の所得と相殺することが認められ，残額がある場合には，翌期以降8年間に生じる事業所得と相殺することができる。この繰越しが認められるためには，閉鎖的会社

(Closely held companies）の場合，51％の「継続保有」基準を満たすことが要件となる点に留意が必要である。

6　その他インドにおける留意事項

　インドにおける一般的な税務デューデリジェンスにおいて検証すべき主な事項は，次のとおりである。

(1)　税務債務の承継
　承継とされる取引，移転取引については，税務上のリスクが存在することとなる。これは，インド税法上，譲渡法人から下記の所得（移転により発生するゲインを含む）に係る租税債務を回収できない場合，税務当局が譲受法人から当該租税債務を回収できる権利を有しているためである。
- 承継が行われた年の前年の所得
- 承継が行われた年の承継日までの期間の所得

(2)　営業権の償却
　インド税法上では，会社が無形資産に対する償却を行うことを認めている。しかしながら，インド税法上，無形資産の定義に営業権が明確に含まれていないという事実を踏まえると，営業権を「事業または商業的な権利に類似するもの」と解釈できるかどうかがポイントとなる。そのため，営業権に対する償却は，税務訴訟を引き起こしやすくなっている。
　最高裁判所が，営業権を「事業または商業的な権利に類似するもの」として認めるべきであると判断したことから，税務上償却を行うことが可能な無形資産として認められるべきであるが，営業権償却に係る課題・紛争はケースバイケースであり，現在のところ判断基準が明確化されていない状況である。

(3) 業種に係る問題点

インド税務当局は，一定の条件下において企業に優遇税制の恩典を与えている。たとえば，免税期間，輸出業者へのベネフィット，所定の条件を満たすことによる投資に係る控除等である。インド税務当局は，これらの優遇を受けるための条件に係るコンプライアンスに関して厳しく対応する傾向があり，当該条件を遵守しない企業には税制優遇措置を認めないことがある。したがって，特別な税制優遇措置をとっている企業に対して税務デューデリジェンスを行う際は，当該企業が所定の条件を遵守しているかを確認する必要がある。

(4) 間 接 税

インドでは，以下のような間接税法が適用される。
- 物品税：動産の製造業者に対して課される。購入者が支払った物品税はCENVATクレジットとして，物品税債務またはサービス税債務と相殺することが可能である。
- サービス税：サービスの提供と国外からサービスを受ける際に課される（通達による免税またはネガティブリストに記載されたサービスを除く）。税率は14.5％（Swatch Bharat Cess税を含む）である。
- 州付加価値税：州政府が課すVATで，州内取引が対象となる。税率は，商品の種類，該当する州の税法に応じて適用される税率，軽減税率，免税等によって決定される。現在の適用税率は，おおむね0％，1％，5.5％，14.5％，20％以上の5区分となる。
- 中央販売税（CST）：中央政府が課すセールス税で，州をまたぐ取引に課される。
- 関税：物の輸出入に課される。輸入者，輸出者が支払うべき関税は，基本関税（BCD），相殺関税（CVD）および特別追加関税（CVD）の3つに分類されている。

上記のように，各取引にさまざまな間接税が課税されるため，インドでは間接税の仕組みが複雑である。

間接税法上におけるコンプライアンスが適正に実施されない場合，および間接税の支払が実施されていない場合，遅延利子および罰則を受けることとなる

が，これらの利子および罰則は高額に及ぶことも多い。したがって，税務デューデリジェンスの際には，間接税を調査対象項目としてスコープに入れることが必須である。なお，上記のようなインドの複雑な間接税の簡素化を図るためGSTが見込まれており，今後の動向については留意が必要である。

GSTについては，本稿執筆中，その導入のための憲法改正が国会審議中であり，政府は初期的審議文書を発表した。当該文書にはGSTとして，

① Central GST（CGST）：物品税およびサービス税の代わりとしての中央税
② State GST（SGST）：VAT，入境税，娯楽税，奢侈税等の代わりとしての州税

が提案されており，CGSTおよびSGSTは課税対象となる物品およびサービス提供に対して同時に課されるとされている（最低限の免税および救済措置あり）。

7 インドにおける一般的な税務デューデリジェンス

(1) 対象税目

インドにおける一般的な税務デューデリジェンスの対象は，主に以下の税目である。

- 法人税
- 源泉所得税（Tax deduction at source（TDS））
- 移転価格
- 間接税

(2) 税務デューデリジェンス実施の際の主要な書類

インドで税務デューデリジェンスを実施する際に主に検証する書類は以下である。ご参考にされたい。

- レビュー期間中（Period under review may be agreed with the investor.）の税務申告書
- 現行の税務年度で納税する必要のある税額の計算資料
- 現行税務年度の税務監査報告書
- 過去税務調査の状況
  ―会社の税務ポジションの検証
  ―税務当局の税務ポジションのレビュー
  ―更正通知・当局が課したペナルティのレビュー
- 更正通知
- 税額控除・免税に関する資料
- 費用控請求等に関する承認状
- コンサル等のアドバイザリーに基づき，会社が取った税務ポジションのレビュー
- 対象企業が再編等を実施している場合の資料
- 繰延税金資産負債
- 間接税法上，保管義務のある書類
- 源泉所得税申告書，確認書等
- 移転価格コンプライアンス・文書化資料

第8節 シンガポールにおける税務デューデリジェンス

　シンガポールにおける税務執行の特徴として，税務当局による所得税の賦課決定に複数回および長期間を要する可能性がある点が挙げられる。税務デューデリジェンスでは買収対象先が税務当局と協議中の事項を把握することが重要といえよう。

❶ 税法および税目の概要

　シンガポールにおける主な租税として，所得税法（Income Tax Act（ITA）（Chapter 134））に基づく法人所得税および個人所得税ならびに財貨およびサービス税法（Goods and Services Tax Act（Chapter 117A））に基づく財貨およびサービス税（GST）がある。

❷ 税執行状況の概観

　シンガポールにおける法人所得税の税額確定制度は賦課決定制度によっており，一般に，税務当局は納税者が提出する申告書を受理して間もなく賦課決定を実施し，その後申告書の記載内容を調査したうえで増額・減額賦課決定を下す。シンガポールにおける法人所得税の調査は，通常，税務当局の書面による質問およびこれに対する納税者の書面による回答によって進められるため，長期間を要することが珍しくなく，場合によっては申告書提出から最終の賦課決定通知の受領まで数年間を要することもある。

また，2008年7月から，税務当局の移転価格専門チームによる移転価格調査 (Transfer Pricing Consultation) が開始されている。当該移転価格調査は，まず，税務当局から納税者に対して質問状が送付され，納税者が回答した後，追加質問による論点の絞り込み，必要に応じて面談による詳細調査に進む場合がある。質問状は税務当局によって選定された納税者に対して送付されており，たとえば，売上高に対して利益率が低い納税者，欠損が生じている納税者，国外関連者との取引が多く，複雑な納税者などが選定される傾向にある。

一方，GSTについては，所得税と異なり，実地調査が税務調査の主体となっている。近年，納税者の申告・納税手続に対する内部統制の整備・運用を奨励する取り組みも整備されており，GSTに関する内部統制評価プログラム (Compliance Assurance Programme (CAP), Assisted Compliance Assurance Programme (ACAP)) において一定の要件を満たした場合には，一定期間における税務調査の免除等の恩典が与えられる。

また，所得税およびGSTについて自主的修正申告制度 (Voluntary Disclosure Programme) が設けられており，自主的な修正申告を申し出た場合には原則としてペナルティを減免することとされている。

3　租税の徴収権の時効 (Statute of Limitations) (ITA Section (Sec.) 74)

シンガポール所得税法上，税務当局による賦課決定が認められている期間は，原則として賦課年度から4年間とされている。この賦課年度は，賦課決定の対象となる所得の計算期間末日を含む暦年の翌年とされており，法人の納税者の場合，事業年度が所得の計算期間とされるため，賦課年度は事業年度末日を含む暦年の翌年となる。したがって，3月決算法人の場合，2016年3月期に係る賦課年度は2017年，所得税法上の時効は2021年末となり，12月決算法人の場合，2015年12月期に係る賦課年度は2016年，所得税法上の時効は2020年末となる。

なお，故意または悪意による租税回避行為に係る賦課決定は無期限に認めら

れている点に留意が必要である。

4 ペナルティ

(1) 罰　則
所得税法に定められている罰則には次のようなものがある。

対　象		罰　則		所得税法条項
		加算税	その他	
正確でない申告（悪意のない申告の誤り）	合理的な理由があると認められる場合	追加税額の100％	なし	ITA Sec. 95
	合理的な理由がないと認められる場合	追加税額の200％	S$5,000以下の罰金または3年以下の懲役もしくはその双方	
租税回避行為	故意または悪意によると認められる場合	追加税額の300％	S$10,000以下の罰金または3年以下の懲役もしくはその双方	ITA Sec. 96
	重大かつ悪質と認められる場合	追加税額の400％	S$50,000以下の罰金または5年以下の懲役もしくはその双方	ITA Sec. 96A

　正確でない申告に対する加算税額については個々の案件に応じて決定されることとされており，その判断要素として，誤申告の反復度，納税者の過去の税務コンプライアンスの遵守状況，税務当局による調査に対する協力状況，将来の税務コンプライアンスの改善に対する確約度が挙げられる。

(2) 延滞税（ITA Sec. 87）
　納付期限（たとえば，事業年度に係る法人所得税であれば賦課決定通知書発行日から1か月）までに追加税額が納付されない場合，追加税額に対して5％の延滞税が課される。さらに，税務当局から督促状が発行され，その督促状に

よって指定された納付期限から60日以内に追加税額が納付されない場合、延滞1か月につき追加税額に対して1％の延滞税が加算される。この累積加算は12％を上限とされるため、延滞税は最大で追加税額に対して17％となる。

(3) 自主的修正申告制度（Voluntary Disclosure Program）

所得税（法人税・個人所得税）およびGSTに関して納税者が自主的に誤申告の修正を申し出た場合、一定要件を充足する場合には罰則および延滞税が減免される自主的修正申告制度が導入されている。

修正申告の状況		罰則および延滞税の取扱い
誤申告の頻度	修正申告書提出時期	
修正内容が初めての誤申告	申告期限から1年以内	免除
	申告期限から1年超	追加税額に対して5％に軽減

5 M&Aの代表的手法に係る税務上の留意点

シンガポール法人のM&Aの代表的な手法として、株式買収と資産買収が挙げられる。以下、各手法に係る税務上の留意点に触れることとする。

(1) 株式買収
① 未控除欠損金等の繰越制限および使用制限（ITA Sec. 23, 37）

シンガポール所得税法上、原則として、未控除欠損金および未控除キャピタルアローワンス（Capital Allowance、税務上の減価償却）（以下、総称して未控除欠損金等）は無期限に繰り越すことが認められている。

ただし、未控除欠損金等の使用を目的とした買収の防止のため、原則として、シンガポール法人に主な株主の変更が生じた場合等には使用制限が課される。なお、欠損金使用目的の買収ではないことにつき、税務当局の承認を得た場合には、制限が緩和される。

未控除欠損金等の使用制限が課されない場合は次のとおりである。
- 未控除欠損金
  未控除欠損金が発生した事業年度末日を含む暦年末と未控除欠損金を使用する賦課年度の初日において，発行済株式の50％以上が同一の株主によって保有されている場合
- 未控除キャピタルアローワンス
  未控除キャピタルアローワンスが発生した賦課年度末日と未控除キャピタルアローワンスを使用する賦課年度の初日において，発行済株式の50％以上が同一の株主によって保有されており，かつ，減価償却資産を同一の事業に使用している場合

したがって，シンガポール法人のデューデリジェンスにおいては，未控除欠損金等の残高についての情報入手および特に未控除キャピタルアローワンスの残高が存在する場合には減価償却資産の継続使用可否等今後の使用可能性についての税務専門家による検証が重要となる場合がある。

② 優遇税制の引継ぎ

一般に，主要な株主の変更によって優遇税制の適用に制限が課されることはない。

③ 印紙税

シンガポールでは，原則として，シンガポール法人株式の移転およびシンガポールに所在する不動産の移転取引に対して印紙税が課される。このため，不動産を保有するシンガポール法人の買収においては，印紙税の多寡が株式買収と資産買収の選択における論点の１つとなる。

株式買収の場合，原則として，買収対象法人株式の譲渡価額と当該法人の純資産額のいずれか高い額に対して0.2％を乗じた額の印紙税が課される。

④ 支払利息に係る損金算入制限

シンガポールには過少資本税制は存在しないが，一定要件を充足する外国子会社からの配当等，非課税所得を獲得する資産を取得するために費消した借入

金利息等損金算入が認められない場合がある。

(2) 資産買収

① 未控除欠損金等の繰越制限および使用制限
被買収者が有する未使用欠損金等は買収者に引き継がれない。

② 優遇税制の引継ぎ
被買収者が適用を受けていた優遇税制は自動的に買収者に引き継がれることはなく，買収者が改めて適用申請を行うこととなる。

③ 印紙税
シンガポール法人株式またはシンガポールに所在する不動産の移転取引に対して印紙税が原則として取得者に課される。

シンガポール法人株式の移転取引については株式買収の場合の取扱いと同様である。

シンガポールに所在する不動産の取得については，原則として不動産の譲渡価額と市場価額のいずれか高い額に対して最高3％の累進税率を乗じた額の印紙税が課される（Buyer's Stamp Duty：BSD）。

上記に加えて，法人による居住用資産の取得には15％の印紙税が課される（Additional Buyer's Stamp Duty：ABSD）。

さらに，短期保有の不動産の移転の場合，事業用不動産は最高15％，居住用不動産は最高16％の印紙税が譲渡者に課される（Seller's Stamp Duty：SSD）。

④ 営業権の償却
シンガポール所得税法上，無形資産の償却は限定列挙された資産に対して認められている。営業権は当該限定列挙資産に含まれていないため，資産買収で取得した営業権の償却費が損金算入されることはない。

⑤ GST
継続事業の売却（Transfer of Going Concern（"TOGC"））に該当する場合

を除き，事業譲渡による資産の移転取引には，原則として，GSTが課される。TOGCとは1つまたは複数の独立した事業を継続事業として第三者に譲渡することをいい，これに該当する場合はGSTの課税対象外取引とされている。

6 グループ内組織再編に係る税制

買収後に既存の事業会社との事業統合を目的として，グループ内での組織再編を行う場合がある。ここでは，これら組織再編に関する税制について触れておく。

(1) 合併（ITA Sec. 34C）

グループ内再編に関しては，従来事業譲渡のみが用いられていたが，2005年の会社法改正によって裁判所の認可を得る必要のない合併制度（Amalgamation）が導入された。

これに伴い，2009年に一定の要件を充足する合併に関する税務上の取扱いが整備され，当該取扱いが適用される合併においては，存続法人は消滅法人が行っていた事業を継続するものとみなされる。合併当事会社は従来の事業譲渡に係る税務上の取扱いに加え，当該合併に関する税務上の取扱いを選択することが認められている。

① **資産および負債の帳簿価額の引継ぎ**

原則として，存続法人は，消滅法人から取得する資産および負債をその合併直前の税務上の帳簿価額で引き継ぐものとみなされる。

② **未使用欠損金等の使用制限**

合併が事業上の理由により実行されたものであり，かつ，下記要件を充足する場合，存続法人は消滅法人の税務上の未控除欠損金等を引き継ぐことが認められている。ただし，これらの未控除欠損金等は，存続法人において消滅法人

が合併直前まで行っていた未控除欠損金等が生じた事業から生じる所得とのみ相殺することが認められている。
- 株式買収の項に記載した要件
- 消滅法人が合併直前まで事業を継続していること
- 存続法人が消滅法人が行っていた未控除欠損金等が生じた事業を合併後継続すること

③ 優遇税制の引継ぎ

消滅法人が有する優遇税制については，消滅法人が合併前に関係当局に申請を行い，関係当局の認可が得られる場合，存続法人に引き継がれる。

(2) 事業譲渡

事業譲渡に係る課税関係は前述のとおりであるが，次のように，グループ内取引に係る税務上の取扱いが設けられている。

① グループ内における固定資産譲渡における譲渡損益繰延（ITA Sec. 24）

譲渡者と譲受者の間における支配関係または同一者による譲渡者および譲受者に対する支配関係が存在する場合，譲渡者および譲受者が適用申請を行うことを要件として，原則として，譲渡者に生じる固定資産に係る譲渡損益については繰り延べられ，譲受者は譲渡者の譲渡直前の税務上の帳簿価額を引き継ぐ。

② 印紙税

原則として資産買収時と同様の取扱いであるが，一定のグループ内再編の場合，税務当局の承認を取得すれば，株式の移転に係る印紙税および不動産取引に係る印紙税のうちBSDとSSDが免除される。

(3) 再編関連費用の損金算入可否

グループ内再編取引は資本性取引と判断されるため，これらの取引に関連する費用，たとえば，専門家による調査費用等はCapital Natureとして損金算入が認められない点に留意が必要である。

第9節 香港における税務デューデリジェンス

香港の税制は，日本の税制と比較して税種目が少なくシンプルであり，加えて低い法人税率（事業所得税率：16.5％），域内課税主義，オフショアおよびキャピタルゲイン非課税，さらに付加価値税がないなど，相対的に軽い税負担が特徴といえる。本節では，主に香港における税務デューデリジェンスにおいて概説する。

1 税法および税目の概要

香港の租税制度は大きく，内国歳入法（Inland Revenue Ordinance：IRO）に基づく所得に対する税と，個別の法令により定められたその他の諸税に区別される。また，香港内国歳入庁（Inland Revenue Department：IRD）の実務執行運用においては，過去の判例および租税に関する取扱通達（Departmental Interpretation and Practice Notes：DIPN）が重視される。

所得に対する税としては，法人その他の事業所得に対して課税する事業所得税（Profits Tax）と個人の給与所得に対して課税する給与所得税（Salaries Tax），その他の主たる租税としては不動産や有価証券の売買等に課税される印紙税（Stamp Duty）が挙げられる。

日本における住民税や事業税のような地方税に相当する税はなく，前述のとおり，付加価値税も存在しない。若干の品目を除き，輸入関税も原則として設けられていない。

香港法人に対する税務デューデリジェンスにおいては，上記を踏まえ，事業所得税（香港域外への一部の支払（例：ロイヤルティ）に係る源泉徴収税を含む）および印紙税をその対象とするのが一般的である。なお，給与支払者であ

る香港法人に対する源泉徴収制度はなく，一定の届出提出義務は香港法人にあるものの，給与所得税の納税義務は各個人に帰属する。

(1) 事業所得税の概要
- 香港内で生じた，かつ事業活動から得られた所得のみが課税対象となる。したがって，香港オフショア所得およびキャピタルゲインは原則として非課税とされる。
- 繰越欠損金は，原則として無期限に繰越可能である（下記 **5** 参照）。
- 受取配当金は非課税であり，配当支払時の源泉徴収も不要である。
- 過少資本税制は存在しないが，借入金利子の損金算入に関し一定の制限が設けられている（下記 **5** 参照）。
- 事業所得税率は16.5％の単一税率である。
- 連結納税制度はない。
- 一部を除き，原則として特段の優遇税制は設けられていない。

(2) 印紙税の概要
- 香港の不動産売買契約書や香港有価証券の売買契約書等に対し，売買金額に応じて課税される。
- グループ会社間での有価証券売買に係る印紙税については，一定の要件充足により非課税となる場合がある。

2 税執行状況の概観

香港の事業所得税は賦課決定制度を採用しており，納税者が自ら作成し提出する税務申告書および会計監査済財務諸表等の添付書類に基づき，IRDが独自に課税所得を査定し，しかるべき期間に納税者に対し賦課決定通知書（Notice of Assessment）を送付する。納税者はその賦課決定通知書に異議がない限り，所定の期限内に納税を実施する。

香港の事業所得税における税務調査は，通常の場合，IRDからの書面質問およびこれに対する納税者による書面回答の反復により実施され，租税回避行為が見込まれない限り，IRDにより実地調査が行われるのは稀である。したがって，この書面での質疑応答が繰り返されることにより，IRDとの争点によっては，結論に至るまで長期間を要する場合もある。

IRDは過去，移転価格税制について比較的緩やかな執行スタンスを採用していたが，2009年12月のDIPN46（移転価格ガイドライン）の公表を機に，近年注目度を高めているため，留意が必要である。

3 租税の徴収権の時効 (Statute of Limitations)

IRDの査定官は，納税者の課税所得に対して原則として6年間，追加査定をする権限を有している。ただし，不正または意図的な脱税行為が認められる場合には，最大10年間までその期間を延長することが可能である。

4 ペナルティ

香港の租税制度においては，以下のようなペナルティが設けられている。
- 加算税（Surcharge）：5〜10%
- 罰金(Fines)：2,000香港ドル（Level 1）〜100,000香港ドル（Level 6）
- 過少税額の最大3倍までの追徴金
- 禁固刑

5 M&Aの代表的手法と税務上の留意点

　香港法人のM&Aにおける代表的な手法としては，株式買収と資産買収が挙げられ，各手法における税務上の留意点は，それぞれ以下のとおりである。

(1) 株式買収
① 課税関係概要
　買収ビークルが香港法人である場合，取得する香港法人株式は一般的に資本性資産（Capital Asset）と考えられるため，将来の再譲渡時の譲渡益は，原則としてキャピタルゲインとして非課税となる。一方，譲渡損はキャピタルロスとなるため，損金に算入することはできない。

② 繰越欠損金の使用制限
　株式買収の方法により香港法人の株式を取得した場合，香港法人が有する繰越欠損金等の租税ステータスは原則としてそのまま引き継がれ，使用可能である。ただし，欠損法人の買収を利用した租税回避行為を防止するため，その株主変更が，被買収法人の繰越欠損金の利用による租税負担の軽減を唯一または主たる目的とするものであると認められる場合には，税務長官は，その繰越欠損金の引継ぎを否認することができる。

③ 借入金利子の損金算入制限
　香港事業所得税に過少資本税制は設けられていないが，オフショア所得非課税の裏返しとして，香港外へ支払う借入金利子は，一定の要件を充足しない限り，損金算入が認められない。

④ 印紙税
　香港法人の株式が売買される場合，Sold NoteおよびBought Noteにそれぞれ，売買価格の0.1%ずつの印紙税を納付する必要がある。この支払は，契

約締結が香港内である場合には契約から2日以内，香港外である場合には契約から30日以内に実行する必要があり，納付期限後の納付には2～10倍の罰金が課される。

(2) 資産買収

① 課税関係概要

買収ビークルが香港法人である場合，資産買収に関して特別な税務上の取扱いはなく，個々の取得資産ごとにそれぞれ課税関係が決定される。

② 繰越欠損金

繰越欠損金は既存の香港法人に残り，買収者側に移転することはできない。

③ 営業権

資産買収の手法において，買収ビークルである香港法人が営業権を認識する場合，一般的に資本性資産と考えられ，また，税務上の減価償却（Capital Allowance）の対象にも含まれていないため，損金には算入されない。

④ 印紙税

買収資産に香港不動産や香港法人株式が含まれている場合，印紙税の納税が必要となる。

なお，M&Aに関連して生じる費用は資本性取引（Capital nature）であると考えられるため，事業所得税上は損金不算入である。

6 M&Aに関連するその他の論点

(1) 日本のタックスヘイブン対策税制

前述のとおり，香港の事業所得税率は16.5％と低いため，日本のタックスヘ

イブン対策税制の閾値である租税負担割合20％を下回る。香港法人の場合，華南地区特有の中国大陸との委託加工取引（例：来料加工）の影響等により，日本のタックスヘイブン対策税制における適用除外要件を充足しない可能性があるため，M&Aのストラクチャリングにおいて，事前にその影響を検討することが推奨される。

(2) M&A後のグループ内再編

香港においては従前，裁判所が関与する一定の特殊な状況を除き，会社合併制度は存在しなかったが，2014年3月の新会社法（New Companies Ordinance）により，一定の100％グループ内の関連会社間において，裁判所の関与が不要な簡易的会社合併制度（court-free amalgamation）が新たに設けられた。

上記のcourt-free amalgamationに対する事業所得税上の取扱いに関し，IRDによる明確化が長らく待たれていたところ，IRDが2015年12月にガイドラインを，2016年1月に関連のルーリングをそれぞれ公表した。

なお，香港においては依然として，会社分割制度は設けられていないため，事業のカーブアウトは資産譲渡により行う必要がある点に留意が必要である。

第10節 タイにおける税務デューデリジェンス

1 税制，税法と税目の概要

　タイの税制は，日本と同様に国税と地方税の2本立てとなっているが，その中心は国税である。国税には，歳入法，相続税法，物品税法および関税法に基づく以下の税目がある。
(1) 歳入法（The Revenue Code B. E. 2481）
 - 個人所得税（Personal Income Tax：PIT）
 - 贈与税（Gift Tax：GT）（2016年2月1日より施行）
 - 法人所得税（Corporate Income Tax：CIT）
 - 源泉税（Withholding Tax：WHT）
 - 付加価値税（Value Added Tax：VAT）
 - 特定事業税（Specific Business Tax：SBT）
 - 印紙税（Stamp Duty：SD）
(2) 相続税法（The Inheritance Tax Act B. E. 2558）（2016年2月1日より施行）
 - 相続税（Inheritance Tax：IT）
(3) 物品税法（The Excise Tax Act B. E. 2527）
 - 物品税（Excise Tax）
(4) 関税法（The Customs Act B. E. 2469）
 - 関税（Customs Duty）

　歳入法および相続税法，物品税法ならびに関税法を所轄する官庁は，それぞれ，財務省歳入局（The Ministry of Finance, The Revenue Department），財務省物品税局（The Ministry of Finance, The Excise Tax Department），

財務省関税局（The Ministry of Finance, The Customs Department）となっている。

地方税には，地方自治体が課税主体となるもの（Local Levied Tax）のほか，中央政府が一括徴収し，その一部を地方に交付する形態を採るもの（Surcharge Tax）がある。前者には以下のような税目がある。

- 土地家屋税（House and Land Tax）（国税である土地建物税（Land and Building Tax）が施行された場合（施行日は未定），廃止される予定）
- 開発税（Local Development Tax）（同上）
- 看板税（Signboard Tax）

また，Surcharge Tax の形態を採る税目には以下のものがある。

- 付加価値税（Value Added Tax：VAT）
- 特定事業税（Specific Business Tax：SBT）
- 物品税（Excise Tax）

なお，正味所得を課税標準とする地方税は存在しない。

タイにおける税務デューデリジェンスにおいては，上記(1)歳入法に定められている税目のうち，法人所得税，付加価値税，特定事業税，印紙税，および個人所得税以外にかかる源泉税をその対象とすることが一般的である。ただし，上記(4)関税法に定められている関税については追徴税額およびペナルティが巨額に上ることがあるため，税務デューデリジェンスの対象に含めることもある。

以下では，一般的な税務デューデリジェンスの対象である"Revenue Taxes"（個人所得税を除く）を念頭に，解説を行っていく。

2 税務調査の執行状況の概観

歳入局による税務調査には，税務当局が納税者に召喚状（Summons）を発行して行う公式な税務調査と，召喚状を発行せずに行う非公式な税務調査とがある。歳入局は，諸々の理由で召喚状の発行を極力避ける傾向にあり，したがって，実際に行われている税務調査のほとんどは召喚状が発行されない非公

式なものであるといえる。ただし，非公式な税務調査とはいえ，納税者が税務調査に非協力的な場合には，後述するように，「総所得に対する課税」が行われることがあることに留意する必要がある。

　この税務調査には，2つのステップがある。第1のステップは，歳入局がその内部方針としているもので，調査官が納税者の事務所を原則1～2年ごとに訪問するという"Annual Visit"あるいは"Business Operation Visit"と呼ばれるものである。"Annual Visit"あるいは"Business Operation Visit"の対象会社は，基本的に無作為に抽出されるため，文字どおり毎年訪問を受ける会社もあれば，何年もの間訪問されない会社も存在する。"Annual Visit"あるいは"Business Operation Visit"の目的は，納税者が歳入法の規定に基づき正確に納税額を計算しているか確認すること，会社の業績や取引内容，経理方法などについて経理担当者等にヒアリングを行い会社の最新の情報を収集すること，直近の事業年度の納税額を見積もること，過去の税務上の問題点で未解決になっていたものを確認すること，等である。この段階で会計帳簿や証憑等で数字の確認を行うか否かは調査官による。この"Annual Visit"あるいは"Business Operation Visit"は，通常，半日から1日で終了する。

　"Annual Visit"あるいは"Business Operation Visit"の結果に基づき，調査官が税務調査が必要と判断した場合，第2のステップとして，電話または文書（"Invitation Letter"とも呼ばれる）により追加情報／資料の提出が求められる。すなわち，"Annual Visit"あるいは"Business Operation Visit"が行われたからといって必ずこの第2ステップに移行するわけではない。追加情報／資料の提出が求められた場合には，納税者が要求された追加情報／資料を提出し税務調査が進められていくことになる。タイにおける税務調査は，日本のように調査官が納税者の事務所を数日間あるいは数週間，集中的に訪問して会計帳簿や証憑等を調査するというものではなく，納税者が提出した追加情報／資料を調査官が歳入局等（本局，地方歳入局事務所，地方統括税務署あるいは地方税務署）において調査し，調査官が納税者を歳入局等に呼び出し，疑問点をクリアにし，議論していくという形で行われる。金額や疑義のあるポイントの多寡，対象税目の範囲により，1～2回のミーティングで終了する税務調査もあれば，終了までに数年かかるケースもある。

なお，調査官によっては，歳入法に規定されていない不合理な追徴課税を行うことがあるので注意を要する。

3 租税の徴収権の時効 (Statute of Limitations)

時効については，申告書が提出されている場合と提出されていない場合とで異なる。申告書が提出されている場合，通常の時効は申告書の提出期限から2年とされているが，故意過失による脱税行為が存在すると認められる場合には，5年まで延長される。

一方，申告書が提出されていない場合，あるいは納税が行われていない場合の時効は，民商法（The Civil and Commercial Code）の規定に基づき，10年とされている。

4 ペナルティ（加算税，延納税）

(1) 過少申告の場合

税　目	加　算　税	延納税(注)
法人所得税（CIT）	自主的な修正申告の場合はなし 歳入局により更正が行われた場合には本税の100%	1.5%／月
源泉税（WHT）	なし	同上
付加価値税（VAT）	本税の100%（一定の場合，減額されることがある）	同上
特定事業税（SBT）	同上	同上
印紙税（SD）	なし	本税の600%

(2) 無申告・未納付の場合

税　目	加　算　税	延納税（注）
法人所得税（CIT）	自主的な修正申告の場合はなし 歳入局により更正が行われた場合には本税の200%	1.5%／月
源泉税（WHT）	なし	同上
付加価値税（VAT）	本税の200%（一定の場合，減額されることがある）	同上
特定事業税（SBT）	同上	同上
印紙税（SD）	なし	本税の600%

(注)　1.5%／月の延納税は，本税のみ（加算税を含まない）をその計算ベースとし，本税の100%相当額を上限とする。

また，上記「❷税務調査の執行状況の概観」で述べた「追加情報／資料の提出の求め」を納税者が拒否した場合，あるいは納税者が税務調査に協力しない場合，税務当局には，その事業年度における総収入金額または売上総額を課税標準として，すなわち，経費の損金算入を一切認めることなく，その5％相当額を納税額とする「総所得に対する課税」を行う権限が認められている。なお，当該事業年度における総収入金額等が不明な場合には，前事業年度の総収入金額等をベースとすることができ，さらに前事業年度の総収入金額等が不明の場合には，税務当局が適当と認める方法で推計課税する権限が税務当局に与えられている。

その他，最高7年間の懲役刑，および最高200,000バーツの罰金刑を科す旨の規定が設けられている。

5 M&Aの代表的手法

　タイにおけるM&Aの代表的手法には，合併（Amalgamation）と全部営業譲渡（Entire Business Transfer：EBT）がある。なお，合併，全部営業譲渡のいずれの手法においても，一定の手続や要件を満たすことを条件に，"Revenue Taxes"（法人所得税，付加価値税，特定事業税，印紙税）が免除される。

(1) 合　　併
　タイでは，新設合併のみが認められており，日本でいうところの吸収合併という制度は存在しない。商務省に合併の登録を行うと被合併法人は法律により自動的に解散となり，被合併法人のすべての資産，負債，権利および義務は，合併により新たに登録された法人（新設法人）に引き継がれる。新設法人の株式資本金額は被合併法人の株式資本金額の合計額となり，また，被合併法人の株主がそのまま新設法人の株主になる。
　新設法人に引き継がれる資産および負債の評価は，合併期日における時価（通常，第三者である評価機関による評価額）に基づき行われなければならないのであるが，被合併法人の課税所得金額の計算上，合併取引から生じた損益は損金または益金の額には算入されない。そして，新設法人は，被合併法人の合併期日における当該資産および負債の帳簿価額を引き継ぐことになる。すなわち，税務上は，帳簿価額で取引が行われたものとみなすとされている。
　なお，被合併法人の税務上の繰越欠損金は，新設法人には引き継がれない。

(2) 全部営業譲渡
　全部営業譲渡とは，一方の法人（譲渡法人）がその資産および負債を含むすべての事業を他の法人（譲受法人）に譲渡し，解散および清算手続に入るという手法である。全部営業譲渡においては，資産，負債，権利および義務の譲渡／移転は，取引の当事者間の契約に基づき行われる（合併の場合には，上述

のとおり，法律により自動的に行われる）。前述のとおり，譲渡法人は消滅し，譲渡法人の株主は残余財産の分配を受ける。

譲渡法人から譲受法人に譲渡される資産および負債の評価は，両者間の契約で定められた日（譲渡日）における時価（通常，第三者である評価機関による評価額）に基づき行われなければならないが，譲渡法人の課税所得金額の計算上，全部営業譲渡取引から生じた損益は損金または益金の額には算入されない。そして，譲受法人は，譲渡法人の一定の日（譲渡日）における当該資産および負債の帳簿価額を引き継ぐことになる。すなわち，合併の場合と同様に，税務上は，帳簿価額で資産および負債の譲渡取引が行われたものとみなすとされている。

なお，譲渡法人の税務上の繰越欠損金の譲受法人への引継ぎは認められない。

6 欠損金の繰越期限，M&Aが行われた場合の使用制限

税務上の欠損金は，翌期以降5事業年度にわたって繰り越すことが認められており，当該期間の課税所得金額の計算上，控除することができる。なお，株主の変更（オーナーシップ・チェンジ）は，欠損金の繰越控除に影響を与えない。

7 オーナーシップ・チェンジに係る留意点

(1) 外国人事業法

タイには外資規制があり，その規制を定めている法律が外国人事業法（Foreign Business Act B.E. 2542：FBA）である。したがって，オーナーシップ・チェンジという観点からタイで最も注意・検討を要する法律がFBAというこ

とになる。FBAは，外国資本が50％以上を占める法人に対する規制を定めた法律であるため，M&Aの結果，M&Aの対象となっているタイ法人の資本の50％以上が外国資本によって保有されることになる場合には，ストラクチャリング自体の見直しが必要になるケースがある。

FBAは，タイ企業の市場の優位性を確保するために，
① List 1：特別の理由により外国人が従事することを禁止する事業（9事業）
② List 2：国家の安全保障，文化・伝統・地場工芸品，天然資源・自然環境に関連する産業のため外国人が従事できない事業（13事業）
③ List 3：外国人に対してタイ人が十分な競争力を有していない産業を保護するため外国人が従事できない事業（21事業）

を定めている。なお，日本から進出している日系企業の大多数が従事している「製造業」はFBAの規制事業から除外されている。

List 1に掲げられている「特別の理由により外国人が従事することを禁止する事業（9事業）」は以下のとおりである。
  (a) 新聞事業，ラジオ・テレビ放送局事業
  (b) 稲作・畑作・園芸事業
  (c) 家畜の飼育事業
  (d) 造林事業および自然林からの木材加工事業
  (e) タイの領海および経済水域内での漁業
  (f) タイの薬草類の加工事業
  (g) タイの古美術品あるいは歴史的価値があるものの販売および競売事業
  (h) 仏像および僧が使用する鉢の製造業
  (i) 土地の売買

List 2に掲げられている「国家の安全保障，文化・伝統・地場工芸品，天然資源・自然環境に関連する産業のため外国人が従事できない事業（13事業）」は以下のとおりである。
  (a) 第1グループ「国家の安全保障に関する事業」
    ・武器，弾薬，爆発物，兵器等ならびにこれらの部品の製造・販売・補修事業

- 国内における陸上・海上・航空機による運輸・運送事業
(b) 第2グループ「文化・伝統・地場工芸品に影響を及ぼす事業」
- タイの古物，美術品（芸術・工芸品）の売買事業
- 木製彫刻品の製造事業
- 養蚕，タイシルク糸の製造，タイシルクの織物またはタイシルク布捺染事業
- タイの楽器の製造事業
- 金製品，銀製品，黒金，銅製品，漆器の製造事業
- タイの伝統工芸品である陶磁器の製造事業
(c) 第3グループ「天然資源・自然環境に影響を及ぼす事業」
- 砂糖キビからの製糖事業
- 塩田等での製塩事業
- 岩塩の採掘事業
- 爆破，砕石を含む鉱業
- 家具および道具を製造するための木材加工事業

List 3に掲げられている「外国人に対してタイ人が十分な競争力を有していない産業を保護するため外国人が従事できない事業（21事業）」は以下のとおりである。

(a) 精米および米・穀物からの製粉事業
(b) 海洋生物の養殖事業
(c) 植林事業
(d) 合板，ベニヤ板，チップボード，ハードボードの製造事業
(e) 石灰の製造事業
(f) 会計サービス業
(g) 法律サービス業
(h) 建築設計サービス業
(i) エンジニアリングサービス業
(j) 以下を除く建設業
- 国民に対して公共施設または通信・運輸に関する基礎的なサービスを提供する建設業で，特別な工具，機械，技術あるいは専門性を要し，資本

金額が5億バーツ以上であるもの
- 省令で定めるその他の建設業
(k) 以下を除く仲介業あるいは代理業
- 証券の引受，商品あるいは金融証券の先物取引に関連するサービスの仲介・代理業
- 製造あるいはサービスの提供に必要な物品あるいはサービスのグループ企業間における取引の仲介・代理業
- 国際的な事業活動の形態で，タイ国内で製造されまたは輸入された物品の売買，あるいはそれらの物品を販売するための国内・国外市場開拓の仲介・代理業で，資本金額が1億バーツ以上であるもの
- 省令で定めるその他の仲介・代理業
(l) 以下を除く競売業
- タイの芸術・工芸作品または古美術品，あるいは歴史的価値のある古物，歴史的製品または芸術品の競売ではない国際的入札による競売業
- 省令で定めるその他の競売業
(m) 法律で禁止されていない地場農産物の国内取引業
(n) あらゆる物品の小売業で，資本金額が1億バーツ未満，または1店舗当たりの資本金額が2,000万バーツ未満のもの
(o) 1店舗当たりの資本金額が1億バーツ未満のあらゆる物品の卸売業
(p) 広告業
(q) ホテル業（ただし，ホテル・マネージメント・サービスを除く）
(r) 観光業
(s) 飲食店業
(t) 種苗・育種事業
(u) その他のサービス業（ただし，省令で定めるものを除く）

FBAにおける「外国人」とは，
① タイ国籍を有しない自然人
② タイ国内で登記されていない法人
③ タイ国内で登記されている法人で以下に該当するもの
- 上記①または②の者が株式持分の50％以上を保有している法人，あるい

は上記①または②の者が資本金額の50%以上を投資している法人
- 上記①の者が業務執行社員もしくは支配人であるリミテッド・パートナーシップまたは登記済オーディナリー・パートナーシップ

④ タイ国内で登記されている法人で、上記①、②または③の者が株式持分の50%以上を保有している法人、あるいは上記①、②または③の者が資本金額の50%以上を投資している法人

をいう。

「外国人」がList 2あるいはList 3に定められている事業を行う場合には、外国人事業免許（Foreign Business License：FBL）を取得しなければならない。FBLは、List 2に掲げられている事業の場合には、閣議の了承に基づき、商務大臣（Minister of Commerce）が発給し、List 3に掲げられている事業の場合には、外国人事業委員会の了承に基づき、商務省（Ministry of Commerce：MOC）事業開発局長（Director-General, Department of Business Development：DBD）が発給する。なお、List 2に掲げられている事業を営むためのFBLの取得には数年を要する場合もあり、また、List 3に掲げられている事業を営むためのFBLの取得には通常3～4か月を要する。

また、以下の場合には、外国人事業証明書（Foreign Business Certificate：FBC）を取得しなければならない。

① タイ国投資委員会（Thailand Board of Investment：BOI）の投資奨励を受けたうえで、List 2またはList 3に定められている事業を営む場合

② タイ国工業団地公団法（Industrial Estate Authority of Thailand (IEAT) Act）による優遇措置を受けている場合

③ 1966年タイ／米国友好通商条約（Treaty of Amity and Economic Relations）に基づきタイ国内で「内国民待遇」を受けている場合（ただし、通信、運輸、資産運用／管理業務、預金関連銀行業務、土地および天然資源の開発、国内固有農産物の国内取引を除く）

④ タイ／オーストラリア自由貿易協定に基づく特別恩典による事業を営む場合

(2) タイ国投資委員会による投資奨励

M&Aの対象となっているタイ法人がBOIの投資奨励を受けている場合において，当該投資奨励証書に株式保有についての制限が規定されている場合には，株主の変更について事前にBOIから承認を得なければならない。株式保有についての制限が規定されていない場合，あるいは株主の変更が「外国人」から「外国人」の場合には，原則としてBOIへの通知のみで足りる。

8 ストックディールとアセットディールの違い（営業権認識，償却など）

M&Aをストックディールの手法で行うか，アセットディールで行うかの判断要素（ビジネス上，法律上，等）は，タイにおいても日本の場合と大きく異なることはない。

タイの税法は，法人が行う取引に対しては，取引日の時価で行うことを要求している。すなわち，資産の譲渡，役務の提供もしくは資金の融資が，無償もしくは市場における通常の価額より低い対価または利率によって行われた場合で，当該取引価額（対価または利率）に合理的な根拠がない場合には，税務当局は，当該取引日における市場価額に基づき当該対価等を認定する権限を有している。また，株式の時価に関しては，上場株式，非上場株式それぞれについて規定を置いている。

タイ法人等を介するストックディールの場合，投資金額がM&Aの対象となっているタイ法人の株式の取得価額となり，将来，当該株式を処分（譲渡等）する際に処分価額（譲渡価額等）から原価として控除されることになる。ただし，当該投資金額（株式の取得価額）が時価を超過している場合には，当該超過部分については原価とは認められず，損金算入が否認される可能性があることに留意する必要がある。

一方，タイ法人等を介するアセットディールの場合，投資金額のうち，M&Aの対象となっているタイ法人の純資産の時価を超過する部分の金額は営業

権として認識されることになる。タイの税法上，営業権は10年間にわたって償却され，当該償却費は損金に算入される。ただし，税務当局が，当該超過する部分（営業権）の金額に合理性がないと判断した場合には，当該営業権の償却費の損金算入は否認される。

ストックディール，アセットディールのいずれの場合においても，時価を超過する投資金額が合理的であることについての立証責任は納税者が負うため，税務当局からの指摘に対して十分な根拠を準備しておく必要がある。

9　その他の留意事項

(1)　構成員課税（パススルー課税）と事業体課税

タイには，公開株式会社法に基づく公開株式会社，民商法に基づく非公開株式会社，Ordinary Partnership, Limited Partnership といった組織形態が存在するが，そのいずれに対しても「事業体課税」が行われる。すなわち，日本の民法上の任意組合や商法上の匿名組合のように「構成員課税（パススルー課税）」が行われる組織形態は存在しない。したがって，タイの株式会社，Ordinary Partnership, Limited Partnership を介するストラクチャリングの場合には，必然的に法人所得税の課税関係が生ずるということに留意する必要がある。

(2)　過少資本税制と借入金利息の損金算入

タイの税法上，日本でいうところの過少資本税制はない。ただし，タイ法人等を介するストラクチャリングの場合で，M&A の資金をローンで賄う場合には，当該ローンにかかる利息の損金算入の可否を考慮する必要がある。

法人所得税の計算上，歳入法の規定により損金算入が認められない費用を除き，「所得を稼得するために，かつタイにおける事業活動のために生じた費用」は，原則として損金に算入される。資産を取得するためのローンにかかる利息については，当該資産を事業の用に供することができる状態にする前に発生し

たものは当該資産の取得価額に算入して減価償却を行うことになる（当該資産が減価償却資産である場合）。一方，当該資産を業の用に供することができる状態にした後で発生した利息は損金に算入される。M&Aの対象企業の株式を買収するストックディールの場合，上述の「事業の用に供することができる状態となる日」は，当該株式の取得者が当該株式にかかるすべての権利を有することになる日とされているため，ローン契約の締結日と株式の取得日を慎重に検討する必要がある。

　また，タイの税法上，他の法人の株式の取得およびそれに関連するローン取引が当該株式の取得者の事業活動ならびに所得の稼得目的と直接関連している場合には，当該ローンにかかる利息は損金に算入される。ただし，M&Aの対象となっているタイ法人が配当可能利益を有していない場合や損失を計上している場合には，株式の取得が当該株式の取得者の事業活動および所得の稼得と関連していないとの解釈のもと，税務当局によりローンにかかる利息の損金算入が否認されるリスクがある。このような場合には，M&Aの対象となっているタイ法人の収益予測を客観的に行い，当該投資に経済的な合理性があることを証明する書類等を準備しておく必要がある。

第11節 インドネシアにおける税務デューデリジェンス

1 インドネシアの税制の特徴

　徴税をより確かなものにするため，物品の輸入時に当該年度の法人税の前払いが求められていること，前年の営業利益に基づく税額をベースとした月次予定納税が求められていること，源泉分離課税方式にて課税される事業がいくつか定められていること，多くのサービスが源泉徴収税の対象とされていること等が特徴として挙げられる。また，連結納税制度は存在しない。
　VAT処理手続に関しては，VATインボイスの発行時期，記載内容等，詳細かつ厳格な処理が求められていることがある。全般的に規定の内容に不明瞭なものが存在するケースが多い。

2 租税の徴収権の時効（Statute of Limitations）

　インドネシア税法上，法人納税者は事業年度終了後，4か月以内に年次法人税申告書を提出する義務がある。ただし，同申告期限までに仮納付を行い仮申告書を提出のうえ，延長届けを提出すれば，最長2か月の延長が認められる。
　同年次申告書が，前払い，予定納税，源泉徴収税等の要因により過払いの形となっている場合には，必ず同年次申告書に対して税務調査が行われることになる。同調査は申告書の提出日から1年以内に終了，査定通知書が発行される。

インドネシア税法上，事業年度終了時から5年を経過した年度に対しては，税務当局は査定通知書を発行する権利はないものとされている。また，一度税務調査が行われた年度に対しては，一定の要件を満たさない限り再調査が行われることはない。

インドネシア企業の税務デューデリジェンスを行う場合，一般的に過去5年のうち，すでに税務調査が行われた年度の有無を確認のうえでデューデリジェンスの対象年度を検討することになる。

また上述の税務調査は法人税についてのものであり，月次で納税・申告が求められる各種源泉徴収税，VATについても同様に過去5年のうちに，すでに調査が行われた期間の有無を確認のうえで検討することになる。

3 ペナルティ

① 過少申告・未納の場合（法人税，源泉税，VAT）：不足税額に対し月2％の延滞金利
　(注)　税務調査結果にて不足・未納とされた場合，最大24か月分しか請求されない。
　　　　納税者自ら修正申告・納付を行った場合，上述の24か月の適用はなく，実際の遅延月数分の延滞金利が請求される。

② 申告書提出遅延・未申告の場合：
　・年次法人税：100万ルピア（約8,500円）
　・月次源泉税：10万ルピア（約850円）
　・月次VAT：50万ルピア（約4,250円）

③ 発行したVATインボイスに不備がある場合：課税標準の2％

④ 仮払VATとしての計上が認められないVATを計上し，翌期へ繰り越し

ていた場合：当該VAT額の100%（当該VATの資産性も失われる）

4 インドネシアのM&Aの特徴

　買収対象となる在インドネシア企業が先進国から出資されている外国投資企業の場合，比較的コンプライアンス意識が高い企業が多いが，100%現地資本の企業等の場合には複数の財務諸表（税務申告用，金融機関への提出用等）を作成しているケースも多く，特に税務コンプライアンスについては，意図的であると考えられるようなケースも含め，コンプライアンス・レベルが低いケースがよく見られる。

　したがって，買収検討段階で税務デューデリジェンスを行うことは非常に重要なステップとなり，その結果により買収という手法を諦め，新規に会社を設立し，対象企業からの事業譲渡という手法に変更するケースもある。

5 株主変更に関わる注意点

　対象企業の税務上の繰越欠損金については，株主が変更したことによって使用が制限されることはなく，税法上で認められる5年内であれば，以降の年度に発生する課税対象所得と相殺することが認められる。

　また，対象企業の株主がインドネシア非居住者であり，同株主が株式を売却する場合には，売却額の5%がみなしキャピタルゲイン税として売却者が課税されることになる。しかしながら，インドネシアと当該国での租税条約により免除となる場合もある。たとえば，日本―インドネシアの租税条約では免除となるが，シンガポール―インドネシアの租税条約では免除されない。

　非居住者である株主が他の非居住者に株式を売却する場合，当該税額の納付義務は当該株式発行法人，すなわち対象企業となり，対象企業は同額を売却者

に請求することとなる。

租税条約を適用して免税とする場合，納付義務者となる対象企業が売却者所在国の居住証明を入手しておく等，必要となる手続を行っておくことになる。

6 営業権の償却

営業権については税法上，償却にて損金処理することが認められている。しかしながら，インドネシア会計基準が変更され，会計上は国際会計基準と同様，営業権は償却しないこととされてからは，税法上での処理，主に償却年数等について不明瞭な状況が続いている。

インドネシア税法上，有形固定資産については4年，8年，16年あるいは20年のいずれかで償却することとされており，それぞれのグループごとに資産の明細が記載されている。

無形資産の償却については，上述の4グループのうち，会計上で用いている償却年数に最も近い年数で償却することとされている（会計上5年であれば，税法上4年で償却）。

税法上，このような取扱いとされている中で，会計基準が変更された時点以降，税務上の取扱いについては何も発表されていないことから，営業権の償却については十分に検討する必要がある。

7 税務調査の特徴および税務デューデリジェンス結果に関する検討点

税務リスク金額はほとんどの場合，税務署が行う税務調査の結果としてどのような修正が行われ，それによる追徴額がいくらくらいになるかを分析することとなる。このため，インドネシアにて税務デューデリジェンスを実施する場

合，できるだけ税務署が税務調査時に用いる手法と同様の手法にて実施することが妥当といえる。

インドネシア税務署が調査時に用いる手法の中でも代表的なものとして，非常に簡易的な分析手続がある。これは，詳細な事実確認を行うことなく，部分的な数字のみを見て指摘を行うものであり，例として以下のようなものがある。

① 前年と比較し，売上は前年と同レベルを維持，しかし原材料の輸入額が減少している ➡ その分，製造原価が下がるはずとの理由にて申告した利益が過少であると指摘。

② 前年と比較し，原材料の輸入額が増加している ➡ その分，売上高が同割合増加しているはずとの理由にて申告した売上が過少と指摘。

③ 年間売上と同期間（12か月間）の月次VAT申告書に記載されているVAT課税対象額の合計額と比較を行う ➡ 後者のほうが大きい場合，申告した売上が過少であると指摘。

上述の①および②は非常に雑な形であり，頻繁に行われるものではないが，③の比較はほとんどの税務調査で行われる手法である。調査中にこのような指摘が書面にてなされた場合は，一定の期間が納税者に与えられ，その間に当該差異金額の説明を証憑等のエビデンス類を用いて説明できるように準備することが肝要となる。

上述③のケースでは，基本的にVAT対象となるものは売上であり，その認識については会計と同様であるが，VAT法では一部取扱いに違いがある。つまり，VAT法では販売代金の前金を請求する際，その時点でVATを課すこととされている，等といった違いがあり，このような相違により，売上とVAT申告書上の課税対象額の合計が一致しないことは一般的に発生することである。しかし，一定期間にその差異に関する説明が行えなければ，当初指摘されたとおりの調査結果となり，追徴に発展することとなる。

税務デューデリジェンスにおいても③と同様の手法を用いるが，一般的にデューデリジェンスは短期間で行われることが多く，実際の調査時に納税者に与えられる期間と比較した場合，より短期間となるため，デューデリジェンス結果にリスク金額として記載されることがある。

また税務調査では，税務署側に有利となる場合には形式が優先される傾向にあり，単純な記載誤りがあった場合でも，それを正のものとして税額が再計算されることがある。一例として，通貨の記載誤りがあって，¥（日本円）として記載するはずのものを誤って＄（ドル）と記載してしまっているようなケースの場合，本来1億円の売上であるものが1億ドルとして取り扱われることがある。

　デューデリジェンスにおいても，このような誤りが見つかった場合には報告書に記載することになるが，実際の税務調査が行われるまでに修正を行うことができれば，そのリスクは軽減される。しかしながら，一部の書類については一定期間が経過しているもの，あるいは他の理由により修正不可となるものもあることから，このようなケースに該当する場合，税務調査が行われた際には指摘される可能性が高く，リスク金額として挙がることになる。

　全般的にインドネシアの税務調査は，このような雑な形で行われることが多く，上述の①～③のような指摘が行われた際，ボリューム的な事情等により調査期間内に十分な反論根拠を準備することができず，調査結果として追徴に発展するケースが多い。

　このような調査内容・結果に同意できない納税者は，税務署の上部機関に対する不服申立て，その不服申立てが却下された後に税務裁判を申請することとなる。インドネシアにおいては納税者の税務裁判申請は決して珍しいものではなく，税務裁判申請案件も非常に多い。

　税務裁判では公平な判決が期待でき，納税者の勝訴となるケースのほうが多く存在する。ただし，納税者の主張の根拠となる証拠類の提示が非常に重要となり，納税者がこれらの証拠類となる書類等を紛失してしまっている場合には，敗訴するリスクが高くなる。

　また，税務調査結果に同意できず，不服申立て，税務裁判を検討する場合，裁判での判決が下されるまでに時間がかかり，税務コンサル費用等もかかる。そのため，一般的に納税者としては，このような対応について費用対効果の観点で判断しているケースが多い。

　インドネシアの以上のような税務事情に鑑み，在インドネシア企業を対象とした税務デューデリジェンスを実施した場合，結果的に合計リスク金額として

多額の金額が記載されることがあるが，指摘事項ごとにその金額規模も含め，問題の内容・性質，軽減策の可否，税務裁判での勝訴見込み等について十分に理解したうえで検討することが望ましいといえる。

8 その他の留意事項

　買収対象企業のコンプライアンス意識が高い場合であっても，当該企業が従事している事業の特殊性，業界特有の事情，また法・規定にて取扱いが不明瞭なことなどの要因にて税務リスクを抱えているケースもある。

　このような状況も税務デューデリジェンスを実施することで確認できるものであり，対象企業の過去の税務リスクのみでなく，買収後の事業におけるリスクの検討にもつながることになる。

第12節 豪州における税務デューデリジェンス

1 税執行状況の概観

　豪州税制は，連邦税である所得税，一般消費税，フリンジベネフィット税等と州税である給与税，土地税，印紙税，市町村税である固定資産税に大きく分かれる。日本における所得税と法人税という区分けはなく，所得税として1つの法律で構成されている。以下，法人に関する所得税については，法人税として解説する。

　法人税の中には，資産の譲渡時に課せられるキャピタルゲイン税制が含まれているが，法人税と別個独立したものではなく，法人税の一部を構成するものとなっている。法人税率は，現在30％（2016-2017年度連邦国家予算案において，今後25％まで段階的に引き下げられる予定と発表されている）である。また，コモンローの伝統のもと，成文法の規定のほか不文法である判例に依存するケースが多いことに注意が必要である。また，複雑な税法解釈に対して課税当局の見解を示すものとして，通達制度（Ruling System）が導入されている。当該通達は，課税当局内でのガイドラインにすぎないが，通達に従って処理を行っていれば妥当な対応として認められる。

2 租税の徴収権の時効 (Statute of Limitations)

　豪州法人税法における租税徴収権の時効は，一般的に4年と定められている。

ただし,悪質な脱税行為に該当するような場合や,国際間取引に関わる移転価格税制に関しては無制限となっている。ただし,日豪租税条約において移転価格課税の対象となる利得に係る課税期間終了後7年以内に調査を開始しない場合には更正できないとされている(不正に係る行為等は除く)。課税当局は,グループ内再編,過少資本税制,連結納税加入時の処理などを特に注視している。

3 ペナルティ

　過少申告によるペナルティは,納税者の意図により段階的に適用される率が異なる。たとえば,意図的に法人税法の取扱いを無視した場合には,無視したことによって生じた過少税額の75%が追加で科される。また,繰り返し悪質な行為を行っている場合等においては,90%で科されることになる。

　また,必要十分な検討を行わなかった結果(No reasonably care or No reasonably arguable position)過少申告になった場合には,原則25%のペナルティが科される。

　租税回避行為の場合には,原則50%のペナルティが科される。

4 M&Aの代表的手法

　豪州においては,日本の「合併」制度に類するものは存しないため,株式取得による買収が代表的な手法となる。

　日本と同様に2002年度から連結納税制度が導入されており,SPCを設立して,当該SPCがターゲット企業を取得して連結納税グループを組成するのが一般的である。

　連結納税制度には大きく分けて2種類あり,いわゆる親会社を中心とした100%子会社を含むかたちの一般的な連結納税制度と日本の親会社に直接また

は間接的に100％所有される2社以上の兄弟会社によって組成されるMultiple Entry Consolidatedグループがある。

　連結納税制度は，納税者の選択により適用されるが，一度選択を行うと取消しはできないことになる。連結納税前に発生した子会社等の繰越欠損金を引き継ぐ際には，引き継ぐ直前における一定期間においてCOTおよびSBTの規制が通常の繰越欠損金と同様に適用される（COTおよびSBTについては，下記「繰越欠損金」を参照）。また，引き継いだ欠損金についても，各子会社の時価に基づき算定される一定の計数により使用制限される。

　また，子会社等が連結納税グループに参加する際に，各子会社の資産の税務簿価は各資産の時価評価に基づき調整が行われる。当該時価評価により，課税を生じることなく税務簿価がステップアップされる可能性がある。その結果，償却資産であれば償却額が増え，キャピタルゲイン対象資産であれば，取得価額のステップアップにより将来の課税対象額が減少する可能性がある。

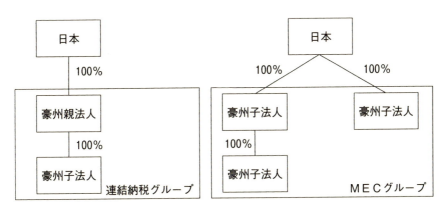

5　過少資本税制

　豪州SPCを通じて，ターゲットである豪州企業を買収する場合，当該買収資金を日本から出資するのか，関係会社間貸付けとして提供するのかにより税務上の留意点は異なり，一般的に貸付金利設定の移転価格税制上の問題，源泉

税，過少資本税制が問題となる。

　日本の親会社から借入れを行った場合，支払利息に対して原則10％の源泉税が課される。豪州の過少資本税制は，原則として負債資本比率は1.5：1である。また，上記制限を超過した場合でも，独立企業間価格に準ずる場合（Arm's Length Test）には，損金算入が認められる可能性がある。損金算入制限の対象となる債務関連費用は，関係会社からの借入れのみならず非関係会社からの借入れも対象となる点，留意が必要である。

6 繰越欠損金

　豪州の繰越欠損金は，一定の制限のもと無期限の繰越しが認められているが，現在繰戻還付は認められていない。繰越欠損金のうち，いわゆる資産の譲渡から発生するキャピタルロスは通常の所得と通算することはできず，将来キャピタルゲインが発生した場合にのみその金額の範囲内で通算が可能である。

　一定の制限とは，欠損金発生以降欠損金保有法人の支配権等が50％以上異動していないこと（Continuity of Ownership test：COT），異動している場合には，欠損金保有法人の主たる事業内容に変更がないこと（Same Business test：SBT）が要件となる。

　具体的には，COTとは原則下記3つの要件を満たす必要がある。
① 議決権を保有している株主の50％以上の変更がないこと
② 配当受領権を保有している株主の50％以上の変更がないこと
③ 資本の払戻しを受ける権利を有する株主の50％以上の変更がないこと

　COTにおける支配権等が異動したか否かは，原則，究極の株主である個人株主まで遡る必要があり，M&Aで支配権を取得した際には，SBTの要件を満たさない限り原則使用制限を受けてしまうので注意が必要である。なお，上場会社の特例があり，10％以下の持株比率の場合は，名目上の株主としてまとめて取り扱うことができる。

　SBTについては，COTを満たせなかった時点から欠損金使用期において同

一の事業を継続して行う必要がある。一方で，以下の事象が生じた場合にはSBT の要件を満たさないとされる。
① SBT 前に営んでいない事業からの所得がある場合
② SBT 前に既存事業において行っていなかった新規取引からの所得がある場合
③ 上記①，②を回避するために COT を満たさなくなる直前において，新規事業を行う，または，新規取引を行った場合

また，欠損金のみならず COT および SBT の要件を満たせなかった時点において，会社が保有する含み損資産についても同様に使用制限され，実際に譲渡時等において発生するキャピタルロスの額から，制限対象金額が差し引かれることになる。なお，貸倒償却の損金算入要件として，欠損金と同様に COT または SBT の要件を満たさない場合，損金算入が認められないので注意が必要である。

7 無形固定資産の償却可能性

M&A 等で取得した営業権（Goodwill）は，キャピタルゲイン税制対象資産として処理され，税務上償却できない。標準特許権は20年，インハウスソフトウェアは4年，その他一定のライセンスはライセンスの使用期限に基づき定額法により償却される。

8 その他の税務デューデリジェンス上の留意事項

(1) ブラックホール支出（事業関連支出）
法人税法上，費用はその性質に応じて資本的支出または収益的支出として処

理される。資本的支出は原則損金不算入とされ、減価償却資産の取得価額に加算されるか、資産の取得価額の一部を構成し将来のキャピタルゲイン算定時に費用化される。一方で、一定の費用は、資産の取得価額を構成せず、また、償却対象にもならないことがある。当該支出は、ブラックホール支出として、課税所得を得る目的で行っているまたは行った、および、将来行う予定である事業に関連するもので一定の要件を満たす場合には、5年間の均等償却が可能である。

(2) 印紙税（Stamp duty）

豪州において印紙税は州税である。豪州の非上場株式を取得する際には、ニューサウスウェールズ州、南オーストラリア州では0.6％の印紙税が課される（両州ともに、廃止見込予定）が、上場株式の取得に関しては印紙税は課されない。ただし、実質的な土地売買（Land holder Duty）の場合には印紙税が課される場合があるので注意が必要である。

(3) 包括的租税回避防止規定（Part Ⅳ A）

豪州においては、包括的租税回避防止規定（Part Ⅳ A）があり、また頻繁に課税当局は当該規定を用いて税務訴訟を起こしている。Part Ⅳ A は、税務上の利益を得る目的のために組まれたスキームに対して適用される。当該規定は、

① スキームの存在
② 納税者がスキームに関連して税務上の利益を得ている
③ 納税者がスキームまたはスキームの一部を締結するまたは実行する主要な目的が税務上の利益を得ること

の3つの要件を満たす場合に適用される。当該規定により課税当局は、税務上の利益の取消し、利息および罰則金の支払を求めることができる。

当該規定は、近年の課税当局の敗訴を受けて強化のための検討が行われた結果、多国籍企業による租税回避防止規定（Multinational Tax Avoidance）が、2016年1月1日から施行され、租税回避行為に対する監視・規制がより厳しくなっている。

9 買収後の税務

(1) 配当金等に係る税制
① フランキング・クレジット
　国内配当については，法人とその株主間における二重課税を排除する目的から，法人の支払った法人税について，配当を受け取った株主に当該法人税相当額分の税額控除が認められる（フランキング・クレジット）。株主は受取配当額とフランキング・クレジットの合計額を益金に含め，法人税額からクレジット分を税額控除することになる。たとえば，配当金額が700でフランキング・クレジットが満額の300付されていた場合，株主側では益金として1,000を認識し，300を税額控除として利用することになる。海外配当については，支払法人は原則30％の源泉税を徴収する義務があるが，フランキング・クレジットを付与する場合には，当該源泉税は国内配当と同様に無税となる。また，日豪租税条約により，一定の要件のもと配当に関する源泉税率は3段階に減免されている（10％，5％，0％）。

② 海外受取配当免税および利息の損金算入
　豪州会社が議決権の10％以上を持つ外国会社からの配当は，豪州において原則益金不算入となる。当該配当が益金不算入となる結果，当該配当を得るために要した費用は原則損金不算入となるが，一定の負債費用は過少資本税制等の規制を受けるが原則損金算入となる。
　この点，課税当局は，本来海外事業への融資であり，そのリターンは本来受取利子であるものを，中間会社を設立することにより，受取利子のリターンを配当に変えることによって，豪州で資金調達費用の損金算入，海外からの受取配当は益金不算入となっているストラクチャーについては注視をしている。

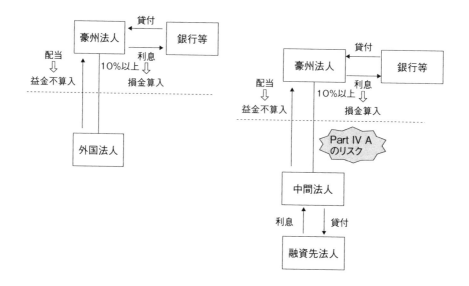

(2) 資本参加免税 (Participation exemption)

豪州法人が一定期間その議決権の10％を直接保有する海外法人株式の譲渡を行った場合，一定の条件のもと，キャピタルゲイン（ロス）の額を減額することができる。減額できる割合は，当該海外法人の全資産に含める海外事業資産

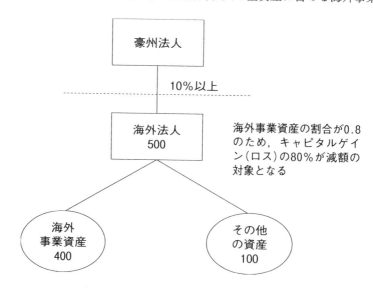

(例：事業の用に供する資産）の割合によって決定される。事業資産の割合が90％を超える場合，全額減額される。10％以上90％未満の場合は，当該海外事業資産割合に準じる。

(3) グループ内再編

　グループ内再編の手法としては，少なくとも対象会社の一方が非居住者であり，100％グループ関係内で行う株式譲渡等によるキャピタルゲインは一定の要件を満たすことにより，課税の繰延べを選択することができる。たとえば，次の図において日本法人がシンガポール法人へ豪州Ａ法人株式を日本において無税による形で移転した場合でも，豪州において課税の対象となる可能性があるが（次項「非居住者に対するキャピタルゲイン税制」参照），グループ内再編として一定の条件のもと課税の繰延べを選択することができる。

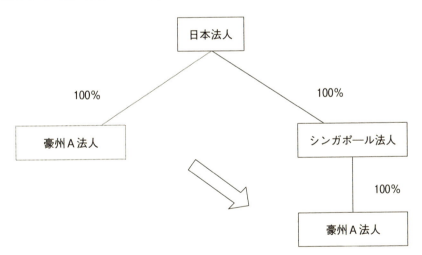

(4) 非居住者に対するキャピタルゲイン税制

　非居住者に対するキャピタルゲイン税制は，対象資産が"課税対象オーストラリア資産"である場合のみ豪州国内法上において課税対象となる。課税対象資産は，主に課税オーストラリア不動産（Taxable Australian Real Property, 以下「TARP」）とTARPに対する間接的持分からなる。TARPに対する間接的持分とは，TARPを所有する法人の株式を10％以上保有し，かつ，当該

法人の総資産の時価に占めるTARP資産の時価が50%を超える場合である。これは，日本の国内法や日豪租税条約第13条2のいわゆる不動産化体株式に通じるものである。

　日本の税制との関係で注意すべきポイントとして，日本国内の適格組織再編において，課税が繰り延べられても，当該組織再編が引き金となり豪州不動産化体株式について豪州において課税が生じる可能性がある点がある。

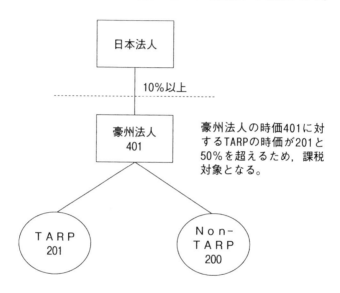

第13節 ブラジルにおける税務デューデリジェンス

1 税制，税法と税目の概要

　ブラジルの税制は主に1998年連邦憲法（Federal Constitution），1996年国税法（National Tax Code）および連邦所得税法（Federal Income Tax Code）により規定されている。会社（Companies），有限責任会社（Limited Liability Companies），パートナーシップ，個人事業主，ならびに国外に本店を置く企業の支店および代理店を含むブラジル居住者である民間事業体は，すべて納税義務を負う。

　ブラジルの税制は世界で最も複雑であるといわれており，連邦税・州税・市税の3つのレベルで50種類以上の税金が存在する。それゆえに，税務デューデリジェンスにおいて調査対象となる税目も多く，一般的には重要性の点から以下の税目が調査対象となる。

税　目	管　轄	概　　要
法人税（IRPJ）	連邦税	基本税率は15%であり，課税所得が年間24万レアルを超えた場合には10%の付加税が課される。
利益に対する社会負担金（CSLL）	連邦税	連邦社会保障制度の助成を目的に，IRPJの課税対象事業体に対して9％（金融機関は15％）が課される。
社会統合計画納付金（PIS）	連邦税	雇用主に義務づけられる被雇用者貯蓄プログラムに対する拠出金であり，原則IPIを除く総売上高に1.65%の税率で課される。
社会保険融資負担金（COFINS）	連邦税	社会保険制度助成のための拠出金であり，原則IPIを除く総売上高に7.6%の税率で課される。
金融取引税	連邦税	貸付け，保険契約，金融市場取引，外国為替取引を含

(IOF)		むさまざまな取引に適用される。
工業製品税 （IPI）	連邦税	製造業者の売上および輸入業者による輸入と販売に対して適用される。IPI税率は0％から300％を超えるものまで物品の種類で異なる。
源泉税（IRRF）	連邦税	非居住者に対する支払利子に対して原則15%（租税条約により低減措置あり）が課される。非居住者に対するロイヤルティや技術サービス料の支払に原則15%（租税条約により低減措置あり）が課され，特定財源負担金（CIDE）の税率10%も加算される。なお，居住者・非居住者に対する支払配当に源泉税は課されない。
社会保険院への負担金（INSS）	連邦税	雇用主が被雇用者の退職金専用口座に賃金の約8％，公的年金制度である社会保険院に賃金の約20％を拠出する義務があり，社会保険税として捉えられている。
商品流通サービス税（ICMS）	州税	物品の流通，州間・市町村間の物品輸送および通信サービスの提供に対して課される州税である。税率は州により異なり，たとえば，サンパウロ州は18％である。州間の製品の移動に対しては，受領者の所在地によって12％および7％の州間税率が適用される。
サービス税 （ISS）	市税	ICMSが課税されないサービス提供に対して課される市町村税であり，税率は原則2％から5％であり，市町村およびサービスの種類により異なる。

　ブラジルにおける法人税率は原則として15%であるが，実効税率は34%となり，内訳は法人税15%，付加税10%（年間課税所得が24万レアルを超える法人に適用）および利益に対する社会負担金9％（金融業は15%）となっている。

　課税所得の計算方法は，原則として課税期間における収益から費用を差し引いて課税所得を計算する実質利益法（Lucro Real）となるが，小規模企業は売上高に業種ごとに定められた推定利益率を乗じて課税所得を計算する推定利益法（Lucro Presumido）の選択が認められている。

2 租税の徴収権の時効（Statute of Limitations）および更正額の計算方法

一般的な税務時効は5年であるが，脱税等の場合は税務時効がないことに留意が必要である。

更正額の計算方法は連邦税と州税・市町村税で多少の相違があるが，連邦税を例にとると，おおむね以下のとおりである。

① 自己更正を実施した場合：対象元本額＋元本額に課される利子＋元本額の20％のペナルティ
② 税務調査により更正を実施した場合：対象元本額＋元本額に課される利子＋元本額の50％から75％のペナルティ
③ 税務調査での情報隠匿など悪質と判断された場合：対象元本額＋元本額に課される利子＋元本額の150％のペナルティ
（注）利子の計算には原則としてSelicと呼ばれるブラジルの政策金利が適用される。

3 ブラジルのM&Aの特徴（代表的な手法）と論点

ブラジルのM&Aにおいては，株式買収と資産買収（事業譲渡）はともに使われる買収手法であるが，日系企業の過去の買収取引に関しては株式買収の手法が好まれている。以下，株式買収と資産買収（事業譲渡）の論点について解説を行う。

(1) 株式買収

下図のケース1は，日本からブラジルの対象会社の株式を直接取得する方法

である。非居住者への配当はブラジル国内法では源泉所得税が課されず，日本国における外国子会社配当益金不算入制度もあることから，よく使われる買収手法であるが，買収に伴う営業権償却のメリットは享受できない。

下図のケース2は，ブラジル国内の買収ビークルを通じて対象会社の株式を取得する方法である。買収ビークルは新規で設立する場合と既存のブラジル子会社等を利用するケースがある。

ケース1：日本から直接投資をするケース

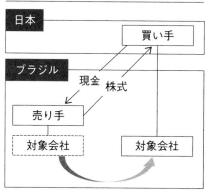

ケース2：現地買収ビークルを使うケース

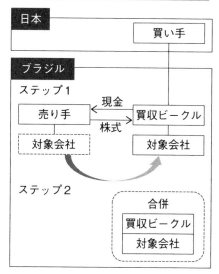

ケース2においては，ブラジル国内での買収ビークルを通じて対象会社の株式を取得（ステップ1）する。その後，買収ビークルと対象会社を合併（ステップ2）させることで，条件を満たせば，順合併・逆さ合併ともに買収に伴う営業権の償却メリットを享受できる可能性がある。

合併により，買収資金に係る支払利子と対象会社のビジネスから生じる利益を相殺することで課税所得を圧縮（デット・プッシュ・ダウン）できる可能性があり，一定の対象会社の保有資産をステップ・アップできる可能性がある。

合併については，原則として被合併法人の繰越欠損金が消滅するため，「逆さ合併」（買収ビークルが消滅企業）が行われるケースもある。また，ビジネ

スの許認可の関係で「逆さ合併」を選択しなくてはならないケースもある。

なお，関連する買収取引で買収ビークルを新規に設立して対象会社と合併させる場合には，税務当局に営業権の償却メリットを享受する目的のために設立されたとみなされ，償却メリットが取れないケースも出てきている。そのため，営業の状態にある現地子会社を買収ビークルとしたり，新規買収ビークルを事前に営業の状態にしておくなどの対策を取っている会社もある。

日本への買収資金の借入れに係る支払利子の発生については，非居住者への支払として源泉税（15%であるが，日伯租税条約により12.5%に軽減される）が課される。

また，現行の過少資本税制（Thin capitalization）においては，Debt-to-equity比率の目安が2対1となっており，この比率を超える非居住者への借入れに係る支払利子は税務上の損金とならない点に留意が必要である。

(2) 資産買収（事業譲渡）

ブラジルのM&Aにおいては，資産買収（事業譲渡）も比較的使われる手法であるが，トランザクション・タックス（後述を参照）が課される点で，株式買収が好まれるケースが多い。また，買い手が特定の事業のみを取得したい場合，売り手に当該事業の受け皿会社を設立してもらい，その受け皿会社の株式を購入するという，形式上は株式購入に発展するケースも散見される。

(3) 株式買収と資産買収（事業譲渡）の論点

ブラジルにおける株式買収と資産買収（事業譲渡）の論点について，税務事項を中心に取りまとめると，以下のとおりである。

株式買収	資産買収（事業譲渡）
（一般的なメリット） • 対象会社の繰越欠損金を引き継げる。 （注）　繰越欠損金の使用に係る規定については，「**5**その他留意事項」を参照。 • 対象会社とブラジル現地の買収ビークルを合併させることで営業権の償却メリットを享受できる可能性がある。 （注）　2015年1月1日以降に発生する取引については，営業権償却に係る新規則が適用される。同規則によれば，買手は株式購入価格を原則IFRSに従って，パーチェス・プライス・アロケーション（PPP）を第三者の評価人に実施させ，独立評価証明書という形で税務当局に提出する義務を負うことになった。PPPの結果，将来収益に帰属する営業権については，原則5年を下回らない期間で税務上の償却が認容される可能性がある。 • 資産買収（事業譲渡）で発生するトランザクション・タックスを避けることができる。 • 通常は従業員の包括的な承継ができ，ターミネーション・コストを避けることができる。 （一般的なデメリット） • 売手の租税・労務リスクを包括的に引き継ぐことになる。 • 売手に受け皿会社を設立してもらい，事業の一部を移して，その受け皿会社の株式を購入するケースでは，買収完了までに非常に時間がかかるケースがある。	（一般的なメリット） • 株式買収と比較して，税務・労務に関する引継ぎリスクを減少できる可能性がある。 （注）　ブラジルにおいては，一般的に資産買収であっても買手が2次的租税債務を負う形になり，買収事業・資産に直接的に紐付く間接税などは1次的租税債務を負う可能性に留意が必要である。 • 一定の受入資産についてステップ・アップを享受できる可能性がある。 • 取得する事業のうち要件が満たすものについては，それに付随していた間接税（IPIやICMSなど）のタックス・ベネフィットを引き継げる。 （一般的なデメリット） • トランザクション・タックスが発生する。 （例）　売却取引に課税されるPISおよびCOFINS，売却資産（在庫等）に課税されるICMSやIPIおよび不動産譲渡税など。 • 従業員の引継ぎに際して，旧雇用に係るターミネーション・コストが発生する。 • 取得した事業・資産につき，税や労務その他の法令・規制に準拠するために再登録申請をしなくてはならないケースもある。

4 ブラジルの税務デューデリジェンスで発見されるリスク

ブラジルは税負担が高い国（税収が対GDPの35%を超える）である。このため，企業によるさまざまな節税プランニングが行われており，そのスキームによっては税務当局に否認されるリスクがあることに注意が必要である。

したがって，税務デューデリジェンスを実施した結果，ディール・ブレーカーとなる案件も多く，現地専門家による税務デューデリジェンスの実施が極めて重要となる。

本項では，ブラジルの税務デューデリジェンスでよく発見されるリスク項目について，いくつか紹介する。

(1) 売上の過少申告

特にファミリー系オーナー企業において散見されるリスクは，税務申告において売上高が過少となっているものである。このケースにおいては，法人税（IRPJ）・利益に対する社会負担金（CSLL）・社会統合計画給付金（PIS）・社会保険融資負担金（COFINS）・工業製品税（IPI）・商品流通サービス税（ICMS）などの複数の税目で利子とペナルティを含めた更正を受けるリスクがある。

(2) 異なる課税所得の計算方法を利用した節税プランニング

ブラジルの課税所得の計算方法には実質利益法（Lucro Real）と推定利益法（Lucro Presumido）があるが，一般的に推定利益法を採用したほうが節税につながるケースが多い。

これに着目して，実質利益法を採用している会社が，ビジネスの一部機能を分社化して推定利益法を採用するケースがよくある。分社化に経済的合理性がない場合，実質利益法での税額に引き直して利子・ペナルティを含めた更正を受けるリスクがある。

(3) サービス税に係る税務リスク

　サービス税（ISS）は役務提供に課される市町村税であり，課税対象となる役務提供の種類や税率は市町村により異なることがある。法令116／2003によれば，納付先はサービス提供者の事業施設のある市町村となっている。本制度を悪用して，税率が安くなる（あるいは課税対象とならない）市町村に形だけの事業所（実際にサービス提供者は駐在していない）を設立して，実際のサービス提供は税率の高い（あるいは課税対象となる）別の市町村で行うケースがある。こうした制度を悪用したケースにおいては，実際の役務提供地の市町村や事業所の実態がある市町村から訴えを起こされるリスクがある。

(4) 繰越欠損金（NOL）のクオリティの問題

　過去に計算された繰越欠損金の中身に，損金不算入の費用項目が含まれていることがよくある。この場合，買収後に繰越欠損金がフルに利用できないリスクがある。

(5) PISとCOFINSに関連する税務リスク

　PISとCOFINSは総売上高にかかる間接税であり，仕入税額控除が取れるが，すべての支払に対して取れるわけではない。複雑な税制のため，間違って仕入税額控除の対象を拡大して申告しているケースがよくある。

(6) ICMSに関連する税務リスク

　ICMSは商品の流通や通信，運輸サービスなどに適用される州税であり，税率は州により異なり，かつ商品が州間を跨ぐ場合にもそれぞれ違う税率で課税される付加価値税である。

　この複雑さゆえに，納付税額計算で間違いを起こしている会社が散見される。①州を跨ぐ取引で発生する代行納税額の計算間違い，②一定の取引においてICMSの課税標準に工業製品税を含めていないケース，③州外の非ICMS納税義務者でない相手に販売する場合の誤った税率の適用など，多くの間違いが発見されることがある。

(7) 書類等の保管の不備に関連する税務リスク

課税台帳（LALUR）や電子ファイル（SINTEGRAファイル）などが適切に保管されていない中小法人も多く，この場合，税務当局からペナルティを科されるリスクがある。

5 その他の留意事項

(1) 欠損金の繰越し

会計上の決算利益をもとにして算出する実質利益法（lucro real）で課税利益を計算する法人は，欠損金を次年度以降に，無期限で繰り越すことができる。ただし，欠損金と課税利益との相殺は，課税利益の30％までを限度として認められる。したがって，課税利益額が累積欠損金より小さくても，少なくとも課税利益の70％に対する法人税は現金で納税しなければならないことになる。

買収の際に，被買収法人が持っていた累積欠損金については，次のような制限があるので留意する必要がある。

会社の経営支配権を獲得できるだけの株式数取得があり，同時に事業内容の変更があった場合は，被買収法人の累積欠損金を将来の課税利益から差し引くことは認められない。

(2) キャピタルゲイン課税

非居住者のブラジル国内を源泉とする譲渡所得には，ブラジル国内法では15％の源泉徴収が行われる。非居住者が日本の法人である場合は，株式等の譲渡益は，租税条約の12条規定により，課税は日本のみで行われるので，源泉徴収はない。

(3) 移転価格税制

ブラジルは，2016年1月現在，OECD（経済協力開発機構）のメンバー国ではないこともあり，OECDの標準ルールとはかなり異なる移転価格税制ルー

ルとなっている。特に，関連会社からの輸入については，取引の全体の利益率を考慮せず，法人税計算上は，一方的にブラジル側での最低粗利を要求している。買収後，ブラジルで関連会社からの輸入品の使用や販売を薄利で行うような取引形態を考えている企業は，税引利益が確保できるのか，事前のシミュレーションが大切となる。

(4) ロイヤルティ

海外へのロイヤルティ送金は自由に行えるのではなく，技術移転が行われている場合や商標使用料に限られている。支払期間や金額にも上限があり，国家工業技術所有権院（INPI）の事前審査と登録が必要になるので注意が必要である。この事前審査と登録がなされていない場合，送金ができないばかりでなく，税法上の損金算入も認められない。

(5) 株主変更と税制恩典の継続

一般的な税制恩典ではなく，申請後に認可されるような税制恩典を受けている現地企業を買収するようなときは，次の点に注意が必要である。すなわち，一般的に株主変更がある場合や事業の変更・追加がある場合は，事前に税制恩典を認可した関係官公庁に届け，継続を申請するような条件が付与されていることが多い。それぞれの恩典の条件をチェックする必要がある。

(6) 農地の取得

ブラジルでは，土地を都市地区（Zona urbana）と農牧地区（Zona rural）に分けて，不動産登記が管理されている。非居住者の農牧地区の土地取得は，直接，間接を問わず，国家農地改革院（INCRA）に登録した開発計画がある農地のみに制限している。

したがって，買収先の企業が農地を保有していると，非居住者による間接な所有とみなされ，登記がうまくいかないことがあるので，事前に対策を講じておく必要がある。

補章

1 税務デューデリジェンスの事例
2 有価証券報告書から得られる情報
3 勘定科目別の留意点

1 税務デューデリジェンスの事例

本章では，税務デューデリジェンスが実際にどのように進められているか，国内オーナー企業の買収事例および上場会社同士の共同株式移転による経営統合事例をもとに解説する。

第1節 国内オーナー企業の買収事例

Step 1 キックオフミーティング

クライアントであるO社からX社買収に伴う税務デューデリジェンスの要請を受け，クライアントのオフィスでキックオフミーティングを開催した。会議には，財務・税務アドバイザー，法務アドバイザーのほか，本件M&AのFAのメンバーが一堂に会した。

クライアントからX社買収の目的等の説明があり，FAから本案件の概要説明があった。

(1) 本案件の概要

本案件の対象会社であるX社は，自動車部品の製造を営む企業である。X社は，A社長が50年前に設立した歴史ある会社で，発行済株式のすべてをA社長が保有しており，X社は同社の製品を販売する100％子会社であるY社を保有している。

A社長は，自身が高齢であること，および公務員である長男にX社を継ぐ意思がないことを理由に，X社およびX社従業員の将来を託せる企業に保有する株式のすべての売却を検討している。

X社の売上高は，近年急激に減少している。これは，納品先企業が，製造原価の削減を掲げ，人件費の安い海外に進出し，X社の製品に代替する同種の製品を中国企業から調達するようになったのが，主な要因である。この結果，X社製品は競争力を失い，受注が急激に減少し，X社は工場の1つを閉鎖している。

 しかし，X社が製造する製品のうち一部には，X社でないと製造できない非常に技術力の優れた製品があるため，X社の技術力に興味を抱いていたO社は，今回FAからX社のM&Aの話を受け，さっそくA社長との交渉を慎重に始め，ついにはデューデリジェンスを実施するまでに至った。

(2) スケジュール

 O社は，X社の限られた従業員の協力のもと，2週間のデューデリジェンス期間を設けることにA社長の了承を得ている。また，同期間内に財務，税務，法務担当者に対するインタビューが設定されている。

 O社への報告は，2週間後に設定され，O社はその後は，2週間でA社長と条件面の交渉をし，株式譲渡契約書に調印することを予定している。

Step 2 税務デューデリジェンスの実施

(1) 調査対象範囲

 税務アドバイザーは，本案件の概要説明を受け，X社および子会社であるY社の過去3事業年度の法人税を調査対象とすることを提案し，O社と合意した手続で税務デューデリジェンスを実施することとなった。

(2) 資料入手

 税務アドバイザーは，X社およびY社の過去3事業年度の法人税の確定申告書，財務諸表および勘定科目明細等，税務に関する情報が得られる資料を入手した。

(3) 資料分析

　X社の法人税申告書等入手した資料によれば，3事業年度前の期は，課税所得が発生し，法人税を納付していたが，業績の悪化により直近の2事業年度は，欠損金が発生している状況が判明した。また，直近事業年度は工場閉鎖による多額の特別損失が計上されていることがわかった。これら入手した資料をもとに分析を進め，X社の税務担当者への質問事項を作成した。

　Y社の直近3事業年度の法人税申告書によれば，毎期課税所得が発生している状況が確認できるものの，その課税所得は売上の減少に伴い年々減少していることがわかった。Y社についても，同様に入手資料をもとに分析を進め，Y社の税務担当者への質問事項を作成した。

(4) X社へのインタビュー

　X社のA社長および税務担当者へのインタビューの結果，X社およびY社は3年前に所轄税務署による税務調査が実施されているが，直近3事業年度を対象とする税務調査はいまだ実施されていないということが判明した。なお，Y社の管理業務は，直近事業年度からX社が業務受託することとなったため，Y社に対する税務質問についても，X社の税務担当者が回答した。

Step 3　発見事項

(1) 法人税申告書の閲覧結果

　法人税申告書を閲覧した結果，以下の税務リスクを発見した。

① 繰越欠損金の過大申告

　X社の法人税申告書によれば，直近事業年度末時点における繰越欠損金残高は，29億円となっている。しかし，このうち1.8億円は，直近事業年度において，工場の閉鎖に伴い計上した工場の敷地部分の減損損失に該当するものであった。X社の税務担当者によれば，工場の機械装置等の減価償却資産につい

ては，固定資産台帳で管理しているため，減損損失に係る税務調整を行ったが，土地については，税務調整を失念していたとのことであった。

(2) インタビューの結果

インタビューの結果，以下の税務リスクを発見した。

① 役員賞与損金不算入

課税所得が発生している3事業年度前の事業年度の期末において，A社長に対して役員賞与を支払っている事実が，X社の税務担当者に対するヒアリングで確認できた。これは，3事業年度前の事業年度の決算が好業績だったことに伴い，従業員に期末賞与を支払った際，社長にも賞与を8百万円支払ったものとのことであった。

② 経営指導料

X社は，直近事業年度にY社から管理業務の受託報酬のほかに，年間1.1億円の経営指導料を収受していることが判明した。X社税務担当者によれば，X社の利益を増やす意図で開始した取引とのことであり，具体的な経営指導の内容は提示されなかった。

Step 4　O社への調査結果報告

- 土地の減損損失は，税務上，通常は当該土地が売却等されるまで損金に算入されないため，直近事業年度末時点の繰越欠損金残高は，29億円ではなく，27億円に修正する必要があり，将来の法人税の支払額が増加する可能性がある点報告した。なお，当該修正により，繰越欠損金残高は減少するものの，法人税の追徴税額は発生しないことを申し添えた。この結果，買収価格の算定において，当該誤りを考慮する必要がある点報告した。
- 役員に対する賞与の支払は，税務上，損金算入の要件である定期同額給与

には該当せず，損金不算入と取り扱われるため，3事業年度前の事業年度の課税所得が増加することとなる。この結果，修正申告が必要であることおよび法人税，地方税の本税ならびに過少申告加算税等のペナルティが発生する点を報告した。この結果，当該税務リスクによる影響額を買収価格の調整項目とする必要がある点報告した。なお，A社長との交渉の結果，買収価格の調整項目とできない場合でも，潜在的な税務リスクであるため，将来の税務調査の結果，追徴税額が生じた場合には，A社長に補償してもらうことができるよう株式譲渡契約書で手当てする必要がある点報告した。

- Y社が支払う経営指導料年間1.1億円については，X社に対する寄附金と指摘され損金不算入と将来の税務調査で指摘される可能性があり，潜在的な税務リスクであるため，将来の税務調査の結果，追徴税額が生じた場合には，A社長に補償してもらうことができるよう株式譲渡契約書で手当てする必要がある点報告した。
- 直近3事業年度は，法人税の税務調査が実施されていない，いわゆるオープンイヤーである点，および税務当局による更正可能な期間が原則5年である点を報告し，株式譲渡契約書におけるA社長の表明保証条項の有効期間の設定における交渉上，これらの点を考慮する必要があることを報告した。

第2節　上場会社同士の共同株式移転による経営統合事例

本事例では，上場会社同士が，共同株式移転により共同持株会社を設立し，経営統合を行う場合の税務デューデリジェンスを解説する。

Step 1　キックオフミーティング

クライアントであるA社から，同業のB社との共同株式移転に伴う税務デューデリジェンスの要請を受け，ファイナンシャルアドバイザー（FA）のオフィスでキックオフミーティングが開催された。会議には，財務・税務アドバイザー，法務アドバイザーのほか，FAのメンバーが一堂に会した。なお，ビジネスデューデリジェンスはA社自身が実施する予定であり，A社の関係部署のメンバーも多数同席している。共同持株会社は設立と同時に上場予定であるため，別途証券会社とも議論を進めている。

クライアントからB社との統合の目的等の説明があり，FAから本案件の概要説明があった。

(1) 本案件の概要

本案件のクライアントであるA社と対象会社であるB社は，いずれも食品製造を営む上場企業である。

A社は日本を代表する加工食品企業であり，ブランド価値も一定程度安定し，グローバルな全国販売ネットワークにより事業展開しているものの，消費者の低価格志向やTPPによる影響を勘案すると，将来の持続的成長の実現のためには，商品提案力の強化が不可欠であると認識している。

一方のB社は，特定食品の加工については，斬新でユニークなアイディアの提案力をもって勢いをつけ，老舗企業を凌駕する勢いである。B社は，基盤を

築いた特定地域の販売ネットワークに強みを持っているが，厳しい事業環境下，スピード感をもって単独でグローバル展開や全国展開するのは難しいと認識している。

そこで，A社およびB社のトップ同士が意気投合し，互いの強みを活かし弱みを補完し合うようなシナジー効果を期待し，さらなる企業価値の増大を目指して経営統合することとなった。今回のデューデリジェンスの目的は，ディールブレイクになるような大きな問題の有無の確認と，株式移転比率算定のための価値算定である。

A社，B社とも上場会社であることから，株主からの代表訴訟を受けることのないよう，各専門家によるデューデリジェンスを行ったうえで株式移転比率を定め，適格株式移転を実行するための検討を行う。この結果を待って，プレスリリースする予定である。

(2) スケジュール

A社は，1か月のデューデリジェンス期間内にB社の財務，税務，法務に関する情報開示を受け，QAを実施するとともに，各担当者に対するインタビューが設定されている。

A社への報告は，1か月後に設定され，A社はその後B社と条件面の交渉をし，経営統合基本契約書に調印したうえで両社はプレスリリースを行う。共同株式移転の効力発生日はそれから6か月半後であり，その4営業日前に両社は上場廃止となり，共同持株会社が設立と同時に上場会社となることを予定している。

Step 2　税務デューデリジェンスの実施

(1) 調査対象範囲

税務アドバイザーは，本案件の概要説明を受け，B社およびB社の完全子会社であるC社，D社，E社の過去3事業年度（X3年3月期，X4年3月期，X5

年3月期)の法人税の申告書における重要税務調整項目,税務調査,税務訴訟,国税当局への事前照会の実施等の状況,関連会社間取引,繰越欠損金や特定資産譲渡等損失の状況,過去5事業年度(X1年3月期〜X5年3月期)の組織再編成の状況を調査対象とすることを提案し,A社と合意した手続で税務デューデリジェンスを実施することとなった。B社グループは連結納税を採用していない。

(2) 資料入手

税務アドバイザーは,B社および子会社3社の過去3事業年度の法人税の確定申告書,財務諸表および勘定科目明細等,税務に関する情報が得られる資料を入手した。

(3) 資料分析

入手したB社および子会社3社の法人税申告書等の資料によれば,いずれの事業年度も課税所得が発生し,法人税を納付していた。

子会社はいずれもB社が設立しており,C社は7年前に金銭出資により設立され,D社はX1年12月1日,E社はX1年5月1日に新設分社型分割により設立されている。その後,E社事業の一部を分割型分割によりD社に移転した。X4年10月1日,D社事業の一部を分割型分割によりC社に移転した。X5年1月に,C社はD社から引き継いだ土地を第三者に譲渡し譲渡損が発生し,X5年3月期において15億円を特別損失に計上した。

これらの分割型分割について,B社の税務担当者への質問事項を作成した。

(B社が全子会社の発行済株式の100%を保有)

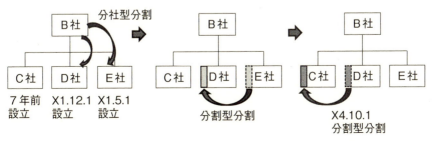

(4) B社および子会社へのインタビュー

B社税務担当者へのインタビューの結果，上記分割型分割はB社主導で行ったものである。完全支配関係者間の分割であるため，適格分割であることは特に疑義はないと考え，税務アドバイザーを入れず，国税当局に対する事前照会も行わずに実行した。また，C社が第三者に譲渡した土地は，X1年12月1日の時点で含み損が生じていたのであるが，設立以来支配関係があるということで，いわゆる新設特例により特定資産譲渡等損失額の損金算入制限もないものと考えていたとのことである。

税務担当者によると，C社・D社間の分割型分割は，みなし共同事業要件を充足しないこと，また，C社とD社の支配関係発生日であるX1年12月1日の前事業年度（X1年3月期）終了の日において，C社全体で含み損があったとのことである。

なお，B社は税務調査がX4年3月期まで終了しており，特に重要な指摘事項はなく，子会社は設立以来税務調査が実施されていないことが判明した。

Step 3　発見事項

(1)　法人税申告書の閲覧結果

法人税確定申告書の閲覧により，以下の税務リスクを発見した。

①　差額負債調整勘定の益金算入

B社はX4年8月1日付でX社の食品加工事業を譲り受けており，差額負債調整勘定を計上しているが，別表十六（十一）を確認したところ，当初計上額（30億円）×当期の月数（12）／60＝6億円を益金算入すべきところ，事業譲受の日から月数按分して8か月として計算したことから，課税所得が2億円過少となっていることを発見した。

(2) 法人税申告書の閲覧およびインタビューの結果

過去の組織再編成に関し，法人税確定申告書の閲覧および税務担当者へのインタビューの結果，以下の税務リスクを発見した。

① 特定資産譲渡等損失額の損金算入制限

C社とD社は，X1年12月1日のD社設立以来継続して支配関係を有している。しかし，D社は設立後，支配関係のあるE社を分割法人，D社を分割承継法人とする適格分割型分割を行っており，かつ，C社とD社の支配関係発生日がX1年12月1日であることから，特定適格組織再編成事業年度開始の日（X4年4月1日）の5年前の日から支配関係が継続していないため，特定資産譲渡等損失額の損金算入制限の適用除外とならない（法令123の8①二イ）。

また，時価純資産超過特例も適用もないので，C社が計上した特別損失額15億円は特定資産譲渡等損失額の損金算入制限が課されることとなる。結果，課税所得が15億円過少であることが発見された。

Step 4　A社への調査結果報告

- まず，B社グループの調査の結果，ディールブレイクになるような致命的な問題は発見されなかったことを報告した。
- 発見事項の1つ目の報告事項は以下のとおりである。B社は，差額負債調整勘定の取崩額に関し，期中取得であっても当該事業年度の月数を用いて計算をすべきところ月数按分計算を行ったことから，B社のX5年3月期の課税所得が2億円過少となっている。この点に関しては，法人税法62条の8第7項に規定されており，他の解釈の余地がないため，税務調査で指摘を受けた場合には法人税および地方税の本税と附帯税（過少申告加算税＋延滞税または延滞金）が課されることになる。
株式移転比率算定上は，この簿外租税債務を考慮すべきであるが，B社に働きかけて自主的に修正申告をすれば，過少申告加算税について一定の

- （5％程度の）減額が可能となるため修正申告を促すことも意義があることを申し添えた。
- 発見事項の2つ目は，過去の組織再編成に関するものである。報告事項は以下のとおりである。支配関係会社間の適格分割型分割が行われた場合，当該適格組織再編成事業年度開始の日の5年前の日から支配関係が継続していない場合には，分割承継法人であるC社において，特定資産譲渡等損失額の損金算入制限が課される。ただし，支配関係が5年以内に発生していたとしても，設立以来継続して支配関係がある場合には，適用除外となり，制限が課されないこととされる。しかし，一定の場合にはこの適用除外とならない。C社の場合には，租税回避を意図していたとは考えにくいが，「一定の場合」に該当してしまったということである。みなし共同事業要件の充足や時価純資産超過特例の適用も該当しないとのことなので，C社のX5年3月期の課税所得が15億円増加することになる。なお，特定資産譲渡等損失額の損金不算入額は社外流出項目であるため，取り戻すことができない。この結果，税務調査で指摘を受けた場合には法人税，地方税の本税ならびに過少申告加算税と延滞税が発生する。したがって，これについても，当該税務リスクによる影響額を株式移転比率算定上考慮する必要がある。また，C社に修正申告を勧めて過少申告加算税の金額の減額を図ることを申し添えた。
- 経営統合のストラクチャーは株式移転であることが当初より決定されていることから，他の選択肢について検討を行っていない点，再編当事者および株主に課税が起こらないよう，共同事業を営むための適格要件を確認する必要がある点，報告した。

    〈適格要件〉
    (1) 金銭等不交付
    (2) 事業関連性があること
    (3) ① 事業規模（売上金額，従業者数）がおおむね5倍以内　または
    　　② 株式移転完全子法人（A社およびB社）の特定役員の継続
    (4) 株式移転完全子法人（A社およびB社）の従業者の継続従事
    (5) 株式移転完全子法人の事業の継続

(6) 移転対価である株式の継続保有(株主が50人以上の場合は不要)
(7) 完全親子関係の継続

2　有価証券報告書から得られる情報

　企業買収や事業再生の調査対象会社が公開企業である場合，税務デューデリジェンスの実施およびストラクチャリングの検討にあたって，有価証券報告書からさまざまな情報を得ることができる。そのうち，税務上の重要なポイントを検討するうえで特に有用と思われる記載事項について以下に例示する。
　なお，本書の例示は2015年3月期を基準としている。

第1節　企業の概況

1　主要な経営指標等の推移

① 　BS，PLおよびCF項目の増減および利益率を分析し，その概要を理解することで，会計および税務上の処理の変更，非経常的取引（事業整理，貸倒れ，組織再編，大規模な財務取引）等が存在する可能性を事前に把握する（図表補2－1のA）。
② 　税務デューデリジェンスの調査対象事業年度前の年度において当期純損失が計上されている場合，繰越欠損金が発生している可能性があるため，調査範囲を再検討する（図表補2－1のB）。
③ 　連結と単体の経営指標を比較し，連結子会社の損益状況等を大まかに把握する。

2　沿　革

　組織再編，企業買収やリストラクチャリング等の非経常的な事象等の概況を時系列で把握する。主な留意点の一例は以下のとおりである。

図表補2−1　提出会社の経営指標等

回次		第×1期	第×2期	第×3期	第×4期	第×5期
決算年月		2011年3月	2012年3月	2013年3月	2014年3月	2015年3月
売上高	(百万円)	30,000	24,000 A	30,000	33,000	32,000
経常利益又は経常損失(△)	(百万円)	1,000	800	△3,000 A	1,210	1,410
当期純利益又は当期純損失(△)	(百万円)	△1,000 B	480	△3,500	200	△110
資本金	(百万円)	1,000	1,000	1,000	1,000	1,000
発行済株式総数	(株)	49,493,813	49,487,451	49,529,970	49,522,461	56,665,455
純資産額	(百万円)	7,920	8,400	4,900	1,400	3,120
総資産額	(百万円)	13,500	14,000	17,000 A	15,000	16,000
1株当たり純資産額	(円)	160.02	169.74	98.93	28.27	55.06
1株当たり配当額(内1株当たり中間配当額)	(円)	—	—	—	—	—
1株当たり当期純利益金額又は当期純損失金額(△)	(円)	△20.20	9.70	△70.66	4.04	△1.94
潜在株式調整後1株当たり当期純利益金額	(円)	—	—	—	—	—
自己資本比率	(％)	58.67	60.00 A	28.82	9.33	19.50
自己資本利益率	(％)	△12.63	5.71	△71.43	14.29	△3.53
株価収益率	(倍)	—	30	—	28	—
営業活動によるキャッシュ・フロー	(百万円)	△600	△10	△800	100	350
投資活動によるキャッシュ・フロー	(百万円)	△140	△40	△1,100	△30	△600
財務活動によるキャッシュ・フロー	(百万円)	400	△60 A	2,000	200	200
現金及び現金同等物の期末残高	(百万円)	240	130	230	500	450
配当性向	(％)	—	—	—	—	—
従業員数〔外，平均臨時従業員数〕	(名)	600〔55〕	500 A〔50〕	410〔30〕	380〔30〕	400〔22〕

（注）　説明の便宜上，一部の財務数値については他の財務数値との連続性を考慮していない。

図表補2－2　沿革

年　月	事　業　内　容
1990年3月	株式会社トーマツを東京都千代田区に設立。
1998年1月	東京都港区に支店を開設する。
2001年9月	株式会社〇〇とコンサルティング業務委託契約を締結する。
2002年4月	子会社「A株式会社」を設立する。
2005年12月	米国に子会社「B, inc.」を設立する。
2007年3月	会社分割により「株式会社デロイト」を設立する。A
2008年2月	株式会社Cの株式を取得し，同社を子会社化する。B
2008年5月	株式会社Dの株式を取得し，同社を子会社化する。
2008年12月	ジャスダック証券取引所に株式を上場する。
2013年1月	当社子会社「株式会社C」を吸収合併する。A
2014年12月	株式会社Dを株式交換により完全子会社化する。
2015年11月	株式会社Iの株式を取得し，同社を子会社化する。

① グループ内再編（合併，分割等）の有無を確認する（図表補2－2のA）。特に，繰越欠損金および特定資産譲渡等損失の損金算入制限の可能性を把握するために，当事者間の支配関係発生日に注目する（図表補2－2のB）。

② 各年度の税制改正が適時に適用されているか検討するため，組織再編および企業買収の実施時期を確認する。

③ その他，事業所・工場の閉鎖，子会社や事業の売却の有無を確認し，税務リスクを検討するための基礎情報とする。

3　事業の内容

① ビジネスおよび関係会社間取引の概要を理解し，調査範囲やリスクの絞り込みを行う。

② 過去数年間を比較し，重要な変動の有無を識別する。

2 有価証券報告書から得られる情報　**435**

図表補2－3　事業の内容

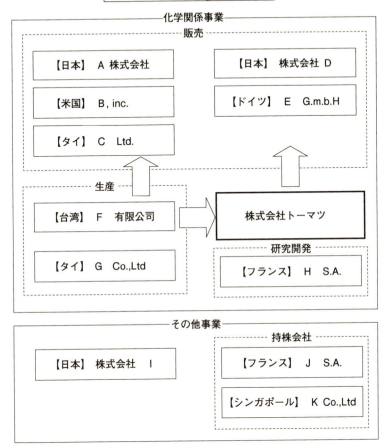

4 関係会社の状況

　グループ間の取引関係の概要を把握する。さらに，過去数年間の関係会社の状況と比較し，重要な変動の有無を識別する。主なポイントは以下のとおりである。
① 重要な子会社や債務超過会社の有無を把握し，調査範囲の絞り込みを行う。
② 海外関係会社については，特に以下の点に留意する。
　a　ビジネス・規模・取引関係等に鑑み，海外の会計事務所等に税務デューデリジェンスの作業を委託するか否か検討する。
　b　国外関連者に該当する場合，移転価格税制に関する税務デューデリジェンスの調査範囲に入れるか否か検討する（図表補2－4の**A**）。
　c　資本関係および取引関係（例：持株会社からの配当，ロイヤルティ支払等）を理解することにより，益金不算入となる外国子会社からの配当や外国税額控除の対象となる税額が存在する可能性を把握する（図表補2－4の**B**）。
　d　持分割合・所在地等を理解することにより，タックスヘイブン対策税制の対象となり得る関係会社があるか否か把握する（図表補2－4の**C**）。
　e　関係会社の持分割合・資金援助規模等を理解することにより，過少資本税制の対象となり得る借入債務があるか否か把握する（図表補2－4の**D**）。
③ 国内関係会社については，資金貸借関係，役員の兼務関係ならびに設備の賃借関係の概要を把握し，寄附金認定リスク等の検討の対象となり得る取引の存在を確認する（図表補2－4の**E**）。

2 有価証券報告書から得られる情報 437

図表補2－4　関係会社の状況

名称	住所	資本金又は出資金	主要な事業の内容	議決権の所有割合	関係内容
（連結子会社　国内）		百万円			
A　株式会社　※	東京都港区	1,500	化学製品の販売	100%	資金の貸付 当社製品の販売　E 当社所有建物の一部賃貸 役員の兼務等　有
D　株式会社　※	東京都目黒区	900	化学製品の販売	100%	資金の貸付　D 役員の兼務等　無
I　株式会社	東京都大田区	10	広告宣伝	100%	当社広告の委託　E 役員の兼務等　無

名称	住所	資本金又は出資金	主要な事業の内容	議決権の所有割合	関係内容
（連結子会社　海外）		百万円			
B　Inc.	米国ニューヨーク州	100	化学製品の販売	80% (80%)	資金の貸付 役員の兼務等　有
C　Ltd.	タイバンコク都	400	化学製品の販売	60% (49.50%)	資金の貸付　A 役員の兼務等　有
E　G.m.b.H	ドイツベルリン市	82	化学製品の販売	100%	当社製品の販売　A 役員の兼務等　有
F　有限公司　※	台湾台北市	100	化学製品の生産	100%	当社製品の仕入　A 役員の兼務等　無
G　Co.,Ltd　※	タイバンコク都	100	化学製品の生産	100% (100%)	当社製品の仕入　A 役員の兼務等　有
H　S.A.	フランスパリ市	100	化学製品の研究開発	100% (100%)	役員の兼務等　有
J　S.A　※	フランスパリ市	30	持株会社　B	100%	資金の貸付 役員の兼務等　有
K　Co.,Ltd	シンガポール　C	540	持株会社	100%	ロイヤルティの支払　A 役員の兼務等　有

（注1）　主要な事業の内容欄には，事業の種類別セグメントの名称を記載している。
（注2）　会社の名称欄※印は特定子会社に該当する。
（注3）　議決権の所有割合欄の（　）内は，間接所有割合を内書きで記載している。
（注4）　A㈱については，売上高（連結会社相互間の内部売上高を除く）の連結売上高に占める割合が10％を超えている。

　　　　主要な損益情報等　① 売上高　　　　　5,000百万円
　　　　　　　　　　　　② 経常利益　　　　 　700百万円
　　　　　　　　　　　　③ 当期純利益　　　△ 50百万円
　　　　　　　　　　　　④ 純資産額　　　　　 80百万円
　　　　　　　　　　　　⑤ 総資産額　　　　3,000百万円

第2節　事業の状況

1　業績等の概要

　調査対象会社全体または事業の種類別，地域別の損益状況の内容および発生原因の概況について理解する。特に，組織再編，事業リストラ，事業拡大による大規模投資等の特別事象の発生の有無，ならびに営業・財務取引のトレンドについて留意することが有用である。

2　対処すべき課題および事業等のリスク

　調査対象会社の現状の問題点やリスクの概要を把握する。税務事項に関連する記載がある場合は，税務デューデリジェンス上の重要項目として認識することが望まれる。

3　経営上の重要な契約等

　調査対象会社が締結した主要な契約の概要を理解し，これらの契約により生じる調査対象会社の課税関係を検討するための参考とする。特に以下の点に留意する。
① 　重要な組織再編行為に関する契約締結が行われた場合，実行時期や組織再編の手法等を確認し，調査範囲に反映させる（図表補2－5のA）。
② 　使用料の支払等の国外取引に関する契約を締結している場合，所得税源泉徴収の必要性ならびに両国間の租税条約に係る届出の有無を検討し，税務リスクを分析するために，当該取引の概要を理解する（図表補2－5のB）。

図表補2－5　経営上の重要な契約等

A（重要な会社分割）
　当社は，2014年5月25日開催の当社取締役会において，2014年10月1日を期して，当社の化学関連事業部を新設分割し，持株会社体制へ移行することを決議し，2014年6月25日開催の定時株主総会において承認を受けております。
　これに伴い，当社は「トーマツホールディングス」に商号変更いたします。
　なお，詳細につきましては，「第5　経理の状況」の「連結財務諸表等」（重要な後発事象）及び「2　財務諸表等」（重要な後発事象）をご参照ください。

（提出会社）
技術提携契約の主なものは次の通りであります。

契約年月日	相手先名	国名	契約内容	摘　要
2011年3月	取引先1	米国	化学薬品のノウハウの開示，製造，販売の許可	期限：2020年2月 対価：ロイヤルティ B

4　研究開発活動

　調査対象会社の研究開発活動および発生コストの概要を把握し，試験研究費に係る税額控除，販売目的または社内利用目的のソフトウェアに関する税務処理，研究開発費の損金算入時期等の検討のための情報として活用する。

5　財政状態および経営成績の分析

　重要な会計方針の内容，損益や勘定増減等の発生原因となる取引の概要を確認し，また，将来のイベントや影響額に関する調査対象会社の判断・見積りを把握することにより，調査対象会社の全体像の理解に役立てる。

第3節　設備の状況

① 過去数年間を比較し重要な変動を識別する。
② 借地権に係る税務リスク（受贈益計上漏れ等）の検討のため，本支店および工場等に係る土地の賃借状況を把握する（図表補2－6の A ）。
③ 納税地および従業員数を確認し，住民税および事業税に係る調査範囲の検討に活用する（図表補2－6の B ）。
④ 調査対象会社の保有する資産の時価評価を伴う買収ストラクチャー（非適格再編等）を検討する際に，土地の面積に路線価等を乗じた額を時価として不動産の含み損益の概要を把握する（図表補2－6の C ）。

図表補2－6　主要な設備の状況

(1) 提出会社の状況

事業所名 B (所在地)	事業の種類別セグメントの名称	設備の内容	帳簿価額（百万円）（注1）				従業員数 B (人)
			土地（面積㎡）	建物及び構築物	機械装置及びその他資産	合計	
本店（東京都千代田区）	全社	管理業務用設備	200 (700)	600	30	830	100 (1)
東京支店（東京都港区）	オフィス	生産設備 研究開発用設備	1,900 (30,000) C	100	200	2,200	80 (5)
大阪支店（大阪市中央区）	全社，オフィス，その他	生産設備	— (140) A	100	12	112	40
神戸支店（神戸市中央区）	オフィス	管理業務用設備	50 (700)	50	—	100	10 (5)

（注1）　帳簿価額に建設仮勘定は含まない。
（注2）　大阪支店は土地および建物の一部を連結会社以外から賃借している。
（注3）　従業員数の（　）は，臨時従業員数を外書きしている。

第4節　提出会社の状況

1　株式等の状況

(1)　新株予約権等の状況

特に以下の点に留意し，調査対象会社のストック・オプション制度の概要を把握する。

① ストック・オプション権利行使時における所得税源泉徴収の必要性（非適格ストック・オプションか否か）ならびに，役務提供に係る費用の損金算入時期等を検討するための参考情報とするために，該当項目を確認する（図表補2—7のA）。

② 買収防衛策の一環として新株予約権を発行しているか否か理解するために，「ライツプランの内容」に関する記載を確認する。

③ ストック・オプションの契約内容，ならびにポジション（アウトオブザマネーまたはインザマネーのいずれか）を確認し，買収ストラクチャーを検討するうえでの参考情報とする。特に，スクイーズアウトを予定している場合は有用な情報と考えられる。

(2)　発行済株式総数，資本金等の推移

寄附金損金算入限度額の算定，外形標準課税の適用有無および資本割額の算定，みなし配当の発生状況，住民税均等割額等を検討するために，「株主資本等変動計算書」（図表補2—17）と併せて，過去の資本取引の概要を把握する（図表補2—8のA）。

(3)　大株主の状況

① 大株主の概要を把握し，調査対象会社が（特定）同族会社に該当するか否かを確認する（図表補2—9のA）。

② オーナー（個人およびその資産管理会社を含む）株主の有無を把握し，

税務デューデリジェンスの実施時にオーナー株主との取引内容を検討する際の参考情報とする。

(4) 議決権の状況

種類株式発行の経緯を確認し、税務処理を検討するための参考情報とする（図表補2－10の A ）。

図表補2－7　新株予約権等の状況

会社法に基づき発行した新株予約権は、次のとおりであります。
2012年6月28日定時株主総会決議

	事業年度末現在 （2015年3月31日）	提出日の前月末現在 （2015年5月31日）
新株予約権の数(個)	300	同左
新株予約権のうち自己新株予約権の数(個)	―	―
新株予約権の目的となる株式の種類	普通株式	同左
新株予約権の目的となる株式の数(株)	30,000	同左
新株予約権の行使時の払込金額(円) A	1株当たり2,500	同左
新株予約権の行使期間	2012年7月1日～ 2015年5月31日	同左
新株予約権の行使により株式を発行する場合の株式の発行価格および資本組入額(円)	発行価格　2,500 資本組入額　1,250	同左
新株予約権の行使の条件 A	各新株予約権の一部行使はできないこととする。 　新株予約権の割当てを受けた対象者は、新株予約権の行使時においても当社および当社の属する企業グループに在任・在籍（形態は問わない）していることを要する。 　新株予約権の第三者への譲渡、質入れ、相続その他の一切の処分は認めない。 　上記の他、各対象者から当社への新株予約権返還事由、新株予約権の行使の制限その他に関し、新株予約権割当契約に定めるものとする。	同左
新株予約権の譲渡に関する事項	新株予約権を譲渡するときは、取締役会の承認を要するものとする。	同左
代用払込みに関する事項	―	―
組織再編行為に伴う新株予約権の交付に関する事項	―	―

図表補2－8　発行済株式総数，資本金等の推移

年月日	発行済株式総数増減数(千株)	発行済株式総数残高(千株)	資本金増減額(百万円)	資本金残高(百万円)	資本準備金増減額(百万円)	資本準備金残高(百万円)
2013年5月17日(注1)	7,000	60,000	250	500	225	600
2014年4月1日～2015年3月31日(注2)	20,000	80,000	1,000	1,500	900	1,500

(注1) 第三者割当て：発行済株式数　7,000千株　発行価額　190円　資本組入額　100円
　　　主な割当先　○○株式会社，････
(注2) 新株予約権の行使による増加である。

図表補2－9　大株主の状況

氏名又は名称	住所	所有株式数(千株)	発行済株式総数に対する所有株式数の割合(%)
L株式会社	東京都港区六本木･･･	35,000	43.8
L商事株式会社	東京都千代田区東神田･･･	10,000	12.5
計	─	50,000	62.5

図表補2－10　発行済株式

種類	事業年度末現在発行数(株)(2015年3月31日)	提出日現在発行数(株)(2015年5月29日)	上場金融商品取引所名又は登録認可金融商品取引業協会名	内容
無議決権株式	10,000	10,000	東京，大阪	─
議決権制限株式（自己株式等）	─	─	─	─
議決権制限株式（その他）	─	─	─	─
完全議決権株式（自己株式等）	普通株式　90,000	90,000	東京，大阪	─
完全議決権株式（その他）	普通株式　798,200,000	798,200,000	東京，大阪	─
単元未満株式	普通株式　80,000	80,000	東京，大阪	1単元(1,000株)未満の株式
計	80,000,000	80,000,000	─	─

2 自己株式の取得等の状況

　みなし配当の認識および所得税源泉徴収の有無,資本金等の額に係る税務処理等を検討するために,自己株式の取得や処分の経緯を理解する。

図表補2－11　自己株式等

所有者の氏名または名称	所有者の住所	自己名義所有株式数（株）	他人名義所有株式数（株）	所有株式数の合計（株）	発行済株式総数に対する所有株式数の割合（％）
株式会社トーマツ	東京都千代田区	80,000	—	80,000	0.10

3 役員の状況

① オーナー一族の役員への就任状況を把握し，その立場を利用した利益相反取引の有無および税務リスクを検討するための参考情報とする。
② 株主である法人や関係会社の役員との兼務状況を把握し，関連当事者間取引の有無および税務リスクを検討するための参考情報とする（図表補2―12のA）。

図表補2―12　役員の状況

役名	職名	氏名	生年月日	略歴	任期	所有株式数（千株）
取締役	代表取締役社長	N氏	1946年5月3日	1969年4月　L株式会社入社 2002年6月　同社取締役 2003年6月　同社常務取締役 A 2012年10月　当社入社顧問 2013年6月　代表取締役社長(現)	(注1)	20
取締役	代表取締役専務執行役員	O氏	1955年2月4日	1977年4月　当社入社 2000年6月　東京支店支店長 2003年6月　執行役員 2012年10月　A株式会社代表取締役 A 2014年6月　代表取締役専務執行役員(現)	(注1)	25
監査役	常勤	P氏	1954年11月27日	1976年4月　当社入社 2000年8月　大阪支店支店長 2004年10月　取締役兼執行役員 2012年10月　顧問 2013年6月　常勤監査役(現)		1

(注1) 2015年6月25日選任後1年以内に終了する事業年度のうち最終のものに関する定時株主総会の終結の時まで。

第5節　経理の状況

1 連結財務諸表等

① 連結財務諸表及びその注記事項により，グループ全体の財務数値と会計方針の概要について把握し，税務デューデリジェンスの調査範囲等を決定するうえでの参考資料として活用する。たとえば，連結ベース・単体ベースの損益を比較することで，連結子会社の損益の概要を把握することができる。その結果，連結子会社に重要な欠損が生じていると推測できる場合には，税務デューデリジェンスの調査対象子会社を選定する際に活用することができるといえよう。また，「連結の範囲に関する事項」に記載された新規取得または除外された連結子会社に関する情報から，株式売買取引や関係会社の組織再編行為に関する情報が得られる場合もある。

② 「セグメント情報」を確認する際は，特に以下の点に留意することが有用である。

　a．所在地別の営業損益を確認することにより，営業利益率が比較的高い地域に所在する関係会社の有無を把握し，移転価格税制やタックスヘイブン対策税制の観点から問題がないか検討するための参考とする（図表補2―13の**A**）。また，この結果を踏まえて，移転価格チーム等への税務デューデリジェンス委託の必要性を検討する。

　b．海外売上高の額から調査対象会社（および関係会社）の免税売上金額を推定し，消費税に対する税務デューデリジェンスの参考情報とする（ただし海外売上高には，本邦以外の連結子会社から本邦以外の地域への売上高も含まれている点に注意する）。

　c．海外子会社の金額的重要性を把握し，税務デューデリジェンスの調査範囲とするか否かを事前に検討するという観点から，所在地別セグメント情報や海外売上高の内容を確認する。

③ 「関連当事者との取引」を確認する際には，特に以下の点に留意するこ

図表補2−13 セグメント情報等

1) 事業の種類別セグメント情報

当連結会計年度（自2014年4月1日 至2015年3月31日）

（単位 百万円）

	報告セグメント				その他	合計
	基礎化学	石油化学	医薬品	計		
売上高						
外部顧客への売上高	13,000	5,000	4,000	22,000	1,000	23,000
セグメント間の内部売上高又は振替高	10,000	3,000	100	13,100	100	13,200
計	23,000	8,000	4,100	35,100	1,100	36,200
セグメント利益	2,355	2,000	1,600	5,955	200	6,155

2) 所在地別セグメント情報

当連結会計年度（自2014年4月1日 至2015年3月31日）

（単位 百万円）

	報告セグメント					その他	合計
	日本	アジア	北米	欧州	計		
売上高							
外部顧客への売上高	14,000	4,000	3,000	3,000	24,000	—	24,000
セグメント間の内部売上高又は振替高	18,000	6,000	—	100	24,100	—	24,100
計	32,000	10,000	3,000	3,100	48,100		48,100
セグメント利益	2,000	4,800	400	500	7,700		7,700

(注1) 本邦以外の区分に属する国または地域の内訳は次のとおりである。
　(1) アジア……タイ，台湾，シンガポール
　(2) 北米　……米国
　(3) 欧州　……フランス，ドイツ

3) 海外売上高

当連結会計年度（自2014年4月1日 至2015年3月31日）

	アジア	北米	欧州	その他地域	合計
	（百万円）	（百万円）	（百万円）	（百万円）	（百万円）
Ⅰ 海外売上高	6,000	3,600	3,300	100	13,000
Ⅱ 連結売上高	0	0	0	0	24,000
Ⅲ 連結売上に占める海外売上高の割合(%)	25.00	15.00	13.75	0.42	52.20

(注1) 国又は地域の区分は，地理的近接度によっている。
(注2) 本邦以外の区分に属する国または地域の内訳は次のとおりである。
　(1) アジア……タイ，台湾，シンガポール
　(2) 北米　……米国
　(3) 欧州　……フランス，ドイツ

図表補2−14　関連当事者との取引

当連結会計年度（自2014年4月1日　至2015年3月31日）
(1)　財務諸表提出会社の役員及び主要株主（個人の場合に限る。）等

種類	会社等の名称又は氏名	所在地	資本金又は出資金	事業の内容又は職業	議決権等の所有（被所有）割合	関連当事者との関係	🅰（注）取引内容	取引金額（百万円）	科目	期末残高（百万円）
役員及びその近親者	Q氏	―	―	当社監査役 R社 代表取締役	（被所有）直接0.1 間接0.0	―	R社からの建物賃借料の受取	2	未収収益 前受収益	―
役員及びその近親者	S氏	―	―	当社監査役 T社 代表取締役	なし	―	不動産の購入	400	未払金	350

🅰（注1）　Q氏が第三者（R社）の代表者として行った取引であり，賃借料は近隣の取引実勢に基づいて，2年に一度交渉のうえ決定している。
（注2）　S氏が第三者（T社）の代表者として行った取引であり，価格等は一般取引条件によっている。
（注3）　取引金額には消費税等は含まれておらず，期末残高には消費税等は含まれている。

とが有用である。

　a．役員または個人株主等との金銭貸借取引，不動産売買または賃貸借取引等に係る税務リスク（寄附金認定リスク等）を検討するために，取引の詳細内容，取引価額の決定根拠を確認する（図表補2−14の🅰）。

　b．借地に係る税務リスク（受贈益課税リスク等）の有無を検討するために，調査対象会社による土地の賃借の確認する。

② 財務諸表等

(1) 貸借対照表

①　勘定科目ごとの金額の把握や増減分析等を行うことにより，特殊な処理，新規取引，および非経常的取引の有無を確認する（図表補2−15の🅰）。税務上の主なポイント（例示）は次のとおりである。

　a．引当金繰入額や棚卸資産評価損の損金性を検討するために，引当金残高ならび棚卸資産残高の増加高を確認する。

　b．高額取得または低廉譲渡等による税務リスクの可能性を検討するため

2 有価証券報告書から得られる情報

図表補2-15　貸借対照表

(単位：百万円)

資産の部	前事業年度 (2014年3月31日)	当事業年度 (2015年3月31日)	負債の部	前事業年度 (2014年3月31日)	当事業年度 (2015年3月31日)
I 流動資産			I 流動負債		
1 現金預金	500	450	1 買掛金	6,000	7,000
2 売掛金	500	2,500	・		
3 棚卸資産	11,000	9,000 A	7 未払法人税等	10	10 C
	2,500	3,600	8 未払消費税等	50	60 D
・	・	・	・		
II その他流動資産	1,000	1,000	12 賞与引当金	2	90
貸倒引当金	△30	△150 A			
流動資産合計	3,900	5,000			
II 固定資産			流動負債合計	9,400	8,680
1 有形固定資産			II 固定負債		
(1) 建物	1,500	1,400	1 長期借入金	2,000	2,100
減価償却累計額	△520	△520	2 退職給与引当金	2,000	2,000
・	・	・	3 その他固定負債	200	100
			固定負債合計	4,200	4,200
B (8) 土地	2,000	2,200 A	負債合計	13,600	12,880
(9) 建設仮勘定	0	0			
有形固定資産合計	6,100	6,000	純資産の部		
2 無形固定資産			I 株主資本		
・	・	・	1 資本金	500	1,500 A
無形固定資産合計	390	330	2 資本剰余金	600	1,500
3 投資その他の資産			3 利益剰余金	300	190
			4 自己株式	0	△70
B (1) 投資有価証券	1,200	1,200	株主資本合計	1,400	3,120
(2) 関係会社株式	2,000	1,500 A	純資産合計	1,400	3,120
・	・	・	負債純資産合計	15,000	16,000
(6) 関係会社長期貸付金	1,000	2,800 A			
・	・	・			
(10) 長期繰越税金資産	1,300	1,100			
(11) その他投資等	300	600			
貸倒引当金	△800	△2,200 A			
投資その他の資産合計	4,610	4,670			
固定資産合計	11,100	11,000			
資産合計	15,000	16,000			

(注) 記載の便宜上，財務諸表等規則等に規定される記載内容とは一部異なる。

に，土地等の有形固定資産残高ならびに株式残高の増減を確認する。
　　c．関係会社等への支援の状況を把握し，寄附金認定等の税務リスクを検討するために，関係会社貸付金および未収利息残高等の増減を確認する。
　　d．非適格再編を伴う買収ストラクチャーを実施する可能性がある場合，時価評価の対象となる資産（例：不動産，株式等）を推測する（図表補2－15のB）。
②　税務申告書に記載されている納税額と比較し，負債の十分性および網羅性を検討するために，未払法人税等の額を把握する（図表補2－15のC）。
③　消費税申告書に記載されている納税額（または還付額）と比較し，負債（または資産）の十分性および網羅性を検討するために，未払（または未収）消費税等の額を把握する（図表補2－15のD）。特に未収消費税等の額については，その主な発生原因となった課税仕入取引に係る税務処理を検討する際の参考情報となる。
④　関係会社に対する債権および債務等については，貸借対照表に係る注記事項によりその概要を把握する。

(2)　損益計算書

①　各項目の金額の把握および増減分析を実施することにより，重要性のある項目や非経常的取引の有無を確認する。税務上の主なポイント（例示）は次のとおりである。
　　a．相対的に金額的重要性のある項目（特に費用項目）については，仮に税務リスクがある場合には課税所得に与える影響が大きいと推測されるため，当該金額を事前に把握しておく。
　　b．税務処理の方針の変更等による税務リスクを検討するために，売上高および売上原価の前期比増減を確認する（図表補2－16のA）。
　　c．寄附金認定等の税務リスクを検討するために，販売費及び一般管理費（図表補2－16のB）のうち，関係会社に対する業務委託費・賃借料・支払手数料の額および著増減の有無を確認する。
　　d．過大役員報酬等の税務リスクを検討するために，販売費及び一般管理費（図表補2－16のB）のうち役員報酬の額および著増減の有無を確認

図表補2−16 損益計算書

(単位:百万円)

	前事業年度 (自 2013年4月1日 至 2014年3月31日)	当事業年度 (自 2014年4月1日 至 2015年3月31日)
I 売上高 A		
製品売上高	33,000	32,000
売上高合計	33,000	32,000
II 売上原価 A		
製品売上原価	18,500	18,000
売上原価合計	18,500	18,000
売上総利益	14,500	14,000
III 販売費及び一般管理費 B		
·		
·		
雑費	250	200
販売費及び一般管理費合計	12,700	12,000
営業利益	1,800	2,000
IV 営業外収益		
·		
·		
営業外収益合計	10	10
V 営業外費用		
·		
·		
営業外費用合計	600	600
経常利益	1,210	1,410
VI 特別利益		
1.固定資産売却益	40	500
特別利益合計	40	500
VII 特別損失		
1.前期損益修正損	500 C	0
2.固定資産除却損	200 D	100 D
3.棚卸資産評価損	200 E	300 E
5.貸倒懸念債権	0	1,400 F
貸倒引当金繰入額		
6.その他特別損失	190	10
特別損失合計	1,090	1,810
税引前当期純利益	160	100
法人税,住民税及び事業税	10	10
法人税等調整額	50	△ 200
法人税等合計	△ 40	210
当期純利益	200	△ 110

(注) 記載の便宜上,財務諸表等規則等に規定される記載内容とは一部異なる。

する。
② 特殊な処理等に係る税務リスクの有無を検討するために，特別損益項目の金額を確認する。主なポイント（例示）は次のとおりである。
　a．発生内容および帰属時期を確認し，税務上期ズレが生じていないか検討するために，前期損益修正損の額を確認する（図表補2－16のC）。
　b．取引内容および譲渡価額の決定方法等を確認し，税務上寄附金認定される可能性を検討するために，固定資産除売却損の額を確認する（図表補2－16のD）。
　c．税務上否認される可能性を検討するために，棚卸資産評価損，貸倒損失また貸倒引当金繰入額の額を確認する（図表補2－16のE，F）。
③ 関係会社に対する売上，仕入およびその他損益については，貸借対照表に係る注記事項によりその概要を把握する。

(3) 株主資本等変動計算書

資本取引に関して，主に次に挙げる税務上のポイント（例示）を検討するために，株主資本等の各項目の変動額を把握する。
① 株主資本等の額と法人税申告書上の資本金等の額との整合性
② 資本剰余金の減少を伴う剰余金の配当または自己株式の取得時（図表補2－17のA）におけるみなし配当の認識，ならびに所得税源泉徴収の有無
③ 資本金の減少，株式の消却等における資本金等の額の変動の有無
④ 外形標準課税の適用の有無，ならびに資本割額の計算
⑤ 増加資本に関する登録免許税の納付状況

図表補2−17　株主資本等変動計算書

(単位:百万円)

	当事業年度 自 2014年4月1日 至 2015年3月31日		当事業年度 自 2014年4月1日 至 2015年3月31日
株主資本		**自己株式**	
資本金		前期末残高	－
前期末残高	500	当期変動額	
当期変動額		自己株式の取得	△80 A
新株の発行(第三者割当)	1,000	当期変動額合計	△80
当期変動額合計	1,000	当期末残高	△80
当期末残高	1,500	株主資本合計	
資本剰余金		前期末残高	1,400
資本準備金		当期変動額	
前期末残高	600	新株の発行(第三者割当)	1,900
当期変動額		当期純利益	△100
新株の発行(第三者割当)	900	自己株式の取得	△80
当期変動額合計	900	当期変動額合計	1,720
当期末残高	1,500	当期末残高	3,120
利益剰余金		**純資産合計**	
利益準備金		前期末残高	1,400
前期末残高	10	当期変動額	
当期末残高	10	新株の発行(第三者割当)	1,900
その他利益剰余金		当期純利益	△100
前期末残高	290	自己株式の取得	△80
当期変動額		当期変動額合計	1,720
当期純利益	△100	当期末残高	3,120
当期変動額合計	△100		
当期末残高	190		

(注) 記載の便宜上,財務諸表等規則等に規定される記載内容とは一部異なる。

(4) 重要な会計方針

当該項目を確認することにより,法人税申告書上の税務調整の要否や連結納税適用の有無を把握する。主なポイント(例示)は次のとおりである。

① 償却限度超過額の発生する可能性を検討するために,固定資産の減価償却の方法および耐用年数を確認する(図表補2−18の A)。

② 適切な税務調整が実施されているか検討するために,税務上限度額までの損金算入が認められる引当金(例:貸倒引当金,返品調整引当金等),ならびに全額否認が必要な引当金(例:賞与引当金,退職給付引当金,投資損失引当金等)の有無を確認する(図表補2−18の B)。

③ 連結納税特有の調査項目についての検討要否を判断するために,連結納

税の適用状況を確認する（図表補2−18のC）。

図表補2−18　重要な会計方針

	前事業年度 （自2013年4月1日 至2014年3月31日）	当事業年度 （自2014年4月1日 至2015年3月31日）
3　固定資産の 　　減価償却の方法 A	有形固定資産 　定率法によっている。 　ただし，建物については定額法を採用している。 　なお，耐用年数及び残存価額については法人税法に規定する方法と同一の基準によっている。 無形固定資産 　定額法によっている。 　なお，耐用年数については，法人税法に規定する方法と同一の基準によっている。 　また，自社利用のソフトウェアについては，社内における利用可能期間（5年）に基づく定額法を採用している。	有形固定資産 　　同　　左 無形固定資産 　　同　　左
5　引当金の計上基準 B	貸倒引当金 　債権の貸倒れによる損失に備えるため，一般債権については貸倒実績率により，貸倒懸念債権等特定の債権については個別に回収可能性を検討し，回収不能見込額を計上している。	貸倒引当金 　　同　　左

		賞与引当金 　従業員賞与の支払に充てるため，支給見込額を計上している。	賞与引当金 　　　同　左
		退職給付引当金 　従業員の退職給付に備えるため，当期末における退職給付債務の見込額に基づき計上している。 　数理計算上の差異は，各期の発生時における従業員の平均残存勤務期間以内の一定の年数（10年）による定額法により按分した額をそれぞれ発生の翌期から費用処理している。	退職給付引当金 　　　同　左
7	その他財務諸表作成のための基本となる重要な事項C	消費税等の会計処理 　消費税等の会計処理は税抜方式によっています。	消費税等の会計処理 　　　同　左
		連結納税制度の適用 　連結納税制度を適用しています。	連結納税制度の適用 　　　同　左

(5) 税効果会計に関する注記

① 法人税申告書上の一時差異（図表補2―19のA）および永久差異（図表補2―19のB）の概要を把握するために，税効果会計に関する注記の記載内容を確認する。特に，税務デューデリジェンスの初期段階でいまだ税務申告書を入手していない場合，事前に税務調整項目の概要を理解するための有用な情報となる。

② 連結財務諸表と個別財務諸表の注記を比較することにより，連結子会社に帰属する加減算項目や繰越欠損金の金額的重要性を把握し，調査範囲の

決定等のための参考情報とする。

図表補2―19　税効果会計

前事業年度 （自2013年4月1日 至2014年3月31日）		当事業年度 （自2014年4月1日 至2015年3月31日）	
1　繰延税金資産及び繰延税金負債の発生の主な原因別の内訳		1　繰延税金資産及び繰延税金負債の発生の主な原因別の内訳 A	
繰延税金資産		繰延税金資産	
貸倒引当金	400百万円	貸倒引当金	500百万円
退職給付引当金	2,000	退職給付引当金	2,000
商品	80	商品	90
繰越欠損金	3,000	繰越欠損金	2,900
その他	60	その他	100
繰延税金資産小計	5,540	繰延税金資産小計	5,590
評価性引当額	△4,240	評価性引当額	△4,490
繰延税金資産合計	1,300	繰延税金資産合計	1,100
2　法定実効税率と税効果会計適用後の法人税等の負担率との差異の原因となった主な項目別内訳		2　法定実効税率と税効果会計適用後の法人税等の負担率との差異の原因となった主な項目別内訳 B	
法定実効税率	38.01%	法定実効税率	35.64%
（調整）		（調整）	
交際費等永久に損金算入されない項目	2.00%	交際費等永久に損金算入されない項目	1.20%
住民税等均等割額	0.60%	住民税等均等割額	0.60%
繰越欠損金	△69.29%	評価性引当額の増加分	166.81%
その他	1.00%	その他	0.70%
税効果会計適用後の法人税等の負担率	△27.68%	税効果会計適用後の法人税等の負担率	204.95%

(6)　**企業結合および事業分離等関係**

　連結財務諸表または個別財務諸表に係る注記のうち，調査対象会社または連結子会社についての企業結合および事業分離関係に関する事項を確認し，被結合（分離先）企業の名称・事業内容，企業結合（事業分離）の目的，実施日，法的形式，ならびに引継（分離）資産および負債の内訳等，組織再編税制を検

討するうえで有用と思われる情報を把握する。

(7) 後発事象

連結財務諸表または個別財務諸表に係る後発事象の記載を確認し，直近の決算期末日以降に発生した重要なイベント（組織再編，買収，資産・事業リストラ，資本取引等）の概要を把握する。税務デューデリジェンスの調査基準日以降に発生した事象を把握し，課税インパクトを推測するためにも有用な情報となる。

(8) 主な資産および負債の内容

各勘定内訳により，調査対象会社における主要な得意先，仕入先，貸付けおよび借入先等を確認することで，営業取引および資金取引等の概要を把握する。

3 勘定科目別の留意点

 本補章では，税務デューデリジェンスにおいて留意すべきポイントを勘定科目別に整理した。税務リスクは最終的には税務調査による更正等によって顕在化するものであるため，税務調査官の目線で対象会社を捉えることが必要である。税務調査では過去3事業年度が対象とされることが多いため，過去3事業年度の勘定科目の推移表を作成し，異常に増加または減少している項目について原因を把握することは税務デューデリジェンスの実務上，重要な手続の1つである。

第1節 損益計算書項目

1 売　　上

(1) 売上計上基準

 売上計上基準は，どの時点で売上を計上するかということである。売上は法人の事業活動を最も端的に表す項目であるから，その計上基準が税法基準から見て問題がないかを把握することは，基本的ではあるが非常に重要である。
 売上計上基準は業種によって異なるところがあるが，原則として，商製品であれば引渡基準，役務であれば役務提供完了基準である。
 その他の売上計上基準としては，出荷基準，検収基準，工事進行基準，延払基準，部分完成基準等がある。

(2) 売上計上漏れ

 売上計上漏れとは，(1)の売上計上基準に照らして期末までに計上すべき売上が計上されていないことである。たとえば，3月決算の場合には4月に売上計

上された取引を確認し、引渡しが3月までに行われているものであれば、売上計上漏れを指摘される可能性がある。この場合、代金が未確定であるという理由によって売上計上しなかったという例が見られるが、代金未確定の場合は合理的に見積もった金額により売上計上するとされていることに留意が必要である（法基通2－1－4）。

(3) 売上割戻し

売上割戻し（リベート）とは、一定の数量を購入した得意先に対して売上金額の一定額を返還するものであるが、その割戻基準は会社ごとに異なるし、業種ごとに慣行がある場合も多い。したがって、まずその業種の取引慣行を把握することが必要である。

税務上、売上割戻しに関して注意すべきことは、その計上時期が税法基準に照らして適正かどうかである。売上割戻しの計上時期は次のとおりとされている（法基通2－5－1）。

① 算定基準（販売価額または販売数量によっているものに限る）が契約等により相手方に明示されている場合

　販売した日の属する事業年度（継続適用を条件として通知または支払をした日の属する事業年度）

② ①に該当しない場合

　原則として通知または支払をした日の属する事業年度

また、売上割戻しが何をもってなされるかも重要である。通常は金銭でなされることが多いが、物品をもってする場合には交際費に当たるとされている（措通61の4(1)－4）。ただし、それが以下に該当する場合には交際費には該当しないものとすることができる。

その物品が、事業用資産（得意先が棚卸資産か固定資産として販売するかまたは使用することが明らかな物品）であるか、または、少額物品（おおむね3,000円以下）であり、かつ、交付の基準が、売上割戻し等の算定基準と同一である。

2　売上原価

　売上原価も売上と並んで重要な項目である。税務デューデリジェンスの観点からは，架空仕入がないか，仕入の繰上計上はないかという点が問題となる。
　まず，発注から入荷，代金決済に至るまでの取引の流れを把握し，法人がどのような帳簿または証憑書類を作成し，どの時点で仕入を計上するかを確認する。架空仕入がないかどうかは，不正が行われている場合には発見するのが困難な場合もあるが，期末付近に行われた多額の仕入の有無，関係会社との取引などを検証し，異常な取引がないか確認することになる。また，業績不振の取引先を救済するためにそのような取引先から通常の取引価格よりも高い金額で仕入が行われるといったこともあるため，注意が必要である。
　売上原価の金額は期末棚卸資産の金額とも大いに関連する。これについては「第2節　貸借対照表項目　1 棚卸資産」を参照されたい。

3　交際費等

　税務上，交際費等の額のうち一定の限度額を超える金額は損金不算入（社外流出）とされている（措法61の4）。資本金1億円超の大法人にあっては損金算入限度額はないため，一定の接待飲食費を除き，交際費等の額は全額損金不算入である。税務上の「交際費等」とは，交際費，接待費，機密費，その他の費用で法人がその得意先，仕入先その他事業に関係ある者等に対する接待，きょう応，慰安，贈答その他これらに類する行為のために支出するものをいい（措通61の4(1)―1），その範囲は一般概念よりも広い。交際費等と他の費用との区別は租税特別措置法関係通達（法人税編）において詳細な取扱いが定められており，実務上はこれを拠り所として判断することになる。
　税務デューデリジェンスにおいて各費目の中身をすべて検討することは難しいが，一般的に交際費認定されやすい金額的重要性がある費目としては支払手数料や外注費が挙げられる。たとえば，談合金の支出や実態のない受注謝礼金

のようなものが含まれている可能性がある。

4 寄附金

　寄附金も交際費と同様に一定の限度額を超える金額は損金算入できず（法法37），社外流出扱いとなるため，注意が必要な項目である。税務上の寄附金とは，金銭，物品その他経済的利益の贈与または無償の供与をいい，一般概念よりも範囲が広い。

　親子会社間取引やその取引価額の設定については恣意性が入る余地が大きく，第三者間取引との比較において合理的根拠がない取引が行われた場合には寄附金認定されやすい。また，完全支配関係のある内国法人間の寄附金，連結納税グループ内の寄附金や海外子会社に対する寄附金については限度額にかかわらず全額損金不算入とされているため特に注意が必要である（法法37，法法81の6，措法66の4③）。子会社に対する損失負担等の寄附金認定に関しては「第2節　貸借対照表項目　5貸付金」を参照されたい。

5 販売促進費

　販売促進費には情報提供料，広告宣伝費，キャンペーンの協賛費用などさまざまなものが考えられる。税務上はその内容から判断して交際費に該当するものがないかが問題となる。具体的には租税特別措置法関係通達（法人税編）の61条の4関係に基づいて判断するが，支出の相手方が不特定多数ではなく特定の者である場合，その支出内容について留意する必要があるだろう。また，販売子会社等に対する販売促進費等は事後的な利益調整を行うために使われる可能性もあり，支出のタイミングや協賛金の負担割合などを確認する必要がある。

6　役員給与

　法人税法上の役員とは，法人の取締役，執行役，会計参与，監査役，理事，監事および清算人ならびにこれら以外の者で法人の経営に従事している一定の者をいう（法法2十五）。役員に支給する給与（使用人兼務役員の使用人部分として適正な金額等を除く）のうち①定期同額給与，②事前確定届出給与，③利益連動給与以外のものは損金不算入である（法法34）。

　給与として支給しているものが上記に該当するか検討することはもちろんであるが，法人と役員との間で，役員に対する資産の低額譲渡・無利息貸付け・債権放棄，役員からの資産の高価買入れ，役員の債務引受け，個人的費用の負担等が行われた場合には，当該取引により役員に供与された経済的利益の額が役員給与と認定される可能性があるため（法基通9－2－9），役員との取引がある場合にはその内容について検討する必要がある。給与認定された場合には，一定の金額が損金不算入となる可能性があるほか，源泉徴収漏れに関する追加納付も必要となる。

7　人件費

　役員および特殊関係使用人以外の者に対する人件費については，原則として損金不算入となる金額はない。ただし，他社に従業員を出向させている場合において，出向先から収受する出向負担金の額が自社が本人に支給する給与に満たないときは，給与条件の較差補塡である等合理的理由がある場合を除き，出向先法人へ寄附金を支出したとみなされる可能性がある。特に業績悪化子会社への出向がある場合には出向負担金を収受していないことがあるため，注意が必要である。

8　貸倒損失

　貸倒損失がある場合あるいは貸倒引当金繰入限度超過額を認容させている場合は，当該貸倒れが税務上の観点から損金算入が認められるか検討が必要である。税務上は，法的貸倒れ（法基通9－6－1），実質的貸倒れ（法基通9－6－2），売掛債権の貸倒れの特例（法基通9－6－3）があるが，最も問題となるものは実質的貸倒れである。債務者の資産状況や支払能力からみて債権の全額が回収できないことが明らかになった場合にしか認められないため，会社が何を判断根拠として貸倒処理をしたのか確認する必要がある。損金算入のタイミングの問題であれば将来減算が可能であるが，債権の発生その他の状況からみて当初から貸倒れになることが見込まれていた場合には寄附金になる可能性もあるので留意する必要がある。

　なお，実質的貸倒れ（法基通9－6－2）および売掛債権の貸倒れの特例（法基通9－6－3）については，経理要件が付されていることに注意が必要である。

9　減価償却費

　「第2節　貸借対照表項目　3 有形固定資産関係」を参照。

10　租税公課

　租税公課には所得計算上損金算入できるものとできないものがある。法人税と住民税は損金不算入であるが（法法38①②），事業税は損金算入できる。附帯税については，申告期限延長期間中の利子に相当する利子税は損金算入できるが，延滞税，過少申告加算税，無申告加算税，不納付加算税および重加算税は損金不算入である（法法55③）。地方税法におけるこれらに相当するものも

同様の取扱いである。

多額の附帯税が発生している場合にはその原因となった事実（更正や修正申告の内容，税務調査の結果等）を確認し，今後同様の事態が発生しないかどうか検討が必要である。

11　受取利息

貸付金，預金，貯金または有価証券から生ずる利子の額は，原則として，その利子の計算期間の経過に応じて益金算入することとされている（法基通2－1－24）。

ただし，貸付金の利子に関しては，債務者につき債務超過の状態が相当期間継続していること等一定の事実がある場合には実際に支払を受けた日の属する事業年度の益金の額に算入することができる（法基通2－1－25）。

12　受取配当金

内国法人から受けた配当金の額は，所得計算上原則として益金不算入である（法法23）。課税済みの利益からなされる配当を受領した法人にも課税すると二重課税になるからである。完全子法人株式等に係る配当は配当金の全額，関連法人株式等に係る配当は負債利子控除後の配当金の全額，その他の株式等に係る配当は配当金の50％相当額，非支配目的株式等に係る配当は配当金の20％相当額が益金不算入になる。また，一定の要件を満たす外国法人からの配当についても配当金の95％相当額が益金不算入になる。

内国法人から受け取る配当であっても，その原資が資本剰余金である場合はみなし配当の額を除いて益金不算入の対象にはならず，資本の払戻しとして取り扱われるため注意が必要である（法法24①三）。

13　支払利息

　支払利息も受取利息と同様に利息の計算期間に応じて損金算入される。しかし，当該利息の基因となる債務が外国親会社からの借入金であり（外国親会社が保証をしている場合等を含む），当該借入金の額が自己資本の親会社持分額の3倍を超える場合には過少資本税制の適用を受ける可能性がある（措法66の5①）。その場合，当該超過部分に対応する負債の利子等（負債の利子，保証料等）は損金不算入とされる。また，2013年4月1日以後に開始する事業年度より所得対比で支払利息が過大である場合の措置として過大支払利子税制の適用を受ける可能性があるため，過少資本税制とあわせて外資系企業において注意すべきポイントである。

14　雑損失，特別損失

　雑損失や特別損失に計上される項目は会社によって，また，年度によって異なり，一概に論じることはできない。ただし，それがゆえに異常な項目が含まれている可能性も他の科目と比べて高い。項目名だけで内容が判断できないものや「その他」などとなっているものは特に要注意である。
　固定資産売却損等がある場合は，関係会社を相手方とした損出しが行われていないか，特定資産譲渡等損失額の損金算入制限（法法62の7）の適用がないか等を検討する。

15　前期損益修正損

　前期損益修正損の内容はさまざまであるため，まずその内容を把握する必要がある。たとえば，前期に設定した固定資産処分損失の引当不足額を実際に売却した当期に前期損益修正損として処理した場合には，当該損失は前期引当分

とともに当期の損金になる。また，過年度に販売済みの商品等について値引き，返品等の事実が生じた場合の損失は，当該事実の生じた事業年度の損金となる（法基通2－2－16）。

　他方，粉飾決算により過年度に過大計上していた収益を取り消す処理をする場合，当該取消しによる損失は当期の損金にならず，過年度の申告について更正の申出または請求をすることになる。この場合，当該損失を前期損益修正損等過年度の修正経理として処理しないときは，税務署長は更正をしないことができるとされている（法法129②）。更正を受けた場合でも，減少する法人税額は更正の日の属する事業年度から5年間の法人税額から順次控除し，5年経過後に残額を還付することとされている（法法135③）。なお，2011年4月1日以後に開始する事業年度においては，過年度遡及会計の適用を受けることになるため，該当する事業年度以後の前期損益修正については，株主資本等変動計算書に記載される修正再表示を確認する必要がある。

第2節　貸借対照表項目

1　棚卸資産

(1) 棚卸資産の範囲

　棚卸資産は、通常の営業過程で販売または消費されたものは費用化されるが、期末において未販売・未使用のものは資産計上される。このように棚卸資産は取得時に一括で費用処理できるものではないため、その範囲が適切に決定されているかどうかを確認する必要がある。

　法人税法上、棚卸資産は次のように定義されている（法法2二十、法令10）。

① 商品または製品（副産物および作業くずを含む）
② 半製品
③ 仕掛品（半成工事を含む）
④ 主要原材料
⑤ 補助原材料
⑥ 消耗品で貯蔵中のもの
⑦ ①～⑥に掲げる資産に準ずるもの（有価証券および法法61①（短期売買商品の譲渡損益及び時価評価損益の益金又は損金算入）に規定する短期売買商品を除く）

(2) 期末棚卸資産の額

　期末棚卸資産の金額は当期の売上原価の金額とも密接に関連する。期末棚卸資産の金額が過少になっていると、それだけ売上原価やその他の費用項目が過大に計上されていることになるからである。

　期末棚卸資産は期末在庫の数量×単価で算定される。税務デューデリジェンスの過程で棚卸を行うことは困難であろうが、預け在庫等実際には期末在庫があるにもかかわらず現物が確認できないために計上漏れとなっている項目がないか確認することは重要である。

(3) 棚卸資産評価損

税務上，棚卸資産の評価損は原則として認められておらず，認められる事由は以下のとおり限られている（法法33②③④，法令68①一）。

① 災害による著しい損傷
② 著しい陳腐化
③ 上記に準ずる特別の事実
④ 法的整理の事実
⑤ 会社更生法，民事再生法等の規定による更生，再生計画認可等の決定に伴う評価換え

上記のうち①，④や⑤は特殊な事情に基づくものであり，評価損計上の事実認定をめぐって問題となることは少ないと思われるが，②については判断に恣意性が入り得る。著しい陳腐化とは「棚卸資産そのものには物質的な欠陥がないにもかかわらず経済的な環境の変化に伴ってその価値が著しく減少し，その価額が今後回復しないと認められる状態」をいう（法基通9－1－4）。たとえば，(i)季節商品の売れ残りで過去の実績等から見て今後通常価格での販売ができないこと，(ii)型式，性能，品質等が著しく異なる新製品が発売され，今後通常の方法での販売ができなくなったことが該当する。

③に掲げる「上記に準ずる特別の事実」とは，破損，型崩れ，たなざらし，品質変化等により通常の方法によって販売することができないようになったことが挙げられる（法基通9－1－5）。

棚卸資産の価額が単なる物価変動や過剰生産に伴い低下したことは，評価損の要件を満たさないこととされているため，注意が必要である（法基通9－1－6）。ただし，例外的に短期売買商品（金，銀，白金その他の資産のうち一定の要件を満たすもの）は期末に時価評価することとされている（法法61②③，法令118の4）。

損益計算書において棚卸資産評価損が計上されている場合には，上記に照らして税務上も認められるものであるか確認が必要である。

2 売掛金・未収入金

　売掛金や未収入金は売上計上基準と密接に関連する。原則として棚卸資産の販売は引渡基準、役務の提供は役務提供完了基準により収益が認識されるが、仮に現金基準で収益認識を行っている場合には過年度に計上すべき売上が計上漏れになっている（売上債権の残高が不足している）可能性がある。仮に取引先の財務状況が悪いため収益認識を見合わせていたとしても、いったん債権を計上し、貸倒引当金によって回収不能見込相当額の損金算入をするのが原則である。帳簿上債権を計上していないとしても、会社は通常未収債権の額を把握しているため、デューデリジェンスにおいては当該金額の開示を求めることになろう。

　売掛金その他の債権に関して貸倒れが見込まれる場合には貸倒引当金の設定を行うが、税務上はそれを特定の事由が生じている債権（個別評価金銭債権）に係るものとそれ以外のもの（一括評価金銭債権）とに区分し、それぞれ損金算入限度額に達するまでの金額しか損金算入できない（法法52）。なお、2011年度税制改正により、資本金の額が1億円を超える法人等については、貸倒引当金制度の適用が廃止されている。税務デューデリジェンスにおいて注意すべきものは、実質基準による個別評価貸倒引当金（法令96①二）である。要件（債務者につき、債務超過の状態が相当期間継続し、かつ、その営む事業に好転の見通しがないこと）を満たすかどうかや取立可能見込額の算定は合理的かどうかについて慎重な検討が必要である。

3 有形固定資産関係

(1) 減価償却

　減価償却は固定資産の取得価額を各事業年度にわたって費用化する手続であるが、税務上は各事業年度について計算される限度額までしか損金算入されず、それを超過した金額（減価償却超過額）は翌事業年度以降に繰り越される。

会計上も税務上の法定耐用年数や償却方法を採用していれば，特段申告調整を行う必要はないが，技術革新の著しい先端産業等においては法定耐用年数よりも短い耐用年数を採用している会社も少なくない。よって，このような場合には適切に申告加算がなされているか確認が必要である。

また，減価償却は事業の用に供しているものについて行われるため（法令13），購入したもののまだ使用していない資産については減価償却ができない。稼働休止資産は原則として減価償却は行えないのであるが，休止期間中必要な維持補修が行われており，いつでも稼働し得る状態にあるものは減価償却資産に該当するものとされている（法基通7－1－3）。業績不振等で休止中の工場がある場合などは注意が必要である。

(2) 資本的支出と修繕費

固定資産の修理や改良等を行うときに問題となるのが，資本的支出と修繕費の区別である。すなわち，固定資産を追加で取得したものとして資産計上するか，維持管理費として損金処理するかということである。

原則として，当該支出により，当該資産の取得の時において通常の管理または修理をするものとした場合に予測される使用可能期間を延長させる部分に対応する金額または資産の価額を増加させる部分に対応する金額は資本的支出とされる（法令132）。具体的判定については法人税基本通達により示されており，資本的支出と修繕費の区分は通常，図表補3－1のフローチャートに基づいて行われる。

昨今は製造設備についても工場の集約などのリストラクチャリングが行われることがあり，その場合の機械の移設費が修繕費になるかどうかが問題となる。一般的に機械装置の移設費は修繕費等として移設時に損金算入できるが，その移設が集中生産や立地条件の改善のためによる場合は，その機械装置の取得価額に算入することとされている（法基通7－3－12）。ただし，移設機械装置の帳簿価額に含まれている過去の据付費に相当する金額は損金算入することができる。また，移設費の合計額が当該機械装置の移設直前の帳簿価額の10％以下である場合は資本的支出としないことができる。

なお，ソフトウェアについても基本的には上記フローチャートにより判定す

3 勘定科目別の留意点　　**471**

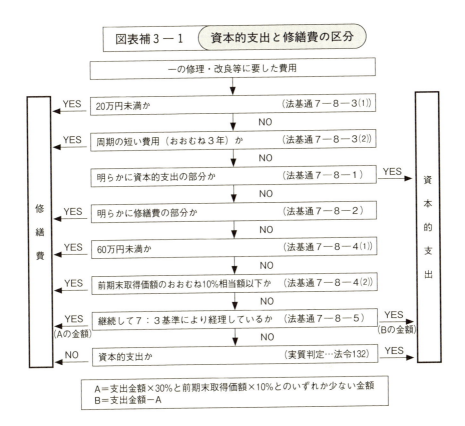

ることとなるが，その支出内容については判然としないものも多い。バージョン・アップと呼ばれるものには一般的に新たな機能追加や機能向上となるものが多いため，資本的支出になることが多いと考えられる（法基通7－8－6の2）。

(3) 減損損失

　減損会計（「固定資産の減損に係る会計基準」）の実施を契機として多額の減損損失や固定資産評価損を計上する企業が多いが，税務上，固定資産の評価損は原則として認められておらず，減損損失もその例外ではない。減損損失の額のうち当期の減価償却限度額を超える部分の金額は減価償却超過額となり，翌

期以降に順次認容されていくことになる（法基通7－5－1）。したがって，対象会社が減損損失を計上している場合には，申告書上加算されているかどうか確認が必要である。

一方，固定資産の評価損が認められる事由としては，以下のものがある（法令68①三，法基通9－1－16）。

① 災害により著しく損傷したこと
② 1年以上にわたり遊休状態にあること
③ 本来の用途に使用することができないため他の用途に使用されたこと
④ 所在する場所の状況が著しく変化したこと
⑤ 上記に準ずる特別の事実（やむを得ない事情により取得から1年以上事業の用に供されなかったため価額が低下したこと等）
⑥ 法的整理の事実
⑦ 会社更生法，民事再生法等の規定による更生，再生計画認可等の決定に伴う評価換え

固定資産の評価損の損金算入は上記事由があった場合に限られるため，次のような事実に基づく価額の低下があったとしても評価損の損金算入は認められない（法基通9－1－17）。

① 過度の使用または修理の不十分等により著しく損耗していること
② 償却を行わなかったため償却不足額が生じていること
③ 取得価額が取得時の事情等により同種の資産の価額に比して高いこと
④ 機械および装置が製造方法の急速な進歩等により旧式化していること

4 投資有価証券等

(1) 投資有価証券評価損

業務上の要請から取引先の株式を取得したり，共同事業を営むために合弁会社を設立したりすることがあるが，中には業績不振で株式価値が目減りし，減損（評価損）を余儀なくされるものがある。また，子会社の累積損失が増大し，今後の回復が見込まれないとして子会社株式評価損を計上する例も多い。

財務健全化のために会計上評価損が強制されたとしても、税務上その評価損が認められるかどうかは別問題である。税務上有価証券の評価損が認められる場合は以下のとおりである（法令68①二）。
① 上場有価証券等の価額が著しく低下したこと
② 上場有価証券等以外の有価証券について、その発行法人の資産状態が著しく悪化したため、その価額が著しく低下したこと
③ 上記に準ずる事実
④ 法的整理の事実
⑤ 会社更生法等の規定による更生計画認可の決定に伴う評価換え

①②において「価額が著しく低下したこと」とは、時価が帳簿価額のおおむね50％相当額を下回り、かつ、近い将来回復が見込まれないことをいう（法基通9－1－7、9－1－11）。したがって、回復することが不明である場合はこの要件を満たさず、評価損の額を損金算入することはできない。

当該有価証券が関係会社株式である場合にはさらに損金算入の要件が厳しい。企業支配株式（発行済株式の20％以上を保有する法人の株式）については、その株式の取得が発行法人の企業支配をするためにされたものと認められるときは、当該株式の時価は通常の価額に企業支配に係る対価の額を加算した金額とされており、企業支配対価部分は評価減ができないこととされている（法基通9－1－15）。また、債務超過状態にある子会社の再建を図るために当該赤字子会社の増資を引き受けることがあるが、増資後に債務超過の状態が解消していないとしても、増資直後に評価減を行うことはできないこととされている（法基通9－1－12）。

(2) 有価証券の譲渡損益

有価証券の譲渡損益は、譲渡対価の額から譲渡原価の額を減算して計算される（法法61の2①）。譲渡原価の額は法人が選定した1単位当たりの帳簿価額の算出方法（有価証券の区分ごと、かつ、種類ごとに選定）に基づいて計算するが、選定しない場合の法定算出方法は移動平均法である（法令119の7①）。

有価証券をグループ内で譲渡する場合に、譲渡先の資金負担の関係から通常価格よりも低額で譲渡することが見られる。この場合であっても、法人間の取

引は時価で行うのが原則であるため,当該有価証券の売買は時価により行われたものとして譲渡損益を計算することとされている(法基通2―3―4)。

通常の譲渡が行われた場合は上記の算式に基づいて計算することとなるが,税務上,およそ有価証券の所有権が移転するものは譲渡として取り扱われるので注意が必要である。保有株式の発行法人が合併,分割,株式交換を行った場合に株式(合併法人,分割承継法人,株式交換完全親法人の株式)その他の資産の交付を受けることがある。その場合,対価を受け取った法人は旧株(被合併法人,分割法人,株式交換完全子法人の株式)を譲渡したものとして取り扱われる。合併法人,分割承継法人,株式交換完全親法人の株式のみの交付を受けた場合,あるいはそれらの親法人の株式のみの交付を受けた場合は課税繰延べとなるが(法法61の2②④⑧),それ以外の資産(配当見合いの金銭等を除く)が交付された場合には譲渡損益が生じる。

5 貸付金

貸付金に関してまず注意すべきことは,その貸付先である。金融機関でない法人が第三者に金銭を貸し付けることは稀であろうから,概して貸付金の相手先は関係会社,取引先,役員などであることが多い。そのような場合,貸付けの経緯や条件を把握することが必要である。関連者に対する貸付けは,単なる資金繰りの手当てのために行われる場合もあるが,その者を救済する目的で行われることも少なくないからである。その場合,無利息であったり,最終的に債権放棄をしたりすることがあり,寄附金や給与と認定される可能性がある。

子会社等に対する貸付金を債権放棄した場合の寄附金認定をめぐっては,法人税基本通達9―4―1(子会社等を整理する場合の損失負担等)および9―4―2(子会社等を再建する場合の無利息貸付け等)において具体的取扱いが示されている。子会社等を整理または再建する場合の損失負担等については,その損失負担等に経済合理性がある場合には寄附金に該当しないが,この経済合理性を有しているか否かの判断は,次のような点について総合的に検討することとなる。

① 損失負担等を受ける者は,「子会社等」に該当するか。
② 子会社等は経営危機に陥っているか(倒産の危機にあるか)。
③ 損失負担等を行うことは相当か(支援者にとって相当な理由はあるか)。
④ 損失負担等の額(支援額)は合理的であるか(過剰支援になっていないか)。
⑤ 整理・再建管理はなされているか(その後の子会社等の立ち直り状況に応じて支援額を見直すこととされているか)。
⑥ 損失負担等をする支援者の範囲は相当であるか(特定の債権者等が意図的に加わっていないなどの恣意性がないか)。
⑦ 損失負担等の額の割合は合理的であるか(特定の債権者だけが不当に負担を重くしまたは免れていないか)。

一般に利害の対立する複数の関連者の合意に基づいて行われた債権放棄は経済合理性があるものと認められるが,債権放棄に第三者が関与せずグループ内で完結している場合には,支援が安易に行われている可能性があるので注意が必要である。

6 預り金・前受金

負債に計上されている預り金や前受金が多額である場合,それが本当に負債のままでよいのか,あるいは収益に振り替えるべきではないか検討することが必要である。

技術役務の提供を行う場合,収益の計上は原則として役務の提供を完了したときであり,作業が段階ごとに区分されている場合等は部分完了基準により収益認識することになる(法基通2－1－12)。ただし,顧客から着手費用に充当する目的で仕度金,着手金等を受けとった場合は,後日精算して剰余金があれば返還することになっているものを除き,その収受した日の属する事業年度の益金の額に算入することとされている(法基通2－1－12(注))。したがって,当該着手金に係る契約や後日の精算の状況を確認し,返還する必要がないものであれば,入金時に益金算入しなければならない。

次に，商品券を発行する業種の場合，商品券を発行したときに収受した金銭を預り金に計上し，商品引渡し時に収益計上する例が見られる。税務上，商品引換券等の発行により収受した対価の額は原則として商品引換券等を発行した日の属する事業年度の益金の額に算入することとされている（法基通2－1－39）。したがって，商品券発行による対価が預り金に計上されている場合には注意が必要である。なお，この場合には商品引換えに係る見積費用の額（商品の原価相当額）を損金算入できることとされている（法基通2－2－11）。

ただし，商品引換券等の発行に係る対価の額を商品の引渡し等のあった日の属する事業年度の収益に計上し，その発行に係る事業年度終了の日の翌日から3年を経過した日の属する事業年度終了の時（すなわち足掛け5年目の事業年度末）において引渡未了の商品引換券等に係る対価の額を当該事業年度の収益に計上する方法も，あらかじめ所轄税務署長または所轄国税局長の確認を受けて継続適用していることを条件に認められている。

7 借入金

借入金について借入期間中に生じる事象としては元本の返済と支払利息の計上が考えられる。仮に貸手から利息の減免を受けており，それが寄附金に該当するとしても，借手である債務者では追加で認識される支払利息と免除益が両建てとなるため，課税所得への影響はないと考えられる。したがって，貸手と比べて借手である債務者の税務リスクは相対的に低い。

借入金を当初の条件どおりに返済している場合は問題ないが，返済が滞って今後も返済見込みが立たないような場合に債務免除や債務の株式化（Debt Equity Swap = DES）が行われることがある。債務免除が行われた場合にその債務額が益金になることはいうまでもないが，DESを受けた場合であっても債務の帳簿価額と増加資本金等の額（当該債務の時価（法令8①九））との差額は益金となることに留意する必要がある。法人税法は債務の評価について特段の定めを置いていないが，会計上も評価額説をとる場合にはその取扱いも十分に考慮すべきだろう。また，債権者側の処理と整合性をとる必要があり，原

則として債権者において取得される株式の取得価額が債務者の増加資本金等の額となる。したがって，債権者において債権譲渡損失が計上されている場合には，原則として債務者において債務消滅益が生じることになろう。会社更生等一定の事由により債務免除益やDESによる債務消滅益が生じた場合には，期限切れ欠損金の損金算入の規定が適用される（法法59）。

8 自己株式

会計上，自己株式は純資産の部の控除項目とされている。税務上，自己株式は有価証券として取り扱われておらず（法法2二十一），資本金等の額のマイナス項目になっている（法令8十八・十九）。

法人が自己株式を取得した場合（市場における購入等を除く）には，みなし配当に相当する金額は利益積立金額を減算し（法令9①十三），残額は資本金等の額を減算させる（法令8十八）。自己株式を取得した法人には当該みなし配当に対する源泉徴収義務があるため（所法181・212），期中に自己株式の取得が行われている場合には源泉徴収漏れがないか確認が必要である。

◈執筆者紹介

岡田　　力	パートナー 税理士
河瀬　哲弥	パートナー 税理士
小柴　正光	パートナー 公認会計士・税理士
西村美智子	パートナー 税理士
橋本　　純	パートナー 税理士
長谷川芳孝	パートナー 公認会計士・税理士
結城　一政	パートナー 税理士
藍原　　滋	Deloitte Touche Tohmatsu Jaiyos Advisory Co., Ltd. Tax & Legal Services Tax Director
杉本　浩二	Deloitte Tax Solutions Director USCPA
安田　和子	ディレクター USCPA
都築　慎一	有限責任監査法人トーマツ JSGブラジルデスクアドバイザー ブラジル公認会計士
一石　貴章	シニアマネジャー 公認会計士・税理士
川島　智之	シニアマネジャー 税理士
小室由紀子	シニアマネジャー 税理士

小山　和憲	シニアマネジャー 公認会計士・税理士	
佐藤　康治	シニアマネジャー 公認会計士	
佐藤　光俊	シニアマネジャー 公認会計士・税理士	
小林　誠	マネジャー 税理士	
藤尾　和樹	マネジャー 税理士	
藤村　崇	マネジャー 税理士	
松木　寛	マネジャー 税理士	
山形創一郎	マネジャー 公認会計士	
秋山　雄亮	マネジャー 税理士	

◈編者紹介

デロイト トーマツ税理士法人

〒100-8305 東京都千代田区丸の内三丁目3‐1 新東京ビル5階
Tel：03-6213-3800（代表）email：tax.cs@tohmatsu.co.jp
拠点：東京，札幌，仙台，新潟，長野，高崎，北陸，静岡，浜松，名古屋，京都，大阪，広島，高松，松山，福岡，鹿児島

　デロイト トーマツ税理士法人は，有限責任監査法人トーマツを中核とするデロイト トーマツ グループの一員として国内外の企業に税務サービスを提供しています。国内17都市に事務所を有する全国規模の税理士法人で，一人ひとりの卓越したプロフェッショナルがその連携により，高品質なサービスを提供する専門家集団を形成しています。また，全世界150を超える国・地域の約225,000名以上の人材から成るグローバルネットワークを有するデロイト トウシュ トーマツ リミテッド（英国の法令に基づく保証有限責任会社）のメンバーファームの一員として，世界水準の高品質なプロフェッショナルサービスを提供しています。詳細はデロイト トーマツ税理士法人Webサイト（www.deloitte.com/jp/tax-co）をご覧ください。

　Deloitte（デロイト）は，監査，コンサルティング，ファイナンシャルアドバイザリーサービス，リスクマネジメント，税務およびこれらに関連するサービスを，さまざまな業種にわたる上場・非上場のクライアントに提供しています。全世界150を超える国・地域のメンバーファームのネットワークを通じ，デロイトは，高度に複合化されたビジネスに取り組むクライアントに向けて，深い洞察に基づき，世界最高水準の陣容をもって高品質なサービスをFortune Global 500®の8割の企業に提供しています。"Making an impact that matters"を自らの使命とするデロイトの約225,000名の専門家については，Facebook，LinkedIn，Twitterもご覧ください。

　Deloitte（デロイト）とは，英国の法令に基づく保証有限責任会社であるデロイト トウシュ トーマツ リミテッド（"DTTL"）ならびにそのネットワーク組織を構成するメンバーファームおよびその関係会社のひとつまたは複数を指します。DTTLおよび各メンバーファームはそれぞれ法的に独立した別個の組織体です。DTTL（または"Deloitte Global"）はクライアントへのサービス提供を行いません。DTTLおよびそのメンバーファームについての詳細はwww.deloitte.com/jp/aboutをご覧ください。

M&Aを成功に導く
税務デューデリジェンスの実務〈第3版〉

2008年2月1日	第1版第1刷発行
2009年9月5日	第1版第5刷発行
2012年12月1日	第2版第1刷発行
2015年9月10日	第2版第2刷発行
2016年8月1日	第3版第1刷発行
2025年2月20日	第3版第10刷発行

編　者	デロイト トーマツ税理士法人	
発行者	山　本　　　継	
発行所	㈱中央経済社	
発売元	㈱中央経済グループパブリッシング	

〒101-0051　東京都千代田区神田神保町1-35
電話 03 (3293) 3371 (編集代表)
　　 03 (3293) 3381 (営業代表)
https://www.chuokeizai.co.jp
印刷・製本／文唱堂印刷㈱

© 2016
Printed in Japan

＊頁の「欠落」や「順序違い」などがありましたらお取り替えいたしますので発売元までご送付ください。(送料小社負担)

ISBN978-4-502-19611-9 C3034

JCOPY〈出版者著作権管理機構委託出版物〉本書を無断で複写複製(コピー)することは，著作権法上の例外を除き，禁じられています。本書をコピーされる場合は事前に出版者著作権管理機構(JCOPY)の許諾をうけてください。
JCOPY〈https://www.jcopy.or.jp　eメール：info@jcopy.or.jp〉

●実務・受験に愛用されている読みやすく正確な内容のロングセラー!

定評ある税の法規・通達集シリーズ

所得税法規集
日本税理士会連合会 編
中央経済社

❶所得税法 ❷同施行令・同施行規則・同関係告示 ❸租税特別措置法（抄）❹同施行令・同施行規則（抄）❺震災特例法・同施行令・同施行規則（抄）❻復興財源確保法（抄）❼復興特別所得税に関する政令・同省令 ❽災害減免法・同施行令（抄）❾国外送金等調書提出法・同施行令・同施行規則・同関係告示

所得税取扱通達集
日本税理士会連合会 編
中央経済社

❶所得税取扱通達（基本通達／個別通達）❷租税特別措置法関係通達 ❸国外送金等調書提出法関係通達 ❹災害減免法関係通達 ❺震災特例法関係通達 ❻索引

法人税法規集
日本税理士会連合会 編
中央経済社

❶法人税法 ❷同施行令・同施行規則・法人税申告書一覧表 ❸減価償却耐用年数省令 ❹法人税法関係告示 ❺地方法人税法・同施行令・同施行規則 ❻租税特別措置法（抄）❼同施行令・同施行規則・同関係告示 ❽震災特例法・同施行令・同施行規則（抄）❾復興財源確保法（抄）❿復興特別法人税に関する政令・同省令 ⓫租特透明化法・同施行令・同施行規則

法人税取扱通達集
日本税理士会連合会 編
中央経済社

❶法人税取扱通達（基本通達／個別通達）❷租税特別措置法関係通達（法人税編）❸連結納税基本通達 ❹租税特別措置法関係通達（連結納税編）❺減価償却耐用年数省令 ❻機械装置の細目と個別年数 ❼耐用年数の適用等に関する取扱通達 ❽震災特例法関係通達 ❾復興特別法人税関係通達 ❿索引

相続税法規通達集
日本税理士会連合会 編
中央経済社

❶相続税法 ❷同施行令・同施行規則・同関係告示 ❸土地評価審議会令・同省令 ❹相続税法基本通達 ❺財産評価基本通達 ❻相続税法関係個別通達 ❼租税特別措置法（抄）❽同施行令・同施行規則（抄）・同関係告示 ❾租税特別措置法（相続税法の特例）関係通達 ❿震災特例法・同施行令・同施行規則（抄）・同関係告示 ⓫震災特例法関係通達 ⓬災害減免法・同施行令 ⓭国外送金等調書提出法・同施行令・同施行規則・同関係通達 ⓮民法（抄）

国税通則・徴収・犯則法規集
日本税理士会連合会 編
中央経済社

❶国税通則法 ❷同施行令・同施行規則・同関係告示 ❸同関係通達 ❹租税特別措置法・同施行令・同施行規則（抄）❺国税徴収法 ❻同施行令・同施行規則 ❼国税犯則取締法・同施行規則 ❽滞調法・同施行令・同施行規則 ❾税理士法・同施行令・同施行規則・同関係告示 ❿電子帳簿保存法・同施行規則・同関係告示 ⓫行政手続オンライン化法・同国税関係法令に関する省令・同関係告示 ⓬行政手続法 ⓭行政不服審査法 ⓮行政事件訴訟法（抄）⓯組織的犯罪処罰法（抄）⓰没収保全と滞納処分との調整令 ⓱犯罪収益規則（抄）⓲麻薬特例法（抄）

消費税法規通達集
日本税理士会連合会 編
中央経済社

❶消費税法 ❷同別表第三等に関する法令 ❸同施行令・同施行規則・同関係告示 ❹消費税法基本通達 ❺消費税申告書様式等 ❻消費税法等関係取扱通達 ❼租税特別措置法（抄）❽同施行令・同施行規則（抄）・同関係通達 ❾消費税転嫁対策法・同ガイドライン ❿震災特例法・同施行令（抄）・同関係告示 ⓫震災特例法関係通達 ⓬税制改革法 ⓭地方税法 ⓮同施行令・同施行規則（抄）⓯所得税・法人税政省令（抄）⓰輸徴法令 ⓱関税法令（抄）⓲関税定率法令（抄）

中央経済社